土木工程科技发展与创新研究前沿丛书

绿色低碳技术
在道桥工程中的应用研究

张业茂　赵锡娟　著

武汉理工大学出版社
·武汉·

内 容 提 要

随着我国"双碳"战略目标的提出,在交通运输领域的道桥工程中推广应用绿色低碳技术对实现"双碳"目标具有重要意义。本书基于国家"双碳"战略,围绕绿色低碳除冰材料和固体废弃物在道桥工程中的应用开展研究,研发了绿色低碳除冰材料和工程施工设备,对绿色低碳除冰材料的工程应用进行了经济效益和社会效益分析评价,并制定了脱黏抑冰材料工程应用流程;同时,针对钢渣、尾矿和建筑固体废弃物的特点,开展了固体废弃物原材料性能试验、混合料配合比设计和性能分析、经济效益和社会效益分析评价,并制定了工程应用施工工艺和流程。

本书包括 4 章内容:第 1 章绪论、第 2 章脱黏抑冰材料研发及性能研究、第 3 章固体废弃物再生利用室内试验研究和第 4 章绿色低碳技术工程应用研究及效益分析。本书以国家"双碳"战略目标为背景,进行了绿色低碳除冰材料和建筑固体废弃物在道桥工程中应用的性能试验、工程应用技术研究及效益分析评价等,以期在今后能为其他类似工程提供技术和理论支持,也可为相关工程技术人员提供参考。

图书在版编目(CIP) 数据

绿色纸碳技术在道桥工程中的应用研究/张业茂,赵锡娟著.—武汉:武汉理工大学出版社,2023.3
ISBN 978-7-5629-6459-9

Ⅰ.①绿… Ⅱ.①张… ②赵… Ⅲ.①道路工程-生态工程-研究 ②桥梁工程-生态工程-研究 Ⅳ.①U41 ②U44

中国国家版本馆 CIP 数据核字(2023)第 054126 号

项目负责人:王利永(027-87106428)　　　　　　　责任编辑:王利永
责任校对:赵星星　　　　　　　　　　　　　　　　版面设计:正风图文
出版发行:武汉理工大学出版社
社　　　址:武汉市洪山区珞狮路 122 号
邮　　　编:430070
网　　　址:http://www.wutp.com.cn
经　　　销:各地新华书店
印　　　刷:武汉乐生印刷有限公司
开　　　本:787 mm×1092 mm　1/16
印　　　张:20.25
字　　　数:518 千字
版　　　次:2023 年 3 月第 1 版
印　　　次:2023 年 3 月第 1 次印刷
定　　　价:158.00 元

前　　言

2020年9月22日,国家主席习近平在第七十五届联合国大会一般性辩论中宣布,中国二氧化碳排放力争于2030年前达到峰值,努力争取在2060年前实现碳中和。这是中国基于推动构建人类命运共同体的责任担当和实现可持续发展的内在要求做出的重大战略决策。交通运输是碳排放的重要领域之一,交通运输部高度重视交通运输碳达峰、碳中和(简称"双碳")工作,明确了推动交通运输领域做好"双碳"工作是加速行业绿色低碳转型、推动交通运输高质量发展的重要抓手,是加快建设交通强国的重要内容。在交通运输领域的道桥工程中推广绿色低碳技术,对实现"双碳"目标和推动交通强国建设具有重要意义。

本书对绿色低碳除冰材料以及钢渣、尾矿和建筑固体废弃物在道桥工程中的应用进行研究,具体包括:绿色低碳除冰材料除冰机理研究,绿色低碳除冰材料研发和性能评价,绿色低碳除冰材料工程应用技术及施工设备研发,钢渣、尾矿和建筑固体废弃物路用性能研究,钢渣、尾矿和建筑固体废弃物工程应用技术研究,以及绿色低碳技术经济效益和社会效益分析评价等。本书可为绿色低碳技术在道桥工程中的应用提供技术参考与帮助。

本书在编写过程中得到了南京工程学院高质量专著专项项目(ZZKJ202205)、南京工程学院引进人才科研启动基金项目(YKJ201834)、江苏省交通科技项目(2022Y13-2)、自然资源部碳中和与国土空间优化重点实验室南京工程学院研究中心开放基金项目(CNT202210)和南京工程学院产业经济与创新管理研究院开放基金项目(JGKA202204)的资助,在此一并表示感谢!

本书由南京工程学院张业茂和赵锡娟共同编著,在编著过程中除参考了原华设设计集团路面技术研究所道路科研团队部分相关研究成果外,还参考了许多其他作者的文献资料,在此对各位作者表示衷心的感谢!

由于著者水平有限,书中还存在诸多不足之处,敬请广大读者批评指正。

著　者
2022年10月

目 录

第1章 绪 论

1.1 研究背景及意义

交通运输是碳排放的重要领域之一,我国高度重视碳达峰、碳中和(简称"双碳")工作,明确了推动交通运输领域做好"双碳"工作,是加速行业绿色低碳转型、推动交通运输高质量发展的重要抓手,是加快建设交通运输强国的重要内容。本书针对绿色低碳除冰材料和建筑固体废弃物循环再生利用在道桥工程中的应用进行研究,相关研究成果对实现国家"双碳"目标和推动交通运输强国建设具有重要意义。

1.1.1 绿色低碳除冰材料在道桥工程中的应用研究背景及意义

我国大部分地区冬季道路路面积雪结冰现象普遍,道路路面的积雪结冰使得路面附着系数大幅下降,抗滑性能大幅降低,从而造成通行车辆行驶速度降低,延长了运输时间,增加了燃油消耗,甚至引发交通事故[1],给人们的生产、生活带来巨大麻烦,造成巨大的经济损失(图 1.1)。

图 1.1 路面积雪给交通运输安全带来极大隐患和威胁

2008 年,我国南方遭遇了 50 年一遇的特大冰雪灾害,持续的降雪及冰冻天气给交通造成巨大压力,严重影响了人们的正常生活,造成巨大的经济损失,波及范围涉及交通运输、农业、电力、林业等众多与人们生产、生活息息相关的方面,其中对交通运输领域特别是公路交通的影响最为严重,据不完全统计,给交通运输领域带来的直接经济损失达 125 亿元[2]。此次冰雪灾害的影响范围之广,直接经济损失之大,受灾人口之多,创 50 年之最。2009 年,因冰雪等恶劣天气诱发交通事故而导致死亡的人数同比增长 13.3%,又如 2010 年与 2011 年四川、贵州等西南地区因桥面积雪结冰而引起的交通事故多达数十起[3,4]。国外许多国家也有因冰雪灾害引起交通事故的案例,1996 年美国东北部发生暴风雪的时候,当地交通中断了 4 天,造成了巨大的经济损失;又如 2013 年美国东部大雪导致众多飞机航班取消,公共汽车停运,造成交通瘫痪,给人们的出行带来不便。

因道路积雪结冰而引起的一系列交通问题已成为全球普遍存在的问题,因此融雪化冰成为冬季道路养护的一项重要内容,有效的融雪化冰成为道路养护工作者的重要任务,高效便捷地解决冬季道路积雪结冰给交通带来的一系列问题具有重大的经济效益和社会效益。

1.1.2 固体废弃物循环再生利用在道路工程中的研究背景及意义

1.1.2.1 钢渣固体废弃物循环再生利用在道路工程中的研究背景及意义

钢渣是钢铁厂炼钢过程中产生的一种典型的大宗工业固体废物,根据目前国内外炼钢水平,其产量为粗钢产量的 10%～15%。在我国,2016 年全国粗钢产量超过 8 亿吨,钢渣产生量约为 9000 万吨,累积总量近 10 亿吨,但其综合利用率仅为 22%,这与工信部早在"十二五"规划中要求达到 75% 的综合利用指标、与部分发达国家在 95% 以上的综合利用率相去甚远。尽管研究人员已经开发出了近 40 种有关钢渣综合利用的方法,但到目前为止尚未找到大规模资源化利用钢渣的有效途径,在国内还是以回收废钢、磁选铁精粉等钢厂内部循环利用为主,使用量有限,目前约有 70% 的钢渣仍处于堆存和填埋状态。放置的钢渣不仅浪费了资源,占用了有限的土地,还会引起土壤、表层水和地下水污染等诸多环境问题,因此开发利用钢渣十分迫切。另外,2018 年 1 月 1 日起施行的《中华人民共和国环境保护税法》明确规定,钢渣属于固体废物税目,税额为 25 元/吨,同时对露天堆存的钢渣在雨季所造成的钢渣渗滤液征收 300 元/吨的环保税,由此可见,钢渣处置已成为现阶段固体废物处置的重点。

钢渣主要包括金属炉料中各元素被氧化后生成的氧化物,被侵蚀的炉衬料、补炉材料,以及金属炉料带入的杂质和为了调整钢渣性质而特意加入的造渣材料,如石灰石、白云石、铁矿石等。钢渣具有密度大、硬度高、强度高、磨光值高、颗粒状好、收缩率低等优越的物理性能,比传统的石灰岩和玄武岩更为突出。由于钢渣属于碱性集料,与沥青的黏附性好,是一种潜在的具有优良路用性能的筑路材料,可在公路建设中充分发挥其优势,因而逐渐被人们研究用于替代天然石料铺筑沥青路面。最初钢渣被当作废弃物直接抛弃,大量的钢渣堆积成山(图 1.2),不仅占用了大片的工业和农业用地,而且对环境造成了很大的污染。这样严峻的形势引起了各国对钢渣环保处置及资源化利用的空前重视。工业发达国家根据钢渣的用途、炼钢工艺特点以及有利于提高炼钢生产能力来选择钢渣的处理工艺,从而保障了钢渣综合利用率的不断提高。目前世界主要发达国家的钢渣利用率已基本达到 100%。我国在早些时候对于钢渣的综合利用重视不够,钢渣的大量堆积已经造成了较严重的环境问题。例如 20 世纪 60 年代以前,首钢的钢渣全部堆积于北京卢沟桥西侧,对环境造成了严重的污染。

图 1.2　堆积如山的钢渣

随着国家可持续发展战略的实施以及我国钢铁企业的产业化生产,如何对钢渣废料进行资源化和高价值综合利用,成为一个持续的研究热点。近些年来,随着环保意识的加强和冶炼工艺的不断提高,我国对钢渣的综合利用率在逐年提高,利用方式也逐渐从简单填埋和堆存向资源化利用转变,尤其在 2004 年至 2008 年之间,我国主要钢铁厂的钢渣利用率飙升,主要被用作工程回填材料。虽然回填工程对钢渣的消纳能力很大,但其技术含量偏低,未有效开发出钢渣的附加值。而且经过直接填埋的钢渣对环境也有潜在的污染风险,其渗漏的重金属离子可能会污染土壤及地下水。从发达国家对钢渣的利用经验来看,道路工程(包括水泥及沥青混凝土)是钢渣资源化利用的主要途径。例如在德国、日本及英国,90%的钢渣应用于沥青及水泥混凝土。学者普遍认为:钢渣的力学性能较轧制的碎石好,不仅耐磨、颗粒级配形状好,而且与沥青有良好的黏附性,同时也很好地解决了优质集料不足的问题。随着我国公路行业的迅猛发展,优质天然石料的供给缺口将越来越大,把钢渣作为集料应用于沥青路面是针对天然石料匮乏的优秀解决方案之一。受钢渣处理工艺和设备的限制,我国部分钢铁厂生产的钢渣集料存在着体积稳定性不良、含灰量较大等问题,低品质钢渣集料也直接导致我国早期修建的几条钢渣沥青混凝土路面试验段质量变异性较大,目前为止,还没有在高速公路及市政主干道中应用的先例。随着钢渣生产应用生态链的逐渐建立,以及配套设施的不断发展和完善,近几年来钢渣集料的品质得到了很大的提升。国内许多研究也表明,钢渣在经过半年以上的存放后已经非常稳定,此外,对钢渣的存放要求也被写入我国《公路沥青路面施工技术规范》(JTG F40—2004)中,这些都为我国钢渣在沥青路面中的应用提供了良好的基础。

本书拟将钢渣集料应用于道路的沥青面层,对钢渣集料的物理性能、化学性能和不同类型钢渣沥青混合料的路用性能进行系统研究,对于促进钢渣在沥青混合料中的高效利用、实现钢渣资源的高附加值循环利用具有重要的作用。

1.1.2.2 尾矿固体废弃物循环再生利用在道路工程中的研究背景及意义

选矿分选作业的产物中,有用目标组分含量最低的部分称为尾矿。在当前的技术经济条件下,尾矿已不宜再进一步分选,但随着生产科学技术的发展,有用目标组分还可能有进一步回收利用的经济价值。尾矿并不是完全无用的废料,往往含有可作其他用途的组分,可以综合利用。实现无废料排放,是矿产资源得到充分利用和保护生态环境的需要。

尾矿的堆存占用大量的土地资源,截至 2005 年,我国尾矿堆放占用土地多达 1300 万亩,造成了严重的生态破坏和环境污染。首先,尾矿自身带有超标污染物或有害组分,在选矿过程中又加入各种化学药剂残存在尾矿当中,在没有经过处理的情况下,直接堆放在地表,不仅占用大量土地,还严重污染了周围的环境;其次,在地表堆放的条件下,尾矿发生氧化、水解和风化,使原本无污染的组分变成了污染组分;再次,流经尾矿堆放场所的地表水,通过与尾矿相互作用,溶解某些有害组分,并携带转移,扩大了污染面,甚至有些矿山的尾矿直接排入湖泊河流中,直接造成水体污染,堵塞河道,造成大面积的生态破坏和环境污染,如图 1.3 所示;最后,我国一些矿山矿物嵌布粒度细,为了达到单体解离,需要将矿石磨得很细,这样的尾矿堆放在尾矿库自然干涸以后,遇到大风天气,表面的尾矿砂会被吹到周边地区,导致该地区的土壤污染、土地退化、植被破坏,对周边的生态环境造成严重的不良影响,如图 1.4 所示。

图 1.3　尾矿对水环境的污染　　　　　　　图 1.4　尾矿对空气的污染

2011 年,我国工业固体废弃物的综合利用率达到 60% 左右,年综合利用量近 20 亿吨,而尾矿综合利用率只有 7%,年综合利用量为 2.69 亿吨。但同时,仅 2011 年,我国尾矿产生量就达 15.81 亿吨,其中铁尾矿产生量就达到了 8.06 亿吨。随着尾矿数量的增多,尾矿坝越堆越高,尾矿库的管理越来越难,尾矿对环境的影响也越来越严重。因此,如何将尾矿加以利用,变废为宝,是人们十分关心的问题。国外对尾矿的综合利用开发研究开展得较早,并取得了明显的经济效益和社会效益。对尾矿的利用途径包括有价元素二次筛选回收、用作建筑材料、作矿山采空区填料、作土壤改良剂及微量元素肥料、利用铁尾矿复垦植被等,如图 1.5 至图 1.8 所示。

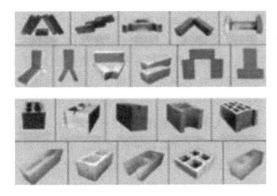

图 1.5　生产各种类型建材产品

图 1.6　生产水泥熟料

图 1.7　改良土壤、尾矿库复垦

图 1.8　路基、路面材料

　　将尾矿用于生产建筑材料产品及水泥熟料,由于强度及自身元素含量的影响,消耗量有限;而改良土壤和尾矿库复垦则旨在对尾矿进行稳定处理,通过在矿山上覆盖植被,降低表层尾矿流失,减少可溶性重金属对水源的污染。公路工程通常需要消耗大量的建筑材料,特别是高路基工程通常需要消耗数量惊人的石方量。而尾矿存储数量大、成本较低,若能将其应用于路面材料、路面基层和底基层中,则不仅可以消耗大量的尾矿,减轻现有尾矿库的库容压力,减少环境排污和土地浪费,还可以大量减少对河砂和土石方的消耗,减少对土地和植被环境的破坏,并进一步降低公路的工程造价。

　　国外对尾矿在道路工程中的应用开展了大量的研究,并广泛应用于实体道路中,取得了良好的路用效果。我国在此方面的研究开展得较晚,虽然已铺筑了一些试验路段,但尚未进行大规模推广。基于尾矿资源对环境产生的巨大危害及其在道路工程中应用可产生的巨大经济效益,本书从尾矿在国内外道路工程中的应用现状出发,结合我国尾矿资源和道路工程的具体特点,拟将尾矿固体废弃物应用于道路工程中,分别从江苏省尾矿资源分布、原料性能(物理性能、化学性能)控制、配合比设计、路用性能指标测试、施工工艺及质量控制等方面开展深入研究,以期获得尾矿资源在道路工程中应用的成套方案。

1.1.2.3　建筑固体废弃物循环再生利用在道路工程中的研究背景及意义

　　建筑垃圾(Construction and Demolition Waste,C&D Waste)来自于建筑的新建和拆

除,主要由可循环再利用的碎石组成。按 2005 年 6 月 1 日起施行的《城市建筑垃圾管理规定》中定义,建筑垃圾是指建设单位、施工单位新建、改建、扩建和拆除各类建筑物、构筑物、管网等,以及居民装饰装修房屋过程中所产生的弃土、弃料及其他废弃物。随着我国城市化进程及城市更新加速,城市内各种建筑物、构筑物新建以及更新速度出现了大幅度的增长,由此导致了城市建筑垃圾排放量已达到垃圾总排放量的 30%～40%。然而,绝大部分建筑垃圾未经任何处理,便被施工单位运往郊外或乡村,露天堆放或填埋,围城现象严重,不仅耗用大量土地和垃圾清运费,而且垃圾填埋会阻断土壤生物链,清运和堆放过程中的遗撒和粉尘、灰砂飞扬等问题又造成了严重的环境污染,形成永久性危害。建筑垃圾的堆放及其对环境的污染如图 1.9 所示。

图 1.9　建筑垃圾的堆放及其对环境的污染

从国内外现有的研究成果和工程应用经验来看,将拆迁过程中产生的优质废弃混凝土资源进行裂解、清洗、破碎、筛分、除杂、分级等工序处理后,形成再生骨料,可全部或部分代替天然骨料配制混凝土或其他工程用混合料。该过程可以合理有效地利用废弃资源,形成建筑材料资源的循环利用,对于保护环境、节约天然优质骨料和自然资源具有重要的意义。

与国外建筑废弃物利用情况相比,由于政策引导、再生工艺、使用标准等方面的因素,我国的建筑固体废弃物综合利用效率较低。而随着可持续发展战略的实施以及环境保护意识的增强,我国相继制定和颁布了国家级、省部级的建筑固体废弃物资源化利用的相关规划和政策。在《国家中长期科学和技术发展规划纲要(2006—2020 年)》中,城市垃圾资源化利用技术被列为我国科技部优先发展领域之一。同时,《国家"十二五"科学和技术发展规划》指出,现阶段我国需"大力发展高效节能、先进环保和循环应用等关键技术、装备及系统,加强技术的集成和推广应用,快速提高我国节能环保领域整体技术能力及产业竞争力"。《国务院办公厅关于转发发展改革委 住房城乡建设部绿色建筑行动方案的通知》(国办发〔2013〕1号)提出了推进建筑固体废弃物资源化利用的要求。住房城乡建设部《城市建筑固体废弃物管理规定》和江苏省政府办公厅《关于印发江苏省绿色建筑行动实施方案的通知》也对建筑固体废弃物的处理做出了明确规定,要求各单位积极开展建筑固体废弃物处理和再生利用技术、装备研发,提升绿色技术创新能力。

从江苏省公路工程建设现状看,由于公路工程需要消耗大量的砂石骨料,随着环境保护力度的加大,部分地区已经出现优质筑路砂石匮乏的现象。江苏省公路质量虽然处于国内领先地位,但由于建筑固体废弃物再生利用起步较晚,在此方面仍然有较大的提升空间,尚未建立建筑垃圾再生骨料在公路工程大规模应用的案例和地方标准。南京市曾在 2005 年开展建筑垃圾资源化利用,铺筑再生混凝土试验段,并通过省级主管部门的科研成果论证。但由于缺乏政策推动,加之资金匮乏,未能得到深入推广。2013 年,常州地区建立了年处理 160 万吨的建筑垃圾循环利用产业化示范项目,生产的再生骨料主要应用于市政道路的基层、底基层的建设。除此之外,其他 11 个地级市均未发现大规模再生骨料应用的相关报道。近年来,江苏省相继出台了促进建筑固体废弃物资源化利用的相关文件和政策,其他一些城市在建筑垃圾资源化利用上也开始起步。2015 年 10 月,苏州相城区一处建筑垃圾资源化利用项目通过验收,项目占地 114 亩,年处置建筑垃圾 100 万吨。2015 年 11 月,扬州建筑垃圾资源化利用项目投入运营。此外,南通如皋建筑垃圾资源化利用项目也已签约,项目占地 50 亩,年处置建筑垃圾 20 万吨。

可以预见,随着相关政策的推动和产业条件的逐步完善,建筑固体废弃物将在越来越多的领域得到广泛应用。在此背景下,将建筑固体废弃物进行再生利用并应用于道路工程中,不仅能节省天然骨料资源,降低工程造价,还能减轻对城市环境的污染,而且从根本上解决了建筑固体废弃物的出路问题,具有重要的现实意义和显著的经济、社会和环境效益,符合可持续发展的要求。

1.2　除冰雪材料及技术国内外研究现状与分析

1.2.1　目前国内外常用除冰雪方法

道路冰雪问题已成为困扰交通运输部门的技术难题,由于道路积雪结冰而导致的经济损失每年高达数亿元。因此,各国都非常重视对道路积雪结冰问题的处理,并进行了大量相关研究[69,70,71,81,82,98],已经探索出多种处理道路积雪结冰的方法,如图 1.10 所示[5,6,7]。

(1) 人工除冰雪法

人工除冰雪方法是一种传统的道路除冰雪方法,此种方法主要通过人工清扫、铲除等方式清除道路的积雪结冰。此方法能够完全清除道路的积雪结冰,但需要耗费较大的人力、物力,且施工作业影响道路车辆的通行及行驶安全,不能连续且长时间施工,因此此种除冰雪方法主要适用于冰雪量不大或重点路段的小范围区域的冰雪清除[8]。

(2) 机械除冰雪法

机械除冰雪方法也是目前传统的除冰雪方法,按照机械作业方式可分为机械铲雪和机械吹雪两种,机械铲雪方法是通过铲、推、扫等方式清除冰雪[图 1.11(a)],机械吹雪方法是利用机械对路面未经碾压的薄层积雪吹风进行清除[图 1.11(b)]。机械铲雪方法适合大面积的除冰雪作业,但是这种除冰雪作业方式不能完全清除道路表面的积雪结冰,界面清除后会形成一个新的冰雪层,路面的抗滑系数仍然较低;机械吹雪方式通常适用于机场路面等较小面积的可控范围的除雪作业,如匝道、桥面和长(大)纵坡均属于特殊路段施工范围,此种

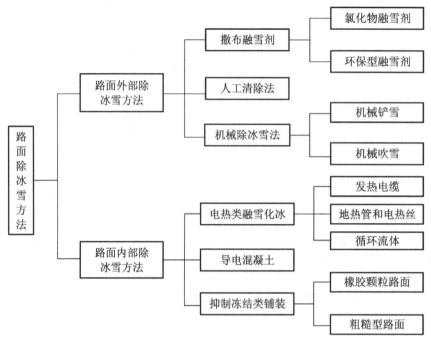

图 1.10　国内外道路除冰雪技术汇总

方法的应用受到很大限制。机械除冰雪前期需要购买除冰雪设备,前期资金投入较大,且这类机械往往只在冬季使用,因此设备利用率较低,成本相对较高[9,63,64,65]。此外,机械除冰雪方法会给沥青路面或桥面留下划痕或造成破坏,从而给沥青路面或桥面带来"硬伤",给交通设施带来潜在的破坏。总体来说,机械除冰雪方法受到许多因素(如路面状况、气温及冰雪厚度)的限制与制约,前期购置除冰雪机械成本较高,机械利用效率较低,且机械除冰雪施工作业时会降低工作断面的交通流量或中断交通,从而影响行车安全。

| (a) | (b) |

图 1.11　机械除冰雪

(a) 铣刀抛投式除雪;(b) 机械吹雪

（3）撒布融雪剂法

撒布融雪剂除冰雪方法是通过降低溶液的凝固点来使溶剂（雪水）的饱和蒸汽压降低，使冰雪融化，从而达到清除积雪和积冰的目的。撒布融雪剂除冰雪方法是一种应用较为广泛的除冰雪方法，从多年的经验来看，当环境条件适宜时，道路冰雪可以被融雪剂彻底清除，达到提高道路运输效率、保障道路交通安全的目的[78,79,80,83,92]。

融雪剂通常可分为氯化物融雪剂和非氯型融雪剂（环保型融雪剂）。氯化物融雪剂因为具有材料来源广泛、价格便宜、融雪效果好的特点，得到了普遍的应用[10,66,67]。但此种除冰雪方法同时具有破坏环境的特点，如长期使用会给排水系统、路面、桥面和钢筋等设施造成严重破坏，同时也给环境（如水域、土壤和生态等）造成严重污染[11,109,112,113]，如图 1.12 所示。氯化物融雪剂除冰雪方法不仅严重破坏环境，同时还会造成巨大的经济损失，如采用氯化物融雪剂除冰雪可迅速降低路面温度，从而导致道路、桥面的使用性能严重下降，寿命缩短。美国弗吉尼亚交通研究机构的研究报告表明，1995 年美国用于道路除冰雪的总费用约为 15 亿美元，而据 1997 年统计数据可知，由于水质污染、装备腐蚀等而导致的经济损失竟高达 50 亿美元[12,72,73,74,75]。美国的另外一项统计报告表明，假如每年使用 1000 万吨融雪剂，对道路、车辆造成的经济损失为 29 亿～59 亿美元，给停车场造成的损失为 0.75 亿～1.5 亿美元，且因此会导致 5%～10% 的植物病变或枯死。由此可见，氯化物融雪剂的使用不但会造成严重的环境破坏，而且还会带来巨大的经济损失。

正是由于氯化物融雪剂存在以上问题，近年来环保型融雪剂材料成为新的研究热点，各国都在积极研发环保型融雪剂，如尿素、醋酸镁钙、硝酸钙等。这类环保型融雪剂成分中不含氯盐和硫酸盐等腐蚀性物质，对环境及结构物的污染和破坏较小，但这类材料的价格高昂，价格为氯化钠价格的 15～30 倍，因此材料的使用范围受到限制，目前还未大面积推广使用，同时由于环保型融雪剂降低冰点的性能弱于氯盐，因此此类融雪剂使用时用量大且使用温度不能太低[13,14,15]。

 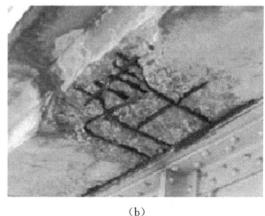

|（a）| |（b）|

图 1.12　融雪剂的副作用

（a）被破坏的路面；（b）被腐蚀的桥梁

（4）电热类融雪化冰法[77]

电热类融雪化冰法的技术原理是将热水、地热、燃气、太阳能[95]等热能或电能通过能量转化设备传输至路面而融雪化冰。此技术的特点是清洁环保、能源利用率高,特别适合于特殊区域的融雪化冰,如桥面、机场和高速公路长(大)纵坡等,代表技术有红外线热源法、发热电缆法、工业电热管法、微波加热法[93]、太阳能热管法和储蓄地热源热管融化法等。在全球电力能源紧张的今天,由于发热电缆(图 1.13、图 1.14)、红外线热源、工业电加热除冰雪方法需要消耗大量的电力,因此限制了这些除冰雪方法的应用,而且此类技术仍然存在耗能大、融雪化冰效率相对较低、加热温度对路面性能有较大影响等缺点。

图 1.13 发热电缆的铺装

图 1.14 哈尔滨文昌桥发热电缆融雪效果

(5)导电混凝土

导电混凝土技术是国内外近几年研究得比较多的一种除冰雪技术,此技术分为导电水泥混凝土技术和导电沥青混凝土技术,其中以导电水泥混凝土研究居多,它的原理是采用石墨粉、碳纤维及钢渣等具有导电性的材料代替混凝土中的普通骨料,从而使混凝土具有一定的导电性能和力学性能,混凝土中因添加了导电性材料从而其电阻率发生变化,在通电情况下,导电混凝土电阻发热,产生的热量传输到路面,从而达到融雪化冰的目的[17]。1999 年,美国科学家在总结了路面各种融雪化冰技术的研究成果基础上,提出了采用钢纤维除冰的方法,并且对其导电性能和力学性能进行了研究,结果发现此种技术具有良好的导电性能和除冰雪性能[18]。2002 年,武汉理工大学唐祖全、侯作富等人对导电混凝土电热层的不同布置对混凝土路面融雪化冰效果的影响进行了相关研究,提出了碳纤维导电率与碳纤维掺量、硅粉、集料及电极形式等的相关关系,并进行了相关试验研究和理论分析[19]。该技术利用能量转换使路面融雪化冰,因此该技术存在能量转化效率和安置费用等必须考虑的问题,且混凝土的电阻率随着时间的推移而逐渐变化,导致混凝土的电阻不稳定,从而影响到该技术的融雪化冰效果。

(6)抑制冻结类铺装技术

抑制冻结类铺装技术是通过在沥青混合料中添加一定量的防冻结特殊材料,使路面具有融雪除冰性能。此类技术分为化学抑制类除冰技术和物理抑制类除冰技术。

化学抑制类除冰技术是通过在沥青混凝土中添加诸如氯化钙、氯化镁等除冰材料来降低冰点,从而达到除冰目的。此种技术最早起源于 20 世纪 60 年代的德国、瑞士等欧洲国家,20 世纪 80 年代日本开始研究抑制冻结类路面铺装技术,使路面具有抑制冻结的功能,并于 1986 年在山形县铺筑了粉体盐化物抑制冻结类路面铺装的试验段。近年来,我国也有部分学者开始研究此项技术,具体做法为采用盐化物代替沥青混合料中的矿粉,当遇到降雨或降雪后沥青路面中的盐化物会缓慢地释放出来,从而达到除冰的目的。由于混合料中添加的盐化物数量较少,每次降雨降雪从混合料中释放出来的盐化物数量更少,因此化学抑制类除冰技术的除冰效果并不十分显著,而且随着沥青混合料中盐化物的持续释放,沥青混合料中组成成分会缺失,可能会降低沥青路面的耐久性能。

物理抑制类铺装技术是通过在沥青混合料中添加弹性颗粒材料(如橡胶颗粒),在车辆外载荷作用下产生自应力,改变路面与轮胎的接触状态和路面的变形特性,从而使路面的冰层破碎,达到抑制路面积雪结冰的目的。2008 年,周纯秀、谭忆秋等人采用模拟橡胶颗粒路面应力分布特性对橡胶颗粒沥青路面的除冰效果和抑制结冰机理进行了系统研究,认为弯拉破坏和剪切破坏的共同作用导致了橡胶颗粒路面表面冰层的破坏,但是剪切破坏是主要控制因素,因为橡胶颗粒与混合料中的石料存在巨大的模量差,在车辆外载荷作用下,橡胶颗粒和石料的变形不协调,从而使冰层破碎[20]。该技术具有降噪、环保、节约资源的特点,在一定程度上推动了我国沥青路面除冰技术的发展,但是该技术仅适用于雪量不大、冰层不厚的地区,局限性较大。

(7) 脱黏抑冰材料及涂层类技术

脱黏抑冰材料及涂层类技术是最近几年道路养护科技工作者提出的一种新的除冰方法。所谓脱黏抑冰材料,是通过材料自身含有的融冰材料(如冰点抑制剂)来降低冰点或材料本身含有的疏水材料使冰层与路面隔离,从而达到路面不结冰或路面易除冰效果的材料,它的原理是将环保的融雪除冰材料及疏水材料先负载到吸附载体材料上制成脱黏抑冰材料,通过人工涂刷或机械洒布的形式喷洒到沥青路面上,当降雨或降雪时载体上的融冰雪材料会释放出来融雪除冰;同时,脱黏抑冰材料中的疏水材料能起到隔离冰层与路面的作用,大大降低了冰层与路面之间的黏附力,从而使冰层极易被清除。

脱黏抑冰材料及涂层类技术相对传统的除冰技术具有以下特点:

① 主动融冰雪

以脱黏抑冰材料形式解决道路除冰雪问题,在冬季来临之前提前洒布到沥青路面上,当冬季降雨或降雪时可缓慢释放出来实现主动融冰雪。

② 优良的环保性能

脱黏抑冰材料对路面、桥面、路桥面附属设施及植被没有任何负面影响,是一种除冰的绿色环保材料。

③ 高效持久除冰

脱黏抑冰材料洒布到路面后至少能维持一个冬季的除冰功能,因此具有高效持久的优点。

④ 预防性功能

对沥青路面能够起到有效封水的效果,可有效减缓沥青路面因水下渗而对路面造成的破坏,从而对沥青路面能够起到预防性养护的作用。

1.2.2 脱黏抑冰及涂层类技术研究现状

1.2.2.1 疏水脱黏类易除冰技术研究现状

在高压输电线路覆冰处理技术领域中最早涉及疏水脱黏除冰技术,高压导线涂层除冰技术是一种有效的高压导线防冰、除冰技术措施[21],即在导线上涂抹一层超疏水纳米除冰材料,从而可有效减少输电线路上冰的形成[22,23,24,25]。道路工程工作者借鉴高压输电线疏水除冰技术研究开发出抗凝冰和薄冰易除涂层,专利[30,85,86,94]涉及一种降低冰层与沥青路面黏附性能的疏水涂料,将涂料采用喷涂或刷涂的方式涂到沥青路面上,涂料渗透到沥青路面构造缝隙和集料内部,在沥青路面表面形成疏水涂膜,降低冰雪对路面的黏附,从而达到冬季沥青路面冰层易被清除的目的。2013 年,王声乐课题组对基于疏水表面的沥青路面抗凝冰性能和薄冰易除型路面涂层应用技术进行了研究,研发出一种具有疏水性能的涂层技术,该技术与高压导线除冰机理类似,是在沥青路面构筑一层疏水膜对冰层进行隔离而不具有自融冰的功能,但只进行了少量试验段试验,未对施工流程及工艺进行总结,且未开发专门的施工机械设备[116,117]。

1.2.2.2 缓释类融雪除冰技术研究现状

(1)缓释类融雪除冰涂层技术研究现状

2012 年,长安大学蒋松利首次提出了环保型沥青路面融雪除冰涂层技术这一概念。环保型沥青路面融雪除冰涂层技术一方面具有疏水性能,从而降低冰层与路面之间的黏附力;另一方面具有缓释融雪除冰性能。蒋松利对该性能进行了研究,并铺筑了相关试验段,但未提出针对涂层特点的施工技术指标及要求,且未针对涂层的特点进行专门的施工机械设备开发[27]。

专利[26]提出一种环保型路面融雪除冰脱黏抑冰材料及其制备方法和使用方法,并对该除冰材料进行了室内性能验证试验。文献[27,28,61]针对融雪除冰脱黏抑冰材料的原理设计了系列试验,验证了脱黏抑冰材料的性能,并对施工工艺进行了探索。文献[29]通过在乳化沥青中添加适量缓释防冰剂的方式设计合成了一种沥青路面防冰冻脱黏抑冰材料,并围绕不同掺量的防冰冻脱黏抑冰材料进行了除冰效果评价试验和电导率试验,开展了脱黏抑冰材料最佳洒布厚度试验。

(2)缓释类自融雪技术研究现状

缓释类自融雪技术最早于 20 世纪 70 年代由瑞士和德国的道路专家提出,该技术利用氯盐的冰点降低作用以及水解放热性能对路面结冰起到抑制作用[118]。Siegmund Werner 等人利用多孔吸附材料吸附自融雪外加剂,通过缓慢释放达到长期融雪的目的[119]。Kaemereit Wilhelm 等人利用水泥的固化性能,以水泥为载体材料成功制备出 0.5～1.0 mm 颗粒类自融雪外加剂材料[120]。瑞士 Verglimit 公司研发的 V-260 融雪剂是在氯化钙表面包裹疏水材料制成的,目前应用较为广泛。日本自融雪技术通常是采用多孔沸石为吸附载体吸附盐化物,并以粉末的形式添加到沥青混合料中以代替混合料中的细集料或矿粉,通过盐化物的释放达到融雪除冰的目的。

我国最早于 2000 年左右从国外引进自融雪技术或材料,近年来国内很多道路研究人员开始研究自融雪技术。2012 年,孙嵘蓉采用日本融雪技术研究开发出自融雪外加剂[121]。2013 年,长安大学彭磊研究开发出缓释型且对桥梁及道路结构物金属构件无腐蚀、安全环保的颗粒型融雪外加剂 Iceguard[122]。2013 年,长安大学的刘状壮研究开发出具有缓释性能的粉末状自融雪材料,且对材料表面进行憎水处理,提高了缓释效果[123]。2013 年,常嵘研发出一种微胶囊融雪剂及融雪雾封层技术,胶囊结构能够保护乳化作用免受盐分的影响,破乳后盐分能够持续析出,融化道路表面积雪,但此种技术存在因车轮磨耗而造成耐久性较差的问题[124]。

1.2.2.3　疏水脱黏类易除冰技术与缓释类融雪除冰技术性能评价

（1）疏水脱黏类易除冰技术性能评价

东南大学李福建采用喷涂疏水涂料后的路面润湿性、石料吸收率变化和钢球冲击后冰层的裂纹长度、裂纹分布密度等指标对冰与路面的黏附力进行评价[117]。

东南大学邓爱军采用接触角和马歇尔覆冰试验对材料的疏水性能进行评价[116]。

长安大学蒋松利分别从涂层材料的除冰雪性能、耐久性能和对路面抗滑性能的影响等方面对除冰涂层的性能进行分析评价[27]。

（2）缓释类融雪除冰技术性能评价

长安大学张丽娟提出了盐分溶析目标值的计算方法,通过溶析试验对盐分溶析的规律及其影响因素进行了研究[125]。

长安大学孙玉齐通过自然溶出法和加速溶出法对自融雪路面的融雪性能持久性进行了研究,对自融雪沥青混合料的融雪性能,通过加压动摩擦系数仪试验、冰雪与路面冻结凝固力试验、延缓冻结试验,以及对薄冰作用试验、积雪作用试验和加速融化试验方法进行评价[126]。

长安大学吴淑娟通过研究建立了长期融雪性能回归模型,并给出了计算公式,采用此公式可以计算出全国不同地区自融雪沥青路面中外加剂的析出量[127]。

长安大学张林林以 Iceguard 为外加剂对自融雪沥青路面的融雪机制和性能进行研究,采用与国外产品及试验路对比的方法,结合快速溶出试验,确定了 Iceguard 的使用寿命,评价了添加 Iceguard 的沥青混合料长期融雪性能[128]。

1.2.2.4　疏水脱黏类易除冰技术与缓释类融雪除冰技术施工设备研究现状

对于缓释类融雪除冰技术,一般通过添加融雪外加剂到沥青混合料中的方式进行施工,因此此类技术施工机械与正常的沥青混合料施工机械并无区别;对于疏水脱黏类易除冰技术,目前仍处于试验阶段,通常采用人工滚涂或小型机械施工,尚无适合于大面积施工的专用设备,需要针对此类技术及材料的特点开发专门的施工机械设备。

1.2.3　脱黏抑冰材料技术研究现状分析

通过国内外对脱黏抑冰材料的研究和应用情况可知,目前脱黏抑冰材料技术处于起步和探索阶段,各方面均不成熟,并没有形成一套完整的脱黏抑冰材料技术评价指标和质量控制标准,且目前工程应用处于试验阶段,需要铺筑一定量的实体工程总结大面积施工的控制要求及标准,为大面积推广应用奠定基础[68,76,90,91]。总结目前脱黏抑冰材料研究现状,主要存在以下几点不足:

(1) 专利[26,87,88,89,96,97]中提出的脱黏抑冰类材料采用乳化沥青作为黏结材料,盐化物对沥青的水乳化作用使得脱黏抑冰材料罩面层对路面黏附效果差,乳化沥青的易破乳特性造成脱黏抑冰材料的生产、存储、施工较难控制,亟须对配方进行改进,进一步提升其性能。

(2) 脱黏抑冰材料技术作为一种新的除冰技术,目前大部分是针对室内性能进行分析评价,对脱黏抑冰材料大面积施工尚未提出有针对性的施工技术指标及要求。

(3) 目前脱黏抑冰材料大部分停留在试验阶段,未针对脱黏抑冰材料的特点研发大面积施工机械设备,且未对材料施工应用流程进行系统总结。

1.3　固体废弃物循环再生利用国内外研究现状与分析

1.3.1　钢渣固体废弃物循环再生利用国内外研究现状与分析

1.3.1.1　钢渣的资源化利用途径

20 世纪初期国内外开始研究钢渣的利用,已经取得了显著的成果。目前,国内外综合利用钢渣的主要途径如下[129-145]:

(1) 返回冶炼再用

钢渣返回冶炼再用,包括返回烧结、返回高炉和返回炼钢炉。钢渣用作冶炼熔剂可以回收钢渣中的 Ca、Mg、Mn、V、Fe 等元素的氧化物和稀有元素等成分,能大量节约石灰石、萤石等造渣材料的用量,降低焦比,提高利用系数,从而降低成本。世界几个产钢大国一直坚持利用钢渣返回作冶炼熔剂,而且占钢渣资源化的比重很大。美国把钢渣配入烧结和高炉内,再利用量达 1000 万吨,再利用率约为 56%,德国的约为 24%,日本的约为 19%。我国如果能有 50% 的钢渣在烧结、炼铁、化铁、炼钢等方面得到广泛应用,每年将节约 300 万吨石灰石,相当于增产含铁 40% 的铁矿石 200 万吨。但钢渣作冶炼原料时,由于钢渣成分波动大,给生产控制带来一定的困难。

(2) 制作钢渣水泥

钢渣化学成分表明,高碱度钢渣含有大量 C_3S(硅酸三钙)、C_2S(硅酸二钙)等活性物质,有很好的水硬性,能产生一定的强度,把它与一定量的高炉水渣、煅烧石膏、水泥熟料及少量激发剂配合球磨,即可生产钢渣水泥。应用钢渣水泥配制混凝土,可用于民用建筑的梁、板、楼梯、砌块等,也可用于工业建筑的设备基础、吊车梁等,这在国外具有悠久的历史,应用得较早。我国 20 世纪 80 年代发展速度明显,有两种方式生产钢渣水泥,拥有 50 多座钢渣水泥厂,钢渣水泥生产已超过 300 万吨,本溪、安阳、邯郸等地都建有钢渣水泥厂。钢渣作生产水泥的原料时,钢渣的膨胀性使得它不能完全代替水泥,同时我国严禁将钢渣碎石作混凝土料使用。

(3) 作筑路与回填工程材料

钢渣碎石比重大、强度高,一般抗压强度大于 180 MPa,磨损率均小于 25%,耐腐蚀,与沥青结合牢固,因而广泛用于修建铁路、公路及工程回填。德国推荐在水利工程、堤坝建筑中使用,已经用转炉钢渣加固了莱茵河港口和谬司河岸,用平炉渣加固了一些河流的河床,采用 0~10 mm 转炉钢渣加固海岸斜坡脚,使海岸下部基础更结实,即使船舶停泊几年也不会损坏。

(4) 农肥和酸性土壤改良剂

钢渣含有 Ca、Mg、Si、P 等元素,并且 Si、P 氧化物的构溶性高,因此可根据元素含量的不同做不同的土壤改良剂加以应用。实践表明,钢渣磷肥不仅在酸性土壤中使用效果好,在缺磷的碱性土壤中施用也可增产,不仅在水田施用效果好,在旱田施用也起作用,这对我国许多缺磷土壤和酸性土壤的地区来说,充分合理利用钢渣资源具有重要的意义。

(5) 回收废钢

钢渣一般含 7%~10% 废钢,经粉碎加工磁选后,可回收其中 90% 的废钢,对于节约废钢资源、提高经济效益有着十分重要的意义。

(6) 用于废水处理

试验发现钢渣可用作处理含 Cr^{3+} 的废水,铬与钢渣按一定的质量比投加后,可以达到很好的去除效果。处理含 As^{3+} 的废水,按砷与钢渣的质量比为 1/2000 投加钢渣,砷的去除率可达到 98%。

(7) 作炼铁炼钢熔剂

钢渣中的 CaO 是钢渣的主要成分,在高炉中加入适量的钢渣,可以节省石灰石,改善高炉渣的流动性,增加产量,使高炉行程通畅,崩悬料减少。在转炉的应用方面,一吨钢使用高碱度的钢渣 25 kg 左右,并配白云石,可以使炼钢中钢渣成渣早,流动性好并节省石灰石,具有减少初渣对炉衬的侵蚀、提高炉龄、降低耐火材料消耗等优点。钢渣直接返回高炉使用的目的,主要是利用钢渣中 CaO 代替石灰石,同时回收利用钢渣中的有益成分,节省熔剂消耗,改善高炉渣的流动性,增加炼铁产量,但缺点是钢渣中强碱性物质对高炉寿命有影响,要限量使用。

1.3.1.2 国外钢渣沥青混合料的研究和应用

工业发达国家在钢渣的利用研究和应用上,比中国早很多。联合国组织 ECE 对钢渣利用状况进行调查,结果显示,欧洲发达国家、日本、美国等二十多个钢铁工业发达国家的钢渣已经基本完成了零排放,其中 50%~60% 的钢渣被用于道路工程。美、法、日等国的道路工程学者达成共识,一致认为钢渣是最经济环保的道路材料[146]。表 1.1 列出了世界主要产钢国钢渣的利用情况[134-136]。

表 1.1　主要产钢国钢渣利用情况

国家	利用情况	利用率
日本	返回冶金循环利用 20%,筑路 23%,土木工程 42%以上,水泥工程 6%,农肥 2%,其他 5%	98%
美国	返回冶金循环利用 56%,筑路 38%,其他 4%	98%
德国	返回冶金循环利用 24%,筑路 23%,建筑 12%,农肥 18%,其他 3%	80%
俄罗斯	返回冶金循环利用 5%,筑路 35%	40%
中国	返回冶金循环利用 5%,水泥混凝土掺合料 3%,筑路、建材 2%	10%

美国、日本和欧洲等国在钢渣用于道路工程建设方面积累了大量的经验,取得了十分显著的效果。美、日已编制出适用于本国的钢渣道路材料施工规范和技术标准。钢渣有比天然碎石好的力学性能,如自然级配、耐磨、颗粒形状等都适合铺路,是沥青混凝土路面的理想骨料[147]。

1970 年,美国矿渣协会提出了"各种钢渣作建筑业中碱性骨料的用量应该提高,高炉渣可以回收炼制钢铁,与之相比,钢渣却没有很大的炼钢应用潜力,只是钢渣有特殊优点,比如钢渣可作公路路面,因为钢渣有优于其他工业废渣的很高的抗磨性"。美国国会在 1998 年通过了交通公正运输条例并拨款 2050 亿美元,旨在促进钢渣的再利用。2001 年,美国全年大约生产钢渣 84.5 万吨,这些钢渣有许多都用于再利用或者出口[148]。

德国也十分重视钢渣的综合利用和循环经济工作,新技术、新装备层出不穷。当今钢渣在德国的主要利用途径是用作建筑材料,在道路工程中的地基基础、底基层、基层和沥青面层都得到了广泛应用,德国的钢渣利用情况如表 1.2 所示。德国每年仅约 10%的钢渣由于质量原因暂不作循环利用之列而堆弃于堆场,另有约 10%的钢渣可循环利用但鉴于其他原因暂存放在堆场。这表明德国在钢渣处理方面已有充足的经验。据调查可知,钢渣在德国的循环利用已形成了完善的处理系统,并且有相应的已严格贯彻实施的政策法规[137]。而法国主要将钢渣应用于改良土壤和制造农业化肥。

表 1.2　德国钢渣利用情况

用途	道路工程	冶金循环使用	肥料	建筑工程	其他工程
百分数/%	23	24	18	12	3

日本在钢铁资源化方面做了大量的工作,1976 年在钢铁联盟内成立"钢渣资源化委员会",重点了解钢渣的基本特性,开发有关利用和生产的基础技术,并且把 JIS 标准化等作为研究开发目的。从 1979 年起,日本建设省土木研究所、土木研究中心和钢铁联盟的钢铁渣协会共同研究钢渣在道路工程中的应用;1988 年修订《沥青路面铺路纲要》,确认可使用钢渣。日本住友金属工业把研究的钢渣作上层路基材料,经过室内试验和在小仓、鹿岛、和歌山三个厂内的试验路进行试验,经过两年的跟踪调查,证实道路表面完全没有因钢渣膨胀产

生异常现象。到 2010 年,日本的钢渣利用率已达到 95％以上,其中用于道路工程的钢渣已达到 20％以上,部分地区的使用率已达到 40％。目前在日本国内,钢渣的应用主要集中在土木工程、道路工程和返回冶金循环利用方面。日本为世界各国在工业废料资源的综合再生利用、建设良好的循环经济模式等方面提供了良好的参考和借鉴。

1.3.1.3　国内钢渣沥青混合料的研究和应用

首先,我国钢渣利用起步较晚,且人们对钢渣用于建筑领域有抵触情绪,对不成熟的科技成果持观望态度。中国钢渣基数庞大,国内企业对利用钢渣资源认识不足,认为钢渣的主要利用途径是获取钢铁,在思想上认为钢渣利用无法与作为矿产资源利用相比,研究钢渣的物理化学性质、资源化工艺和设备、利用途径等方面不够深入。其次,目前我国钢渣处理还仅仅依附于钢铁企业,没有专门处理生产钢渣的企业,而企业对钢渣处理不够重视,在发展钢铁产能时却忽略安排处理钢渣的专项资金,因此需要国家使用宏观调控的手段进行干预[149]。再次,因为地区发展不平衡的原因客观存在,大、小型企业在钢渣利用上发展不平衡,只有在东部、中部经济发达地区集中着钢渣利用率高的企业。最后,目前国家政策法规的可操作性、指导性不理想,缺乏有效的监督机制和激励政策。这些因素造成我国对钢渣的实际综合利用率偏低,这和国家对钢渣利用的要求还有不小的差距[136]。

从 2004 年开始,我国的粗钢产量迅速增长,但是钢渣的利用率却是大幅下降。随着国家宏观经济和产业结构的调整,粗钢产量增速放缓,与之对应的钢渣利用率也有了逐渐回升的趋势,但离实现钢渣资源循环利用经济的目标仍然有一定差距。

我国的钢渣最早用于道路工程是在 20 世纪 70 年代。天津港二号路是钢渣填筑路基的第一条道路,路段全长 2.42 km,1980 年通车,根据 2005 年的调查资料显示,该路段的水泥路面除胀缝处有损坏外,其余路面均完好无损。1984 年建成通车的新港四号路也采用钢渣填筑道路路基,通过后期大交通量和大吨位运载车辆验证性能良好,说明大胆选用钢渣作为道路填筑材料是合理的。

此外,将钢渣用于道路工程在我国其他地区也有实践,并取得了良好的效果,如武钢金属资源有限责任公司与武汉理工大学合作,于 2002 年 11 月在公司内部修筑了一条钢渣沥青混凝土试验路段,其中面层采用 AC-20I 型钢渣沥青混凝土。随后在 2003 年将钢渣作为粗骨料成功应用于武黄高速公路大修工程豹澥段大道,其上面层采用 SMA-13 型钢渣沥青混凝土,并且采用了 PG76-22 型改性沥青[139,145]。2004 年,仙桃汉江公路大桥桥面铺装也采用了武钢钢渣作为主集料的沥青混凝土。武钢钢渣料场公路、宝成铁路复线江油车站工程试验段填筑路基、邯郸某二级公路填筑路堤、国道 312 线兰州柳沟河至忠和高速公路试验路段填筑路堤、京深高速公路邯郸马峰二级公路填筑软基、京沪高速铁路徐沪段填筑路基、唐山市学院北路道路工程试验路段路面基层、306 线(辽宁凌源市区段)和凌源市府路路面基层、首钢预制品厂南路 2500 m² 路面基层、京石高速公路杜家坎收费站路面基层、包哈线沥青路面公路改建工程路面基层、武黄高速公路路面修复工程、包头市南绕城公路路面基层、沪宁高速公路上海段长 10 m 的钢渣桩等项目也都成功利用了钢渣。

上海同济大学、北京市政研究院针对宝钢、首钢的处理钢渣也分别进行了一定的试验研究,研究方向主要是钢渣作为公路路面基层材料和水泥混凝土中的高活性添加掺合料应用[132,135],通过研究在一定程度上分析了钢渣的物理化学性质。钢渣拥有高强度、高耐磨、小压碎值、良好的颗粒形状和均衡的自然级配等力学属性,这些性能比天然碎石集料更优秀。企业和研究机构在一定程度上对使用钢渣最为担心的膨胀问题也进行了研究分析,只是深入研究的程度还不够。除了优良的力学属性外,钢渣与沥青的黏附性非常好,通过水煮法得出的沥青和钢渣的黏附性等级达到了5级,这主要是因为钢渣孔隙率大,沥青等胶结材料会渗入各个孔隙与之结合,产生更强的附着性,较砾石、碎石毫不逊色[150]。

2009年,上海世博会园区内的路面所用的混凝土和地面砖由宝钢钢渣制成,经检验,工程技术质量达到绿色建筑美国最高版本标准要求。目前,除世博园区外,该产品还在松江区特奥会训练中心、延安绿地景观道路、宝山顾村公园、水木年华社区等路面推广应用。宝钢钢渣透水混凝土产品具有抗折强度高、耐磨性好、透水和透气功能强、长期使用无掉粒现象等综合优势。用钢渣替代水泥,既可节约资源,又可减少二氧化碳排放,有利于抑制"热岛效应"。该类产品可广泛应用于公园道路、人行道、各种新型体育场地、河道、高速公路、山体护坡、海工护堤的铺设,具有较强的市场竞争力[151]。近年来,各地钢铁厂陆续成立了钢渣厂,建立了钢渣处理工艺线,形成了若干专业化钢渣处理生产基地,加快了钢渣的推广利用。钢渣的利用研究,正受到越来越多高校和科研院所的关注,尤其是在道路工程中的研究日益受到重视。

纵观国内外关于钢渣在道路工程中的利用现状可知,钢渣多应用于道路路基、路面基层、底基层、水泥混凝土面层等结构层中,在道路工程沥青面层中的应用尚处于初步探索阶段,缺乏相关的经验,需对钢渣的性能、钢渣沥青混合料的施工工艺和质量控制进行系统研究,以指导工程实践。

1.3.2 尾矿固体废弃物循环再生利用国内外研究现状与分析

尾矿资源的种类较为丰富,例如铁尾矿、金尾矿、铜尾矿、铅锌尾矿、石棉尾矿等。我国是钢铁生产大国,现存的60亿吨尾矿中近1/3是铁尾矿,江苏省的19座尾矿库中也以铁尾矿库居多,包括梁塘铁尾矿库、鸡笼山铁尾矿库、吉山铁尾矿库、冶山铁尾矿库、云台山硫铁尾矿库等。此外,江苏省还有九华山铜尾矿库、锦屏磷尾矿库、谷里铜尾矿库等。本项目将以铁尾矿为主,其他尾矿为辅,综合介绍尾矿资源在道路工程中的应用现状。

1.3.2.1 尾矿资源在国外道路工程中的应用现状

国外对尾矿资源的路用性能开展了广泛的研究和应用[152-154],包括尾矿路用体系的配合比设计、强度、吸水性能、渗水性能、温度稳定性、抗冻性、矿物组成、微观性能等,并积累了大量的经验。其中,尾矿资源在美国道路工程中的应用最为普遍,有约20个州将铁尾矿应用于实际道路工程的铺筑,例如加利福尼亚州、明尼苏达州、新泽西州、纽约州、宾夕法尼亚州、怀俄明州等。现以最具代表性的明尼苏达州为例,阐述铁尾矿在其道路工程中的应用。

明尼苏达州的梅萨比铁矿区曾是世界上最大的铁矿地带,铁尾矿在该区道路工程中的应用已有50年的历史[155,156]。该州每年的建设需消耗大量砂石等自然资源,而天然砂石资源的匮乏给其建设需求带来了很大压力。由于铁尾矿具有良好的性能及丰富的存储量,因此长期作为道路及其他建设砂石骨料的重要来源。该州的实践表明,采用铁尾矿作为路基材料及沥青路面材料修筑的公路强度高、耐久性好。

20 世纪 50 年代至 60 年代,铁尾矿开始在明尼苏达州北海岸锡尔弗贝城应用。锡尔弗贝城 Reserve 矿业公司于 20 世纪 60 年代首先将铁尾矿应用于混凝土楼板的建造,并逐渐应用于城市道路底基层(厚度 18 英寸,即 45.72 cm)的铺筑。此外,锡尔弗贝城将铁尾矿广泛用于城市道路混凝土路面的铺筑,路面下通常铺设 1 英尺(30.48 cm)厚的铁尾矿路基。

铁尾矿在高速公路中的应用始于明尼苏达州高速公路管理局。1958 年,明尼苏达州高速公路管理局将铁尾矿应用于铺筑 61 号公路(Trunk Highway 61,TH61)路基;1961 年,铁尾矿又被用于比弗贝 4 号公路(County State Aid Hihgway 4,CSAH4)的填料及沥青路面层;1962 年,铁尾矿被应用于 Split 矿区(Split Rock Area)61 号公路路基铺筑。1969—1970 年间铺筑的 61 号公路各层结构几乎全部使用了铁尾矿(底基层、面层),其中部分路段的铁尾矿填筑深度达到 3 英寸(91.44 cm),这些公路至今仍保持良好的使用状态。20 世纪 60 年代末,弗吉尼亚修筑的 53 号绕城公路,在沼泽地区的填筑深度最深达到 30 英寸。

20 世纪 70 年代,铁尾矿在沥青罩面层中得到广泛应用。从梅萨比地区到双子星城,铁尾矿被广泛用于铺筑罩面层。20 世纪 70 年代铺筑于大瀑布城至穆尔黑德地区的罩面层,至今使用良好。威尔玛市在 70 年代采用铁尾矿铺筑的 100 多公里路面,部分路段至今仍在服役。

1975 年,共有 6 万多吨铁尾矿被应用于德卢斯市和明尼阿波利斯市高速公路和桥面,以及双子星城 36 号和 280 号公路的铺筑。同年,又有 2.3 万吨铁尾矿被应用于明尼阿波利斯-圣保罗 35E 和 35W 州际公路的铺筑。美国联邦高速公路管理委员会关于尾矿在高速公路中应用的报告指出:"铁尾矿罩面层的服役性能超出预料,采用铁尾矿铺筑的路面具有良好的耐磨和抗滑性能,未来铁尾矿或可成为罩面层的专用集料。"1974 年,埃弗莱斯南部地区铺筑的 7 号公路(CSAH7)全长 33 km,各层结构全部采用了铁尾矿,这些路面至今已服役近 50 年。

20 世纪 80 年代至 90 年代,铁尾矿已被广泛应用于梅萨比地区和德卢斯市的公路基层、底基层以及沥青混合料。其中,沥青路面混合料(包括 Superpave 混合料)几乎 100% 使用铁尾矿。大量的实践表明,采用铁尾矿碎石配制的沥青混合料具有优良的体积可控性,尤其是对空隙率的控制。90 年代末,明尼苏达州全长 18 英里的 2 号公路,首次采用 Superpave 技术铺筑,即采用了联合矿业(United Taconite)提供的铁尾矿。

在此期间,铁尾矿碎石被广泛应用于 53 号、169 号、37 号公路抗磨层混合料的配制。此外,铁尾矿碎石也被用于铁路路基的铺筑。值得一提的是,在 20 世纪 80 年代,国外学者还开发出一种采用铁尾矿沥青混合料修补罩面层的技术。

21 世纪以来,明尼苏达州各大城市几乎所有的改建工程都采用了铁尾矿。169 号公路矿山至奇瑟姆市路段排水沟饱受混凝土抗冻性差的困扰,在 2002 年的修复工程中全部采用尾矿碎石重新修建后,该问题得以解决。2003—2005 年,德卢斯市 53 号公路盘山路段底基层、路基、排水沟、挡土墙的修建也全部采用铁尾矿。

2003 年,弗吉尼亚第 9 大道的重建工程,采用铁尾矿碎石底基层和基层;2006 年,弗吉尼亚第 2 大道和第 6 大道的重建工程,采用铁尾矿碎石铺筑基层。2004—2005 年,在北弗吉尼亚修筑 53 号公路与 169 号公路立交枢纽工程中,用于铺筑基层和底基层的铁尾矿碎石超过 182 万吨,如图 1.15 所示。

图 1.15　铁尾矿碎石在 TH53/TH169 交通枢纽工程中的应用

　　2004 年和 2008 年,明尼苏达州运输部与矿产资源部合作开展了铁尾矿在沥青及混凝土中应用的评估工作,并铺筑了两段试验公路。随后,运输部又与明尼苏达德卢斯大学矿产资源研究中心合作开展了对上述试验路段的监测工作,目的在于评估铁尾矿在铁路工程中应用的可能性,监测的内容包括路面车辙、断裂情况、裂缝扩展情况、摩擦性能、行车舒适性等[157]。

　　2003 年,铁尾矿碎石还被用于布雷纳德国际汽车拉力赛赛道的修建。由于较高的密度和良好的耐久性,赛道出发台采用沥青铁尾矿碎石混合料铺筑,该赛季就有两项世界纪录被打破。由于铁尾矿在 BIR 赛道表现出的良好性能,印第安纳波利斯和佛罗里达的赛道管理公司均对此表现出浓厚兴趣,但由于混合料配合比设计得不合理,因此铺设的铁尾矿赛道相继出现问题并被重新更换。

　　据统计,明尼苏达州采用铁尾矿铺筑的公路工程超过 400 项,总长度超过 1120 英里,由于良好的耐久性及抗裂性,将其与 Superpave 技术结合使用,可有效提高沥青路面的性能。

　　除铁尾矿外,其他尾矿也被广泛应用于道路工程。例如,1963 年美国科达伦 90 号公路的路基铺筑工程消耗了约 76 万立方米银铅锌尾矿,该公路路用性能良好,至今仍处于服役状态。堪萨斯、密西西比、俄克拉荷马等州也已连续多年将铅锌尾矿用于高速公路沥青混合料面层的铺筑,实践表明,采用铅锌尾矿铺筑的路面具有优异的抗滑性能和良好的行车性能。新墨西哥州则将钼尾矿用于该州的道路工程,铺筑的道路服役至今。1972 年,犹他州将铜尾矿用于高速公路路基的铺筑,每天消耗 1.8 万吨,累计消耗超过 500 万吨铜尾矿,其中仅 215 号公路就消耗了约 300 万吨铜尾矿。

1.3.2.2　尾矿资源在国内道路工程中的应用现状

　　我国铁尾矿综合利用起步相对较晚,但进展较快。近几年来,随着矿产资源及环境保护意识的不断增强,该工作已引起有关部门的重视,一些研究院所、高等院校等单位与矿山企业紧密合作,在铁尾矿利用方面取得了一些实用性成果。

　　20 世纪 90 年代,马鞍山矿山研究院和东北大学共同开展了尾矿砂用于路面材料的研究,并于 1991 年 3 月通过冶金工业部鉴定。该项目采用尾矿砂在一级公路慢车道上铺筑了试验段,经过碾压及一定龄期的路面养护,达到国家公路路面基层材料标准。其试验所用尾矿主要矿物组成包括 TFe、SiO_2、FeO 等,粒径范围 0.01～0.175 mm,混合料中尾矿砂的掺量达到 30%～40%。试验结果表明,该试验段实际弯沉值较小,达到试验预期目的[158]。

河北野兴公路为平原微丘区二级公路[159],路基宽 9～12 m,路面宽 8.4 m。工程采用石灰、粉煤灰稳定尾矿砂铺筑 18 cm 厚路面基层试验段。结果表明,施工中结构成型过程正常,无松散、沉降现象,经过几年的通车检验和现场勘查,尾矿砂基层路面整体状况良好,路面无车辙、拥包等病害,仅有部分路段出现少许裂缝。河北省平青乐线全长 38.083 km,为二级公路,路面宽 11.4 m,其改建工程采用水泥稳定尾矿砂碎石基层,尾矿砂掺量 38.7%,水泥掺量 5.0%,7 d 钻芯样无侧限抗压强度 4.5 MPa,符合设计要求。

大连理工大学杨青等人[160]研究了铁尾矿砂在公路基层中的应用,尾矿砂取自辽宁朝阳,粒径范围在 0.3～0.6 mm 之间的约 44%(质量分数),在 0.15～0.3 mm 之间的约 26%,细度模数1.63,尾矿主要化学组成包括 SiO_2、Fe_2O_3、Al_2O_3 等。研究表明,通过复掺水泥或石灰均可满足低等级公路基层的要求,在满足 7 d 龄期强度的前提下,石灰稳定尾矿砂方案的后期强度增长明显,劈裂强度均大于石灰稳定黏土,抗干缩变形能力也优于石灰稳定黏土。

苏更[161]将首钢矿业公司迁安市铁尾矿应用于二级旅游公路路面基层。工程采用水泥稳定碎石,尾矿碎石粒径 4.75～31.5 mm,尾矿砂粒径 0.075～1.18 mm,水泥:集料=5:100,尾矿碎石:尾矿砂=72:28。混合料基层铺筑达到养护期后,进行现场检测和钻芯取样试验,各项结果均满足基层施工规范要求,其中 7 d 强度均值 3.52 MPa,最高 5.20 MPa,最低 3.43 MPa。

刘炳华等人[162]对尾矿砂填筑公路路基的物理力学性质及参数进行了研究,采用的尾矿砂级配均匀、粒度较细,主要分布于 0.1～0.6 mm 范围内,属于特细砂。从粉煤灰路基的施工经验看,尾矿砂中黏粒含量太少,施工中需要在尾矿砂中添加黏土进行混合料配制,目的是为了增加细颗粒与黏粒含量,便于施工过程中的压实,且不会造成环境污染。在掺土 15%时,适宜作为路基填料且具有足够的稳定性;而在路基填方材料上,由于高速公路填方路基上路床填料的最小强度(CBR)要求为 8%,因此,当尾矿砂的承载比无法完全满足要求时,需在上路床填料中采用强度较高的黏土质材料,工艺上则需分层铺筑,均匀压实。

孙吉书等人[163]基于《公路无机结合料稳定材料试验规程》(JTG E51—2009),对石灰、粉煤灰稳定铁尾矿碎石的路用性能开展了研究,研究了石灰、粉煤灰稳定铁尾矿碎石混合料的强度、弹性模量、抗冻性能、水稳定性等路用技术指标。该试验采用的铁尾矿碎石由粗尾矿(4.75～8.5 mm)及细尾矿(0.075～4.75 mm)组成。试验结果表明,石灰、粉煤灰稳定铁尾矿碎石具有较高的强度、刚度和良好的水稳定性、抗冻性能;当石灰:粉煤灰:铁尾矿碎石=9:18:73 时,混合料满足规范对各种交通条件下基层材料的强度要求,当石灰、粉煤灰比例为18%～27%时,混合料可作为各级公路的底基层材料,以及轻交通沥青路面的基层材料。

张晓辉等人[164]开展了水泥稳定铁尾矿砂的力学特性研究,采用鞍钢集团弓长岭矿区高硅型铁尾矿砂,细度模数 1.12。试验结果表明,水泥掺量为 12%～18%时,水泥稳定铁尾矿砂具有稳定的力学性能。7 d、28 d、90 d 强度的对比表明,水泥稳定铁尾矿砂的强度比水泥稳定土高出 4～6 倍,其荷载变形及抗冻融循环特性与相同条件下水泥砂浆特性相似,因而比较适合北方气候环境下的道路工程。

此外,江苏省连云港市也开展了将该市磷尾矿用于道路工程的研究。东南大学刘振清等人[165]利用正交试验方法,提出二灰(石灰、粉煤灰)、外加剂和水泥的二灰稳定废弃磷尾矿砂优选配合比,并在连云港市旧路改造中铺筑 1 km 基层试验路段。通过对 7 d、28 d 无侧限抗压强度、劈裂强度、回弹模量、干缩等参数的测定,证明该混合料路用性能良好。

2004 年,连云港市科委将磷尾矿砂的应用列于市重点研究课题,主要研究磷尾矿砂在城市道路基(垫)层中的应用[166],并在新浦区陇海西路铺筑试验段,路长 557 m,宽 20 m,结构层分为 70 cm 厚尾矿砂垫层,30 cm 厚二灰尾矿砂(石灰、粉煤灰、尾矿砂)混合料,20 cm 厚水泥混凝土路面。其尾矿砂取自连云港市锦屏磷矿在磷粉采选过程中产生的废料,主要化学组成包括 SiO_2、MgO、CaO 等,粒径范围 0.075～0.3 mm。结果表明,在同样条件下,二灰尾矿砂的无侧限抗压强度和稳定性均优于二灰土,二灰尾矿砂早期强度低于二灰碎石,但后期强度基本与二灰碎石的一致。除此之外,磷尾矿砂还在排水管道沟槽的回填中得到了应用。

水泥混凝土路面具有强度高、稳定性好、耐久性好等特点,是我国大量采用的两种主要路面之一。但混凝土的配制常需要消耗大量的河砂,因此,若能将铁尾矿砂用于混凝土中并代替河砂及人工砂,将对缓解我国建筑材料资源短缺的局面具有重要意义。

蔡基伟等人[167]利用铁尾矿砂完全取代天然砂,研究铁尾矿砂混凝土的工作性能与强度特点,通过矿物掺合料的加入对铁尾矿砂混凝土配合比进行优化设计,成功配制出强度和工作性能均满足要求的 C70 以下铁尾矿砂混凝土。其细集料采用迁安铁尾矿砂,细度模数2.5,粗集料为迁安铁尾矿碎石,级配属于 10～20 mm 单粒级。

陈家珑等[168]利用首钢迁安铁尾矿砂配制铁尾矿砂混凝土,试验结果表明,以同等条件对比拌制的尾矿人工砂混凝土拌合物的和易性,基本上与天然砂混凝土的相同;而尾矿人工砂混凝土的抗压强度高于天然砂混凝土,最高为 22%,最低为 5%,平均高 12%;人工砂混凝土与天然砂混凝土早期抗压强度(3 d)相差不大,但随着时间的延长,人工砂混凝土的抗压强度逐渐高于天然砂混凝土,并且人工砂混凝土的单位用水量略高于天然砂混凝土。

邓初首等[169]采用马鞍山南山铁尾矿砂作细集料,以不同的比率取代天然砂进行了大流动性混凝土的配制研究,结果表明,铁尾矿砂取代率在 20%～100% 时,各个取代率下的铁尾矿砂混凝土和易性与基准混凝土相当,能满足大流动性混凝土对工作性能的要求,但随着铁尾矿砂取代率的提高,混凝土坍落度逐渐减小。何兆芳等[170]以不同比例的尾矿砂代替天然砂制作混凝土试件,并将其工作性能、力学性能、耐久性能与天然砂混凝土进行比较,找出最佳取代率,探寻尾矿砂混凝土微结构的控制及影响其结构稳定性的关键因素,为尾矿砂混凝土的设计和预测提供了科学依据。

徐宝华等[171]将北京密云铁尾矿粗砂和细砂按照一定比例进行复配,在混凝土中替代天然砂配制混凝土,经过尾矿粗、细砂在搅拌站的合理复配使用,解决了单一机制砂使用存在的缺陷,可完全替代天然砂在混凝土中的应用,适用于配制各种强度等级和不同使用要求的混凝土。封孝信等[172]分别以铁尾矿砂和铁尾矿石代替天然砂和普通碎石配制了 C30 强度和 C60 强度两个强度等级的混凝土,测定了试件在自然养护条件下的干燥收缩率。试验结果表明,不论是 C30 强度等级还是 C60 强度等级,尾矿砂石混凝土的干燥收缩率均小于天然砂石混凝土的收缩率。

此外，雅泸高速公路 K112～K145 标段内，囤积了 30 余年的石棉尾矿，存在泥石流、滑坡等灾害隐患，为此，指挥部开展了将其应用于道路铺筑的相关研究，并获西部交通建设科技项目支持(项目编号:200731800003;项目名称:石棉尾矿用于筑路材料的研究)。实践结果表明，石棉尾矿在实际道路工程中具有良好的路用性能(高温、低温、水稳定性等)，完全符合规范规定的各项性能指标[174,175]。

溧马高速公路采用 LM-6 标段附近的铁尾矿用于填筑路面底基层，并在 K37＋680～K37＋830 段铺筑了试验路段，同时研究了铁尾矿应用于路基填料的性能和施工技术，该项目(溧马高速公路膨胀土及尾矿混合料路用性能和施工技术研究)由南京市高速公路建设指挥部和东南大学共同承担，于 2012 年 1 月 4 日顺利通过专家组的验收。

2013 年，东南大学石名磊教授的"铁尾矿砂-黏土系统物理化学相容性能"获国家自然科学基金面上项目支持(项目编号:41272312/D0214)，目的在于探索黏土与铁尾矿砂系统的物理化学活性效应，以便为铁尾矿砂在道路工程中的应用奠定理论基础[176]。

由此可见，随着自然资源的短缺、尾矿资源的积累以及和谐生态社会创建的需要，我国在固体废弃物再利用方面扶持引导的力度逐渐加大，而道路工程可以消耗大量的尾矿资源，对于工业废弃料利用、节省土地资源、降低工程造价具有重要意义，社会效益、经济效益显著，因此越来越受到国家的重视。

1.3.2.3 我国尾矿处理存在的问题

虽然我国在综合利用尾矿方面做出了很大的努力，同时也取得了很多成绩，但是也存在以下一些问题:

(1) 缺少技术支撑，利用率低 由于尾矿回收价值低，矿山企业对尾矿回收的科研攻关少，技术水平低，致使我国现在尾矿的综合利用率只有 17%，远远低于发达国家水平的 60%，这就启发我们要注重尾矿利用技术的研究，将企业、政府与研究机构结合起来共同开展利国利民的研究。

(2) 缺少政府支持 在尾矿的利用上，我国还没有明确的法律法规来监督与管理相应矿山企业对铁尾矿的综合利用，政府也没有制定出惩罚在尾矿利用上落后的矿企，奖励在尾矿利用上进步的矿山企业的政策。

(3) 我国尾矿产品不单一，分布广泛，组分复杂，不能将一种方法应用于所有的尾矿，这就要求地方之间应加强联系，建立一种可综合利用的环保体系。

1.3.3 建筑固体废弃物循环再生利用国内外研究现状与分析

近年来，将建筑固体废弃物的再生利用作为缓解砂石资源短缺和环境污染的重要措施已在国内外获得广泛重视。从现有经验来看，建筑固体废弃物的再生利用主要包括三个级别:一是低级利用，主要是指在施工或建设现场对废弃物进行人工分拣，并直接回填处理;二是中级利用，主要是指将建筑固体废弃物通过工厂化加工处理成再生骨料，用于制备各种建材产品;三是高级利用，主要是指将建筑固体废弃物还原或制备成水泥、优质再生石料等资源再生利用,或者用于建筑物或道路工程材料。在部分发达国家,经过以上三个级别的再生利用,建筑固体废弃物再生利用率可接近100%。目前,国内外的固体废弃物再生利用大都借鉴了此模式。

1.3.3.1 国外建筑固体废弃物再生骨料利用现状

混凝土再生骨料是指将废弃混凝土经过破碎、清洗、分级、筛分等工艺处理后,生产出的骨料。再生骨料按照粒径大小分为再生粗骨料(粒径≥5 mm)和再生细骨料(粒径<5 mm)。再生骨料的生产及合理利用,将建材业的发展与保护生态环境有机地结合起来,在获得经济效益的同时,又减少了污染及土地占用。再生骨料如图1.16所示。

(a)　　　　　　　　　　　　　　　　(b)

图1.16　建筑固体废弃物再生骨料

(a) 混凝土再生骨料;(b) 砖混再生骨料

国外开展再生骨料利用技术的研究始于二战之后,经过几十年的研究和实际应用,形成了以再生骨料为核心产品的建筑固体废弃物资源化产业链,建筑固体废弃物循环再生利用率高达80%以上,有的甚至接近100%。

在日本,建筑固体废弃物是再生骨料的重要来源,资源化利用受到广泛重视,政府部门通过制定系列技术规范、提供优惠贷款、建立建筑固体废弃物处理中心等多种方式,引导和推动建筑固体废弃物的再生利用。目前,日本的建筑固体废弃物资源化利用率已经超过98%。1977年,日本政府制定了《再生骨料和再生混凝土应用技术规程》,并相继在东京、千叶、名古屋、大阪、京都等地建设了以废弃混凝土为主要原料的再生处理中心,主要用于生产再生水泥和再生骨料;1991年,日本政府制定了《推动资源再利用法案》,要求建筑固体废弃物必须送往"资源化再生设施"进行再处理。目前,日本针对再生骨料的技术标准有《再生骨料配制的再生混凝土技术规范(高品质)》(JIS A5021:2005)、《使用再生骨料的再生混凝土(中等品质)》(JIS A5022:2007)、《使用再生骨料的再生混凝土(中等品质)》(JIS A5023:2006)。这些技术规范对再生骨料的各项技术指标做出了明确的要求,为建筑固体废弃物再生骨料的推广应用提供了重要的技术保障。据相关报道,日本已发明了一种将粉碎机和搅拌机连为一体的装置,能够把废弃混凝土当场回收利用并生产出再生混凝土。韩国是继日本之后较早着手研究废弃混凝土再生利用的亚洲国家之一。为了满足混凝土再生骨料、道路用再生骨料以及废旧沥青混合料再生骨料的不同需求,韩国也制定了相应的技术规范。例如,韩国交通运输部制定的《建筑废弃物再利用要领》,就是根据再生骨料的使用范围和领域制定的相应的技术要求和施工规范。为了加强对环境的保护,减少再生骨料生产过程中对环境的污染,韩国环境部还制定了《再生骨料杂质含量限定》,明确了废旧混凝土用于回填时的粒径范围、杂质含量等技术指标。目前,韩国建筑固体废弃物的再生利用率已经达到95%以上。

美国是建筑固体废弃物再生利用政策引导和推动得较好的国家,国家和各州均制定了相应的法律法规,用于指导和管理工程建设和拆迁过程中产生的固体废弃物。其中,政府提供必要的技术指导和推广方案,并举办各类研讨会;企业缴纳一定数量的保障金,保证对建设或拆除过程中产生的建筑固体废弃物进行循环利用。政府设立专项基金,用于支持开展建筑固体废弃物回收和循环利用相关的研究工作,其制定的《超级基金法》要求"任何企业在生产过程中产生的废弃物,必须自行处理,不得擅自倾倒",这为再生混凝土的大规模应用提供了法律支撑。据美国联邦公路局统计,美国目前已有超过 20 个州在公路建设工程中使用再生骨料,26 个州允许将再生骨料作为基层材料,4 个州允许将再生骨料作为底基层材料,其中 15 个州还制定了相应的再生骨料应用技术规程,用于指导再生骨料在道路基层和底基层中的应用。

德国在二战后的几十年内是一个重建的过程,战后需要对在战争中被摧毁的建筑物进行拆除,由此开展了大量关于建筑固体废弃物再生利用的研究和应用工作。目前,德国的建筑固体废弃物循环利用程度在欧洲甚至全世界都处于领先地位。从德国的经验看,建筑固体废弃物的再生利用区域性较强,因此几乎每个区域都建有相应的大型建筑固体废弃物再生利用加工中心,仅在柏林就有 20 多个。目前,德国生产的再生混凝土主要应用于公路路面工程。在技术标准方面,《混凝土再生骨料应用技术指南》要求再生混凝土的相关性能指标必须完全符合普通混凝土的国家标准。此外,其国标《砂浆和混凝土用骨料,第 100 部分:再生骨料》(DIN 4225—100:2002),是专门针对再生骨料的技术标准,受到广泛认可,是欧洲标准化委员会拟订再生骨料和欧盟相关标准的重要参考标准。

法国主要将建筑固体废弃物再生骨料应用于市政工程,其建设和拆除过程中产生的废旧混凝土、砖块,经过加工处理后,用于生产墙砖、砌块和道板砖,性能指标达到了欧盟相关标准的要求。

英国作为海洋国家,陆地面积较小,建筑固体废弃物的填埋受土地资源的限制较为明显。为了减少环境污染,推动建筑固体废弃物的循环利用,英国政府于 1995 年制定了《废弃物回收利用白皮书》,明确了废弃物循环利用的重要性,并提出到 2005 年实现废弃物回收率达到 60% 这一目标。1996 年 10 月 1 日,英国开始征收掩埋税,废弃物生产方在将其送至回收站处理时需缴纳相应的掩埋税,而税款中相当一部分是用于废弃物管理及环境改善方面的研究与教育。同时,政府大力支持对再生骨料的研究以及再生骨料标准的制定工作等。目前,英国废弃混凝土再生骨料主要应用于道路基层,其再生骨料标准则参考国际材料与结构研究实验联合会关于再生骨料的相关技术标准,将再生粗骨料分为三个等级,并指出再生粗骨料中掺加天然骨料可有效改善其性能。

丹麦是建筑废弃物有效利用技术比较成熟的国家,其建筑废弃物再利用率达到 90% 以上。最近,丹麦政府的政策目标从单纯的废弃物再利用开始向建筑材料的全生命周期管理模式方向发展。1997 年,丹麦全国建筑废弃物资源利用率为 75％,其中废弃混凝土的排放量约为 180 万吨,再生利用 175 万吨,再资源化率高达 97％。1989 年 10 月,丹麦混凝土协会制定了再生骨料技术标准,将再生粗骨料分为两个等级,并对再生骨料的轻骨料含量、杂质含量以及粒度分布等做了详细规定。

荷兰由于国土面积狭小,人口密度大,再加上天然资源相对匮乏,因此对建筑废弃物的再生利用十分重视,是最早开展再生骨料混凝土研究和应用的国家之一。1996 年,荷兰全国建筑废弃物排放量约为 1500 万吨,其中废弃混凝土的再资源化率高达 90％以上。自 1997 年起,荷兰规定禁止对建筑废弃物进行掩埋处理,建筑废弃物的再利用率几乎达到了 100％。在国际材料与结构研究实验联合会关于再生骨料的相关技术标准的基础上,荷兰制定了自身的再生骨料国家标准。

1.3.3.2 国内建筑固体废弃物再生骨料利用现状

我国的建筑固体废弃物处理和再生利用技术研究起步于 20 世纪 90 年代,并且取得了一定的成果。如 1991 年通车运营的合宁(合肥—南京)高速公路,采用水泥混凝土路面,在针对运营出现的路面病害维修的过程中,即采用混凝土再生骨料替代天然骨料,替代率为 80％,每年的维修工程量为 9 万～10 万 m²。1997 年,上海市建筑构件公司利用建筑工地拆除的基坑支护等废弃混凝土制作混凝土空心砌块,性能指标完全符合上海市标准《混凝土小型空心砌块工程及验收规程》(DBJ 08—203—1993)[178]。总体来说,这些试验性工作是对我国建筑固体废弃物再生利用技术的探索性尝试。但由于环保意识、政策推动、生产工艺、技术规范等方面的原因,建筑固体废弃物再生利用技术并未得到大规模推广和应用。

2005 年左右,随着我国城镇化进程的加快以及交通等基础设施的加速投入,大量的建设工程对砂石骨料的需求剧增。同时,由于环境保护意识的增强及可持续发展战略的逐步实施,建筑固体废弃物再生利用技术再次受到越来越多的关注和重视。图 1.17 和图 1.18 分别为以"建筑固体废弃物"和"再生骨料"为关键词,在中国知网中检索的相关文献数量,可从侧面反映我国建筑固体废弃物处理和再生利用的相关进展。

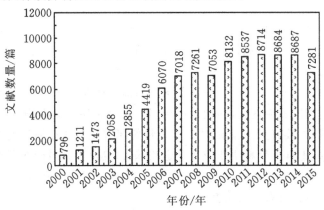

图 1.17 2000—2015 年与"建筑固体废弃物"相关的文献(来源于 CNKI 检索)

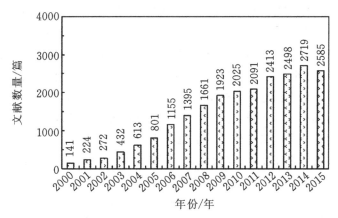

图 1.18　2000—2015 年与"再生骨料"相关的文献(来源于 CNKI 检索)

青岛理工大学李秋义等在借鉴国外相关经验的基础上,研发了一种再生骨料颗粒整形方法,该方法通过再生骨料高速自击与摩擦去除骨料表面附着的砂浆或水泥石,并消除颗粒表面的凸出棱角,使再生骨料成为表面干净的再生骨料,从而实现对再生骨料的强化[177]。

东南大学季天剑等利用水泥混凝土路面养护维修时产生的废料生产出再生混凝土,并对其疲劳性能进行了试验研究,结果表明,再生水泥混凝土的疲劳规律与普通混凝土相似,而且在高应力水平状态下,再生混凝土的疲劳寿命更高,使用再生混凝土修建的水泥混凝土路面能够满足混凝土面板的力学性能要求[178]。

开封市公路管理局陈亭对水泥稳定旧混凝土破碎集料进行了研究,通过击实、强度试验以及水稳定性、回弹模量、收缩性等试验,认为完全可将旧混凝土破碎集料与普通碎石同等对待,可广泛地用于各种道路基层[179]。

长安大学张超等结合河南开封连接开封和兰考两地的水泥混凝土道路改建工程,利用改建时产生的废弃混凝土生产出再生骨料,并配制成水泥和石灰、粉煤灰半刚性基层材料,分别铺筑了 40 m 废弃混凝土再生骨料试验路段,竣工和通车一年后的弯沉检测结果表明,该试验路段与正常路段在本质上并未产生任何差异,符合半刚性基层材料的一般通性[180]。

华北水电水利学院邢振贤等采用建筑废弃物再生骨料,在没有采取任何强化改性技术的情况下配制混凝土,与传统的天然骨料混凝土相比,抗压强度降低 9%,抗拉强度降低 7%,抗弯强度降低 10%～25%[181]。

孙家琪等研究了再生混凝土生产过程的质量控制方法,结果表明,破碎、分拣和筛分过程是确保再生骨料粒径和分级质量的关键所在[182]。

王磊等研究了再生骨料掺配率对再生混凝土收缩和抗压强度的影响规律,结果表明,随着再生骨料掺配率的增加,混凝土的收缩逐渐增大,而抗压强度则不断降低,但降低的速率却不断减小,建议再生骨料的掺配率应低于 50%[183]。

在上海虹桥综合交通枢纽工程中,工程技术人员开展了建筑废弃物的试验段铺筑工作,采用水泥＋外加剂固结破碎水泥混凝土铺筑基层,采用水泥＋外加剂固结破碎建筑垃圾夹土铺筑底基层和路基。从检测结果看,路基顶部回弹模量、试验路段顶部回弹弯沉、无侧限抗压强度均能够满足设计要求,具有良好的整体强度[184]。

2005 年,河北省建设厅立项研究建筑固体废弃物在道路工程中的应用,2008 年 7 月通过成果鉴定。该研究表明,建筑固体废弃物再生集料满足道路无机结合料稳定材料所用集料的基本技术指标要求,具有用作次干路(二级和二级以下公路)基层、底基层,主干路(高速和一级公路)底基层的可行性。该课题针对再生骨料的性能,采用石灰粉煤灰、水泥、水泥粉煤灰等多种无机结合料进行稳定,研究了相应的配合比设计方法、路用性能,并将其应用于浮阳南大道、千童大道、吉林大道、神华大街、沧州市景观整治道路等市政工程,在建筑垃圾再生骨料的应用推广方面起到了较好的示范作用。

西咸北环线高速公路在主线、立交匝道、服务区共计 60.59 km 的路基、路床填筑中使用了再生骨料约 410 万吨。其中,采用建筑垃圾桩处置特殊路基,共计 15000 延米,采用 18 万吨再生骨料用于过湿土路基垫层。在路面基层、底基层中掺配 20％～30％再生骨料,用于 4 km 主线、匝道的铺筑,服务区 28.5 km² 消耗再生骨料 2 万吨。此外,还采用再生骨料配制混凝土,在全线路肩、排水沟、边坡防护等预制构件中应用,消耗再生骨料 0.97 万吨。该路是我国第一条大规模使用建筑垃圾再生骨料铺筑的高速公路,共计使用建筑垃圾再生骨料 570 万吨。

2016 年,许昌金科资源再生股份有限公司建筑垃圾再生骨料被首次应用到三洋铁路二期工程许昌至亳州许昌段的工程建设中(主要用于修建铁路路基),开创了用建筑垃圾再生产品修建铁路路基的先河,在国际和国内铁路建设史上均属首次。

在标准、规范研究方面,近年来我国相继发布了《混凝土用再生粗骨料》(GB/T 25177—2010)、《混凝土和砂浆用再生细骨料》(GB/T 25176—2010)、《再生骨料应用技术规程》(JGJ/T 240—2011)、《道路用建筑垃圾再生骨料无机结合料》(JC/T 2281—2014)、《城镇道路建筑垃圾再生路面基层施工与质量验收规范》(DB 11/T 999—2013)、《再生骨料透水混凝土应用技术规程》(CJJ/T 253—2016)等行业标准和地方标准,用于指导建筑固体废弃物再生骨料的应用。这些标准(规范)的实施,在一定程度上填补了我国再生骨料应用技术的空白,为推动建筑固体废弃物资源化再生利用事业的发展奠定了基础。

总体来看,我国在建筑固体废弃物再生利用领域起步较晚,对建筑固体废弃物的再生利用相对处于较低级别。与国外较为成熟的政策导向、产业结构、技术水平、标准规范等现状相比,我国对建筑固体废弃物的很多关键技术还没能完全掌握,未能形成系统化的大规模再生利用。但从另一方面来看,这也说明我国在建筑固体废弃物再生利用方面具有更加广阔的发展空间,发达国家投入大量财力、物力、人力和时间获得的先进、有效的综合利用技术,值得我国研究和学习。

1.3.3.3 国内外研究和应用现状评价

(1) 存在的主要问题

由于社会发展进程、环保意识、矿产资源等方面的原因,德国、荷兰、丹麦、美国、日本、韩国等发达国家在建筑固体废弃物再生利用技术研究与应用方面已有几十年的积累,取得了大量系统性的成果,并建立了综合性的再生体系。综合来看,国外的研究成果主要包括如下几个方面:因地制宜制定法律法规,进行政策引导;再生骨料的生产、加工技术及成套装备与工艺;再生骨料的基本性能研究;再生骨料的应用范围;再生骨料对再生混凝土性能的影响规律;再生骨料和再生混凝土的技术规范等。

与之相对应的是,由于受资源储量、环保意识、思维观念、政策导向、法律法规等多种因素的影响,在我国建筑固体废弃物再生利用的问题并未得到充分重视。虽然前期进行了一些有益的探索和尝试,但并未能从根本上解决建筑固体废弃物产生和循环利用的难题。如前所述,近年来我国对该课题逐渐重视,逐步开展了大量的研究工作,陆续发布了一系列法律法规和技术规程,这为建筑固体废弃物在我国的大规模再生利用奠定了较好的基础。

目前,无论国内还是国外,再生骨料质量、再生混凝土、再生骨料无机混合料三个方面均是建筑固体废弃物再生利用的重点所在。但与国外相比,我国在此方面还存在一些不足,需进一步改进和提升。

① 政策导向

从国内再生骨料推广利用情况以及国外的成熟经验来看,政府的政策引导对于建筑固体废弃物再生利用技术的推广和应用具有十分重要的导向作用。政府层面通过法律法规、优惠贷款、经费资助、税收返还、举办论坛等多种形式,可有效引导和推动建筑固体废弃物的再生利用。我国虽然逐步出台了相关导向性政策,但在归口管理、废弃物收储、税收政策、经费资助等方面还未能具体落实,这在一定程度上削弱了再生骨料生产的市场化愿望,以及工程投资方和管理方使用再生骨料的意愿,这也是我国"研究多、应用少"的一个重要原因。

② 生产工艺

生产工艺对于再生骨料的质量优劣具有重要的影响,建筑固体废弃物的收储、破碎、筛分、强化、除杂等工序直接影响了再生骨料的强度、吸水率等关键指标。德国、日本等发达国家的设备与工艺能够有效清除再生骨料中的杂质,去除骨料周围的水泥浆体,可有效提高再生骨料的质量。而我国生产商由于经济性、技术水平等因素,在生产过程中尚未能大规模配制相关先进的设备。

③ 材料质量

再生骨料的生产原料多为建筑固体废弃物,结构物在拆除过程中,除了产生大量废弃混凝土外,还含有黏土砖、瓷砖、玻璃、木头、纸屑、钢筋等杂质。由于分拣、除杂工艺的不足,尚未能将这些杂质有效分离。目前,我国的再生骨料与国外的一个重要区别在于,大量老旧结构物拆除过程中产生的黏土砖破碎为再生骨料后,黏土砖颗粒的含量对再生骨料的吸水率、压碎值等指标会产生负面影响。

④ 标准规范

如前所述,虽然2010年后我国相继制定和发布了一些行业标准和地方标准,在一定程度上填补了我国再生骨料应用技术的空白。但值得注意的是,这些规范多参考了现行天然集料的相关规范,未能充分考虑到针对再生骨料的设计、耐久等因素。另一方面,与发达国家较为系统成熟的综合处理工艺相比,我国主要采取将天然骨料生产设备重新组合的方式来生产再生骨料,在去除再生骨料表面裹覆的砂浆、增加棱角性、去除骨料内杂质及粉尘等方面,仍有较大的提升空间。

(2) 发展趋势

从国外建筑固体废弃物再生利用发展历程和我国现有研发应用状况看,我国的建筑固体废弃物资源化再生利用率较低,尚有很大的提升空间。随着国家层面对建筑固体废弃物循环利用产业的逐渐重视,可以预见未来还有很多工作需要进一步开展和深入。

① 生产工艺

如前所述,我国的再生骨料生产加工具有比较显著的中国特色,基本符合现阶段国情和建筑固体废弃物再生利用产业现状。现阶段,我国主要采用生产天然骨料的相关设备来生产再生骨料,这在破碎、筛分等环节基本能够满足骨料应用的技术要求,但在除杂、颗粒整形等环节缺乏相应的专业设备(该环节的设备专业性较强,能耗高、成本高),因而生产的再生骨料中杂质含量仍然较高,骨料粒形欠佳、表面黏附砂浆含量高。通过优化再生骨料质量,可在现有基础上大幅度降低再生骨料的吸水率、压碎值、砂浆附着量,同时提高再生骨料的密度、坚固性等性能指标。

② 高性能化

从我国现已发布的行业标准和实际使用情况来看,目前对再生骨料的应用范围和掺量均较为谨慎,其重要原因之一是采用再生骨料生产的混凝土、无机结合料稳定粒料,除了有一定的经济优势外,未能体现出较大的性能领先优势。而随着各类矿物掺合料、外加剂复掺技术的逐渐应用,再生混凝土、无机结合料稳定再生骨料混合料性能均将得到较大幅度的改善,这也是土木工程行业在可持续发展战略下的重要发展方向。

③ 应用范围

目前,再生骨料主要应用于较低强度等级的混凝土、层位较低的道路结构层。随着再生骨料生产工艺的改善,以及再生混凝土和无机结合料稳定再生骨料混合料性能的逐渐提高,再生骨料的应用范围也将越来越广泛。应用范围受限、实体工程数量少、跟踪观测段缺乏,这也是对再生混凝土和无机结合料稳定再生骨料耐久性能无法准确描述的重要原因。随着实体工程数量的增加,针对不同工程类型、不同服役环境、不同设计方法的材料使用性能数据将得到逐步累积,这对推动再生骨料耐久性能的提升,并进一步促进再生骨料的应用,都具有重要的推动作用。

1.4　主要研究内容及技术路线

1.4.1　脱黏抑冰材料工程应用研究内容及技术路线

1.4.1.1　研究内容

本书从冰雪与路面黏结力影响因素和脱黏抑冰材料除冰的机理入手,提出脱黏抑冰材料组成设计方法与制备方法;针对脱黏抑冰材料的特点提出脱黏抑冰材料的性能试验评价方法并对其进行性能评价,开发出针对脱黏抑冰材料大面积施工的脱黏抑冰材料洒布车,且进行脱黏抑冰材料实体工程应用及性能观测;对比分析脱黏抑冰材料和传统除冰雪方法的经济效益和社会效益。主要内容如下:

（1）脱黏抑冰材料除冰机理研究

从降低路面对冰层的黏附性、长效缓释除冰和增强与路面的黏附性以及提高除冰的耐久性能三个方面分析脱黏抑冰材料的除冰机理，并采用 ABAQUS 软件对基于沥青路面微观结构的除冰机理和脱黏抑冰材料除冰效果进行数值分析。

（2）脱黏抑冰材料组成设计与制备

针对脱黏抑冰材料的特点，提出脱黏抑冰材料的除冰性能评价方法及指标；通过除冰性能试验方法对脱黏抑冰材料的组成进行设计，并提出脱黏抑冰材料的室内制备方法及工艺。

（3）脱黏抑冰材料性能试验设计及评价

针对脱黏抑冰材料的特点，分别从脱黏抑冰材料的除冰性能、耐久性能、环保性能等方面进行试验设计和性能分析评价，且针对脱黏抑冰材料对沥青路面的抗滑性能、渗水性能的影响进行分析评价。

（4）脱黏抑冰材料施工性能研究及洒布车的设计研发

分别从脱黏抑冰材料的固化时间、施工温度、洒布量、固含量、黏度和水稀释性能对脱黏抑冰材料的施工性能进行研究，并提出脱黏抑冰材料的施工技术指标及要求；为提高脱黏抑冰材料大面积施工的效率，保证施工质量，分别从提高脱黏抑冰材料施工效率、保证脱黏抑冰材料各组分搅拌均匀、保证脱黏抑冰材料洒布均匀、防止标线污染、确保洒布设备管道及喷嘴不易堵塞和耐腐蚀性能好等六个方面对脱黏抑冰材料洒布车进行设计研发。

（5）脱黏抑冰材料工程应用效益分析

从施工准备、施工作业控制区布置、路面检查与清扫三个方面进行脱黏抑冰材料的施工项目组织；从施工工艺、施工工艺流程和施工质量控制三方面组织脱黏抑冰材料的施工实施方案，并以黑龙江哈同高速、山东养马岛大桥为例，详细阐述脱黏抑冰材料的施工方法并进行脱黏抑冰材料性能观测，验证脱黏抑冰材料的除冰性能和脱黏抑冰材料对路面性能的影响。

针对脱黏抑冰材料除冰方法与传统机械除冰雪和撒布融雪剂除冰雪方法，分别从经济效益和社会效益方面进行对比分析，得出脱黏抑冰材料的经济效益和社会效益优势。

1.4.1.2　技术路线

本研究拟采用的技术路线如图 1.19 所示。

1.4.2　固体废弃物工程应用研究内容及技术路线

1.4.2.1　钢渣固体废弃物主要研究内容

（1）国内外研究现状调研及存在的问题分析

系统调查国内外钢渣沥青混合料应用情况，结合国内实际情况进行深入研究，提出存在的问题及解决方法，为开展钢渣沥青混合料的研究奠定基础。

（2）钢渣材料特性研究

对江苏省大中型钢铁厂的分布和总产量进行调研，估算江苏省每年可产生的钢渣数量；对钢渣原料进行物理性能、化学性能、膨胀性能测试。

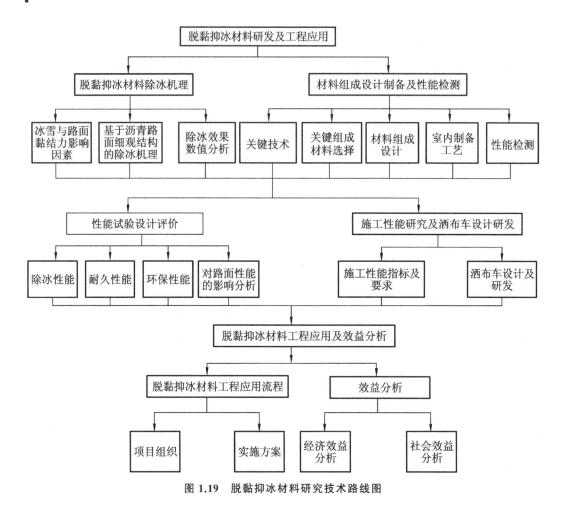

图 1.19　脱黏抑冰材料研究技术路线图

（3）钢渣沥青混合料组成设计

针对钢渣的特点，对钢渣沥青混合料的级配类型进行选择，并进行混合料的配合比设计，确定钢渣沥青混合料的配合比设计方法。

（4）钢渣沥青混合料路用性能试验研究

分别从高温稳定性能、低温抗裂性能、水稳定性能和抗疲劳性能等方面对钢渣沥青混合料和常规沥青混合料进行性能对比分析。

（5）钢渣沥青混合料施工工艺、质量控制和性能观测

对钢渣沥青混合料的施工工艺和质量控制进行研究，为钢渣沥青混合料施工提供参考。

（6）钢渣沥青混合料经济效益和社会效益分析评价

对钢渣沥青混合料的经济效益和社会效益进行分析评价，为进一步推广提供原始资料。

1.4.2.2　钢渣固体废弃物研究技术路线

本研究通过收集相关文献资料，在分析国内外钢渣沥青混合料研究现状的基础上，对钢渣材料的特性、钢渣沥青混合料的组成设计进行研究，对钢渣沥青混合料路用性能、钢渣沥

青混合料的施工工艺、质量控制和性能进行分析,并进行钢渣沥青混合料的经济效益和社会效益分析评价。研究技术路线如图 1.20 所示。

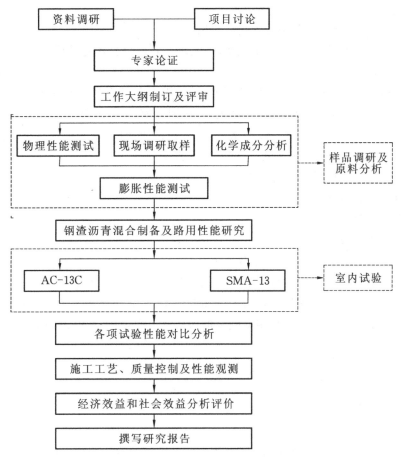

图 1.20 钢渣固体废弃物研究技术路线图

1.4.2.3 尾矿固体废弃物主要研究内容

本部分的主要研究内容包括以下几个方面:

(1) 尾矿资源在国内外道路工程中应用现状的调研分析

系统调研尾矿资源在国内外道路工程中的应用现状,结合国内实际情况进行深入研究。

(2) 江苏省尾矿资源分布、成分、储量等统计分析

① 江苏省尾矿资源的种类及其分布;

② 江苏省尾矿资源的化学成分分析。

(3) 铁尾矿砂物理化学性质分析

① 铁尾矿砂的物理性能

对铁尾矿砂样品颗粒级配、密度及吸水率、含泥量、比表面积、含水率、砂当量、塑性指数等性能开展测试。

② 铁尾矿砂的化学成分

对铁尾矿砂样品矿物组成、化学元素进行分析;对 SO_3 含量、氯离子含量、有机质含量、碱活性等指标进行测试分析。

(4) 江苏省尾矿资源的路用性能指标测试

① 水泥稳定铁尾矿砂、石灰稳定铁尾矿砂、水泥石灰综合稳定铁尾矿砂、铁尾矿砂混凝土的配合比设计;

② 水泥稳定铁尾矿砂、石灰稳定铁尾矿砂、水泥石灰综合稳定铁尾矿砂的路用性能试验(无侧限抗压强度、劈裂强度、抗弯拉强度、抗压回弹模量、收缩性能等);

③ 铁尾矿砂混凝土常规路用性能试验(立方体抗压强度、轴心抗压强度、劈裂强度、抗弯拉强度、抗压弹性模量、干缩性试验、抗渗性试验等)。

(5) 施工工艺与质量控制

① 原料存储及质量控制;

② 施工工艺及质量控制;

③ 养护方法控制。

(6) 尾矿在道路工程中应用的综合评价

从尾矿的消耗、路用性能、经济效益等方面,对尾矿在道路结构层中应用产生的综合效益进行评价分析,主要考虑采用尾矿可能增加的成本、节省土方和砂石原料降低的成本、减少废弃物处理的费用、减少尾矿粉尘对环境的污染等方面,对尾矿在道路工程中应用产生的效益进行综合评价。

1.4.2.4　尾矿固体废弃物研究技术路线

本研究技术路线如下所示:

(1) 资料调研及现场调研

① 通过对国内外研究现状的总结,分析本研究中应当关注的重点;

② 对江苏省尾矿资源种类及其分布、化学成分等进行统计分析。

(2) 原料分析及室内试验

① 对铁尾矿砂原料的物理性质、化学性质进行分析;

② 开展水泥稳定铁尾矿砂、石灰稳定铁尾矿砂、水泥石灰综合稳定铁尾矿砂的路用性能试验;

③ 开展铁尾矿砂混凝土路用性能试验。

(3) 性能监测及综合评价

从尾矿的消耗、路用性能、经济效益等方面对尾矿在道路工程中的应用进行综合评价分析,具体技术路线图如图 1.21 所示。

1.4.2.5　建筑固体废弃物主要研究内容

本部分主要工作内容包括以下几个方面:

(1) 前期成果适用性分析及再生骨料料源调研

① 对课题组前期取得的再生骨料(混凝土再生骨料、砖混再生骨料)相关研究成果进行

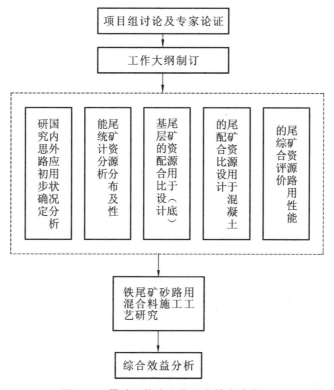

图 1.21 尾砂固体废弃物研究技术路线图

分析,研究其在项目中的适用性及关键技术要点。

② 结合实体工程概况,调研姜堰区再生骨料生产线分布状况,与工程现场、混合料拌合站的距离,再生骨料产能、价格及生产工艺等信息。同时,通过文献及走访的方式,对其他再生骨料相关情况进行调研。

③ 再生骨料的分级、分类方法,明确混凝土类再生骨料和砖混类再生骨料的定义。

(2)混凝土再生骨料性能指标研究

对混凝土再生骨料的基本物理性能指标和化学性能指标进行分析,并与天然骨料进行对比。

① 物理性能指标包括:骨料组分、压碎值、洛杉矶磨耗值、密度、针片状颗粒含量、级配、含泥量等。

② 化学性能指标包括:化学成分、硫酸盐含量(以 SO_3 表示)、碱活性等。

③ 鉴于再生骨料的特殊性,还需针对如下指标进行测试:吸水率、氯离子含量、杂物含量等。

(3)再生混合料配合比设计及路用性能研究

针对再生骨料的特点,确定其基层中应用的配合比,开展路用性能测试。

① 根据再生骨料的特点,开展再生骨料的级配设计。

② 水泥稳定再生骨料的配合比设计。

③ 水泥稳定再生骨料的路用性能试验(击实试验、无侧限抗压强度、劈裂强度、回弹模

量、抗收缩等）。

（4）试验路段铺筑及施工工艺、质量控制

结合实体路段的铺筑，开展施工工艺和质量控制研究，并对铺筑的试验路段开展性能监测。

① 水泥稳定再生骨料施工工艺及质量控制。

② 养护方法研究。

③ 试验路段性能观测。

（5）水泥稳定再生骨料混合料综合效益分析

从建筑垃圾消耗量、路用性能、经济性和环境隐患评价等方面，对混凝土再生骨料在道路工程中应用产生的综合效益进行评价。

1.4.2.6 建筑固体废弃物研究技术路线

本部分研究拟采取的技术路线如图1.22所示。

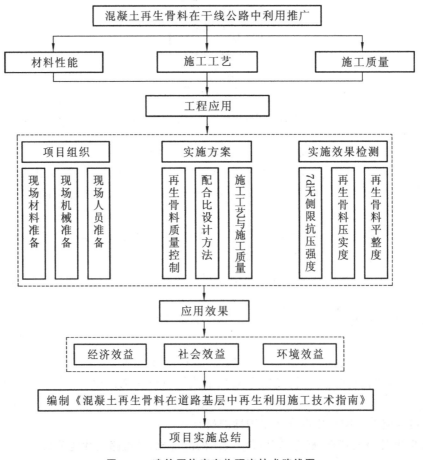

图1.22 建筑固体废弃物研究技术路线图

第 2 章　脱黏抑冰材料研发及性能研究

2.1　脱黏抑冰材料除冰机理研究

脱黏抑冰材料是一种新型的主动型环保除冰材料,本节从冰雪-路面黏结力影响因素入手,分别从脱黏抑冰材料除冰机理理论分析、基于沥青路面细观结构的除冰机理和脱黏抑冰材料除冰效果数值分析等方面综合分析脱黏抑冰材料的除冰机理。

2.1.1　冰雪-路面黏结力影响因素

2.1.1.1　路面路表状况

沥青路面的路表状况分为宏观纹理和微观纹理,根据美国材料与试验协会(ASTM)按照路面的表面点与参照平面间距离偏差的波长和振幅定义宏观纹理和微观纹理的方法,通常认为波长 1 μm～0.5 mm、振幅 1 μm～0.5 mm 的纹理为微观纹理,波长 0.5～50 mm、振幅为 0.5～20 mm 的纹理为宏观纹理。沥青路面的路表状况对冰雪与路面的黏结作用有重要影响,其中微观纹理主要是指沥青胶浆和骨料表面的微小构造,主要由集料与胶浆特性决定,同时受到外界环境的影响;宏观纹理主要是由骨料的粒径、外形以及空隙所决定,同时受到交通状况、路面使用时间和路面的施工工艺的影响。路面的宏观纹理对冰雪与路面的相互"嵌咬"(即黏结问题)起决定作用,宏观纹理越突出,冰雪与路面之间的"嵌咬"能力就越强,从而冰雪与路面的黏结力就越强。沥青路面的微观纹理与宏观纹理的示意图如图 2.1 所示。

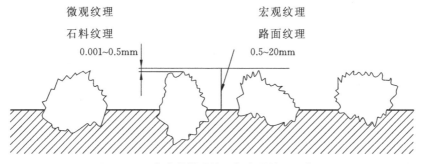

图 2.1　沥青路面微观纹理与宏观纹理示意图

2.1.1.2　冰层厚度

冰层与路面间的黏结力也受到冰层厚度的影响,冰层厚度不同,冰层与路面的黏结力也不相同。通常认为,冰层越厚,冰层与路面之间的黏结力越大;冰层越薄,黏结力则越小。

2.1.1.3 温度

温度影响冰层与路面之间的黏结力,不同温度条件下,冰体材料的晶格和强度变化较大。温度越低,晶格越坚固,冰体强度越大,冰层与路面之间的黏结力越大。

2.1.1.4 道路结冰方式

冬季路面降水结冰的方式通常分为两种:一种为降雪在道路表面的黏附结冰,这种结冰方式通常出现在我国北部或东北部降雪量较大的地区;另一种为降雨或者湿冷空气(俗称冻雨),这种结冰方式通常出现在我国中东部或西南部等地区。结冰方式不同,冰层与路面之间的黏结力也不同。由于后一种结冰方式结冰速度快,所形成的冰层与路面之间的黏结力更大,因此,对人们日常生产、生活造成的影响较前一种结冰方式影响更大。

2.1.2 脱黏抑冰材料除冰机理分析

2.1.2.1 降低路面对冰层的黏附性

由冰雪与路面黏结力影响因素中的路面路表状况影响因素分析可知,由于路面纹理的存在,当冰雪覆盖在路面上时,微小冰晶随着外界环境(如温度、湿度)的变化在路面的纹理中渐渐形成,随着晶体的逐渐增长,冰晶逐渐“嵌咬”在路面的纹理中,从而使冰雪与路面之间的黏结强度较大,使得路面冰雪难于彻底清除且造成冬季结冰路面抗滑性能大幅度下降,对行车安全造成严重威胁,如图 2.2 所示。

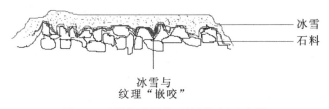

图 2.2　冰雪与路面纹理的“嵌咬”示意图

因此,如何解决冰雪与路面界面之间的“嵌咬”成为抑制路面结冰的关键问题。路面材料的表面能是影响冰层与路面黏附性能的重要参数。通过降低路面的表面能,使冰晶呈现疏水状态,可极大地减小冰晶对路表面的黏附,使路面的积冰更易清除。降低水对路面的浸润性,使路面具有憎水性或疏水性可有效降低冰层与路面的黏附性。接触角可精确地表征液体与固体之间的分子作用力,是表征材料表面能、表面黏附性和疏水性能的有效指标,通常低表面能固体具有较大的液体接触角。脱黏抑冰材料喷涂或滚涂到路面上后,会在道路表面形成一层疏水涂膜,该涂膜通过渗透至沥青路面缝隙及石料表层内部的方式“渗透包裹”路面,改变路面材料的表面特性以形成不润湿状态,使其具有较大的接触角和较低的表面能,从而降低冰层与路面的黏附性能,形成一种路面与冰层分离的“掏空状态”。一方面,因为道路表面形成的疏水涂膜可使冻雨沿路面横坡迅速排出而避免结冰；另一方面，当路面积雪结冰时，在车辆荷载的作用下，处于"掏空状态"的冰层与路面无法整体承受荷载，从而能量被冰层吸收，在自应力作用下冰层破碎。基于以上原因，喷涂或滚涂脱黏抑冰材料后的路面冰雪更容易被彻底清除，从而实现路面抗凝冰的功能，达到脱黏抑冰材料路面主动除冰的效果，原理如图 2.3 所示。

图 2.3　脱黏抑冰材料抗凝冰原理示意图

2.1.2.2　长效缓释除冰

脱黏抑冰材料依靠内部含有的复合冰点抑制剂物质，可以降低水的冰点，这是因为复合冰点抑制剂可使冰层在较低的温度下融化，从而更利于清除。复合冰点抑制剂与融化的冰水形成的溶液在气温较低时可自行流走，从而不易结冰，非常容易清除。

水的冰点下降可以用稀溶液的依数性解释[110]。稀溶液中溶剂的饱和蒸汽压下降、凝固点降低、沸点升高和渗透压的数值，只与溶液中溶质的质量有关，与溶质的本性无关，这些性质称为稀溶液的依数性。稀溶液与纯溶剂相比，某些物理性质会有所变化，如蒸汽压下降（纯溶剂的蒸汽压是随着温度的上升而增加的，稀溶液也是如此，但其蒸汽压总是低于纯溶剂的）、凝固点降低、沸点升高等[27]。

在溶剂和溶质不形成固溶体的情况下，溶液的凝固点低于纯溶剂的凝固点。试验结果表明，凝固点降低的数值与理想稀溶液中所含溶质的质量成正比，如下式所示：

$$\Delta T_f^{\text{def}} = T_f^* - T_f = k_f b_B \tag{2.1}$$

式中　　ΔT_f^{def}——冰点降低数值；

T_f^*——相同压力下纯溶剂的质量；

T_f——相同压力下溶液的冰点；

k_f——凝固点下降系数，它与溶剂性质有关而与溶质性质无关。

化学动力学的碰撞理论认为，微观动力学的首要因素是能量的化学变化，这种变化可以推动化学反应的发生，决定碰撞轨迹和反应速率。根据能量守恒定律，分子的平动能及分子的转-振激发能是同时存在的，都是因分子碰撞而产生的。本研究研发的脱黏抑冰材料中的抑冰物质以粒子形式嵌于多孔蓄析材料的内部。根据能量守恒定律可知，分子的初始动能在受到外部干扰后会发生变化，颗粒之间将发生碰撞，这时与路面薄冰表面的水膜形成冰点抑制剂与水的混合溶液。脱黏抑冰材料中的多孔蓄析材料的除冰性能体现在两个方面：一方面为多孔蓄析材料的吸附能力，吸附能力越强，储存冰点抑制剂的剂量越多，抗凝冰效果将会更加持久；另一方面体现在多孔蓄析材料析出冰点抑制剂的能力，析出能力越强，析出时间越持久,除冰的效果也就越好。本研究研发的脱黏抑冰材料中的抑冰物质是由多种材料混合而成的复合冰点抑制剂,复合冰点抑制剂不仅能够有效降低水的冰点,而且能够作为金属防锈剂,减少氯化盐对钢结构、环境的破坏。

2.1.2.3 增强与路面的黏附性,提高耐久性能

脱黏抑冰材料喷涂到路面上以后要经受过往车辆的磨耗作用,抑冰材料的耐久性会受脱黏抑冰材料与路面之间的黏结性能的直接影响,导致除冰性能发挥不出来。在复杂环境下,抑冰材料的耐久性可以避免基材裸露,从而达到保护作用,稳定存在并持久发挥作用。耐久性能是评价脱黏抑冰材料持久除冰性能的重要依据。本研究研发的脱黏抑冰材料采用有机硅橡胶乳液,增强脱黏抑冰材料与路面的黏附性,且有机硅橡胶乳液具有透气封水性和自清洁性能,可自动清除表面覆盖的灰尘,恢复冰点抑制剂对冰点的抑制作用,主动维持除冰功能。

2.1.3 基于沥青路面细观结构的除冰机理研究

2.1.3.1 冰的物理力学性能

冰是由许多水分子汇聚而成的六方晶体。冰的力学性质受分子中氢键的脆弱程度、晶格的几何特性等影响,在一定向力的作用下,冰会呈现弹性、塑性或脆性状态。温度越低,冰晶空间格子的原子变位越困难,晶格也越坚固,冰的弹性、脆性性能越突出;反之,温度越高,冰的塑性性能越显著。在外力作用下,冰结构的变形是不可逆的,这是由于外力作用于冰晶体所消耗的功,一部分转化为温度升高产生的热融解能,另一部分转化为晶体的自由能[31]。

在外荷载作用下,冰体与其他物体一样呈现变形特性,其变形一般可分为弹性变形、塑性变形和脆性变形。冰的变形特性与冰的介质、温度、加荷速率、加荷方向及加荷时间等因素相关。在集中或均布荷载作用下,当垂直力比较小时,冰首先出现瞬时弹性变形,然后出现塑性变形。若垂直力或弯矩较大,等于或大于冰晶间的结合力或冰的极限强度后,冰体则迅速发生塑性或脆性破坏。

有研究[32,33]认为,在冰的脆性破坏过程中,裂纹一旦出现即发生失稳扩展,并同时达到强度极限,其破坏主要是冰的局部失稳造成的,在破坏过程中,变形很小。冰的最终断裂是单个裂纹的灾变性扩展引起的,裂纹形核的方向呈束状分布在主应力轴的周围。

道路表面的积冰厚度较小,且在结冰过程中受外界条件的干扰,如行车荷载的作用、灰尘等杂质的掺入等,其强度必然会低于纯净状态下冰的强度。在车辆荷载的作用下,道路表面的冰层在瞬间会承受较大的外力作用,冰层内部产生较大的变形,当该变形值超过冰的极限破坏应变时,冰即会发生脆性破坏。

2.1.3.2 沥青路面细观结构模型的建立

沥青路面的表面纹理由粗构造和细构造组成,而表面纹理的粗构造决定了沥青路面的抗滑能力[36]。影响表面纹理粗构造的主要因素有:骨料颗粒形状、棱角和构造深度。参照

文献[37]中关于沥青混合料细观结构的研究结论,将沥青混合料作为由骨料和沥青混合组成的二相复合体对沥青道路表面的粗构造进行模拟计算。

（1）材料参数的选定

① 粗骨料参数的选定

从沥青混合料的细观角度进行分析,沥青混合料可看做由粗骨料、沥青胶浆和空隙组成的三相复合材料。分析沥青混凝土中的主要组成,占沥青混凝土体积中大部分的粗骨料,本身的强度和弹性模量高出沥青混凝土很多。通过骨料岩石的单轴压缩变形试验可获得相应力学参数。依照《岩土工程学》[38]中相关各种岩石的弹性模量和泊松比,再根据经验可知,沥青混合料中采用的骨料要求强度较大的花岗岩、玄武岩等,综合考虑在模型计算中,选用粗骨料的弹性模量为 60000 MPa,泊松比为 0.15。

② 沥青混合料与冰层参数的选定

研究发现,沥青混合料与冰层的弹性模量在不同温度下有很大的变化,而温度对骨料的弹性模量基本没有影响。参考《公路沥青路面设计规范》(JTG D50—2017)附录 E 中材料设计参数资料和《道路设计常用数据手册》来共同选取沥青路面与冰层的弹性模量[39,40],如表2.1 所示。

表 2.1　材料性能参数表

层位	弹性模量/MPa				泊松比
	0 ℃	−10 ℃	−15 ℃	−20 ℃	
冰层	3000	3800	4500	5300	0.33
沥青面层	2600	3240	3900	4600	0.30

（2）模型形状与单元划分

沥青混合料矿质集料的粗度和形状对沥青混合料的性能具有极为明显的影响,目前关于粗集料棱角性对沥青路面路表性能的影响研究得较少,参照文献[41]关于沥青路面纹理特征细观结构数值分析的研究成果和文献[37]的研究结论(采用正方形骨料,骨料尺寸为10 mm×10 mm),采用三颗骨料细观结构模型比单颗骨料模型更加符合实际情况。所以,本研究采用三颗正方形骨料,露出高度为 0.5～3 mm。冰层厚度的选取参照文献[42]中关于冰层的研究结论,采用 5～20 mm 范围进行分析计算。

沥青路面整体模型尺寸选取时参照文献[37,41]。沥青路面模型整体尺寸对细观结构应力计算结果影响相对较小,采用不同模型尺寸时各项应力值相差在 5% 左右,尺寸效应不明显,因此在保证计算精度的同时又不过多增加计算工作量的前提下,本研究确定的沥青路面几何尺寸长(X)200 mm,高(Y)50 mm,如图 2.4 所示。

有限元单元网格的划分对计算结果有很大影响,单元网格的划分直接影响计算结果的准确性及收敛速度,因此应根据实际问题的需要对单元网格进行划分。本研究采用非均匀的网格划分方法,粗骨料、与其接触的冰层和沥青面层位置划分得较细,其余位置逐渐变粗,采用 8 结点二次平面应变减缩积分单元(CPE8R)。网格模型如图 2.5 所示。

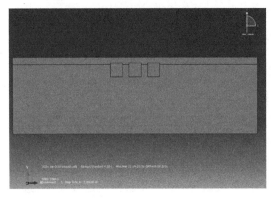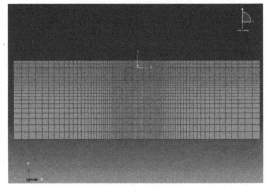

图 2.4　二维有限元模型　　　　　　　　图 2.5　模型网格划分图

（3）冰层与沥青表面的接触

① ABAQUS 中的接触算法

在有限元分析中,只有当两个表面接触时才会用到接触算法,因为在有限元分析中,接触算法是一类特殊的不连续约束。在这种条件下力可以从一部分传递到模型的另一部分。因此,约束作用在两个接触面分开时就不再存在了,所以约束是不连续的。因此,我们需要能判断接触约束存在的临界点,要在模型中的各个部件上面创建可能接触的面,必须使用ABAQUS 模拟分析时,一对彼此可能接触的面,称为接触对。这些表面间的相互作用包括摩擦等行为,最后的接触模型面要服从定义的本构模型。

② 接触面之间的相互作用

接触面之间的相互作用包括垂直于接触面和沿接触面切向的相互作用。其中,切向作用是由相对滑动和可能存在的摩擦剪应力组成的。

a. 垂直于接触面的相互作用

"硬"接触是指当接触压力变为零或负值时,接触面分开,约束消失。间隙是指两个相互作用的表面之间分开的距离,接触约束在两个表面之间的间隙变为零时起作用。

b. 沿接触面切向的相互作用

相对滑动状况是一个十分复杂的问题:既要确定两个接触面间的相互滑动关系,又要确定在某一点是否发生接触。由于摩擦力是限制相对滑动的,因此在分析中就需要考虑摩擦力,而 ABAQUS 软件必须区分滑动量的大小。

此外,对于相互作用的两个粗糙接触面,就需要在分析中考虑摩擦力,常用的摩擦模型就是库仑摩擦,被用于描述存在于接触面之间的切向相互作用,两个接触面之间的摩擦行为用摩擦系数 μ 来表征,接触表面间摩擦剪应力的极限值为乘积 μp , p 是两表面间的接触压应力。在库仑模型中常常使用的规则为,接触面间的剪应力等于摩擦剪应力的极限值 μp 时,接触表面将发生相对滑动。 μ 在大多数表面中小于 1。在图 2.6 中,典型的库仑摩擦行为为实线,当接触面黏结在一起时,它们之间的相对运动为零。

ABAQUS 采用图 2.6 中虚线所示的一个允许"弹性滑动"的"罚摩擦公式","弹性滑动"指接触面之间小量的相对运动,与特征单元尺寸相比是非常小的。ABAQUS 中"罚摩擦公式"适用于大多数接触问题。

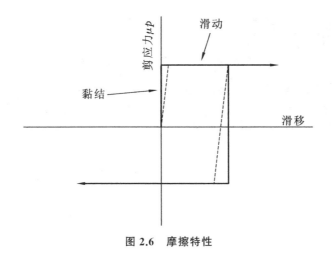

图 2.6 摩擦特性

③ 在 ABAQUS 中定义冰层与沥青路面的接触采用 ABAQUS 中的罚函数公式进行接触模拟

当我们在模拟接触面的时候,会使用罚函数公式。接触面的法向行为假定接触面保持黏结,保证接触面上的竖向应力和位移能够连续传递。采用库仑摩擦模拟接触面之间的切向相互作用,并用摩擦因数 μ 来模拟两个表面之间的摩擦行为。

当沥青路面未喷洒脱黏抑冰材料时,冰层会嵌入沥青表面中,使得冰层与路面间的接触状态接近完全连续状态,使用 ABAQUS 中的 tie 模拟;当脱黏抑冰材料喷洒到沥青路面上时,该涂膜会渗透至沥青路面缝隙以及石料表层内部,从而"渗透包裹"路面,可有效降低冰层与路面的黏附性能,形成一种路面与冰层分离的"掏空状态",使得冰层与路面间的接触状态接近自由滑动状态,使用 ABAQUS 中的 frictionless 进行模拟。处于以上两种理想状态之间的接触状态采用摩擦系数 μ 来模拟。

(4) 荷载与边界条件

冰层在行车荷载作用下,主要承受车辆的重力荷载和摩擦力产生的剪应力荷载。施加重力荷载 0.7 MPa,水平方向剪应力 0.07 MPa(摩擦系数取值为 0.1)。模型底部 X、Y 方向完全约束,模型两侧 X 方向完全约束。

2.1.3.3 脱黏抑冰材料除冰试验

为了分析沥青路面在喷洒脱黏抑冰材料后对冰层内应力、应变情况的影响,分析脱黏抑冰材料的除冰机理,拟定 5 种冰层与路面的接触状态,分别为完全连续、自由滑动、$\mu=0.1$、$\mu=0.5$、$\mu=0.9$,对不同接触状态下冰层内的应力、应变情况进行分析。温度取定为 0 ℃,冰层厚度为 5 mm,骨料裸露高度为 1 mm,间隔为 5 mm。图 2.7、图 2.8 所示为冰层内的应变图,图 2.9 所示为不同冰层与路面接触状态的计算结果。

从图 2.7 和 2.8 可以看出,未喷涂脱黏抑冰材料的路面,冰层内的受力状态在三颗骨料处分布较均匀,最大拉应变和最大剪应变均出现在骨料左侧棱角处。喷涂了脱黏抑冰材料的路面,冰层内的受力状态分布不均匀,冰层变形明显,最大拉应变和最大剪应变出现在第

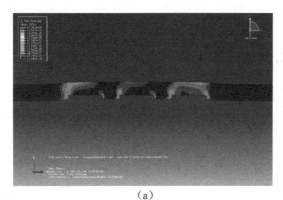 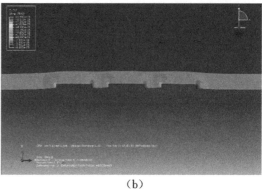

(a)　　　　　　　　　　　　　　(b)

图 2.7　未喷涂脱黏抑冰材料路面(接触状态为完全连续)

(a)冰层内的最大拉应变;(b)冰层内的最大剪应变

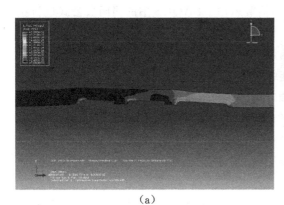 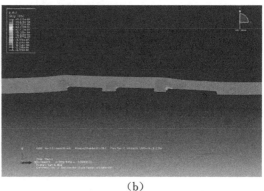

(a)　　　　　　　　　　　　　　(b)

图 2.8　喷涂脱黏抑冰材料路面(接触状态为自由滑动)

(a)冰层内的最大拉应变;(b)冰层内的最大剪应变

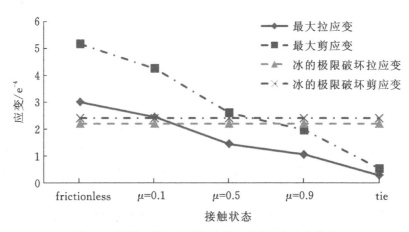

图 2.9　不同冰层与路面接触状态的冰层内应变状况

三颗骨料左侧棱角处,并且可以看出在行车荷载作用下,冰层内剪应变明显要大于拉应变,所以冰层内是先产生剪切变形破坏。

从图 2.9 可以看出,随着冰层与路面的接触状态由自由滑动到完全连接,冰层内的拉应变与剪应变都迅速减小,并且剪应变与拉应变之差逐渐减小,说明路面喷涂脱黏抑冰材料后,使冰层与路面间的接触状态越接近自由滑动状态,冰层在行车荷载作用下越容易破坏,而未喷涂脱黏抑冰材料的路面,即冰层与路面间的接触状态接近完全连续状态,此时冰层内的最大剪应变为 $0.53e^{-4}$,最大拉应变为 $0.28e^{-4}$,均小于冰的极限破坏拉应变($2.2e^{-4}$)和极限破坏剪应变($2.4e^{-4}$)[42]。由此可见,未喷涂脱黏抑冰材料的路面不具有破冰效果。

当路面喷涂脱黏抑冰材料后,降低了冰层与路面之间的黏结性能,若达到理想效果,使冰层处于掏空悬浮状态,与路面间的接触为自由滑动,则冰层内的最大剪应变增大为 $5.16e^{-4}$,最大拉应变增大为 $3.0e^{-4}$。冰层内的最大拉应变与最大剪应变均远大于未喷洒脱黏抑冰材料的路面,两者之差在一个数量级以上,且两者均大于冰的极限破坏剪应变和极限破坏拉应变。若未达到理想效果,冰层与路面的摩擦系数 $\mu \leqslant 0.5$,冰层内的剪应变仍大于冰的极限破坏剪应变。而经过实际检测,脱黏抑冰材料经过均匀喷涂后,冰层与路面的摩擦系数 $\mu \leqslant 0.1$,冰的极限破坏拉应变和极限破坏剪应变是小于冰层内的最大拉应变和最大剪应变的。

冰可以作为脆性材料的处理条件是路面的积冰以脆性破坏的形式发生。国外研究学者 W.Weibull[43] 对脆性材料有自己独特的见解,他认为冰的链条强度取决于它的最弱环强度,即以链条强度作为其理论支撑依据,从而提出了脆性破坏强度理论。

当冰产生裂纹之后,代表了内部某点产生的应力或应变超过其极限强度或极限破坏应变,这是在荷载的作用下产生的力学变化,从而引起冰的脆性破坏。根据脆性破坏理论和以上数据分析得出,当喷洒脱黏抑冰材料的路面冰层内的拉应变和剪应变均大于冰的极限破坏应变时,脱黏抑冰材料路面具有除冰的效果,能够有效抑制路面结冰。

2.1.4　脱黏抑冰材料除冰效果数值分析

由冰雪与路面黏结力影响因素可知,影响冰雪与路面黏结力的因素包括沥青路面的路表状况、冰层厚度和温度等。本研究分析研究骨料裸露高度、骨料间距、冰层厚度和温度等因素对脱黏抑冰材料除冰效果的影响。

2.1.4.1　骨料裸露高度的影响

影响沥青路面构成深度最主要的因素是骨料的裸露高度,其对路表细观结构受力状态也会产生重要影响。通过分析路表冰层的受力状态和裸露高度的直接关系,设置冰层试验分析条件如下:(1)冰层厚度变化范围为 5 mm;(2)骨料裸露高度为 0.5～3.0 mm;(3)间距为 5 mm;(4)温度为 0 ℃。计算结果如图 2.10 所示。

图 2.10 显示,骨料裸露高度的增加会导致冰层内的拉应变和剪应变逐渐增大,且增长的趋势在变大。这说明脱黏抑冰材料路面的抑制结冰效果随骨料裸露高度的增加而呈现增强趋势,但也不能为了增加除冰效果而使骨料裸露高度过高。相关研究表明[9],骨料裸露高

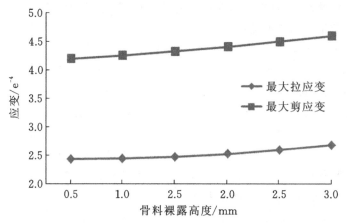

图 2.10　不同骨料裸露高度的冰层内应变状况

度一般控制在 2 mm 范围内,其中沥青路面骨料的裸露高度为 1~2 mm。

2.1.4.2　骨料间距的影响

骨料间距同样是影响沥青路面构造深度的主要因素,为了分析骨料间距对路表冰层受力状态的影响程度,选择 2~10 mm 范围内骨料间距、骨料裸露高度为 1 mm、冰层厚度变化范围为 5 mm、温度为 0 ℃进行研究,计算结果如图 2.11 所示。

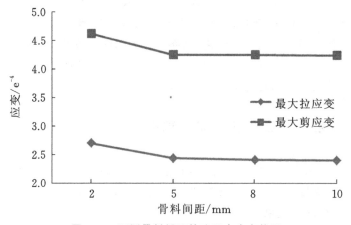

图 2.11　不同骨料间距的冰层内应变状况

由图 2.11 可知,骨料间距的增大会导致冰层内的拉应变和剪应变逐渐减小,但减小的趋势在变缓,当间距增大到 8 mm 后,冰层内的应变不再减小。这说明脱黏抑冰材料路面的抑制结冰效果随骨料间距的增加而呈现减小趋势,为达到较好的除冰效果,建议骨料间距控制在 5 mm 范围内。

沥青路面骨料的裸露高度和骨料间距与沥青路面的构造深度息息相关,因此沥青路面的构造深度对沥青路面的除冰性能有重要影响。

2.1.4.3　*冰层厚度的影响*

本研究对不同冰层的厚度与冰层内的应变做了分析,这样是为了更好地分析脱黏抑冰材料路面的除冰效果。本研究设置的冰层试验分析条件如下:(1)冰层厚度变化范围为 5～20 mm;(2)骨料裸露高度为 1 mm;(3)骨料间距为 5 mm;(4)温度为 0 ℃。对不同冰层厚度条件下冰层内的应变情况进行分析,分析结果如图 2.12 所示。

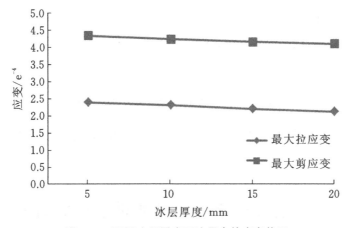

图 2.12　不同冰层厚度下冰层内的应变状况

从结果可以看出,冰层厚度的增加会导致冰层内的拉应变和剪应变略有降低。分析认为,根据脆性破坏强度理论,冰层与裸露骨料接触位置首先发生破坏,而后裂纹慢慢扩展,当冰层厚度较大时冰层破坏的速度要小于冰层厚度较薄时冰层破坏的速度,且其主要承受剪应变的作用,其主要破坏形式为剪切破坏。

2.1.4.4　*温度的影响*

冰体材料的晶格会随着温度的变化而变化,尤其在不同温度的情况下,通常会发现一个规律:当晶格变坚固的时候,此时温度比较低,导致极限破坏应变增大,冰体的强度变高。

而温度的变化会导致沥青路面结构模量的变化,不同的抑制结冰性能在脱黏抑冰材料中就会表现出来。本研究对 0～—20 ℃范围内不同温度条件下冰层的受力情况分别进行分析计算,其中冰层厚度为 5 mm,接触状态设定为 $\mu=0.1$,骨料裸露高度为 1 mm,骨料间距为 5 mm,分析结果如图 2.13 所示。

由以上结果可以看出,冰层内的剪应变和拉应变随着温度的降低而减小。这显示出脱黏抑冰材料路面抑制冰层凝结的效果随着温度的降低呈现出减弱的态势,当温度降低到一定范围时,冰层内生成的应变值会小于冰的极限破坏应变,以至于无法引起冰的破坏,需借助外力除冰。

综合上述研究结果认为,脱黏抑冰材料路面的除冰雪性能与路表状况(骨料裸露高度和骨料间距)、冰层与路表的接触状态、冰层厚度、温度等密切相关。喷洒脱黏抑冰材料后,冰层与路表的接触状态更加接近自由滑动、骨料裸露高度越高、骨料间距越小、冰层越薄、温度相对越高,其除冰雪效果越好。而且冰层与路表的接触状况对除冰效果影响最显著,远高于

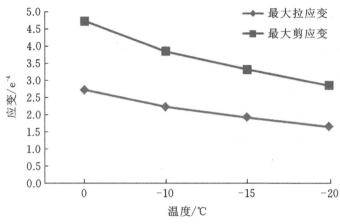

图 2.13　不同温度下冰层内的应变状况

其他影响因素。由此可见,路面喷涂脱黏抑冰材料后具有显著的除冰效果,能够有效抑制路面结冰。

2.2　脱黏抑冰材料除冰性能试验方法

脱黏抑冰材料一个重要的作用为除冰,其除冰作用表现为将冰层下表面融解,从而将冰层与沥青路面隔离,因此,应从降低冰层与路面之间的黏附性能和融冰性能对脱黏抑冰材料的除冰性能进行评价,可采用抗凝冰试验、疏水性能试验和黏附性能试验评价脱黏抑冰材料的除冰性能。

2.2.1　抗凝冰试验

脱黏抑冰材料中的冰点抑制剂具有缓释除冰的功能,同时脱黏抑冰材料在冰层与路面之间形成良好的隔离层,从而使冰层与路面之间的黏附力降低,因此脱黏抑冰材料的除冰机理与目前常见的人工除冰、融雪剂除冰和机械除冰等原理不同,必须根据脱黏抑冰材料的特点来设计针对脱黏抑冰材料的抗凝冰试验方法。

目前,国内外没有完善的针对脱黏抑冰材料抗凝冰效果的试验方法。为此,本研究在借鉴规范[48]中"沥青与集料低温黏结性试验"、测定黏合剂黏着性能的 Vialit 板冲击试验[49]和规范[50]中"落球冲击试验"等方法的基础上,利用钢球的自由落体产生的动能来等效模拟清除道路表面冰层的力,通过冰层的开裂情况来表征冰层与路面之间黏附力的大小,试验原理如图 2.14 所示。具体试验步骤为:

① 沥青混合料试件参照实体工程的沥青混合料

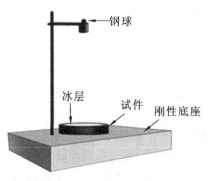

图 2.14　落球冲击试验原理图

配合比制作,也可采用钻芯取样的方式获取。

② 选取两组表面形貌相似的试件,将表面灰尘清除干净,其中一组喷涂脱黏抑冰材料,另一组为对照组,室温条件下待其固化。

③ 采用适当的密封材料在试件周围制作密封层,保证试件表面注水后不流失。

④ 将准备好的试件移入－30 ℃的低温试验箱,用来模拟冬天寒区沥青路面的结冰环境。每个试件表面的注水量为 265 mL,相当于一个地区大约一次 15 mm 的降雨量(中雨)[27];冷冻足够的时间保证试件表面的水彻底结冰。

⑤ 取出试件并放置于刚性底座上,将 500 g±1 g 的钢球从垂直高度为 0.5 m 的位置自由落下敲击试件,马歇尔试件重复敲击 10 次,车辙板试件重复敲击 50 次,通过冰层的破碎情况来模拟分析汽车轮胎荷载对路面的冲击效果。

2.2.1.1　定性评价

参考谭忆秋等人关于橡胶颗粒沥青混合料抑制冰雪的评价方法[51],定性观测冰表面的开裂和破损状况来评价抗凝冰效果,具体评价方法如表 2.2 所示。

表 2.2　抗凝冰效果评价方法

抗凝冰效果	冰表面状况
优	冰表面有明显的破碎和剥离
良	冰表面有少量的破碎和裂缝
中	冰表面只有少量的裂缝
差	冰表面只有钢球撞击的印记

2.2.1.2　定量评价

为了更为精确地评价脱黏抑冰材料的抗凝冰效果,借鉴路面结构层损坏状况评价指标,提出破损率指标来评价抗凝冰效果,破损率计算公式如下:

$$B_R = \frac{B_A + \lambda L}{A} \tag{2.2}$$

式中　B_R——破损率,以百分比表示(%);

　　　B_A——破碎及龟裂的总面积(cm^2);

　　　L——延伸的单根裂纹长度(cm);

　　　λ——单根裂纹换算成面积的影响系数,一般取 0.3;

　　　A——测试的总面积(cm^2)。

2.2.1.3　重力敲击试验

分别采用质量约为 400 g 的木槌对落球冲击试验中制作的脱黏抑冰材料组试件与对照组试件进行敲击,重复敲击 10 次后观察脱黏抑冰材料组的试件和对照组试件冰层去除的难易程度,以此来定性判断冰层与沥青路面的黏附性能。

2.2.2 疏水性能试验

脱黏抑冰材料的疏水性能对沥青路面的除冰效果极为关键。脱黏抑冰材料具有疏水性能,当脱黏抑冰材料喷涂到沥青路面后,会在沥青路面形成一层疏水膜,可有效减少水分渗透到沥青路面内部,同时降低冰层与路面之间的黏附性能,使冰层更容易清除。因此很有必要在喷涂脱黏抑冰材料后进行疏水性能评价。

当把水滴滴在固体表面时,由于受到表面张力作用,水滴会随着固体表面的润湿性而不同程度地展开。液滴表面的切线通常可以用水滴接触的固体表面与气相分界点表示,接触角为切线与固体表面的夹角。脱黏抑冰材料的疏水性能可通过接触角 θ 的大小进行评价,通常认为 $\theta \geqslant 90°$ 时为疏水材料,$\theta < 90°$ 时为亲水材料,接触角 θ 越大,说明材料的疏水性能越好。目前测量接触角的方法主要有量角法、量高法、力测量法、液滴图像分析法、透过法等[52]。当固体表面为连续平面时,可采用前四种方法测量材料的接触角,其中透过法适用于测量固体粉末表面的接触角,量高法因操作简单而被广泛用于测量连续平面固体表面的接触角,而分级法可根据材料表面的水分状态评价材料的亲、疏水性能,因此也常用来作为材料的亲、疏水性能的评价方法。

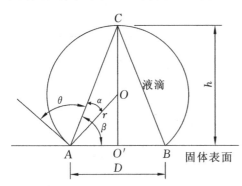

图 2.15　量高法计算接触角原理

2.2.2.1　量高法测量接触角

当一滴液体的体积小于 6 mL 时,可认为液滴呈标准圆的一部分[53],如图 2.15 所示,此时可以忽略地球引力对其形状的影响,此理论称为球形液滴假设理论。量高法基于此球形液滴假设理论,通过测量液滴固体表面上的高度 h 以及液滴与固体接触面的直径 D 计算接触角 θ,即:

$$\theta = 2\arctan\frac{2h}{D} \tag{2.3}$$

式中　θ——接触角;

　　　h——液滴的高度;

　　　D——液滴与固体接触面的直径。

2.2.2.2　液滴图像分析法

通过相关研究发现,当液滴在含水量足够小的情况下,液滴边缘呈圆形。因此,可在充分利用液滴边缘特性的基础上通过拟合的方法来准确测得静态接触角。随着图像处理技术的发展,采用液滴图像分析法计算的接触角精确度越来越高,且测量方法变得越来越简单。本研究通过液滴图像分析拟合法来计算接触角[53],具体步骤为:

(1)获取液滴边缘。获取液滴边缘的方法可分为图像处理自动获取和手动获取。两者各有优缺点:图像处理自动获取法获取速度较快,但抗干扰性能有待进一步研究;手动获取法抗干扰能力强,但工作量较大。

(2)计算接触角。可通过切线法、圆拟合法、椭圆拟合法、Young-Laplace 法和多项式拟合等方法来计算接触角。

在以上理论与方法基础上,可制作脱黏抑冰材料样品,运用高分辨率数码相机拍摄液滴形貌,并结合 Image-Pro Plus 或 CAD 等图像处理软件来计算接触角,具体步骤如下:

(1)制备脱黏抑冰材料样品;

(2)将制备好的脱黏抑冰材料样品喷涂到载玻片表面,并在室温下放置,待其固化;

(3)将液滴喷涂到涂有已固化脱黏抑冰材料的载玻片的表面;

(4)利用高像素数码相机镜头垂直于载玻片平面的拍摄方法对液滴形貌的变化过程进行记录拍摄;

(5)利用图像处理软件绘制并计算接触角,如图 2.16 所示。

2.2.2.3　分级法

瑞典输电研究所(Swedish Transmission Research Institute, STRI)最早提出了分级

图 2.16　图像处理软件计算接触角

法[54]。分级法根据材料表面的疏水状态分为 HC1～HC7 七个等级,样品表面水分状态描述如表 2.3 所示。分级法将疏水状态等级划分为三个区段,分别是 HC1～HC3 级为憎水性状态,HC4 级为中间过渡状态,HC5～HC7 级为亲水性状态,具体试验方法为采用可喷出薄雾的普通喷壶在 $50～100\ cm^2$ 的小型载玻片上连续喷水 20～30 s,喷完 60 s 后将水的状态与标准图像(图 2.17)进行比对,且根据表 2.3 中样品表面的水分状态描述来判断材料的疏水等级。

表 2.3　STRI 的 HC 分级判据

HC 值	样品表面水分状态描述
HC1	只有分离的水滴,且大部分水珠接触角大于 90°,如图 2.17(a)所示
HC2	只有分离的水滴,且大部分水珠接触角 $60°<\theta\leqslant90°$,如图 2.17(b)所示
HC3	只有分离的水滴,但水珠不再是圆形,大部分水珠接触角 $30°<\theta\leqslant60°$,如图 2.17(c)所示
HC4	同时存在分离的水滴和水膜,总的水膜面积小于被测面积的 90%,如图 2.17(d)所示
HC5	同时存在分离的水滴和水膜,总的水膜面积大于被测面积的 90%,如图 2.17(e)所示
HC6	几乎只有水膜存在,水膜面积大于被测面积的 90%,如图 2.17(f)所示
HC7	只有连续水膜存在

2.2.3　黏附性能试验

黏结材料单位面积上的黏结力称为黏结强度(Bond Strength),测量黏结强度常用的方

（a）　　　　　　　　　　（b）　　　　　　　　　　（c）

（d）　　　　　　　　　　（e）　　　　　　　　　　（f）

图 2.17　STRI 的分级判据

（a）HC1；（b）HC2；（c）HC3；（d）HC4；（e）HC5；（f）HC6

法包括三点弯曲测试、剪切强度测试和拉伸强度测试等，脱黏抑冰材料受力来源主要是环境温度变化和路面的各种荷载，冰层与路面的黏结主要是机械黏结和化学黏结。通常采用拉伸试验和剪切试验来评价喷涂脱黏抑冰材料的试件与冰层的黏结强度，可有效验证脱黏抑冰材料的除冰性能，且拉伸试验和剪切试验测试方法简单，更具有实际意义。

拉伸试验与剪切试验的主要目的均是定量检验脱黏抑冰材料喷涂试件与冰块的黏附性。为了更清晰地揭示出喷涂脱黏抑冰材料试件的除冰能力，采用喷涂组试件和对照组试件进行对比试验，制备两块沥青混合料圆柱形试件，将两块试件固定，中间蓄水，置于冷柜中冻结。为了更加真实地模拟实际情况，试验温度采用－30 ℃，冻结时间采用 12 h，然后将试件从冷柜中取出，立即在 100 kN 的万能试验机上进行拉伸试验和剪切试验，拉伸试验与剪切试验原理分别如图 2.18 和图 2.19 所示。

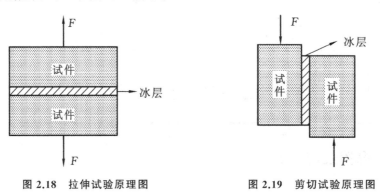

图 2.18　拉伸试验原理图　　　　　**图 2.19　剪切试验原理图**

2.3　脱黏抑冰材料组成设计、制备与性能检测

2.3.1　脱黏抑冰材料关键技术

2.3.1.1　低表面能降黏技术

表面能的定义为:某相形成单位面积自由表面时需要的能量,或在真空中分开某相产生一个新的界面所需要做的功[108,110]。在表面物理化学中,物体在相互接触作用过程的强度和特性主要依靠物体表面的性质,首先是化学特征和表面能[108,110]。探索路面材料内部质点与冰雪质点之间的相互作用,可以定义路面材料的表面能。位于路面材料内部均匀物质的每一个质点都受到围绕的与其相类似的质点引力,其合力为零;而位于路面材料表面的质点,只从一面受到引力作用,另一面是空气,由于气体的密度很小,只有在很接近路面时气体分子才产生力场,而气体分子对物质表面质点的作用力很小,难以平衡内部的分子作用,所以物质表面平衡质点的存在,就使路面材料具有一定数量的自由能。

如何有效解决路面界面与冰雪之间的嵌咬(即黏结问题)成为抑制沥青路面结冰的关键。路面材料的表面能是影响冰层与路面黏附性能的重要参数,通过降低路面的表面能,使冰晶呈现疏水状态,可极大地减小冰晶对路表面的黏附,使路面的冰层更易清除。为了降低冰层对路面的黏附性,就必须降低水对路面的浸润性,使路面具有憎水性或疏水性。接触角是表征材料表面能、表面黏附性和疏水性能的有效指标,可以精确地表明液体和固体之间的分子作用力。通常来说,低表面能固体呈现出较大的液体接触角。本研究研发的防冰冻脱黏抑冰材料,能够在道路表面构筑一层疏水涂膜(其中是以低表面能的有机硅橡胶乳液作为疏水材料),该涂膜可渗透至沥青路面缝隙以及石料表层内部而"渗透包裹"路面,改变路面材料表面特性以形成不润湿状态,使其具有较大的接触角和较低的表面能,有效降低冰层与路面的黏附性能,形成一种路面与冰层分离的"掏空状态"。一方面,在适当环境下,疏水性涂膜可使得冻雨沿路面横坡迅速排出而避免结冰;另一方面,当路面积雪结冰时,这些掏空悬浮的冰层受到来自车轮的荷载作用,因冰层与路面黏结性降低而无法整体承受荷载,使得能量被冰层吸收,在自应力作用下破碎,因此道路表面的冰层更容易被彻底清除,以此实现脱黏抑冰沥青路面的抗凝冰性能,保证沥青路面的主动除冰效果。

2.3.1.2　长效缓释蓄/析技术

化学动力学的碰撞理论认为,能量是化学变化的微观动力学的首要因素,能量推动反应进行,决定反应速率和碰撞轨迹。根据分子碰撞前后能量守恒定律,分子经过碰撞,能量分配方式以分子的平动能、分子的转-振激发能,或两者兼有的能量形式共存,碰撞前能量的大小、作用方式、分子质量大小、粒子数目等决定了碰撞后的能量分配方式。

本研究研发的脱黏抑冰材料中的冰点抑制剂以粒子的形式嵌于材料内部,在受到外部

干扰后,分子初始动能发生变化。根据能量守恒定律,微粒之间将发生碰撞,能量较高的冰点抑制剂将突破阈能而析出于材料表面,与路面薄冰表面水膜结合形成溶液[110],使原来"冰-路面"的两层弹性结构改变为"冰-溶液-路面"的三层弹性结构。因此,多孔吸附载体材料的抗凝冰性能,一是体现在多孔吸附载体材料对冰点抑制剂的吸附能力,吸附能力强,储存的冰点抑制剂也就多,抗凝冰效果更持久;二是体现在多孔吸附载体材料对冰点抑制剂的析出能力,析出能力越强,释放越持久,抗凝冰的效果也就越好。一个好的载体能最大限度地延缓脱黏抑冰材料的耗散速率,延长沥青路面的有效除冰雪寿命,因此需选用多孔隙、大比表面积的材料作为载体来储存冰点抑制剂,在使用的时候能释放冰点抑制剂,从而降低水溶液的冰点,起到沥青路面抗凝冰的作用。

2.3.1.3 表面改性技术

在脱黏抑冰材料黏附耐久性设计上,当高表面能的多孔吸附载体与低表面能的水基有机硅橡胶复合时,易在两相界面产生空隙,在水流冲刷作用下容易降解、脆化,导致脱黏抑冰材料对路面的黏附性能下降[105,106]。同时由于两相之间的物理性能差异,在车辆碾压时,两相之间产生应力集中,导致分散相颗粒与基体相形成裂纹而产生破坏。多孔吸附载体材料作为一种粉体材料,需要对分散相颗粒进行表面改性处理,使界面形成塑性层,松弛界面应力,增加两相之间的相容性,使应力集中导致的脱黏抑冰材料损坏现象大幅减少。

表面改性技术是指根据需要对粉体粒子进行表面处理加工,使其在一定程度上改善或者提高原本粉体粒子的表面性能的一种技术。该技术能够赋予粒子新的机能,使粒子达到人们所期望的特性。表面改性有很多种不同的分类方法,从表面改性剂与颗粒间有无化学反应的角度分析,表面改性可分为表面包覆改性和表面化学改性两大类。表面包覆改性是指对粉体表面用改性剂进行包膜改性处理以达到不同相颗粒间混合的方法,该种方法主要利用了粉体与改性剂之间的黏附力来达到包覆改性,主要有表面吸附法、外膜层法、表面活性剂法、溶胶-凝胶法、微乳液法和非均相成核法等六种。本研究采用表面吸附法和表面活性剂法进行表面粉体改性,表面活性剂主要采用有机氧烷偶联剂,通过偶联剂对无机粉体进行表面处理,偶联剂分子均匀地包裹在粉体的表面[44,45],其最小包覆面积达到 354 m^2/g。该措施在复合材料两相之间构建"纽带",形成"有机体-偶联剂-无机粉体"的结合,解决了多孔材料在涂液中难以均匀分散的问题,实现了脱黏抑冰材料与路面长效、高耐久性的黏附。

根据改性介质环境不同,表面改性工艺可分为湿法表面改性工艺和干法表面改性工艺两种。湿法表面改性工艺是指在一定温度条件下,在一定固液比或固含量的浆料中加入配置好的表面改性剂及助剂,并进行搅拌分散,整个改性过程在潮湿甚至液态环境下完成。干法表面改性工艺是指在一定温度条件下,将干态的粉体置于表面改性设备中进行分散,同时加入事先配制的表面改性剂进行改性,整个改性过程在干燥的环境下完成[46]。可以发现,干法生产粉体材料施工简单[47],可实现工业化生产,但偶联剂对粉体材料的裹覆性较差;湿法生产的产品质量较好,但造价较高。为了获得较好的试验效果,本研究以性能较好的材料为偶联剂,采用湿法生产的方法对粉体材料进行表面改性处理,即在搅拌粉体颗粒时,将偶联剂溶液均匀地喷洒到粉体表面,直至粉体表面呈现湿润状态。

2.3.2　关键组成材料的选择原则

脱黏抑冰材料是通过将环保的融冰雪材料及疏水材料先负载到载体材料上制成脱黏抑冰材料,通过人工涂刷或机械洒布的形式洒布到沥青路面上,然后缓慢释放出来达到除冰的目的。因脱黏抑冰材料中疏水材料能起到隔离冰层与路面的作用,大大降低了冰层与路面的黏附力,从而能使冰层达到容易清除的目的。考虑到脱黏抑冰材料的功能与特点,将脱黏抑冰材料设计成三类组分,分别为:成膜组分 A,作用为将脱黏抑冰材料均匀分散成膜,更好更均匀地喷涂到路面上;胶黏组分 B,作用为通过催化作用让脱黏抑冰材料的各组分加速反应,更快地形成强度;改性抑冰组分 C,作用为降低水的冰点,有效抑制路面结冰。三者有机结合,共同发挥作用来有效抑制路面结冰。同时,还需考虑脱黏抑冰材料固化前的路面抗滑性能,因此进行脱黏抑冰材料组成设计时需考虑抗滑材料。

2.3.2.1　多孔吸附载体材料

多孔吸附载体材料的选择要充分考虑冰点抑制剂的吸附及析出能力,多孔吸附载体材料对冰点抑制剂的吸附能力越强,储存的冰点抑制剂也就越多,抗凝冰效果就越持久;多孔吸附载体材料对冰点抑制剂的析出能力越强,释放越持久,抗凝冰的效果也就越好。

2.3.2.2　疏水材料

脱黏抑冰材料因为具有较好的疏水性能,可有效降低路面与冰层的黏附性。疏水材料选择应主要考虑两个方面:一是具有较好的疏水、憎水性能;二是与路面有较好的黏附性能。本研究经过大量的试验比选,最终确定有机硅橡胶乳液作为疏水材料。

2.3.2.3　冰点抑制剂材料

冰点抑制剂可降低水的冰点,从而可有效抑制路面的结冰,同时冰点抑制剂的选择需考虑环保性能,降低对路面结构及附属设施的破坏。本研究选择的冰点抑制剂为复合冰点抑制剂,不仅能够降低水的冰点,而且能作为金属防锈剂减少氯化盐对路面环境的破坏。

2.3.2.4　抗滑材料

大量的实体工程现场试验表明,脱黏抑冰材料从喷洒到路面上到脱黏抑冰材料完全固化之前会降低路面的抗滑性能,而脱黏抑冰材料完全固化后路面的抗滑性能恢复,因此为保证脱黏抑冰材料完全固化前路面的车辆行驶安全,经过大量的试验比选,确定在脱黏抑冰材料中添加 20~40 目的石英砂作为抗滑材料。

2.3.3　脱黏抑冰材料组成设计

基于低表面能降黏技术、长效缓释蓄/析技术和表面改性技术,针对冬季沥青路面的特点,对脱黏抑冰材料进行合理的设计。在脱黏抑冰材料的配合比设计过程中,有机硅橡胶的高疏水性能与多孔材料的亲水性能、冰点抑制剂的冰点抑制功能与脱黏抑冰材料的长效缓释要求、有机硅橡胶的高疏水性能和路面的抗滑性能是三对矛盾体。其中,以路面的除冰功能和不降低路面的抗滑性能尤为重要,为了在增加路面除冰功能的同时不降低路面的抗滑性能,经过系统的试验研究,寻求三对矛盾体的最佳契合点,开发具有长效缓释特点的脱黏抑冰材料。最终设计得到的脱黏抑冰材料包括成膜组分 A、胶黏组分 B 和改性抑冰组分 C。

2.3.3.1 改性抑冰组分 C 组成设计

根据脱黏抑冰材料的抑冰功能设计,组分 C 的组成成分应包含冰点抑制剂 C1;冰点抑制剂 C1 需要多孔吸附载体 C2 进行吸附,因此,脱黏抑冰材料中应包含多孔吸附载体 C2;为避免脱黏抑冰材料颜色对路面造成污染,添加少量炭黑组分 C3 对脱黏抑冰材料粉体进行增色;为提高改性抑冰组分粉体的分散性能,采用改性偶联剂 C4 对抑冰组分粉体进行改性。

多孔吸附载体材料 C2 对冰点抑制剂 C1 的吸附能力可通过多孔吸附载体吸附冰点抑制剂前后的质量变化(即吸附率)来定量表示,具体试验步骤为:称取烘干后质量为 m_0(精确至 0.01 g)的多孔吸附载体材料 C2,然后浸泡于提前配置好的冰点抑制剂 C1 饱和溶液中,24 h 后取出,在 110 ℃低温干燥箱中烘干后称取质量 m_1。多孔吸附载体材料的吸附率按下式计算:

$$S_a = \frac{m_1 - m_0}{m_0} \tag{2.4}$$

式中　m_1——材料浸泡后质量(g);

　　　　m_0——材料浸泡前质量(g);

　　　　S_a——多孔吸附载体材料的吸附率(%)。

采用上述吸附率试验方法可确定冰点抑制剂 C1 与多孔吸附载体 C2 的最佳配比,试验结果如表 2.4 所示;绘制多孔吸附载体吸附率随时间变化的关系图,如图 2.20 所示。

表 2.4　吸附性能试验结果

时间/h	烘干吸附载体质量 m_0/g	烘干重 m_1/g	吸附率/%
2	100	122.21	22.21
4	100	134.31	34.31
6	100	144.33	44.33
8	100	149.42	49.42
10	100	152.17	52.17
12	100	153.32	53.32
14	100	154.02	54.02
16	100	154.33	54.33
18	100	154.45	54.45
20	100	154.45	54.45

时间/h	烘干吸附载体质量 m_0/g	烘干重 m_1/g	吸附率/%
22	100	154.45	54.45
24	100	154.45	54.45

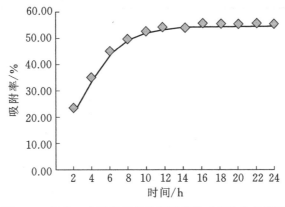

图 2.20　组分 C 多孔吸附载体吸附率随时间变化曲线图

由图 2.20 可知,多孔吸附载体的吸附率随着时间的增加而增大,增大的速率逐渐趋于平缓,18 h 后多孔吸附载体材料的吸附率趋于稳定,说明多孔吸附载体达到饱和状态,由此可得多孔吸附载体 C2 与冰点抑制剂 C1 的质量比例为 C2∶C1＝100∶54。根据实际经验及吸附性能试验可得复合冰点抑制剂 C1、多孔吸附载体 C2、炭黑 C3 和改性硅烷偶联剂 C4 各成分的比例,如表 2.5 所示。

表 2.5　改性抑冰组分 C 组成成分比例

组成成分	各成分比例/%
复合冰点抑制剂 C1	54
多孔吸附载体 C2	100
炭黑 C3	2.5
改性硅烷偶联剂 C4	1.6

2.3.3.2　成膜组分 A 组成设计

根据脱黏抑冰材料的疏水功能设计,成膜组分 A 的成分应包括路面黏结疏水材料有机硅橡胶乳液 A1 及各种助剂和填料(包括补强剂 A2、填料 A3、成膜助剂 A4、增塑剂 A5、催化剂 A6、流平剂 A7、消泡剂 A8、稀释剂 A9、防滑材料石英砂 A10)。助剂的作用为促进有机硅橡胶乳液的塑性流动和弹性变形,改善黏结性能,从而改善乳液的成膜性能,帮助成膜。填料的作用为对有机硅橡胶进行补强,提高有机硅橡胶乳液的拉伸强度。

黏结疏水材料有机硅橡胶乳液 A1 和稀释剂的配比通过疏水性能和黏附性能试验进行分析。分别称取质量为 100 g、固含量为 20％～60％的有机硅橡胶乳液若干份,稀释剂 A9

分别按照 20～300 g 与有机硅橡胶乳液进行掺配,分别进行疏水性能试验和黏附性能试验,根据量高法测量接触角,采用万能试验机测定拉伸力和剪切力的大小,试验结果如表 2.6 所示;接触角随稀释剂质量变化的关系如图 2.21 所示;拉伸力与剪切力随稀释剂质量变化的关系如图 2.22 和图 2.23 所示。

表 2.6　疏水性能和黏附性能试验结果

有机硅橡胶乳液/g	稀释剂/g	接触角/°	疏水等级	拉伸力/N	剪切力/N
100	20	90.2	HC1	1644	10506
100	60	96.3	HC1	1478	8056
100	100	102.0	HC1	1354	6537
100	140	108.5	HC1	1259	5245
100	180	112.1	HC1	1215	4165
100	220	109.3	HC1	1242	5148
100	260	107.4	HC1	1340	6449
100	300	98.2	HC1	1537	8730

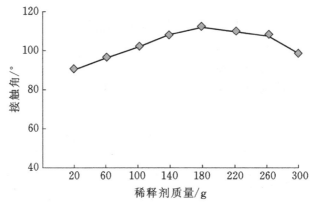

图 2.21　接触角随稀释剂质量变化图

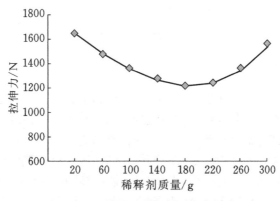

图 2.22　拉伸力随稀释剂质量变化图

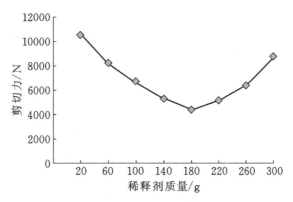

图 2.23　剪切力随稀释剂质量变化图

由表 2.6、图 2.21 至图 2.23 疏水性能和黏附性能试验结果可知,疏水性能试验中,随着稀释剂质量的增大,接触角呈现先增大后减小的趋势,黏附性能试验拉伸力和剪切力随着稀释剂质量的增大均呈现先减小后增大的趋势,说明随着稀释剂质量的逐渐增大,脱黏抑冰材料的疏水性能先增大后减小,黏结性能先减小后增大;当接触角最大、拉伸力和剪切力最小时,稀释剂质量为 180 g,此时脱黏抑冰材料的抗凝冰性能达到最佳,此时有机硅橡胶乳液 A1 和稀释剂 A9 的比例为最佳比例,即 A1:A9=100:180。根据实际经验及疏水性能试验和黏结性能试验可确定成膜组分中各成分的最佳比例,如表 2.7 所示。

表 2.7　成膜组分 A 组成成分比例

组成成分	各成分比例/%
固含量为 20%～60%的有机硅橡胶乳液 A1	100.0
补强剂 A2	4.0
填料 A3	3.0
成膜助剂 A4	4.0
增塑剂 A5	4.2
催化剂 A6	1.7
流平剂 A7	3.0
消泡剂 A8	0.3
稀释剂 A9	180.0
防滑材料石英砂 A10	3.0

2.3.3.3　胶黏组分 B 组成设计

胶黏组分的作用是加快脱黏抑冰材料各组分之间的反应速度,加快开放交通的时间。胶黏组分由交联剂 B1 和偶联剂 B2 组成,根据实际经验,通常取交联剂与偶联剂成分的比例如表 2.8 所示。

表 2.8　胶黏组分 B 组成成分比例

组成成分	各成分比例/%
交联剂 B1	29
偶联剂 B2	71

2.3.3.4　脱黏抑冰材料 A、B、C 组成比例

（1）B 组分质量比例的确定

预先按照 A、C 组分确定的各成分的最佳含量配制好 A、C 组分，以 C 组分分散到 A 组分中分散均匀且不结团为配制原则，A∶C 质量比按照100∶2的比例将 C 组分缓缓倒入 A 组分中，按照此比例预先配制好 A、C 组分的混合物，分别将不同质量的 B 组分加入提前配制好的 A 组分和 C 组分的混合物中配制好脱黏抑冰材料；在洒布温度为 5 ℃、脱黏抑冰材料洒布量为 0.5 kg/m² 的条件下，按照抗凝冰试验方法制作马歇尔试件。

脱黏抑冰材料的三组分混合后将会发生固化反应，脱黏抑冰材料的固化时间包括在喷涂设备中的固化时间和脱黏抑冰材料喷涂到路面再到完全固化的时间，将脱黏抑冰材料在喷涂设备中固化的时间定义为固化前期时间，脱黏抑冰材料喷涂到路面再到完全固化的时间定义为固化后期时间。试验分别测定马歇尔试件的固化后期时间并进行"落球冲击试验"，试验结果如表 2.9 所示；分别绘制固化后期时间随 B 组分质量变化关系图和试件破损率随 B 组分质量变化关系图，如图 2.24 和图 2.25 所示。

表 2.9　落球冲击试验结果

(A+C)组分质量/g	B组分质量/g	固化后期时间/h	破损率/%
100	0.5	7.2	17.9
100	1.0	5.3	17.8
100	1.5	3.8	17.7
100	2.0	3.1	17.6
100	2.5	2.5	15.5
100	3.0	1.7	12.4
100	3.5	0.6	9.9
100	4.0	0.2	6.2

由图 2.24 和图 2.25 可知，试件固化后期时间随着 B 组分质量的增大而逐渐减小，试件破损率随着 B 组分质量的增大而减小。在 B 组分小于 2 g 时破损率减小幅度较平缓，大于 2 g 时破损率减小幅度较大，说明 B 组分质量大于 2 g 时除冰性能降低幅度较大。综合考虑脱黏抑冰材料的除冰性能和固化后期时间对交通的影响，B 组分的质量取 2 g 为宜，质量比（A+C）∶B＝100∶2。

（2）A 组分与 C 组分质量比的确定

在质量比（A+C）∶B＝100∶2条件下，A 组分与 C 组分按照不同的比例配制，且按照抗

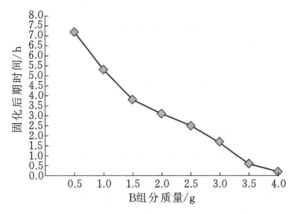

图 2.24　试件固化后期时间随 B 组分质量变化关系图

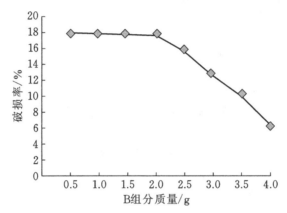

图 2.25　试件破损率随 B 组分质量变化关系图

凝冰试验方法进行落球冲击试验和黏结性能试验,试验结果如表 2.10 所示;分别绘制破损率与 C 组分质量的关系图和黏结力与 C 组分质量的关系图,如图 2.26 和图 2.27 所示。

表 2.10　落球冲击试验和黏结性能试验

A 组分质量/g	C 组分质量/g	B 组分质量/g	破损率/%	拉伸力/N	剪切力/N
99.5	0.5	2.0	5.8	1753	10513
99.0	1.0	2.0	9.8	1629	9238
98.5	1.5	2.0	12.9	1537	8295
98.0	2.0	2.0	15.4	1454	7450
97.5	2.5	2.0	17.4	1379	6697
97.0	3.0	2.0	18.2	1304	6148
96.5	3.5	2.0	18.4	1237	5685
96.0	4.0	2.0	18.6	1181	5282

续表 2.10

A 组分质量/g	C 组分质量/g	B 组分质量/g	破损率/%	拉伸力/N	剪切力/N
95.5	4.5	2.0	18.7	1151	4906
95.0	5.0	2.0	18.7	1129	4549
94.5	5.5	2.0	18.7	1110	4275
94.0	6.0	2.0	18.7	1095	4034

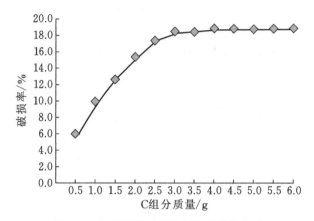

图 2.26　破损率随 C 组分质量变化关系图

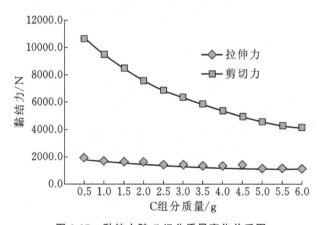

图 2.27　黏结力随 C 组分质量变化关系图

由图 2.26 和图 2.27 可知,随着 C 组分质量的逐渐增大,破损率逐渐增大,在 C 组分大于 3.0 g 时增加幅度趋于平缓;拉伸力与黏结力随着 C 组分质量的增大而逐渐减小,且减小幅度趋于平缓。综合考虑脱黏抑冰材料的除冰性能,建议 A 组分与 C 组分的质量比取 97:3 为宜。

综上可得,A 组分、B 组分、C 组分的质量比为 $m_A : m_B : m_C = 97:2:3$。

2.3.4　脱黏抑冰材料室内制备工艺

脱黏抑冰材料的室内制备包括成膜组分 A 的制备、胶黏组分 B 的制备、改性抑冰组分 C 的制备和脱黏抑冰材料成品制备。

（1）成膜组分 A 的制备

将 4 份补强剂 A2、3 份填料 A3、4 份成膜助剂 A4 加入 180 份稀释剂 A9 中,然后以 300～500 rpm 的转速搅拌 15～20 min,经分散混合均匀后,加入 100 份有机硅橡胶乳液 A1、1.7 份催化剂 A6、4.2 份增塑剂 A5、3 份流平剂 A7、0.3 份消泡剂 A8,以 300～500 rpm 的转速搅拌 15～20 min,混合均匀后得到成膜组分 A。

（2）胶黏组分 B 的制备

将 29 份交联剂 B1、71 份偶联剂 B2 混合,以 300～500 rpm 的转速搅拌 10 min 混合均匀,得到胶黏组分 B。

（3）改性抑冰组分 C 的制备

在 54 份复合冰点抑制剂 C1 中加入 1.6 份改性硅烷偶联剂 C4 并加热搅拌均匀,完全溶解后加入 100 份多孔吸附载体材料 C2,5～10 min 后加入 2.5 份炭黑 C3 对粉体进行增色,待水分完全蒸发后干燥,粉碎得到黑色改性抑冰组分 C。

（4）脱黏抑冰材料成品制备

将 3 份改性的抑冰组分 C 加入 97 份成膜组分 A 中,然后加入 2 份胶黏组分 B,以 200～400 rpm 的转速搅拌 10～15 min,混合均匀后制得脱黏抑冰材料。脱黏抑冰材料成品制备示意图如图 2.28 所示。

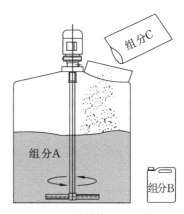

图 2.28　脱黏抑冰材料成品制备示意图

2.3.5　脱黏抑冰材料性能检测

为使脱黏抑冰材料在冬季能持续发挥除冰效果,需在脱黏抑冰材料进行大面积现场施工前,将 A、B、C 三种组分按照一定的比例配制少量脱黏抑冰材料进行性能检测,检测合格方可进行现场大面积施工,检测不合格则需查找原因,重新配制,直至合格为止。禁止采用不合格产品进行施工。脱黏抑冰材料性能检测将在后文中详细阐述。

2.4　脱黏抑冰材料除冰性能试验结果分析

脱黏抑冰材料是一种新型的主动型环保除冰材料,目前对其性能的研究及评价较少,未形成完善的评价指标与方法,因此需针对脱黏抑冰材料的除冰特点对其各项性能进行研究和评价,为脱黏抑冰材料的推广应用提供技术支撑。本节以及后文中试验所用的脱黏抑冰材料均是通过 2.3.3 节确定的脱黏抑冰材料各组分组成比例及 2.3.4 节所述室内制备工艺进行配制的。

2.4.1 抗凝冰试验结果分析

采用 AC-13 级配、油石比 5.0% 的沥青混合料分别制作两组马歇尔试件和车辙板试件，一组马歇尔试件和车辙板试件按照 0.5 kg/m² 的洒布量喷涂脱黏抑冰材料，另一组马歇尔试件和车辙板试件不做任何处理，作为对照组试件，按照抗凝冰试验步骤进行试验。落球冲击试验和重力敲击试验后的马歇尔试件分别如图 2.29 和图 2.30 所示，落球敲击试验后的车辙板试件如图 2.31 所示。

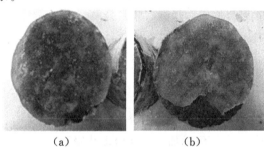

（a）　　　　　　　　（b）

图 2.29　落球冲击试验后的马歇尔试件

（a）对照组试件；（b）喷涂组试件

（a）　　　　　　　　（b）

图 2.30　重力敲击试验后的马歇尔试件

（a）对照组试件；（b）喷涂组试件

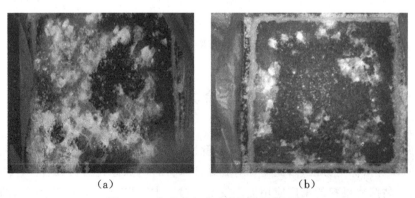

（a）　　　　　　　　　　　　　　（b）

图 2.31　落球敲击试验后的车辙板试件

（a）对照组试件；（b）喷涂组试件

由图 2.29 可以看出,左边对照组马歇尔试件表面只有钢球撞击的印记和坑洼,而右边喷涂组马歇尔试件表面可看到清晰的破损界线,且破损处无任何残冰的黏附,从而可以定性地判断脱黏抑冰材料的抗凝冰效果很好。通过室内测量喷涂组马歇尔试件冰块的破损面积为 12.72 cm^2,按照式(2.2)可计算得到其破损率为 16.2%。

由图 2.30 可以看出,经过重力敲击后的马歇尔试件表面的冰层可以整体地移除,且试件表面无任何暗冰,而对照组马歇尔试件存在大量的暗冰,可以定性判断冰层与对照组马歇尔试件的黏附力大于冰层与喷涂组试件的黏附力。

由图 2.31 车辙板试件的落球敲击试验可以看出,对照组车辙板试件敲击后冰层出现局部小面积的脱落,大部分冰层仍附着在车辙板试件上,而喷涂了脱黏抑冰材料的车辙板试件冰层出现大面积脱落,且脱落后的车辙板试件不存在暗冰,说明脱黏抑冰材料对冰层和试件起到了很好的隔离作用,喷涂过脱黏抑冰材料的试件其冰层极易脱落。

2.4.2　疏水性能试验结果分析

(1) 量高法试验结果分析

按照量高法测量接触角的方法对脱黏抑冰材料涂膜接触角进行测定,如图 2.32 和图 2.33 所示。经测定得到 $h=2.1$ mm,$D=2.4$ mm,根据式(2.3)可计算得到脱黏抑冰材料的接触角为 126°,可见该脱黏抑冰材料具有较强的疏水性能。此种计算接触角的方法简单易行,非常适合室内定性表征脱黏抑冰材料的疏水性能。但是此种方法因为受到人为操作、测量装置等外界因素的影响,结果误差较大,为更好地表征脱黏抑冰材料的疏水性能,本研究在采用量高法计算接触角的同时,还采用了液滴图像拟合分析法绘制计算脱黏抑冰材料的接触角。

图 2.32　脱黏抑冰材料涂膜的直观效果图　　　图 2.33　量高法测定疏水涂膜接触角

(2) 液滴图像分析法试验结果分析

按照液滴图像分析法试验步骤,将水分别滴在未涂脱黏抑冰材料的玻璃载玻片表面和涂过脱黏抑冰材料的玻璃载玻片表面,并在不同时间(5 s、30 s、2 min、4 min、6 min、8 min、10 min、12 min、14 min、16 min、18 min、20 min)拍摄,对比静态接触角的变化情况,试验结果如图 2.34 所示,其中在每幅图中,左侧为普通玻璃载玻片上的液滴(对照组),右侧为表面涂有脱黏抑冰材料的载玻片上的液滴(喷涂组),液滴接触角随时间的变化如图 2.35 所示。

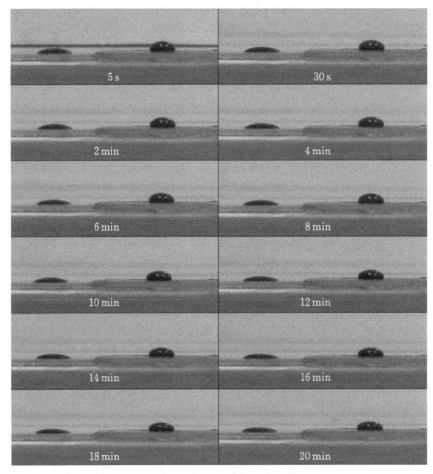

图 2.34 液滴接触角实拍图像

由图 2.35 可知，接触角随着时间的延长而逐渐减小，接触角减小主要是由液滴的水分蒸发和液滴随着载玻片平面的逐渐扩张而引起的，因此，为了减小误差且获得较为真实的接触角，测量接触角的时间应尽可能短。

涂有脱黏抑冰材料的载玻片上液滴的接触角 5 s 时为 99.5°，随着时间的延长，接触角逐渐变小，20 min 时为 83.3°，即液滴在脱黏抑冰材料上的接触角变化范围为 99.5°～83.3°，而在洁净载玻片上液滴的接触角的变化范围为 39.2°～29°。由数据对比可以得出，脱黏抑冰材料具有良好的疏水性能，能够显著降低冰层与路面之间的黏结力。

（3）分级法试验结果分析

按照分级法试验步骤，分别准备喷涂脱黏抑冰材料液滴的试验样品（载玻片左侧样品）和未喷涂脱黏抑冰材料液滴的试验样品（载玻片右侧样品），如图 2.36 所示。采用液滴图像分析法分别对载玻片上喷涂了脱黏抑冰材料和未喷涂脱黏抑冰材料的试验样品上水滴接触角进行测量，结果表明，喷涂了脱黏抑冰材料的液滴接触角为 95.4°，未喷涂脱黏抑冰材料的液滴接触角为 39.4°，分别将液滴与图 2.17 所示的 STRI 分级液滴图对比分析，可得脱黏抑冰材料的疏水等级为 HC1 级，即脱黏抑冰材料具有较强的憎水性能。

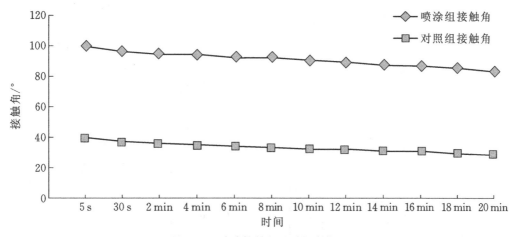

图 2.35 液滴接触角随时间变化图

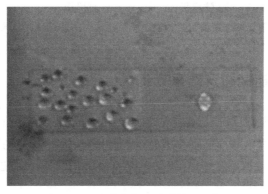

图 2.36 液滴分级法试验结果图像

2.4.3 黏附性能试验结果分析

按照黏附性能试验方法与步骤,分别制作进行拉伸试验和剪切试验的喷涂脱黏抑冰材料的喷涂组和未喷涂脱黏抑冰材料的对照组沥青混合料试件,进行拉伸试验与剪切试验后的冰层与试件的界面分别如图 2.37 和图 2.38 所示,拉伸试验和剪切试验结果如图 2.39 所示。

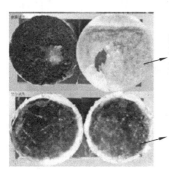

图 2.37 拉伸试验破坏后冰层-试件界面

喷涂脱黏抑冰材料的试件,冰层从试件表面整体脱落

未喷涂脱黏抑冰材料的试件,冰层无法从试件表面整体脱落

图 2.38 剪切试验破坏后冰层-试件界面

喷涂脱黏抑冰试件表面冰层整体脱落

未喷涂脱黏抑冰材料的试件表面冰层难以脱落

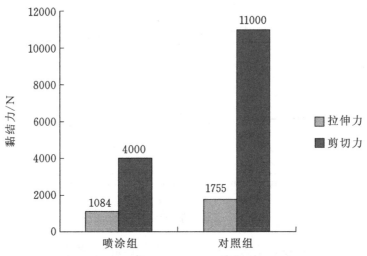

图 2.39　喷涂组试件和对照组试件黏附性能试验结果

2.4.4　融冰性能试验及结果分析

脱黏抑冰材料的融冰性能是影响冰层与沥青路面隔离的关键因素,正是由于脱黏抑冰材料将冰层的下表面融解,从而使得冰层与沥青路面隔离。为模拟脱黏抑冰材料对冰层的融解性能,本研究采用融冰性能试验对脱黏抑冰材料的融冰性能进行评价[27],试验方法如下:

(1) 称取一定质量的水分别装入容器中,然后将容器全部放置于−30 ℃恒温箱中,将水冻结成冰;

(2) 将预先配制好的脱黏抑冰材料涂刷到马歇尔试件表面,待材料固化后将冻结好的冰块从容器中取出,分别称取相同质量的冰块置于涂过脱黏抑冰材料的马歇尔试件表面(喷涂组)和未涂过脱黏抑冰材料的马歇尔试件表面(对照组),将冰块与马歇尔试件一起放置于−30 ℃恒温箱中进行冷冻,将马歇尔试件和冰块共同冷冻到−30 ℃的温度;

(3) 然后每隔一小时升高 2 ℃,为减小温度升高对冰块质量变化的影响,最高温度升高到 0 ℃为止,同时测量冰块质量的减少量,反映脱黏抑冰材料的融冰能力。

按照以上融冰性能试验方法与步骤进行试验,试验结果如表 2.11 和图 2.40 所示。

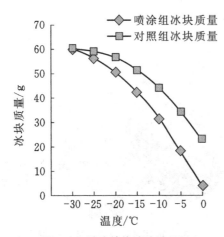

图 2.40　融冰性能试验结果图

表 2.11　融冰性能试验结果

温度/℃	喷涂组冰块质量/g	对照组冰块质量/g
−30	60	60
−25	57	59
−20	51	57
−15	43	52
−10	32	45
−5	19	35
0	4	23

由图 2.40 可知,随着温度的升高,冰块的质量逐渐减小,且质量减小的速率逐渐增大。同等温度条件下,对照组冰块试件的质量减小的速率明显小于喷涂组冰块质量减小的速率,排除温度升高对冰块质量变化的影响,说明脱黏抑冰材料具有较好的融冰性能。

2.5　脱黏抑冰材料耐久性能研究

脱黏抑冰材料的耐久性能主要是指能达到持久除冰的功能,该性能与很多因素有关,如渗透性能、耐水性能、缓释性能等。参考文献[55]分别从渗透性能、耐水性能和缓释性能等方面对脱黏抑冰材料的耐久性能进行分析评价,同时采用低温加速加载试验对脱黏抑冰材料的除冰性能进行验证。

2.5.1　渗透性能

脱黏抑冰材料是通过在路面上构筑一层可渗透至石料表层内部及沥青路面缝隙中的疏水膜来降低冰层与路面之间的黏附性,通过该疏水膜的构筑改变了路面材料表面的特性,使得路面材料具有较大的接触角和较低的表面能,从而形成不润湿状态,使得路面与冰层之间处于相互分离的"掏空状态"。要实现降低脱黏抑冰材料与路面之间黏附力的功能,脱黏抑冰材料必须具有较强的渗透性,如果渗透性较差,则脱黏抑冰材料很难渗透到沥青路面内部,从而影响到脱黏抑冰材料的除冰效果。从某种意义上说,脱黏抑冰材料的渗透性反映了脱黏抑冰材料的耐久性能。本试验分别针对玄武岩石料、石灰岩石料及实际沥青路面进行脱黏抑冰材料的渗透性能试验,如图 2.41 和图 2.42 所示。

脱黏抑冰材料在材料配制中添加了强渗透偶联剂,此渗透剂能渗透到石料孔隙的内部,从图 2.41 可以看出,无论是玄武岩还是石灰岩,涂料在其表面都有很好的渗透性。

为了更好地评判脱黏抑冰材料的渗透性,在沥青路面也进行了相关试验,在环境温度为 5 ℃、湿度为 21% 的情况下,脱黏抑冰材料在室外沥青路面的渗透过程如图 2.42 所示。

由图 2.42 可以看出,脱黏抑冰材料洒布到沥青路面后,随着时间的延长,逐渐渗透到沥青路面中,40 min 后完全渗透至沥青路面内部。

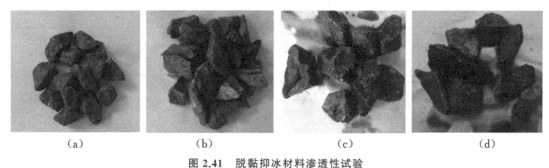

（a）　　　　　　　　（b）　　　　　　　　（c）　　　　　　　　（d）

图 2.41　脱黏抑冰材料渗透性试验

（a）、（b）玄武岩和石灰岩浸泡脱黏抑冰材料前；（c）、（d）玄武岩和石灰岩浸泡脱黏抑冰材料后

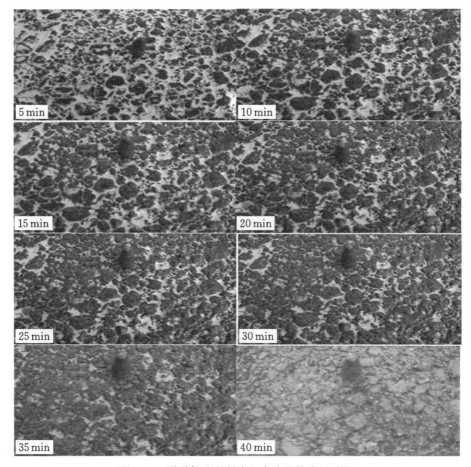

图 2.42　脱黏抑冰材料在沥青路面的渗透过程

2.5.2　耐水性能

基于脱黏抑冰材料耐水性评价标准[55]，采用浸水试验对疏水脱黏抑冰材料的耐久性进行试验和评价，即选择一组级配为 AC-13、表面形貌相近的马歇尔试件，涂刷上脱黏抑冰材料后

置于恒温水中分别浸泡 24 h 和 48 h,观察试件表面脱黏抑冰材料的变化,试验结果见图 2.43。

（a）　　　　　　　　　（b）　　　　　　　　　（c）

图 2.43　耐水性测试

(a) 浸泡前;(b) 浸泡 24 h;(c) 浸泡 48 h

由图 2.43 可知,脱黏抑冰材料试件浸泡 24 h 和 48 h 后,试件无任何起泡、脱落及结冰现象,依然保持完好,说明脱黏抑冰材料试件具有良好的耐水性能。

2.5.3　缓释性能

脱黏抑冰材料是通过组成材料中的多孔吸附载体吸附冰点抑制剂,然后缓慢释放出来,达到除冰的效果。基于此原理,多孔吸附材料对冰点抑制剂的吸附能力越强,脱黏抑冰材料吸附的冰点抑制剂越多且释放能力越强,则抗凝冰效果将会更持久;多孔吸附材料对冰点抑制剂的析出能力越强,释放越持久,抗凝冰效果也就越好。因此,根据脱黏抑冰材料的特点,通过多孔吸附载体材料的吸附能力和冰点抑制剂的析出能力来进行评价。

2.5.3.1　吸附性能

选取常用的具有较强吸附能力的吸附载体材料——火山岩、沸石与脱黏抑冰材料多孔吸附载体材料按照 2.3.3 节吸附率试验方法进行吸附率试验,试验结果如表 2.12 所示。

表 2.12　吸附载体材料吸附能力试验结果

材料类别	烘干吸附载体质量 m_0/g	烘干重 m_1/g	吸附率 S_a/%
火山岩	67.35	74.23	10.21
沸石	111.20	124.30	11.78
脱黏抑冰材料多孔吸附载体材料	100.00	124.70	24.70

由表 2.12 可知,脱黏抑冰材料多孔吸附载体材料相对于火山岩和沸石具有较大的吸附率,说明其具有良好的吸附冰点抑制剂的能力,可保证长效的抗凝冰性能。

2.5.3.2　冰点抑制剂析出除冰性能

参照文献[27]中脱黏抑冰材料的除冰能力评价方法,本研究设计的评价脱黏抑冰材料

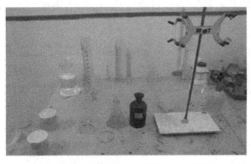

图 2.44　脱黏抑冰材料银离子试验

冰点抑制剂析出除冰性能的方法如下:将脱黏抑冰材料混合液涂刷到马歇尔试件上,待脱黏抑冰材料干燥后将试件置于定量的水中浸泡 3 h,取浸泡水样品进行银量法试验[57,72,107],如图 2.44 所示。然后将水和试件一起置于 −30 ℃ 的条件下,3 h 后取出试件,进行落球冲击试验(同"2.2.1　抗凝冰试验"),若冰层松散易碎,说明脱黏抑冰材料具有除冰效果,则清除试件表面冰层,继续将脱黏抑冰材料试件置于新的相同定量的水中,取浸泡水样品进行银量法试验,然后重新将水和试件置于 −30 ℃ 的条件下,如此循环往复。每次都以空白试件为对照组试件。在经过至少 7 次循环试验(相当于一个冬季 7 场暴雪的降雪量)后,如果脱黏抑冰材料仍具有除冰效果,则说明脱黏抑冰材料具有持久的除冰能力。

经过 7 次循环试验且经过落球冲击试验后的脱黏抑冰材料试件如图 2.45 所示,可见 7 次循环试验后的脱黏抑冰材料试件仍具有除冰性能。此外,通过试验也可以测定水中的冰点抑制剂的浓度由原来的 34 mg/mL 降低到 7 次循环试验后的 16 mg/mL,试验结果如图 2.46 所示。此时脱黏抑冰材料仍具有除冰效果,表明脱黏抑冰材料具有良好的除冰性能。

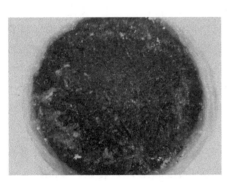

图 2.45　经过 7 次循环试验且经过落球冲击试验后的脱黏抑冰材料试件

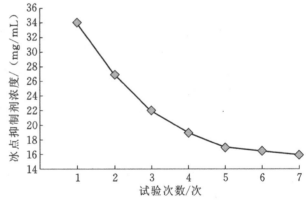

图 2.46　脱黏抑冰材料银离子试验结果

2.5.4　低温加速加载试验

脱黏抑冰材料喷洒到路面后,要长期经受车辆的碾压磨耗作用,为验证脱黏抑冰材料经过车辆碾压后的磨耗情况以及经过车辆碾压磨耗后脱黏抑冰材料的效果,本研究将脱黏抑冰材料喷涂到车辙板试件上,在高低温材料与结构性能测试室(图 2.47)中进行试验(高低温材料与结构性能测试室是为验证路面材料与结构性能而专门设计的封闭式实验室,测试室中温度可通过程序进行控制,温度可控制在 −60~60 ℃),路面材料与结构试验在钢槽试验平台(图 2.48)上进行[钢槽试验平台的宽度为 1.2 m,长度为 3 m,可采用沥青车辙板进行拼接模拟沥青路面,采用小车(压力为 0.7 MPa,速度为 30 m/min)模拟车辆荷载],钢槽试验平台可通过控制加水量来控制冰层的厚度。沥青路面模拟试件由 40 块车辙板试件组合而成,车辙板试件中一部分为喷涂脱黏抑冰材料且固化后的试件,另一部分为空白对照组试件。

图 2.47　高低温材料与结构性能测试室

图 2.48　高低温材料与结构性能测试室钢槽平台

2.5.4.1　脱黏抑冰材料除冰性能试验模拟

为模拟脱黏抑冰材料试件的除冰性能,在钢槽试验平台上,沥青路面模拟试件采用 40 块车辙板试件组合而成,车辙板试件分为空白试件和脱黏抑冰材料试件;在 −30 ℃温度下,分别采用不同的加水量控制冰层的厚度(4 mm 和 10 mm)来模拟南方沥青路面结冰和北方沥青路面结冰的实际情况,在不同冰层厚度情况下启动小车碾压试件冰层表面。

试验结果表明,当冰层厚度为 4 mm、碾压次数 327 次时,喷涂组试件有黑色车辙试件表面露出,经过 550 次的碾压,喷涂组试件有大量黑色车辙试件表面露出,轮迹处的冰层被碾碎;而冰层厚度为 10 mm 的空白组试件表面冰层几乎无变化,冰层与车辙试件黏附牢固,较难被碾碎。用锤子敲击脱黏抑冰材料试件和空白试件表面,敲击结果如图 2.49 所示。可见脱黏抑冰材料试件更易敲碎,且其底部无暗冰,而空白对照组试件较难敲碎,且其底部存在大量暗冰,这表明冰层与脱黏抑冰材料试件的附着力远小于冰层与空白试件的附着力。

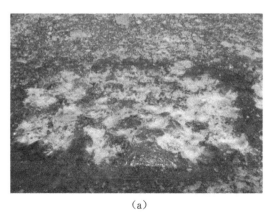

（a）

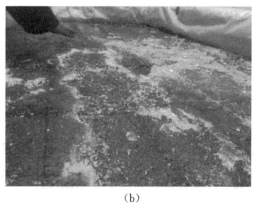

（b）

图 2.49　车辙板试件敲击后除冰效果图

（a）对照组试件;（b）脱黏抑冰材料试件

2.5.4.2　车辆碾压磨耗对脱黏抑冰材料效果影响试验模拟

脱黏抑冰材料喷涂到沥青路面上后,经过车辆多次碾压磨耗,会对脱黏抑冰材料的除冰效果造成影响,为验证车辆碾压磨耗对脱黏抑冰材料性能的影响,在钢槽试验平台上沥青路面模拟试件采用 40 块车辙板试件组合而成,车辙板试件分为空白试件和脱黏抑冰材料试件。20 ℃温度条件下开启小车反复碾压 11131 次后,观测脱黏抑冰材料试件的碾压磨损情况,如图 2.50 所示。

（a）　　　　　　　　　　　　（b）

图 2.50　小车碾压磨耗后的脱黏抑冰材料试件

(a)空白试件;(b)脱黏抑冰材料试件

由图 2.50 可以看出,车辙板试件轮迹处脱黏抑冰材料有少量磨损,而车辙板试件构造深度内脱黏抑冰材料并未减少。有文献[115]研究表明,沥青路面构造深度的面积为表面积的 4～6 倍,小车碾压磨耗仅为试件表面的脱黏抑冰材料,而大部分的脱黏抑冰材料渗透到试件的构造深度中,因此小车的碾压磨耗对脱黏抑冰材料试件的除冰功能不会产生较大影响。

为进一步验证此结论,本研究对小车碾压磨耗后的试件进行除冰效果模拟试验,在-30 ℃温度下通过洒水的方法在试件表面形成厚度为 4 mm 的冰层,然后启动小车进行碾压,往返碾压 400 次后,喷涂了脱黏抑冰材料的试件表面轮迹带处出现破裂,并显露出试件表面,而空白组试件轮迹带处几乎未出现任何变化,如图 2.51 所示,这说明小车的碾压磨耗对脱黏抑冰材料的除冰效果影响较小。

（a）　　　　　　　　　　　　（b）

图 2.51　碾压后的车辙试件表面

(a) 空白对照组试件;(b) 脱黏抑冰材料试件

2.6　脱黏抑冰材料环保性能分析评价

目前,撒布融雪剂由于具有对冰雪清除比较彻底的特点而成为最常用的除冰雪方法,然而融雪剂会对植物、路桥附属设施、地表径流、土壤、交通等环境造成严重的负面影响。

2.6.1　融雪剂对环境的影响

2.6.1.1　融雪剂对植物的影响[100,101,102,103]

（1）生理干旱

植物通过根部吸收养分和水分并传送至树叶的末端,当采用撒布融雪剂方法除雪时,积雪融化后盐水会渗入地下,给植物造成一种水逆境,导致植物生长速度明显下降甚至死亡。

（2）破坏正常代谢

过多的盐分会导致植物的光合作用、呼吸作用及蛋白质的代谢降低,导致 PEP 羧化酶与 RuBP 羧化酶活性降低,影响生长速率。融雪剂对植物的生长破坏如图 2.52 所示。

2.6.1.2　对地表径流的影响

通常融雪剂撒布之后会跟随雨水排入河流湖泊中,破坏原水体的电离平衡,渗透到地下水中也会对饮用水造成影响,直接影响人体健康。

2.6.1.3　对路桥附属设施的影响

混凝土的强度会受融雪剂中氯离子的影响,这是因为钢筋混凝土中钢筋表面有比较稳定的 Fe_2O_3 钝化膜,但氯离子会破坏其钝化膜,且融雪剂中的氯离子降低了钢筋界面的电位,形成"腐蚀电池",从而大大减少钢筋的寿命,给路桥附属设施造成了严重的负面影响。融雪剂对桥梁护栏的破坏如图 2.53 所示。

图 2.52　融雪剂对植物的生长破坏　　　　　图 2.53　融雪剂对桥梁护栏的破坏

2.6.1.4　对土壤的影响

NaCl 渗入到土壤中后,Na$^+$会置换土壤内原有的镁、钾等离子,改变其 pH 值,影响土壤的渗透性。

2.6.1.5　对交通的影响[99]

融雪剂融雪后会留下黑黏的残雪,不仅会污染环境,还会对行人、行车构成威胁。在存在残雪的情况下,汽车在 40 km/h 时采取紧急制动将出现打滑现象,极易发生交通事故。以北方某市为例,通过撒布融雪剂融雪,积雪基本融化完全后,汽车追尾交通事故明显增加。

2.6.2　脱黏抑冰材料环保性能评价

为了检测脱黏抑冰材料的环保性能,根据参考文献[27]和相关规程试验方法进行相关试验,对脱黏抑冰材料本身的环保性能进行评价,且通过脱黏抑冰材料浸出液对植物的伤害和对碳钢的腐蚀作用进行评价。

2.6.2.1　脱黏抑冰材料环保性能检测

采用 GB 5749—2006 和 GB/T 5750—2006 的相关试验标准及方法对脱黏抑冰材料的环保性能进行试验,检测结果如表 2.13 所示。

表 2.13　脱黏抑冰材料环保性能试验检测结果

序号	检测项目	单位	检测结果	GB 5749—2006 指标限值	GB 3838—2002 标准值	结论
1	铅	mg/L	<0.002	0.01	≤0.05	符合 GB 5749—2006 的要求,环保性能良好
2	六价铬	mg/L	<0.01	0.05	≤0.05	
3	镉	mg/L	<0.0002	0.005	≤0.005	
4	汞	mg/L	0.0002	0.001	≤0.001	
5	砷	mg/L	<0.0004	0.01	≤0.1	
6	硒	mg/L	<0.0004	0.01	≤0.02	

注:脱黏抑冰材料检测样品采集于宁淮高速公路滴水珠大桥脱黏抑冰材料施工现场,委托具有相关资质的检测单位进行检测。

由表 2.13 可知,脱黏抑冰材料符合 GB 5749—2006 的要求,具有良好的环保性能。

2.6.2.2　脱黏抑冰材料对植物的影响分析评价

（1）试验方法

① 制作脱黏抑冰材料预涂刷试件,测试试件的构造深度,然后按照前文中根据试件的不同构造深度推荐的最佳脱黏抑冰材料洒布量进行脱黏抑冰材料的洒布。本试验试件为 AC-13C 车辙板试件,构造深度为 0.7 mm,脱黏抑冰材料洒布量为 0.55 kg/m²,将试件放于室外通风处晾干。

② 将试件浸泡于定量水中 1 d 后,收集足够的脱黏抑冰材料试件浸出液备用;

③ 选择国内常用的融雪剂(主要成分为氯化钙)加水进行溶解,稀释制成浓度为 5% 的浸出液备用;

④ 培养足够的健康绿色植物,为本次试验备用;

⑤ 每天分别用 5% 的融雪剂浸出液和脱黏抑冰材料浸出液浇灌绿色植物,观测植物的生长情况,并进行对比分析。

（2）试验评价方法

观察植物浇灌浸出液前后的生长情况,如果浇灌浸出液前后植物的生长无影响,则说明脱黏抑冰材料浸出液对植物的生长无伤害;若浸出液浇灌前后植物的生长区别越大,则说明脱黏抑冰材料浸出液对植物的生长伤害越大。

（3）试验结果与分析

分别对脱黏抑冰材料浸出液和融雪剂浸出液浇灌的植物进行 30 d 观察,试验结果如表 2.14 所示,浸出液浇灌一个月后植物的生长情况如图 2.54 所示。

表 2.14　浇灌浸出液前后植物生长情况

浇灌天数/d	浇灌融雪剂浸出液植物生长情况	浇灌脱黏抑冰材料浸出液植物生长情况
0	生长旺盛	生长旺盛
1	基本旺盛	生长旺盛
2	出现枯萎现象	生长旺盛
3	枯萎现象明显	生长旺盛
10	枯萎	生长旺盛
20	枯萎	生长旺盛
30	枯萎	生长旺盛

（a）　　　　　（b）

图 2.54　浸出液浇灌一个月后植物生长情况对比

（a）融雪剂浸出液浇灌植物;（b）脱黏抑冰材料浸出液浇灌植物

由表 2.14 可以看出,浇灌脱黏抑冰材料浸出液的植物一直生长旺盛,说明脱黏抑冰材料对植物的生长无影响;而浇灌融雪剂浸出液的植物随着时间的增加逐渐出现枯萎的迹象,10 d 后完全枯萎,说明国内常用融雪剂对植物的生长有较大的副作用。

2.6.2.3 脱黏抑冰材料对金属腐蚀的影响分析评价

参照美国材料与试验协会标准 ASTM G44—99 的试验方法,并模拟融雪剂液态、固态干湿交替的除冰实际过程,试验方法如下:

(1)制备金属试件样品

把螺纹钢试样制成尺寸为 50 mm×10 mm×3 mm 的长方体,在一端钻一圆孔(直径为 3 mm),见图 2.55。将样品打磨至无切割的痕迹后,清洗干净并用冷风吹干,称取样品的质量并量取尺寸。

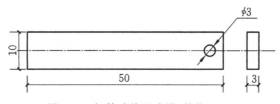

图 2.55 钢筋试件尺寸图(单位:mm)

(2)试验设置

将一个试件放入脱黏抑冰材料浸出液中进行腐蚀,验证脱黏抑冰材料对金属试件的腐蚀性能,同时选择 20% 的氯化钙溶液和去离子水对金属试件的腐蚀性能试验作为脱黏抑冰材料浸出液的对比试验。

(3)进行腐蚀试验

在 1000 mL 的烧杯中分别加入等体积的溶液,且每个烧杯中分别加入三个已事先称量过的金属试件。腐蚀试验以 24 h 为一个周期,自 9 点至 17 点,按照浸入溶液 10 min,置于空气中 50 min 的方式进行循环试验;然后将试件分别放入溶液中 4 h,至 21 点;接着将试件取出放入空气中至次日 9 点。按照每 24 h 为一循环周期的方式重复进行试验 30 d。试验结束后,采用蒸馏水洗除腐蚀介质溶液,用纯酒精去除试件的水分并烘干备用,试验如图 2.56 所示。

图 2.56 金属腐蚀试验图

（4）计算平均腐蚀速率

第一步，采用由盐酸、三氧化二锑和氯化亚锡制备而成的清洗液清洗试件表面的腐蚀物；第二步，用清水冲洗；第三步，在饱和碳酸氢钠溶液中浸泡 2～3 min 进行中和处理；第四步，用清水冲洗并拿滤纸吸干后放入无水酒精或丙酮中浸泡 3～5 min 脱水。热风吹干后称重，并按照下式计算试件的平均腐蚀速率：

$$v_{corr} = \frac{365000 \times \Delta g}{\gamma t S} \tag{2.5}$$

式中　v_{corr}——平均损失速率（mm/a）；

　　　Δg——试件损失质量；

　　　γ——试件比重，取 7.85 g/cm^3；

　　　t——试验时间，取 30 d；

　　　S——试件的表面积（mm^2）。

（5）评价标准

平均腐蚀速率越小，说明溶液对金属试件的腐蚀性越小；反之，则腐蚀性越大。

（6）试验结果及分析

按照步骤（3）进行试件金属腐蚀试验，试验结果如表 2.15 和图 2.57 所示。

表 2.15　金属试件腐蚀速率试验结果

试件	长/mm	宽/mm	高/mm	孔径/mm	腐蚀前重/g	腐蚀后重/g	失重质量/g	腐蚀速率/(mm/a)	平均腐蚀速率/(mm/a)
融雪剂试件 1	50.10	10.01	3.11	2.95	11.525	11.043	0.482	0.537	
融雪剂试件 2	50.05	10.00	3.02	2.86	11.377	10.906	0.471	0.530	0.535
融雪剂试件 3	50.03	10.03	3.13	2.99	11.577	11.093	0.484	0.538	
去离子水试件 1	50.11	10.02	3.05	2.94	11.536	11.383	0.153	0.171	
去离子水试件 2	50.09	10.11	3.04	2.88	11.478	11.316	0.162	0.180	0.176
去离子水试件 3	50.14	10.18	3.02	2.92	11.884	11.723	0.161	0.178	
脱黏抑冰材料试件 1	50.13	10.05	3.12	2.92	11.934	11.760	0.174	0.193	
脱黏抑冰材料试件 2	50.16	10.04	3.08	2.87	11.891	11.725	0.166	0.185	0.189
脱黏抑冰材料试件 3	50.18	10.11	3.04	2.94	11.776	11.605	0.171	0.190	

由表 2.15 和图 2.57 可知，脱黏抑冰材料试件的平均腐蚀速率远低于融雪剂试件的平均腐蚀速率，与去离子水试件的平均腐蚀速率相当。试验结果表明，脱黏抑冰材料浸出液对金属试件的腐蚀率较小，具有良好的环保性能。

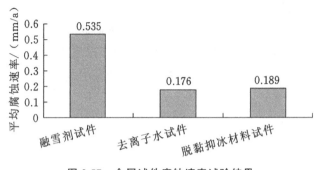

图 2.57　金属试件腐蚀速率试验结果

2.7　脱黏抑冰材料对沥青路面性能的影响分析

2.7.1　脱黏抑冰材料对沥青路面抗滑性能的影响分析

沥青路面的抗滑性能是沥青路面使用性能的重要方面,脱黏抑冰材料喷涂到沥青路面上后会对沥青路面的抗滑性能产生影响。为分析脱黏抑冰材料对沥青路面性能的影响,室内采用测定车辙板试件喷涂脱黏抑冰材料前后的摩擦系数和构造深度来分析其对路面抗滑性能的影响。

2.7.1.1　脱黏抑冰材料对摩擦系数的影响分析

（1）试验方法

① 按照车辙板试件轮碾成型方法成型级配为 AC-13 的一组车辙板试件备用;

② 测定车辙板试件的 BPN 值;

③ 在试件表面按照 0.55 kg/m² 涂刷量抹涂脱黏抑冰材料,真实模拟现场施工情况。在涂刷脱黏抑冰材料的同时撒布石英砂,待脱黏抑冰材料完全固化后采用摆式仪测定车辙板试件的 BPN 值。

（2）试验评价

对比分析喷涂脱黏抑冰材料前后车辙板 BPN 值的降低幅度。BPN 值降低得越少,说明脱黏抑冰材料对摩擦系数影响越小;反之则越大。

（3）试验结果及分析

对一组车辙板试件分别测试涂刷脱黏抑冰材料前后的 BPN 值,试验结果如表 2.16 和图 2.58 所示。

由表 2.16 及图 2.58 可知,车辙板试件涂刷脱黏抑冰材料后,摩擦系数相较于未喷涂试件有所降低,但降低幅度较小,洒布脱黏抑冰材料后的车辙板试件均能满足规范中对新修沥青路面摩擦系数的规定(≥42)。

表 2.16 脱黏抑冰材料喷涂前后车辙板试件 BPN 值试验结果

试件编号	涂刷前 BPN	平均值	涂刷后 BPN	平均值	BPN 降幅率/%
试件 1	83	83.8	80	80.0	4.5
	85		79		
	83		79		
	84		81		
	84		81		
试件 2	86	86.2	85	85.8	0.5
	88		85		
	86		86		
	85		88		
	86		85		
试件 3	84	83.6	81	80.2	4.1
	83		81		
	83		79		
	85		80		
	83		80		

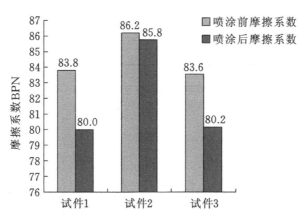

图 2.58 脱黏抑冰材料喷涂前后车辙板试件摩擦系数

2.7.1.2 脱黏抑冰材料对构造深度的影响分析

(1)试验方法

① 按照车辙板试件轮碾成型方法成型级配为 AC-13 的一组车辙板试件备用;

② 采用铺砂法测定车辙板试件的构造深度值;

③ 在车辙板试件表面按照 0.55 kg/m² 涂刷量涂刷脱黏抑冰材料,为真实模拟现场施工情况,在涂刷脱黏抑冰材料的同时撒布石英砂,待脱黏抑冰材料完全固化后采用铺砂法测定车辙板试件的构造深度值。

(2)试验评价

本研究发现,构造深度在车辙板喷涂脱黏抑冰材料前后变化不大,对比分析,说明脱黏抑冰材料对试件的构造深度影响较小。

(3)试验结果及分析

对一组车辙板试件分别测试涂刷脱黏抑冰材料前后的构造深度 TD 值,试验结果如表 2.17 和图 2.59 所示。

表 2.17　脱黏抑冰材料喷涂前后车辙板试件构造深度 TD 值试验结果

试件编号	涂刷前 TD/mm	平均值	涂刷后 TD/mm	平均值	降幅率/%
试件 1	0.72	0.72	0.71	0.70	2.8
	0.72		0.70		
	0.71		0.69		
试件 2	0.74	0.75	0.73	0.74	1.3
	0.76		0.74		
	0.74		0.74		
试件 3	0.75	0.75	0.74	0.74	1.3
	0.76		0.74		
	0.73		0.75		

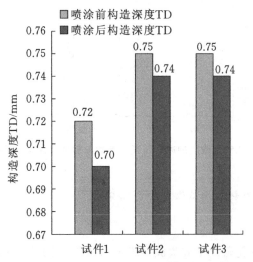

图 2.59　脱黏抑冰材料喷涂前后车辙板试件构造深度

由表 2.17 和图 2.59 可知,车辙板试件涂刷脱黏抑冰材料后,构造深度 TD 值相较于未喷涂试件有所降低,但降低幅度较小,洒布脱黏抑冰材料后的车辙板试件均能满足标准[62] 和规范[114]对新建普通沥青路面构造深度要求不小于 0.55 mm 的规定。

2.7.2　脱黏抑冰材料对沥青路面渗水性能的影响分析

(1)试验方法

① 按照车辙板试件轮碾成型方法成型级配为 AC-13C 的一组车辙板试件备用;

② 采用规程[48]中试验方法测定车辙板试件的渗水系数;

③ 在车辙板试件表面按照 0.55 kg/m² 涂刷量涂刷脱黏抑冰材料,真实模拟现场施工情况,在涂刷脱黏抑冰材料的同时撒布石英砂,待脱黏抑冰材料完全固化后按照规程中试验方法测定车辙板试件的渗水系数。

(2)试验评价

对比分析喷涂脱黏抑冰材料前后车辙板渗水系数值的降低幅度,渗水系数降低幅度越大,说明脱黏抑冰材料对试件的封水效果越好;反之则越差。

(3)试验结果及分析

对一组车辙板试件分别测试涂刷脱黏抑冰材料前后的渗水系数,试验结果如表 2.18 和图 2.60 所示。

表 2.18　脱黏抑冰材料喷涂前后车辙板试件渗水系数试验结果

编号	涂刷前渗水系数/(mL/min)	平均值	涂刷后渗水系数/(mL/min)	平均值	降低幅度/%
试件 1	86	88	30	30	66
	88		32		
	90		29		
试件 2	85	87	29	31	64
	89		32		
	88		33		
试件 3	88	88	31	31	65
	86		31		
	89		30		

由表 2.18 和图 2.60 可知,车辙板试件涂刷脱黏抑冰材料后,渗水系数相较于未喷涂试件降低幅度较大,可见脱黏抑冰材料对车辙板试件起到了很好的封水效果,在实际道路应用中可减少水渗透到路面内部,从而对路面起到预防性养护的作用。

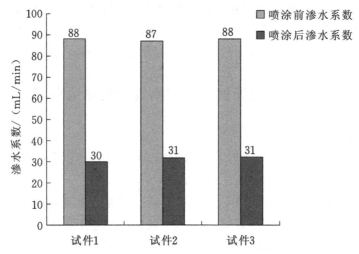

图 2.60　脱黏抑冰材料喷涂前后车辙板试件渗水系数

第3章 固体废弃物再生利用室内试验研究

3.1 钢渣集料理化特性研究

钢渣是炼钢过程中为了去除杂质而排出的熔渣,是冶炼行业的重要固体废弃物之一。钢渣中含有金属炉料中各元素被氧化后生成的氧化物、被侵蚀的炉衬料和补炉料、金属炉料带入的杂质,以及为了调整钢渣性质而特意加入的萤石、石灰、脱氧剂等造渣材料。另外,钢渣生成温度高,又经过不同处理工艺的加工,因而具有与天然集料不同的构造和力学性能。将钢渣集料应用于沥青混合料之前,应充分了解钢渣的化学成分、物理性能和稳定性能。本章一方面基于《公路工程集料试验规程》(JTG E42—2005)对选用的南钢电炉渣相关路用性能指标进行测定,另一方面对规程中未作要求的其他物理性能和化学性能进行测定,并通过与已公开研究成果的对比,系统分析钢渣集料的理化特性。同时,课题组还选用了部分工程中的玄武岩、石灰岩进行集料性能对比研究。

3.1.1 钢渣集料的物理性能

3.1.1.1 形貌特征

通常,钢渣在1500~1700 ℃下形成,高温下呈液态,缓慢冷却后呈块状,外表可呈多孔块状、少孔块状以及无孔块状。为了便于研究,将现场取样的钢渣集料筛分,并分别对其相关物理性能进行研究。图3.1所示为本研究选用的电炉钢渣外观形貌,其中图3.1(a)至图3.1(d)分别为1#(9.5~16.0 mm)、2#(4.75~9.5 mm)、3#(2.36~4.75 mm)、4#(0~2.36 mm)钢渣集料的外观形貌图。

从图3.1中粒径较大的9.5~16.0 mm和4.75~9.5 mm两档钢渣集料表面状态可见,钢渣表面多孔粗糙,颗粒形状较好,棱角状和立方体状颗粒多。2.36~4.75 mm档钢渣集料也具有较好的棱角性,但由于表面粉尘含量较高,因而部分颗粒棱角性变得不明显。图3.1(d)为小于2.36 mm的钢渣集料,与天然集料(图3.2)相比,该档钢渣集料棱角性较差,粉尘含量较高。

另一个值得注意的问题是,未经深加工处理的钢渣集料表面粉尘含量较高。由于钢渣产生环境和处理工艺的原因,部分粉尘与钢渣黏结得较为紧密。对9.5~16.0 mm档集料表面粉尘进行清洗时发现,普通的水洗、揉搓方式难以有效地将钢渣集料表面的粉尘清除。为了对钢渣集料表面形态进行直观的认识,本研究采用软毛钢丝刷,对随机抽取的1#钢渣集

（a）

（b）

（c）

（d）

图 3.1　钢渣外观形貌图

（a）1#钢渣（9.5～16.0 mm）；（b）2#钢渣（4.75～9.5 mm）；（c）3#钢渣（2.36～4.75 mm）；（d）4#钢渣（0～2.36 mm）

（a）

（b）

图 3.2　天然细集料外观形貌图

（a）天然玄武岩集料；（b）天然石灰岩集料

料表面灰尘进行清除，除尘后的颗粒外观形貌如图 3.3 所示。从图 3.3 可以看出，钢渣颗粒表面粗糙，具有明显的孔隙特征，这有助于与沥青的黏附，但同时也有可能增加对沥青的吸附。

图 3.3　表面除尘处理后的钢渣颗粒($1^{\#}$)

图 3.4 所示为本研究选用的电炉渣剖面形貌,从图中可知,即使是同一个钢厂的同一套设备,采用相同原料产出的同批次钢渣,其内部结构也有明显的区别。

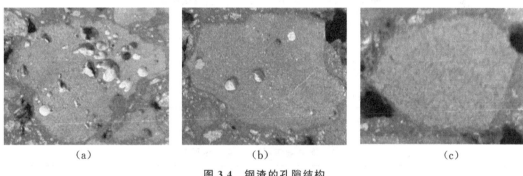

|(a)|(b)|(c)|

图 3.4　钢渣的孔隙结构

(a) 多孔;(b) 少孔;(c) 无孔

钢渣在冷却的过程中液态水转化为水蒸气,体积瞬间膨胀并在液态钢渣中形成丰富的气泡结构,当液态钢渣冷却后即形成孔隙。当孔隙较多时,容易形成囊状结构,如图 3.5 所示。显然,这种多孔结构和囊状结构不利于力学性能的提高,当将其应用于沥青混合料时,对沥青混合料的性能具有一定的负面影响。

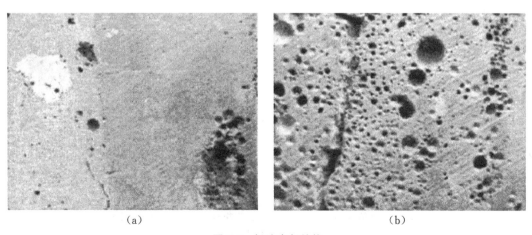

|(a)| |(b)|

图 3.5　钢渣内部结构

(a) 解理面;(b) 囊状结构

3.1.1.2　密度

钢渣的密度是钢渣沥青混合料的重要物理指标,表征了单位体积内钢渣的质量。对该指标的测试有两个目的:一是确定钢渣集料能否作为沥青混合料骨料;二是作为钢渣沥青混合料配制的重要参数。对钢渣粗集料密度的测定,可参照规范《公路工程集料试验规程》(JTG E42—2005)中"粗集料密度及吸水率试验"(T 0304—2005)中的网篮法,该方法适用于测定各种粗集料的表观相对密度、表干相对密度、毛体积相对密度、表观密度、表干密度、毛体积密度,以及粗集料的吸水率;对钢渣细集料密度的测定可参照"细集料密度及吸水率试验"(T 0330—2005),该法采用坍落筒法测定细集料(天然砂、机制砂、石屑)在 23 ℃时对水的毛体积相对密度、表观相对密度、表干相对密度、饱和面干状态时的吸水率等指标。试验结果如表 3.1 和表 3.2 所示。

表 3.1　钢渣粗集料(1#、2#、3#)密度试验结果

试验项目	集料规格			技术要求
	1#	2#	3#	
表观相对密度	3.556	3.614	3.616	≥2.6
表干相对密度	3.415	3.386	3.309	—
毛体积相对密度	3.360	3.299	3.192	—

表 3.2　钢渣细集料(4#)密度试验结果

试验项目	试验结果	技术要求
表观相对密度	3.400	≥2.5
表干相对密度	2.804	—
毛体积相对密度	2.556	—

将本研究测定的钢渣表观相对密度与常用的玄武岩和石灰岩集料对比,如图 3.6 及图 3.7 所示。

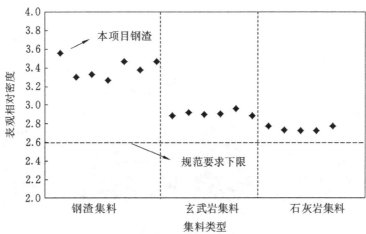

图 3.6　1# 粗集料(9.5～16.0 mm)表观相对密度

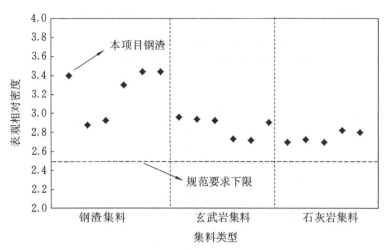

图 3.7　4[#] 细集料(0～2.36 mm)表观相对密度

《公路沥青路面施工技术规范》(JTG F40—2004,以下简称《规范》)要求,用于表面层的粗集料表观相对密度下限为 2.6,细集料表观相对密度下限为 2.5。从图 3.6 和图 3.7 中可见,钢渣粗集料表观相对密度大于 3.0,满足《规范》要求;钢渣细集料表观相对密度也多大于 3.0,满足《规范》要求。

3.1.1.3　压碎值/压碎指标

集料压碎值用于衡量粗、细集料在逐渐增加的荷载作用下抵抗压碎的能力,是衡量石料力学性能的重要指标,也是评定其在公路工程中适用性的重要参数。本研究对钢渣、玄武岩和石灰岩的测试,参照规范《公路工程集料试验规程》(JTG E42—2005)、《道路用钢渣》(GB/T 25824—2010)和《公路沥青路面施工技术规范》(JTG F40—2004)中相关试验要求进行,如图 3.8 所示。

图 3.8　细集料压碎指标测试

试验采用的三种集料均处于非干燥状态,为了消除集料中水分对其压碎值结果的影响,首先将样品置于 105 ℃烘箱中烘干至恒重,并置于干燥器中冷却至室温。随后,分别对每种集料各取 3 组 3 kg 且粒径为 9.5～13.2 mm 的试样进行测试,测试结果如表 3.3 和表 3.4 所示。

表 3.3 钢渣粗集料压碎值试验结果

试验编号	标定质量 /g	平均值 /g	试验总质量 /g	2.36 mm 筛下试样质量/g	压碎测试值 /%	平均值 /%	规范要求 /%
1	3343.5		3344.5	554.5	16.6		
2	3343.5	3343.5	3342.4	552.5	16.5	16.6	26.0
3	3343.5		3341.2	553.8	16.6		

表 3.4 钢渣细集料压碎指标

粒级/mm	试验前烘干质量/g	试验后筛余质量/g	试验后通过质量/g	压碎测试值 /%	单粒级压碎测定值/%	压碎指标值 /%
	330	307.4	22.6	93		
2.36～4.75	330	296.1	33.9	90	88	
	330	305.2	24.8	92		
	330	286.6	43.4	87		
1.18～2.36	330	292.9	37.1	89	92	
	330	290.3	39.7	88		97
	330	316.6	13.4	96		
0.6～1.18	330	315.4	14.6	96	96	
	330	315.8	14.2	96		
	330	319.1	10.9	97		
0.3～0.6	330	319.0	11.0	97	97	
	330	319.2	10.8	97		

将钢渣粗集料压碎值与玄武岩和石灰岩集料的对比,如图 3.9 所示。

从图 3.9 中钢渣、玄武岩及石灰岩粗集料压碎值的对比结果可见,钢渣的压碎值并不优于玄武岩集料或者石灰岩集料,这或许可归因于钢渣集料内部较多的孔隙及囊状结构。《公路沥青路面施工技术规范》(JTG F40—2004)和《道路用钢渣》(GB/T 25824—2010)中对用于表面层的粗集料压碎值要求低于 26.0%,本项目采用的电炉钢渣压碎值符合相关规范要求。

3.1.1.4 吸水率

吸水率是指集料在正常大气压下的吸水程度,是集料选择的重要参考指标。本研究的试验根据《公路工程集料试验规程》(JTG E42—2005)、《道路用钢渣》(GB/T 25824—2010)和《公路沥青路面施工技术规范》(JTG F40—2004)中相关试验要求分别进行测试,试验结果如表 3.5 所示。

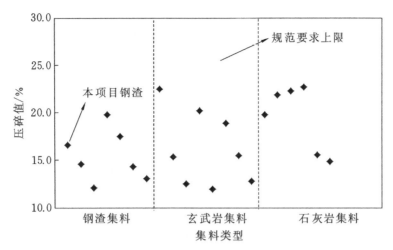

图 3.9　钢渣粗集料压碎值

表 3.5　钢渣集料吸水率试验结果

粒级	试样标号	烘干试样质量/g	饱和面干试样质量/g	集料吸水率测值/%	平均值/%
1#	1	1065.8	1082.4	1.56	1.64
	2	1063.0	1081.3	1.72	
2#	1	1033.4	1061.2	2.69	2.64
	2	1118.1	1147.1	2.59	
3#	1	887.9	920.2	3.64	3.67
	2	861.2	893.1	3.70	
4#	1	273.4	300	9.73	9.71
	2	273.5	300	9.69	

　　钢渣是多孔性集料,《道路用钢渣》(GB/T 25824—2010)中对此特别规定了用于沥青混合料的钢渣吸水率可以放宽至 3%;而针对普通的玄武岩和石灰岩,《公路沥青路面施工技术规范》(JTG F40—2004)中规定钢渣吸水率不得大于 2%。

　　从试验结果可见,本研究采用的 1# 和 2# 钢渣集料吸水率符合规范要求,而 3# 钢渣集料吸水率超出规范要求,4# 钢渣集料吸水率高达 9.71%。因此,理论上在沥青混合料中应用时将造成油石比显著增加。

　　将钢渣集料吸水率与玄武岩和石灰岩集料吸水率对比,如图 3.10 所示。

　　从图 3.10 中可见,钢渣集料吸水率明显高于玄武岩和石灰岩集料。前文已经提及,钢渣处理过程中冷却速度、冷却工艺及组分的差异,导致钢渣密度的差异也较大。既有致密的结构,也有囊状结构。囊状结构内部孔隙较多,这部分钢渣可视为多孔材料,由此导致其吸水率较高。从这方面来说,应注意钢渣在沥青混合料中的掺量,尤其是 4# 料的加入有可能使油石比增加得较高,经济性欠缺。

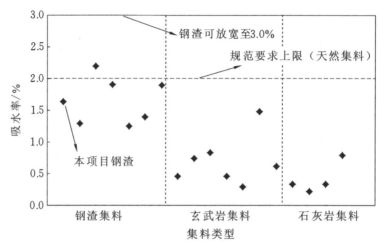

图 3.10 1#集料吸水率对比图

3.1.1.5 洛杉矶磨耗值

磨耗值用于衡量粗集料抵抗摩擦、撞击的能力,是集料使用性能的重要指标,尤其是沥青混合料,它与沥青路面的抗车辙能力、耐磨性、耐久性等密切相关(图 3.11)。本研究根据《公路工程集料试验规程》(JTG E42—2005)、《道路用钢渣》(GB/T 25824—2010)和《公路沥青路面施工技术规范》(JTG F40—2004)中相关试验要求分别对三种集料进行测试。

图 3.11 钢渣磨耗值试验

(a) 洛杉矶磨耗仪;(b) 磨耗后的钢渣集料

《道路用钢渣》(GB/T 25824—2010)中特别规定了用于沥青混合料的钢渣磨耗值应小于 26%;普通的玄武岩和石灰岩的磨耗值按《公路沥青路面施工技术规范》(JTG F40—2004)中规定应小于 28%。试验结果如表 3.6 所示。

表 3.6　钢渣集料洛杉矶磨耗值试验结果

试验次数	粒级 /mm	试验质量 /g	试样总质量 /g	试验后 1.7 mm 筛上 洗净烘干质量/g	磨耗损失 测试值/%	磨耗损失 测定值/%
1	9.5～16.0	2500.4	5001	4350	13.0	13.1
	4.75～9.5	2500.2				
2	9.5～16.0	2500.5	5001	4341	13.2	
	4.75～9.5	2500.3				

钢渣的磨耗值与玄武岩、石灰岩的对比情况如图 3.12 所示。

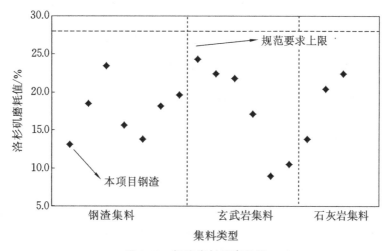

图 3.12　钢渣洛杉矶磨耗值

从图 3.12 中可以看出,本研究选用的钢渣磨耗值远低于《公路沥青路面施工技术规范》(JTG F40—2004)上限 28％的要求,因此,总体来说,钢渣的洛杉矶磨耗值并不高于天然集料的磨耗值。

3.1.1.6　针片状颗粒含量

粗、细集料中针、片状颗粒的含量,是评价集料的形状及其在工程中适用性的重要指标(图 3.13)。本研究根据《公路工程集料试验规程》(JTG E42—2005)和《公路沥青路面施工技术规范》(JTG F40—2004)中相关试验规范的要求进行测试,试验结果如表 3.7 所示。

表 3.7　针、片状颗粒含量试验结果

试验编号	试样总质量/g	针、片状颗粒总质量/g	针、片状颗粒含量/%	平均值/%
1#	810	11.1	1.4	1.45
	812	12.3	1.5	
2#	811	10.4	1.3	1.4
	810	12.0	1.5	

（a）   （b）

图 3.13　钢渣针、片状颗粒

（a）1# 钢渣集料针、片状颗粒；（b）2# 钢渣集料针、片状颗粒

钢渣的针、片状颗粒含量与玄武岩、石灰岩的对比情况如图 3.14 所示。

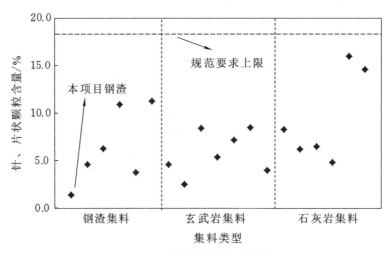

图 3.14　集料针、片状颗粒含量

从图 3.14 可以看出，总体来说，钢渣的针、片状颗粒含量略低于玄武岩和石灰岩集料的针、片状颗粒含量。

3.1.1.7　黏附性

黏附性用于检验集料表面被沥青薄膜裹覆后，抵抗水侵蚀造成剥落的能力。为了保证沥青混合料的水稳定性，通常需对集料与沥青的黏附性提出要求。本研究根据《公路工程沥青及沥青混合料试验规程》(JTG E20—2011)的相关试验要求进行测试。

从钢渣集料的形貌特征看，钢渣颗粒表面粉尘含量较高。通常，较高的粉尘含量不利于沥青与集料的黏附。为此，为了研究测试原状钢渣集料与经表面除尘处理的钢渣的黏附性区别，本研究采用水洗的方式对钢渣表面进行除尘处理(图 3.15)，并分别采用水煮法和水浸法对这两种钢渣的黏附性进行测试,测试结果如图 3.16、图 3.17 所示。

（a）　　　　　　　　　　（b）　　　　　　　　　　（c）

图 3.15　试验采用的原料

（a）原状钢渣;（b）水洗钢渣;（c）玄武岩集料

（a）　　　　　　　　　　（b）　　　　　　　　　　（c）

图 3.16　水浸法测试结果

（a）原状钢渣;（b）水洗钢渣;（c）玄武岩集料

（a）　　　　　　　　　　（b）　　　　　　　　　　（c）

图 3.17　水煮法测试结果

（a）原状钢渣;（b）水洗钢渣;（c）玄武岩集料

　　根据沥青与集料黏附性等级的评判标准,原状钢渣与玄武岩集料的黏附性均达到了 5 级,而经水洗除尘处理的钢渣颗粒,沥青膜剥落面积增加,黏附性为 4 级。为了保证沥青混合料具备良好的水稳定性,常对天然集料的粉尘含量做出严格要求。显然,这种常规的要求和做法与本次试验结果是相反的。为了保证测试结果的准确性,课题组对试验进行了重新测试,试验结果仍然与上述结果一致。

　　在天然沥青混合料中,为了保证集料与沥青保持良好的黏附性,通常采用洁净、棱角性好、表面粗糙的集料,并采用碱性矿粉。钢渣集料表面粉尘较多,理论上不利于钢渣与沥青的黏结。但在除尘的过程中发现,普通的水洗、揉搓方式难以有效地将钢渣集料表面的粉尘清除;同时,钢渣粉碱性较强,有利于与沥青的黏附。因此,集料与沥青的黏附性,实质上是二者博弈作用的结果。传统的水浸法与水煮法,是否能准确地衡量出钢渣与沥青的黏附性,以及钢渣与沥青的界面黏结问题,仍有必要进行深入研究。

3.1.1.8 微观形态

通过 SEM 电镜扫描可以看出钢渣在不同放大倍率下的表面形态和孔隙特征,从而研究其表面孔隙特征对水或者沥青的吸附能力。从钢渣的形貌特征、内部孔隙和吸水率可以推断,钢渣表面孔隙较多、表面粗糙。因此,有学者[40]采用 SEM 电镜扫描研究了钢渣、石灰岩、玄武岩在不同放大倍率下的表面形貌,如图 3.18 至图 3.20 所示。

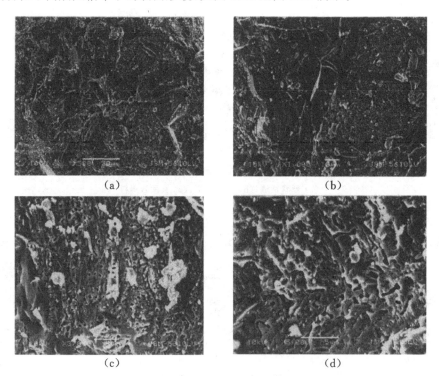

(a)　　　　　　　　　　(b)
(c)　　　　　　　　　　(d)

图 3.18　钢渣集料在不同放大倍率下的微观形态

(a) 500 倍;(b) 1000 倍;(c) 3000 倍;(d) 5000 倍

通过图 3.18 至图 3.20 所示的钢渣、石灰岩、玄武岩集料在高倍率 SEM 下的微观形态可见,钢渣集料表面粗糙,含有大量孔径在几微米到几十微米之间的孔隙。通常,影响沥青与集料黏附性的因素很多,其中,集料的化学成分及表面状况起到最主要的作用。也就是说,集料表面的粗糙程度对沥青与集料的黏附性大小有重要的影响。集料表面微孔隙的数量和孔径的大小,以及裂隙显著影响吸附沥青的表面积,表面积越大,吸附能力越强,并可使沥青吸入集料内部。

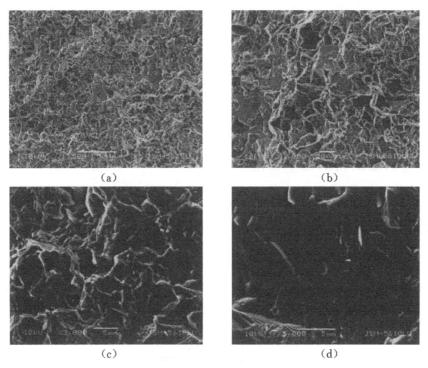

图 3.19　石灰岩集料在不同放大倍率下的微观形态

(a) 500 倍；(b) 1000 倍；(c) 3000 倍；(d) 5000 倍

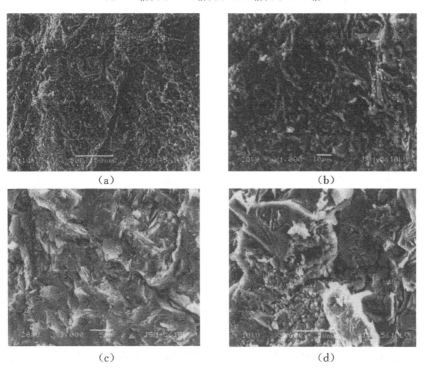

图 3.20　玄武岩集料在不同放大倍率下的微观形态

(a) 500 倍；(b) 1000 倍；(c) 3000 倍；(d) 5000 倍

从图 3.19 和图 3.20 可见,石灰岩和玄武岩表面也较为粗糙,但表面孔隙的数量远少于钢渣表面。相对于钢渣集料来说,石灰岩和玄武岩表面光滑,沥青难以更为牢固地吸附在集料表面。同时,吸附在集料表面的沥青膜很薄,容易造成水破坏。在交通荷载作用下,沥青膜与集料的剥离是一种剪切破坏,光滑表面相较于粗糙表面来说,剪切阻力要小得多,一旦有所损坏,就立刻扩展到全局。从这点来看,钢渣集料的表面形貌更易于与沥青混合料的黏结。

3.1.2 钢渣集料的化学性能

为了科学有效地在道路工程中综合利用废钢渣,必须全面了解钢渣的化学组成、表面元素分布及有害元素评价,确定钢渣在路基路面中的适用性。

3.1.2.1 化学组成

钢渣的化学组成受生产原料、处理工艺的影响较大,但通常来说,其元素含量具有一定的规律性。本研究对钢渣集料的化学组成测试,主要是通过 X 射线荧光光谱仪(XRF)进行测定。表 3.8 为本研究采用的南钢电炉钢渣的化学组成测试结果。

表 3.8　钢渣化学组成

化学成分	含量/%		化学成分	含量/%	
	粗	细		粗	细
CaO	36.835	37.835	K_2O	0.047	0.345
Fe_2O_3	31.257	32.257	Cl	0.025	0.036
SiO_2	19.085	20.085	SrO	0.024	0.022
Al_2O_3	4.317	5.317	WO_3	0.022	0.007
MnO	2.718	3.718	ZrO_2	0.020	0.006
MgO	1.527	2.527	CuO	0.015	0.024
P_2O_5	1.054	2.054	ZnO	0.011	0.035
TiO_2	0.779	1.779	Nb_2O_5	0.006	0.004
Cr_2O_3	0.683	1.683	PbO	—	0.006
SO_3	0.556	1.556	NiO	—	—
V_2O_5	0.2287	1.2287	烧失量	0.699	3.209
BaO	0.101	0.123	—	—	—

从表 3.8 中可知,课题组采用的电炉钢渣主要成分为 CaO、Fe_2O_3、SiO_2,其中 SiO_2 含量仅 19.085%,说明钢渣是一种偏碱性的集料。从现有资料来看,不同钢厂采用不同原料得到的钢渣,含量有一定的差异,但其主要成分中均包含 CaO 和 SiO_2,这与天然集料有一定的相似性。

3.1.2.2　有害元素评价

由于对钢性能的需求,在冶炼过程中经常加入不同的化学元素,而钢渣作为炼钢过程的副产物,内部也有可能残留着这些化学元素。钢渣在堆放过程中,表面直接暴露于自然环境中,在阳光、雨水的作用下,内部所含的对人体和环境有害的化学元素有可能逐渐浸出,并浸入地下水资源,造成对环境的污染。通常来说,钢渣中的主要污染物为锌、铅、镉、镍和铬[55,56],这些污染物以离子的形式存在,容易在土壤及植物中富集,进而对人体造成损害。鉴于此,学者们主要采用包裹的形式来安全处理钢渣。方法之一是用炉渣熔融包裹[57],而用沥青包裹钢渣,也是安全利用钢渣的有效形式之一[58]。目前,与国外相比,我国在钢渣对环境的影响方面的研究还不够重视,而随着人们环保意识的增强,在循环利用钢渣的同时,也将对其环境效益提出越来越高的要求。

钢渣的有害成分检测可以通过浸出试验进行测定,其方法是:将钢渣集料进行干燥处理后筛分,称取一定质量粒径为 2.36~4.75 mm 的钢渣集料,浸泡于盛有蒸馏水的聚乙烯容器里,密封容器后置于旋转振荡器中振荡,采用玻璃纤维滤纸对振荡后的渗滤液进行过滤处理,然后采用原子吸收光谱仪进行分析。

武汉理工大学谢君、吴少鹏等对武钢钢渣的有害成分进行了测定,试验结果如表 3.9 所示。

表 3.9　钢渣中化学元素浸出试验结果　　　　　　　　　　　　单位:mg/L

	Al	Ba	Ca	K	Li	Mg	Cd	Sr	Zn
标准要求	0.05	2.000	—	—	—	—	0.005	—	5.000
未处理	0.310	0.804	1913	0.040	7.066	0.008	0.000	0.000	0.196
沥青包裹	0.020	0.661	823.3	0.010	0.004	0.007	0.001	0.365	0.012

注:"—"表示未作要求。

试验结果表明,钢渣中 Ca 元素的渗出浓度最高,这与钢渣主要成分是一致的。另一方面,钢渣中含有大量 f-CaO(游离氧化钙),在遇水时发生反应,其表面部分的生成产物容易在水的浸润作用下进入地下水。对人体危害较大的几种重金属离子并未发现,或者存在量微乎其微。但 Al 的含量超过了标准值,当采用沥青包裹时其渗出液浓度符合规范要求。铝是一种慢性毒剂,会对人的记忆力造成影响,严重时会导致老年痴呆。谢君测定的钢渣为武钢钢渣,其成分可溯源武钢炼钢原料及添加的成分。由此可见,在将钢渣应用于道路工程时,应当严格对钢渣的有害成分进行测定,并对沥青包裹后的渗出液成分进行分析,以确保其对环境不会产生负面影响。尤其是来源于特种钢炼制过程中产生的钢渣,更应当对有害物元素进行准确测定。

另外,如前文所述,德国于 2001 年的研究表明,通过其将钢渣用于道路工程的 25 年的经验可知,严格采用符合标准要求的钢渣并不会对环境产生负面影响。在这一点上,德国的经验是值得我们借鉴的。基于对环境的保护,炼钢行业在炼钢的原料选取过程中也考虑到了钢渣的资源化利用,尽量选取对环境负面作用较小的原料,并对钢渣进行严格的处理,真正实现了从源头上对环境的保护。

3.1.3 钢渣集料的膨胀特性

f-CaO 含量决定了钢渣的稳定性,其与水反应生成 $Ca(OH)_2$,体积膨胀 98%,使钢渣产生的内部应力超过自身的结合力,从而导致钢渣膨胀破碎甚至粉化[59]。其含量随炼钢工艺的不同而各不相同,在自然条件下逐渐消解,稳定性会慢慢提高。因此,利用钢渣沥青混凝土施工的道路,不能使用新钢渣,新钢渣需要有一个陈化过程,或者使用钢渣热闷处理工艺达到钢渣快速处理与安全利用。钢渣热闷处理工艺技术,就是在饱和蒸汽压的条件下,通过一定时间可消除钢渣中游离 CaO 和游离 MgO 水化体积膨胀现象,避免使用时对道路工程造成危害。

美国联邦公路局指出,钢渣的组成成分存在较大差异性,其膨胀率最高可达 6.2%,而采用 92%钢渣作为集料的沥青混凝土,膨胀率降为 1.5%左右。再生的钢渣骨料膨胀率较小,这归功于裹覆在其外面的沥青薄膜。Kandhal[24]发现采用钢渣取代天然细集料的密级配混合料并未显现出明显的膨胀性能,而且钢渣细集料部分的膨胀率与其"同源"的粗集料的膨胀率之间有较好的关联度。这项研究对于促进钢渣细集料的应用意义重大。同时也说明了,在沥青薄膜的包裹下,钢渣是一种比较安全的集料。

钢渣与水接触时,会发生水化反应,反应产物会黏结钢渣或其他物质,这也可以解释为什么钢渣堆放后,会"板结"成钢渣块。这种水化反应与水泥水化反应类似,这是因为钢渣中含有具有水化活性的 C_3S、C_2S 和 C_4AF,因此钢渣也常被用作类水泥熟料。当钢渣应用于沥青混凝土时,水对沥青混合料的影响非常小,这是因为沥青混凝土用集料的含水量是需要严格控制的。在沥青混凝土拌制前,所有的集料需要经过高温烘烤以除去其表面及内部的水分。但是当钢渣沥青混凝土遭受水损害后,沥青会从集料表面剥离,这时钢渣的水化反应对于整个沥青混凝土的结构与性能有着巨大的影响。

另一方面,沥青路面集料是以较大粒径料为骨架,较小粒径料填充的骨架结构,在钢渣粒径、级配合适的情况下,松散的内部孔隙会抵消因 f-CaO 吸水导致的膨胀,因此少量的 f-CaO 对稳定性影响不大。同时,f-CaO 遇水膨胀的缺陷可采用陈化处理、自然堆放的方式来克服,必要时可用压力蒸气来加速其老化。道路工程钢渣不可使用新渣,必须使用经过测试的氧化钢渣。

f-CaO 是导致钢渣遇水膨胀的最主要因素,因此对于 f-CaO 含量的测定和控制是原材料检测十分关键的步骤。钢渣样品按照《水泥化学分析方法》(GB/T 176—2017)的相关要求检测,采用浸水膨胀试验来测定钢渣的浸水膨胀率,其原理是采用 90 ℃水浴养护的方法,经过一定时间后使钢渣中的 f-CaO、f-MgO 消解,产生体积膨胀,通过体积变化率来评定钢渣的稳定性,如图 3.21 所示。按照《钢渣稳定性试验方法》(GB/T 24175—2009)的规定进行试样

图 3.21　钢渣膨胀率测试装置

制备和试验。钢渣的浸水膨胀率按下式计算：

$$\gamma = \frac{d_{10} - d_0}{120} \times 100\%$$ (3.1)

式中　γ——浸水膨胀率(%)；

　　　120——试件原始高度(mm)；

　　　d_{10}——百分表的终读数(mm)；

　　　d_0——百分表的初读数(mm)。

试验结果表明，三个试件的浸水膨胀率分别为 1.08%、1.14%、1.10%，均值 1.11%，符合规范要求，如图 3.22 所示。本研究采用的钢渣堆放时间较长，如图 3.23 所示。在存储过程中经受自然雨水浸泡，同时钢渣存储场定期对钢渣进行浇水处理，加速了钢渣中的活性物质的消解，也保证了钢渣膨胀性的释放。

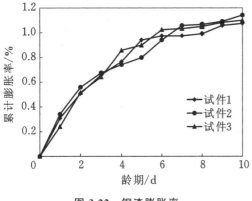

图 3.22　钢渣膨胀率

图 3.23　钢渣堆存场地

3.2　钢渣沥青混合料性能研究

与普通沥青混合料相似，钢渣沥青混合料的基本原材料包括钢渣集料、天然集料、石灰岩矿粉及沥青等。本研究对取自南钢的电炉钢渣物理性能和化学性能进行了测试分析，并与天然集料的相关性能进行了对比，后续将开展 AC-13C、SMA-13 型钢渣沥青混合料的制备及路用性能测试。考虑到 4# 钢渣集料吸水率较高，由此配制的钢渣沥青混合料可能具有较高的油石比，经济性不足，因此在后续的钢渣沥青混合料研究过程中，主要采用钢渣替代天然粗集料。本节主要介绍各种原材料的具体性能及后续试验的测试方法。

3.2.1　原材料性能检测

钢渣沥青混合料主要由钢渣集料、天然集料、石灰岩矿粉和沥青组成。本研究配制的钢渣沥青混合料原料包括钢渣粗集料(1#、2#、3#)、玄武岩细集料(4#)、石灰岩矿粉、SBS 改性沥青。下面介绍各种原材料的性能指标。

3.2.1.1 钢渣粗集料

钢渣粗集料的物理性能指标参见 3.1.1 节,此处不再赘述。

对取自钢渣堆放场地的钢渣原料进行筛分,筛除超粒径钢渣颗粒并将剩余部分分为1#(9.5 mm～16.0 mm)、2#(4.75 mm～9.5 mm)、3#(2.36 mm～4.75 mm)、4#(0～2.36 mm)四档,取 1#、2#、3# 三档作为配制钢渣沥青混合料的粗集料,其筛分结果见表 3.10。

表 3.10　集料筛分结果

集料	通过筛孔(方孔筛,mm)百分率/%									
	16.0	13.2	9.5	4.75	2.36	1.18	0.6	0.3	0.15	0.075
1#	100.0	78.1	14.6	1.0	1.0	1.0	1.0	1.0	0.8	0.8
2#	100.0	100.0	100.0	10.2	1.6	1.6	1.6	1.4	1.4	1.2
3#	100.0	100.0	100.0	100.0	13.6	2.6	2.6	2.4	2.4	2.2
4#(玄武岩)—茅迪	100.0	100.0	100.0	100.0	92.6	76.2	55.2	38.0	29.2	17.7
4#(玄武岩)—溧阳	100.0	100.0	100.0	100.0	83.8	52.6	33.4	17.0	11.9	7.5
石灰岩矿粉	100.0	100.0	100.0	100.0	100.0	100.0	100.0	100.0	99.8	91.7

3.2.1.2 细集料

研究选用的细集料为玄武岩,试验中 AC 的 4# 玄武岩集料取自茅迪,SMA 的 4# 玄武岩集料取自溧阳,其级配情况见表 3.10 所示,物理指标见表 3.11 所示。

表 3.11　细集料试验结果汇总表

试验项目	4#(玄武岩)—茅迪	4#(玄武岩)—溧阳	技术要求
表观密度/(g/cm³)	2.918	2.923	≥2.5
表观相对密度	2.924	2.916	—
毛体积相对密度	2.786	2.746	—
砂当量/%	65	81	≥60

3.2.1.3 填料

矿粉是沥青混合料中不可缺少的填料,在沥青混合料中发挥着重要的作用,目前普遍采用的是石灰岩矿粉。本研究选用的矿粉筛分试验结果见表 3.10,物理性能指标如表 3.12 所示。

表 3.12　矿粉试验结果汇总表

试验项目		试验结果	技术要求
表观密度/(g/cm³)		2.690	≥2.5
表观相对密度		2.695	—
粒度范围/%	<0.6 mm	100.0	100
	<0.15 mm	99.8	90～100
	<0.075 mm	91.7	75～100
外观		无团粒结块	无团粒结块
亲水系数		0.69	<1

3.2.1.4　沥青

本研究选用 SBS 改性沥青,按照《公路工程沥青及沥青混合料试验规程》(JTG E20—2011)进行试验,基本性能指标和规范要求如表 3.13 所示。

表 3.13　SBS 改性沥青技术性能试验结果

试验项目	试验结果	规范要求
针入度(25 ℃,100 g,5 s)/(0.1 mm)	67	60～80
针入度指数 PI(15 ℃、25 ℃、30 ℃)	−0.18	≥−0.4
延度(5 cm/min,5 ℃/cm)	43	≥30
软化点($T_{R\&B}$)/℃	71.0	≥55
运动黏度(135 ℃)/(Pa·s)	1.675	≤3
闪点/℃	>300	≥230
相对密度(25 ℃)	1.031	实测
离析,软化点差/℃	0.8	≤2.5
弹性恢复/%	98.7	≥65
沥青薄膜加热试验		
质量变化/%	−0.157	≤±1.0
残留针入度比(25 ℃)/%	95.5	≥65
残留延度(5 ℃)/cm	35	≥20

3.2.2　试验方法

3.2.2.1　高温稳定性

(1)概述

沥青路面高温稳定性是指沥青混合料在荷载作用下抵抗永久变形的能力。稳定性不足的问题通常出现在高温、低加荷速率以及抗剪切能力不足时,即沥青路面的劲度较低的情况下。其常见的损坏形式主要有推移、拥包、搓板、车辙、泛油等。推移、拥包、搓板等损害主要是沥青路面在水平荷载作用下抗剪切强度不足引起的,大量发生在表处、贯入、路拌等次高级沥青路面的交叉口和边坡路段;对于渠化交通的沥青混凝土路面来说,高温稳定性主要表现为车辙;而泛油则是交通荷载作用使混合料内集料不断挤紧、空隙率减小,最终将沥青挤压到道路表面的现象。当沥青含量太高或者空隙率太小时,泛油现象会加剧。总的来说,车辙问题是沥青路面高温稳定性良好与否的集中体现。

大量的试验研究表明,车辙试验的动稳定度与沥青路面的车辙深度有较好的相关性,通过控制沥青混合料的动稳定度,可以产生出抗永久变形能力较强的混合料。《公路沥青路面设计规范》(JTG D50—2017)要求:沥青混合料的高温稳定性以动稳定度来评价,中等交通以上的公路表面层和中面层沥青混合料,动稳定度可参照《公路沥青路面施工技术规范》(JTG F40—2004)并根据当地的工程经验确定设计值。对于特殊路段或有特殊使用要求的情况,应提高动稳定度指标。

沥青混合料高温稳定性的影响因素很多,但主要可归纳为内在因素和外部条件。内在因素主要是指材料本身质量对沥青混合料性能的影响,例如沥青混合料的类型(集料比例、粒径等)、材料特性(沥青用量、沥青黏度、集料特性、配合比等)。国外研究的经验表明,沥青混合料的高温抗车辙能力有60%依赖于矿料级配的挤嵌作用,沥青混合料的黏结性能只有40%的贡献。沥青本身的特性对沥青混合料高温性能也有重要的影响,沥青的高温黏度越大、劲度越高、与石料的黏附性越好,相应的沥青混合料抗高温变形能力越强。

外部条件主要是指气候、荷载等因素。有研究表明,在通常的汽车荷载条件下,永久性变形主要是在夏季气温25～30 ℃时,即沥青路面的路表温度达到40～50 ℃以上时,已经达到或超过道路沥青的软化点温度的情况下容易产生,且随着温度的升高和荷载的加重,变形增大;相反,低于这个温度,就不会产生严重的变形。

钢渣沥青混合料与普通沥青混合料在矿料上有很大的差别,但其所承受的外部条件和性能要求却是基本相同的。因此,其性能的不同主要归因于混合料本身的差异。通常来说,钢渣集料表面粗糙、颗粒形状较好、硬度较高,当采用合理的合成级配时,有助于提高沥青混合料的高温性能。

(2)试验方法

可用于沥青混合料高温性能试验的方法很多,包括实验室圆柱试件的单轴静载、动载、重复试验,三轴静载、动载、重复试验,径向静载、动载、重复试验,简单剪切的静载、重复加载和动力试验,此外还有棱柱形梁试件的弯曲蠕变试验、小型模拟试验设备的车辙试验以及大型环道试验等。

单轴试验设备和试验方法相对比较简单,但其对现场模拟效果较差,无法准确反映工程的实际情况。相比之下,在实验室采用小型车轮在沥青混合料板块试件上往复行走,可以有效模拟沥青路面在车轮反复作用下产生车辙的情况,这种方法较为直观,对沥青路面车辙形成过程的模拟性好,操作方法较为简单,容易为工程上接受。大型环道、直道试验是一种大型的足尺路面结构在实际车轮和交通荷载作用下的试验,试验结果与实际路面结构关系密切,是一种在实际路面结构上的加速加载试验方法,最能反映实际路面的车辙形成过程和性状。这类试验条件可以控制,因素单一,便于分析,但设备庞大,成本及耗资大,试验周期长,一般不轻易开展。马歇尔试验是我国许多单位研究高温性能的最主要试验手段,虽然对于马歇尔稳定度和路面车辙量之间的相关性仍有一定的争议,但我国在"七五"国家科技攻关研究课题中对此进行了研究,并提出以此作为沥青混合料配合比设计的检验手段。我国的施工规范中也规定对于采用马歇尔法设计的沥青混合料,应通过车辙试验检验其抗车辙能力。因此,本研究在马歇尔试验的基础上,采用车辙试验来评价钢渣沥青混合料的高温性能。

具体试验条件和参数参照《公路工程沥青及沥青混合料试验规程》(JTG E20—2011)中"沥青混合料车辙试验"(T 0719—2011)的规定(图 3.24、图 3.25)。主要参数包括:

① 试验条件:温度 60 ℃,轮压 0.7 MPa。

② 试件尺寸:300 mm×300 mm×50 mm,试件参照"沥青混合料试件制作方法"(T 0703—2011),采用轮碾法制备。

③ 加载条件:根据规范要求,试验轮与试件的接触压强在 60 ℃时为 0.7 MPa±0.05 MPa。

图 3.24　轮碾法成型

图 3.25　自动车辙试验仪

3.2.2.2　低温稳定性

(1) 概述

沥青混合料的低温稳定性是指其抵抗低温收缩开裂的能力。从沥青混合料本身来看,随着温度的降低,沥青混合料逐渐产生温度收缩,但在外界的约束下,这种收缩趋势受到抑制,从而产生温度应力。当产生的温度应力大于沥青混合料的抗拉强度时,产生裂缝。从沥青路面结构的角度来看,外界气温骤降时,在沥青结构层内部产生温度梯度,路面结构层收缩的趋势受相邻结构层的约束而产生拉应力。在一般温度条件下,拉应力由于应力松弛而减小,但温度降低的同时,沥青混合料的应力松弛模量却逐渐增大,导致松弛能力降低,出现较高的应力累积,并最终在沥青路面形成大量的横向裂缝。一般来说,低温收缩裂缝的出现不仅对路面结构造成损伤,更重要的是,裂缝的存在为其他病害的进一步发生和发展提供了通道。例如,水分通过裂缝进入混合料内部容易进一步造成混合料内沥青剥落、基层强度降低、冻融破坏等,并导致大面积的龟裂和网裂。

沥青路面的低温裂缝现象很普遍,不但在北方冰冻地区有,在南方非冰冻地区也有,只是裂缝的轻重程度有所不同。沥青混合料的低温开裂对沥青路面的使用性能有很大的影响,针对钢渣沥青混合料,研究其低温力学性能同样非常重要。沥青混合料的低温变形能力在很大程度上取决于沥青的低温性质、沥青与矿料的黏结程度、级配类型,以及沥青混合料的均匀性。因此,除了采用合理的配合比、选用与沥青黏结良好的矿物集料和控制施工工艺外,应当尽量采用稠度较低、塑性较大的沥青来提高沥青混合料的抗低温变形能力。

（2）试验方法

采用哪些指标来评价沥青及沥青混合料的低温性能,以控制或者消除沥青路面的温度裂缝,是国际上的重要研究课题。例如,我国曾在"七五"国家攻关专题中对沥青及沥青混合料的低温性能做了一些研究,在"八五"国家攻关专题中又专门针对沥青及沥青混合料的低温性能指标做了研究,并提出了相应的建议值。目前,国内外用于研究沥青混合料低温抗裂性能的试验方法有多种,主要包括等应变加载的破坏试验(间接拉伸、弯曲、压缩试验)、直接拉伸试验、弯曲拉伸蠕变试验、受限试件温度应力试验、收缩系数试验、应力松弛试验等。不同的试验方法各有特点,试验设备的复杂程度和操作难易程度也有所不同,而所测定的参数与混合料实际受力状态和相关性也有所区别。例如,美国 SHRP 推荐 TSRST 试验作为评价沥青混合料低温抗裂性的方法,可以获得断裂温度、强度、温度应力曲线斜率、转折点温度等指标,对现场模拟得较好,可以较为全面地反映各种因素对沥青混合料性能的影响,但是试验设备却难以普及。我国"八五"攻关专题提出的弯曲蠕变试验方法,采用 0 ℃、1 MPa 应力水平、小梁试件受恒定集中荷载作用时的蠕变速率来评价沥青混合料的低温性能。蠕变速率越大,低温抗裂性能越好。

本研究采用低温弯曲破坏试验来评价钢渣沥青混合料的低温稳定性(图 3.26)。具体试验条件和参数参照《公路工程沥青及沥青混合料试验规程》(JTG E20—2011)中"沥青混合料弯曲试验"(T 0715—2011)的规定,主要参数包括:

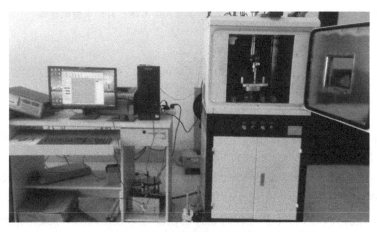

图 3.26　低温弯曲破坏试验

① 试验条件:试验温度为－10 ℃。

② 试件尺寸:30 mm×35 mm×250 mm,试件参照"沥青混合料试件制作方法"(T 0703—2011),采用轮碾法制备,后用切割法制作规定的棱柱体试件。

③ 加载条件:根据规范要求,加载速率为 50 mm/min。

3.2.2.3　水稳定性

(1) 概述

水损害是指沥青路面在水或者冻融循环作用下,由于车轮动态荷载的作用,进入路面空隙中的水不断产生动水压力或者受到真空负压抽吸的反复循环作用,水分逐渐深入沥青与集料的界面上,使沥青黏附性降低并逐渐丧失黏结力,沥青膜从石料表面脱落,沥青混合料掉粒、松散,继而出现沥青路面的坑槽、推挤变形等损坏现象。无论是在冰冻地区还是在南方多雨地区,水损害都有可能发生。水损害的作用机理主要依据是黏附理论,主要的原因可归纳为黏附力的损失,即水进入沥青和矿料之间的界面上使沥青膜脱落,从而造成沥青剥落(黏结力损失,即指水的存在使沥青软化,沥青和矿料之间的黏结力减弱)。

水稳定性是指沥青与矿料形成黏附层后,水对沥青的置换作用引起沥青剥落的抵抗程度。一般来说,影响沥青路面水稳定性的因素主要包括沥青混合料的性质(沥青的性质和混合料类型)、施工的气候条件、环境条件、路面和地下排水等。

有研究表明,在沥青混合料合理设计的前提下,路面的水损害与沥青混合料的不均匀性有很大关系,有些严重的地区可能会出现泛油与水损害同时发生的情况。对于钢渣沥青混合料来说,钢渣表面的粗糙性和多孔特性有助于钢渣集料与沥青黏附性的增强,但同时钢渣表面较高的含灰量却对沥青黏附性的提高产生负面影响。这两种作用同时存在时,造成钢渣沥青混合料水稳定性能难以准确评估。因此,开展钢渣沥青混合料的水稳定性研究很有必要。

(2) 试验方法

沥青混合料在浸水条件下,由于沥青与矿料间黏附力的降低导致损坏,最终表现为整体力学强度的降低。因此,沥青混合料的水稳定性最终是由浸水条件下的沥青混合料物理力学性能降低的程度来表征的,其中的关键是混合料试件的成型方法、尺寸、空隙率等。浸水和模拟浸水的试验条件,包括温度、时间和循环次数等。

目前,国内外各种水稳定性试验评价方法存在较大差异。例如,试件成型方法和试件空隙率按照马歇尔试件或者施工压实度控制,试验条件采用高温浸水或者冻融循环,试验指标采用马歇尔稳定度、抗压强度、劈裂强度、回弹模量、动稳定度等。现在得到广泛应用的试验方法有浸水马歇尔试验、冻融后劈裂强度试验、浸水劈裂强度试验、浸水抗压强度试验、浸水车辙试验等。我国"八五"科技攻关专题选取了国内外使用较多且方法简单、数据稳定的浸水马歇尔试验及双面击实 50 次的冻融劈裂试验作为水稳定性的标准试验方法。真空饱水冻融劈裂试验虽然不能真实地模拟路面水损害,但在使用效果上达到了混合料遭受水损害所需的条件,能使混合料受到更严峻的高温和低温考验,试验结果可以反映各种混合料受水损害的程度。我国《公路工程沥青及沥青混合料试验规程》(JTG E20—2011)中采用的即是此方法。

本研究采用浸水马歇尔试验及冻融劈裂试验两种方法对钢渣沥青混合料的水稳定性进行研究（图 3.27、图 3.28）。

图 3.27　冻融劈裂测试

图 3.28　恒温水浴箱

浸水马歇尔试验参照《公路工程沥青及沥青混合料试验规程》（JTG E20—2011）中"沥青混合料马歇尔稳定度试验"（T 0709—2011）的规定，主要参数包括：

① 试验条件：一组马歇尔试件在 60 ℃热水中恒温 30 min 后测定其稳定度，另一组马歇尔试件在 60 ℃热水中恒温 48 h 后测其稳定度。

② 试件尺寸：圆柱形试件尺寸为 ϕ101.6 mm×63.5 mm，试件参照"沥青混合料试件制作方法"（T 0702—2011），采用击实法制备。

③ 加载条件：根据规范要求，加载速率为 50 mm/min。

冻融劈裂试验参照《公路工程沥青及沥青混合料试验规程》（JTG E20—2011）中"沥青混合料冻融劈裂试验"（T 0729—2011）的规定，主要参数包括：

① 试验条件：两组试件的养护方法参照"沥青混合料马歇尔稳定度试验"（T 0709—2011）的相关要求。

② 试件尺寸：圆柱形试件尺寸为 ϕ101.6 mm×63.5 mm，试件参照"沥青混合料试件制作方法"（T 0702—2011），采用击实法制备。

③ 加载条件：根据规范要求，加载速率为 50 mm/min。

3.2.2.4　疲劳特性

（1）概述

随着公路交通量的日益增长及汽车轴重的不断增加，交通荷载对道路结构的破坏作用日趋明显。路面使用期间受车轮荷载的反复作用，长期处于应力应变交替变化状态，导致路面结构强度逐渐下降。当荷载重复作用超过一定次数后，在荷载作用下路面产生的应力就会超过强度下降后的结构抗力，致使路面出现裂纹，产生疲劳断裂破坏。疲劳损坏是沥青路面尤其是柔性基层沥青路面的主要破坏模式之一。因此，多年以来沥青及沥青混合料的疲劳性能一直是路面工程的研究重点，美国 SHRP 研究也把沥青及沥青混合料的疲劳性能作为主要研究项目之一。

沥青路面的疲劳寿命除了受到荷载条件的影响外,还受到材料性质和环境变化的影响。总的来说,其疲劳寿命的主要影响因素包括:荷载条件(加载频率、施加应力或应变波谱的形式、荷载间歇时间以及试验方法和试件形状);材料性质(混合料的劲度、混合料的沥青用量、沥青的种类和稠度、混合料的空隙率以及集料的表面性状);环境条件(温度、湿度等)。

沥青混合料的抗疲劳性能反映了沥青路面抵抗车辆荷载反复作用下弯拉应力(应变)的能力,对沥青路面的使用寿命有重要的影响。钢渣沥青混合料中由于钢渣粗集料的掺入,对沥青路面的抗疲劳性能将产生重要的影响。因此,开展钢渣沥青混合料抗疲劳性能研究具有重要的现实意义,可为钢渣沥青路面的结构设计提供重要的参考。

(2) 试验方法

沥青混合料疲劳试验方法可分为试验路、加速加载试验和室内疲劳试验三类。前两类试验方法可以更好地模拟路面实际工作状况,试验结果具有较高的可靠性,然而由于耗资大、周期长,其应用受到限制。室内试件疲劳试验状态与路面实际状态虽然有较大差异,但由于耗资少、周期短,作为相对评价沥青混合料疲劳性能的方法,仍然得到广泛应用。

沥青混合料室内小型疲劳试验的方法很多,主要有弯曲疲劳试验、直接拉伸疲劳试验、间接拉伸疲劳试验、支承弯曲疲劳试验、三轴疲劳试验、室内轮碾疲劳试验等。国外一些科研机构采用三分点小梁弯曲疲劳试验来研究沥青混合料的疲劳性能,采用的试件尺寸有一定的差异;壳牌石油公司采用中点小梁弯曲疲劳试验对沥青混合料的疲劳性能进行研究。SHRP 曾对上述各种试验方法进行对比研究,根据不同的试验条件对现场工程的模拟程度、试验结果的适用性、试验方法的可操作性、现场修正因素等几个方面进行综合评价,其研究结果表明:小梁弯曲疲劳试验最能代表实际路面的受力状况,试验结果可直接用于设计,是疲劳试验的首选方法。

小梁弯曲疲劳试验荷载控制模式主要有两种,即常应力模式和常应变模式。常应力疲劳试验是指在试验时保持作用应力(即荷载)不变,随着荷载的重复作用次数的增加,混合料强度逐渐减小,应变逐渐增大,直至试件断裂为止。达到破坏的应力重复作用总次数就是混合料的疲劳寿命。常应变疲劳试验就是指在试验的时候,保持作用的应变不变,随着作用荷载重复次数的增加,混合料的强度下降,为了保持应变不变,作用荷载将逐渐减小,即应力变小。

荷载模式在反映沥青混合料疲劳特性方面有显著差异:①由应力控制的疲劳试验得到的疲劳寿命要比由应变控制的疲劳试验得到的疲劳寿命小得多,且两者之间疲劳寿命的差值随试件所处的温度条件不同而有所不同,低温时差值甚小,高温时差值较大。SHRP 研究表明:在相同条件下,应变控制模式下的疲劳试验所得到的疲劳寿命约等于 2.4 倍应力控制的疲劳寿命。②在给定的应力(或应变)水平下,控制应力的疲劳试验,较高劲度的混合料具有较大的疲劳寿命,而控制应变的疲劳试验,较高劲度的混合料却表现了较小的疲劳寿命。目前,关于试验模式的选取尚无明确的定论,有学者通过对沥青路面沥青稳定基层疲劳时的应力应变状态及其与疲劳试验的荷载控制模式的关系进行分析,认为沥青稳定基层的应力应变状态更接近于应变控制模式疲劳试验的工作状态,并因此提出沥青稳定基层混合料的疲劳试验宜采用应变控制的荷载模式。

图 3.29 本研究采用的 UTM 试验机

一般来说,通过疲劳寿命曲线图即可满足工程材料疲劳性能的比较与分析。因此本研究采用应变控制的方式来研究钢渣沥青混合料的疲劳寿命(图 3.29)。试验参照《公路工程沥青及沥青混合料试验规程》(JTG E20—2011)中"沥青混合料四点弯曲疲劳寿命试验"(T 0739—2011)的规定,主要参数包括:

① 试验条件:两组试件的养护方法参照"T 0739—2011"的相关要求。

② 试件尺寸:380 mm×65 mm×50 mm,试件参照"沥青混合料试件制作方法"(T 0703—2011),采用轮碾法制备,后用切割法制作规定的棱柱体试件。

③ 加载条件:加载频率 10 Hz,采用应变加载模式(150 $\mu\varepsilon$);试验终止条件为弯曲劲度模量降低到初始弯曲劲度模量 50%时对应的加载循环次数。

3.2.3 钢渣沥青混合料路用性能研究

我国沥青混合料设计主要采用马歇尔配合比设计方法,通过重锤使沥青混合料获得压实并成型,再用成型试件的体积参数与稳定度来决定混合料的最佳用量。随着现代交通对路面要求的不断变化,国内外新的沥青材料与新型路面结构不断出现,尤其是美国 SHRP 计划的推动,使得新的沥青路面结构层出不穷,如沥青玛蹄脂碎石路面(SMA)、Superpave 沥青混合料和再生沥青路面等。对于钢渣沥青混合料来说,尚无针对性的配合比设计方法。而从钢渣沥青混合料在实际工程中应用的方便性来说,一方面可采用道路工程对集料的技术指标来衡量钢渣集料的性质,另一方面可采用常用的配合比设计方法来对钢渣沥青混合料进行设计。本节主要研究用钢渣配制的 AC-13C、SMA-13 沥青混合料的路用性能,采用马歇尔配合比设计方法进行级配设计和最佳油石比的确定,并在此基础之上研究钢渣 AC-13C、SMA-13 沥青混合料的路用性能。

3.2.3.1 钢渣沥青混合料配合比设计

(1) 配合比设计基本要求

沥青路面上面层应具有平整、坚实、抗滑耐磨、稳定耐久的特性,且具有高温抗车辙、低温抗开裂、抗水损害的技术品质;下面层应密实、基本不透水,并具有高温抗车辙、抗剪切、抗疲劳的力学性能。AC、SMA 沥青混合料分别是典型的悬浮密实型和骨架密实型沥青混合料,混合料的密实度与强度都较高,水稳定性、低温抗裂性等各项性能均较好,而 SMA 沥青混合料的性能则更显优越,适用于高等级路面的上面层。

目前,我国尚未制定专门针对钢渣沥青混合料的配合比设计方法,《公路沥青路面设计规范》(JTG D50—2017)和《公路沥青路面施工技术规范》(JTG F40—2004)中也未对钢渣沥青混合料的配合比设计方法做出明确要求。因此,目前主要参照普通沥青混合料,采用马歇尔设计方法对钢渣沥青混合料的配合比进行设计。将钢渣用于替代天然集料设计沥青混合料时,应使其性能满足要求,达到普通沥青混合料的性能水平,本研究所用的 AC-13C、SMA-13 型钢渣沥青混合料,其设计指标也应满足《公路沥青路面施工技术规范》(JTG F40—2004)对热拌沥青混合料路面的规定,其设计要求应当符合表 3.14 的规定。

表 3.14　沥青混合料设计指标

试验指标		AC-13C(重载交通)	SMA-13
击实次数(双面)		75 次	50 次
试件尺寸		$\phi 101.6$ mm×63.5 mm	$\phi 101.6$ mm×63.5 mm
空隙率 VV/%		4~6	3~4
稳定度 MS/kN		≥8.0	≥6.0
* 流值 FL/mm		2~5	—
矿料间隙率 VMA/%	设计空隙率/%	相应于公称最大粒径 13.2 mm 的最小 VMA 及 VFA 技术要求/%	
	2	≥12	
	3	≥13	≥17
	4	≥14	≥17
	5	≥15	—
	6	≥16	
沥青饱和度 VFA/%		65~75	75~85
谢伦堡沥青析漏试验的结合料损失/%		—	≤0.1
浸水飞散损失%		—	≤15

注:* 本研究采用 SBS 改性沥青配制钢渣沥青混合料,流值适当放宽到 2~5。

　　本章研究将钢渣用于配制沥青路面常用上面层 AC-13C、SMA-13 沥青混合料的路用性能,其工程设计级配范围分别如表 3.15、表 3.16 所示。

表 3.15　采用的 AC-13C 沥青混合料设计级配范围　　　　单位:mm

粒径	16.0	13.2	9.5	4.75	2.36	1.18	0.6	0.3	0.15	0.075
规范上限	100.0	100.0	80.0	53.0	40.0	30.0	23.0	18.0	12.0	8.0
规范下限	100.0	90.0	60.0	30.0	20.0	15.0	10.0	7.0	5.0	4.0
规范中值	100.0	95.0	70.0	41.5	30.0	22.5	16.5	12.5	8.5	6.0

表 3.16　采用的 SMA-13 沥青混合料设计级配范围　　　　单位:mm

粒径	16.0	13.2	9.5	4.75	2.36	1.18	0.6	0.3	0.15	0.075
规范上限	100.0	100.0	75.0	32.0	27.0	24.0	20.0	16.0	13.0	12.0
规范下限	100.0	90.0	50.0	22.0	16.0	14.0	12.0	10.0	9.0	8.0
规范中值	100.0	95.0	62.5	27.0	21.5	19.0	16.0	13.0	11.0	10.0

（2）级配比选

矿料级配设计是钢渣沥青混合料设计的重点之一。根据四档集料的级配情况,将钢渣粗集料和天然细集料按照一定比例掺配形成的合成矿料级配,应当在设计级配的上限和下限范围之内。同时,应根据实际情况对其进行调整,其原则为:

① 对夏季温度高、高温持续时间长、重载交通多的路段,宜选用粗型密级配沥青混合料,并取较高的设计空隙率;对冬季温度低且低温持续时间长的地区,或者交通较少的路段,宜选用细型密级配沥青混合料,并取较低的设计空隙率。

② 为确保高温抗车辙能力,同时兼顾低温抗裂性能的需求,进行配合比设计时应适当减少公称最大粒径附近的粗集料用量,减少 0.6 mm 以下部分细分用量,使中等粒径集料较多,形成 S 形级配曲线,并取中等或偏高水平的设计空隙率。

③ 在确定各层的工程设计级配范围时,应考虑不同层位的功能需求,经组合设计的沥青路面应当能满足耐久、稳定、密水和抗滑等性能的要求。

基于以上原则,首先在工程设计级配范围内取三组粗细不同的合成级配曲线,分别位于工程设计级配范围的上限、中值及下限,并根据预估油石比制作三组级配的马歇尔试件(图 3.30),测定相应的物理指标,用于选取一组满足或者接近设计要求的级配作为后续测试的基准级配。

图 3.30　级配选取成型的马歇尔试件及旋转压实试件

a. 钢渣沥青混合料的配合比设计方法

需要注意的是,钢渣集料与天然集料的密度相差较大,采用传统的马歇尔设计方法将产生较大的误差。马歇尔设计法的基本原理是体积设计法,即在分析研究沥青混合料性能时,以沥青结合料与集料成分的体积比例作为计算依据,最终要达到的主要指标也是体积指标,如空隙率 VV、矿料间隙率 VMA、沥青饱和度 VFA 等。通过沥青混合料组成材料不同体积比例的组合,经过沥青混合料的拌和、试件的击实成型,最后测定试件的体积参数,从而确定沥青混合料各组成材料的比例。在合成矿料中,集料的级配是通过质量百分数表示的,如果粗细矿料是同一种集料,那么质量配合比就是体积配合比,不存在任何问题。然而,如果几种矿料的密度具有较大的差异,就会与目标级配发生偏离。当几种矿料的密度相差在 0.2 以上时,必须进行配比的修正。由前文可知,钢渣集料与天然集料密度相差较大,因此不能采用常规的方法对钢渣沥青混合料进行配合比设计。

为此,本研究采用"等效体积替换法"进行钢渣沥青混合料的配合比设计,再将各集料的体积百分比乘以对应集料的矿料毛体积相对密度构成矿料的质量比例。

b. AC-13C 钢渣沥青混合料的级配比选

本研究确定的 AC-13C 钢渣沥青混合料的三组级配 A、B、C 三种试验级配合成矿料的组成见表 3.17 所示。

表 3.17　试验级配矿料配合比组成

矿料	级配 A/%	级配 B/%	级配 C/%
1#	25	31	36
2#	27	28	27
3#	13	11	11
4#	34	29	25
矿粉	1	1	1

三种级配合成矿料的各筛孔通过率见表 3.18。

表 3.18　三种级配各筛孔通过率明细

集料	通过筛孔(方孔筛,mm)百分率/%									
	16.0	13.2	9.5	4.75	2.36	1.18	0.6	0.3	0.15	0.075
1#	100.0	78.1	14.6	1.0	1.0	1.0	1.0	1.0	0.8	0.8
2#	100.0	100.0	100.0	10.2	1.6	1.6	1.6	1.4	1.4	1.2
3#	100.0	100.0	100.0	100.0	13.6	2.6	2.6	2.4	2.4	2.2
4#	100.0	100.0	100.0	100.0	92.6	76.2	55.2	38.0	29.2	17.7
矿粉	100.0	100.0	100.0	100.0	100.0	100.0	100.0	100.0	99.8	91.7
合成级配 A	100.0	94.5	78.7	51.0	34.0	27.9	20.8	14.9	11.8	7.7
合成级配 B	100.0	93.2	73.5	44.2	29.2	24.1	18.1	13.0	10.4	6.9
合成级配 C	100.0	92.1	69.3	40.1	25.5	21.1	15.9	11.6	9.2	6.2
规范上限	100.0	100.0	80.0	53.0	40.0	30.0	23.0	18.0	12.0	8.0
规范下限	100.0	90.0	60.0	30.0	20.0	15.0	10.0	7.0	5.0	4.0
规范中值	100.0	95.0	70.0	41.5	30.0	22.5	16.5	12.5	8.5	6.0

三种矿料的合成级配曲线如图 3.31 所示。

参照《公路沥青路面施工技术规范》(JTG F40—2004)中的相关要求,计算预估沥青用量为 4.6%,因此按 4.6% 沥青用量制作马歇尔试件,并对相应的物理指标进行测定,包括合成毛体积相对密度、空隙率、间隙率、饱和度、稳定度和流值等。三种级配对应的试验结果如表 3.19 所示。

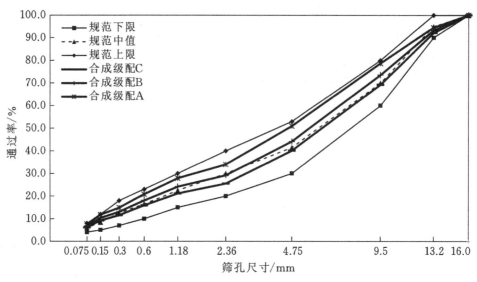

图 3.31 AC-13C 三种矿料合成级配曲线图

表 3.19 AC-13C 型钢渣沥青混合料各级配物理指标计算表

级配类型	油石比/%	稳定度/kN	流值/(0.1 mm)	空隙率VV/%	矿料间隙率VMA/%	饱和度VFA/%	毛体积相对密度	理论相对密度
级配 A	4.8	25.01	41.3	3.3	13.3	5.4	2.837	2.933
级配 B	4.8	23.85	45.8	3.5	13.5	74.3	2.853	2.955
级配 C	4.8	23.06	47.9	4.4	14.6	70.2	2.861	2.993
要求	—	≥8.0	20～50	4.0～6.0	≥14.5	65～75	—	—

根据表 3.19 三组级配初试沥青用量试验结果可知,级配 A 不满足空隙率 VV、矿料间隙率 VMA 和饱和度 VFA 的要求,级配 B 不满足空隙率 VV、矿料间隙率 VMA 的要求,级配 C 的钢渣沥青混合料满足稳定度、流值、空隙率、间隙率、饱和度的设计要求。根据经验,综合考虑选择级配 C 为后续路用性能试验的基准配合比。

c. SMA-13 钢渣沥青混合料的级配比选

本研究确定的 SMA-13 钢渣沥青混合料的三组级配 A、B、C 三种试验级配合成矿料的组成如表 3.20 所示。

表 3.20 试验级配矿料配合比组成

矿料	级配 A/%	级配 B/%	级配 C/%
1#	46	46	46
2#	29	32	35
4#	16	13	10
矿粉	9	9	9
纤维	0.3	0.3	0.3

三种级配合成矿料的各筛孔通过率如表 3.21 所示。

表 3.21　三种级配各筛孔通过率明细

集料	通过筛孔(方孔筛,mm)百分率/%									
	16.0	13.2	9.5	4.75	2.36	1.18	0.6	0.3	0.15	0.075
1#	100.0	81.5	16.5	0.5	0.5	0.5	0.5	0.5	0.5	0.5
2#	100.0	100.0	100.0	9.0	1.0	1.0	1.0	1.0	1.0	1.0
3#	100.0	100.0	100.0	100.0	15.0	3.0	3.0	3.0	2.5	2.5
4#	100.0	100.0	100.0	100.0	83.8	52.6	33.4	17.0	11.9	7.5
矿粉	100.0	100.0	100.0	100.0	100.0	100.0	100.0	100.0	99.8	91.7
合成级配 A	100.0	91.5	61.6	27.8	22.9	17.9	14.9	12.2	11.4	10.0
合成级配 B	100.0	91.5	61.6	25.1	20.4	16.4	13.9	11.8	11.1	9.8
合成级配 C	100.0	91.5	61.6	22.4	18.0	14.8	12.9	11.3	10.8	9.6
规范上限	100.0	100.0	80.0	53.0	40.0	30.0	23.0	18.0	12.0	8.0
规范下限	100.0	90.0	60.0	30.0	20.0	15.0	10.0	7.0	5.0	4.0
规范中值	100.0	95.0	70.0	41.5	30.0	22.5	16.5	12.5	8.5	6.0

三种矿料的合成级配曲线如图 3.32 所示。

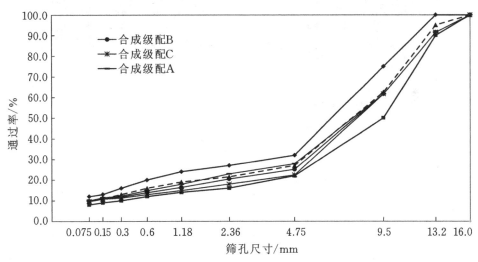

图 3.32　SMA-13 三种矿料合成级配曲线图

参照《公路沥青路面施工技术规范》(JTG F40—2004)中的相关要求,计算预估沥青用量为 5.5%,因此按 5.5% 沥青用量制作马歇尔试件,并对相应的物理指标进行测定,包括合成毛体积相对密度、空隙率、间隙率、饱和度、稳定度和流值等。三种级配对应的试验结果如表 3.22 所示。

表 3.22　SMA-13 型钢渣沥青混合料各级配物理指标计算表

级配 类型	油石比 /%	稳定度 /kN	流值 /(0.1 mm)	空隙率 VV/%	矿料间隙率 VMA/%	饱和度 VFA/%	粗集料骨架 间隙率 VCA_{mix}/%	毛体积 相对密度	理论 相对密度
级配 A	5.8	22.51	47.3	2.6	15.4	83.1	41.7	2.839	2.915
级配 B	5.8	18.73	48.8	3.7	16.6	77.5	40.7	2.814	2.928
级配 C	5.8	17.35	47.9	4.5	17.3	73.9	38.8	2.803	2.942
要求	—	≥6.0	—	3.0～4.0	≥16.5	75～85	≤VCA_{DRC}	—	—

根据表 3.22 三组级配初试沥青用量试验结果可知,级配 A 不满足空隙率 VV、矿料间隙率 VMA 的要求,级配 C 不满足空隙率 VV 的要求,级配 B 的钢渣沥青混合料满足稳定度、流值、空隙率、间隙率、饱和度的设计要求。根据经验,综合考虑选择级配 B 为后续路用性能试验的基准配合比。

（3）最佳油石比确定

根据上文选取的级配,对 AC-13C 型钢渣沥青混合料分别按照 4.3%、4.5%、4.8%、5.1%、5.4% 的油石比制作马歇尔试件,对 SMA-13 型钢渣沥青混合料分别按照 4.9%、5.2%、5.5%、5.8%、6.1% 的油石比制作马歇尔试件(图 3.33),然后测定相应的物理指标,试验结果如表 3.23、表 3.24 所示。

图 3.33　油石比确定成型的马歇尔试件

表 3.23　AC-13C 型钢渣沥青混合料各级配物理指标计算表

级配 类型	油石比 /%	稳定度 /kN	流值 /(0.1 mm)	空隙率 VV/%	矿料间隙率 VMA/%	饱和度 VFA/%	毛体积 相对密度	理论 相对密度
	4.3	20.01	36.5	6.7	15.1	56.0	2.831	3.032
	4.5	23.52	43.4	5.6	14.9	62.5	2.847	3.015
AC-13C	4.8	20.35	44.7	4.5	14.8	69.5	2.858	2.999
	5.1	19.46	47.6	3.9	14.8	73.4	2.865	2.982
	5.4	18.91	51.2	3.1	14.8	78.9	2.873	2.966
要求	—	≥8.0	20～50	4.0～6.0	≥14.5	65～75	—	—

表 3.24　SMA-13 型钢渣沥青混合料各级配物理指标计算表

级配类型	油石比/%	稳定度/kN	流值/(0.1 mm)	空隙率VV/%	矿料间隙率VMA/%	饱和度VFA/%	粗集料骨架间隙率 VCA$_{mix}$/%	毛体积相对密度	理论相对密度
	4.9	17.26	39.2	4.9	16.8	71.2	40.9	2.781	2.975
	5.2	16.39	32.7	4.8	17.0	72.0	41.0	2.784	2.959
SMA-13	5.5	19.48	48.6	4.3	16.8	74.4	41.1	2.797	2.943
	5.8	21.15	41.2	3.9	16.7	76.8	40.8	2.810	2.927
	6.1	18.12	50.1	3.2	16.3	80.5	40.5	2.830	2.913
要求	—	≥6.0	—	3.0~4.0	≥16.5	75~85	≤VCA$_{DRC}$	—	—

通过试验结果分析密度、稳定度、流值、空隙率、饱和度、VMA 与油石比的关系,找出与最大密度、最大稳定度、目标空隙率及饱和度范围中值对应的四个油石比,求出四者的均值作为最佳油石比初始值 OAC$_1$,然后求出满足沥青混凝土各指标要求的油石比范围 (OAC$_{min}$,OAC$_{max}$),该范围的中值为 OAC$_2$。如果最佳油石比的初始值 OAC$_1$ 在 OAC$_{min}$ 与 OAC$_{max}$ 之间,则认为设计结果是可行的,可取 OAC$_1$ 与 OAC$_2$ 的中值作为目标配合比的最佳油石比 OAC。通过分析可知,在试验选择的沥青用量范围内,AC-13C 型最佳沥青用量取为 4.84%,SMA-13 型最佳沥青用量取为 5.8%。

3.2.3.2　路用性能研究

(1) 高温稳定性

基于选取的级配和确定的最佳油石比,分别制备 AC-13C 型、SMA-13 型钢渣沥青混合料车辙板试件,并参照规范要求进行动稳定度测试(图 3.34),试验结果见表 3.25。

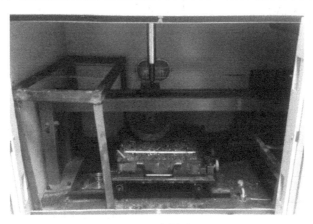

图 3.34　车辙试验

从表 3.25 可见,采用钢渣粗集料配制的 AC-13C 型、SMA-13 型沥青混合料的动稳定度均远高于规范的要求。

表 3.25　车辙试验动稳定度试验结果

级配类型	毛体积相对密度	动稳定度/(次/mm)	变异系数/%	技术标准
钢渣 AC-13C	2.858	8341	17.6	≥2800
钢渣 SMA-13	2.814	9168	16.1	≥3000

为了对本研究配制的 AC-13C 型、SMA-13 型钢渣沥青混合料高温稳定性进行准确的评价,将其与最大公称粒径为 13.2 mm 的不同类型沥青混合料动稳定度进行对比,对比结果如表 3.26 所示。

表 3.26　钢渣沥青混合料与普通沥青混合料动稳定度对比

数据来源	沥青类型	沥青混合料类型	最佳油石比/%	动稳定度/(次/mm)	添加剂类型	技术标准	集料类型
本研究	SBS 改性	AC-13C	4.8	8341	无	≥2800	钢渣粗集料
本研究	SBS 改性	SMA-13	5.8	9168	无	≥3000	钢渣粗集料
L1[60]	AH-90	AC-13C	5.49	1694	无	≥1000	全部钢渣
L2	AH-70	AC-13C	6.63	2516	无	≥1000	73.9%钢渣
L3-1	AH-70	AC-13C	5.6	2897	水泥	≥1000	全部钢渣
L3-2	AH-70	AC-13C	4.8	1478	水泥	≥1000	玄武岩
L4-1	AH-70	SUP-12.5	6.8	6745	无	≥2500	钢渣粗集料
L4-2	AH-70	SUP-12.5	5.0	5919	无	≥2500	玄武岩
L5-1	SBS 改性	SMA-13	6.1	6550	无	≥3000	75.0%钢渣
L5-2	SBS 改性	SMA-13	5.8	5950	无	≥3000	玄武岩
L5-3	SBS 改性	SMA-13	—	3100	无	≥3000	石灰岩
L6	SBS 改性	SMA-13	5.5	7109	无	≥3000	钢渣粗集料
L7	I-A 改性	SMA-13	6.4	9000	无	≥3000	钢渣粉
L8-1	AH-70	AC-13C	5.2	6265	1.5%某进口改性剂 A	≥2800	玄武岩
L8-2	SBS 改性	AC-13C	5.38	3989	无	≥2800	玄武岩
L8-3	AH-70	AC-13C	5.2	1177	无	≥1000	玄武岩
L9-1	AH-70	AC-13C	4.1	7423	7.0%某进口改性剂 B	≥2800	玄武岩
L9-2	AH-70	AC-13C	4.1	11241	9.0%某进口改性剂 B	≥2800	玄武岩
G-1	高黏沥青	SMA-13	6.3	6570	无	≥5000	玄武岩
G-2	SBS 改性	SMA-13	6.3	4248	无	≥3500	玄武岩

数据 来源	沥青类型	沥青混合料 类型	最佳油石比 /%	动稳定度 /(次/mm)	添加剂类型	技术标准	集料类型
G-3	AH-70	AC-13C	5.5	2909	无	≥1000	玄武岩
G-4	SBS 改性	AC-13C	5.8	7684	无	≥3000	玄武岩

按照钢渣集料、玄武岩集料、石灰岩集料的不同,以及所用沥青种类的区别,将不同类型的沥青混合料动稳定度列于图 3.35 中。

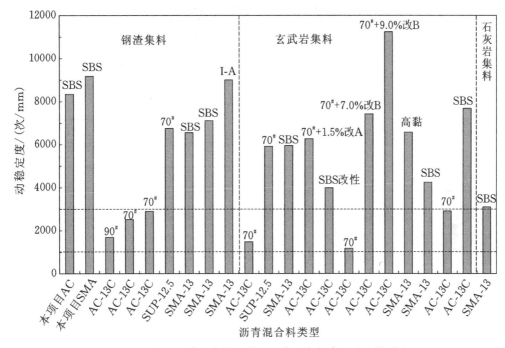

图 3.35　钢渣沥青混合料与普通沥青混合料高温稳定性对比

通过上述对比可见,钢渣集料沥青混合料的动稳定度要高于玄武岩及石灰岩配制的沥青混合料。

对于钢渣沥青混合料,由于钢渣原料性能、合成矿料级配、钢渣掺量、油石比等因素的差异,同种类型的钢渣沥青混合料,其动稳定度也有较大的差异。但与对应的对照沥青混合料(天然集料)相比,钢渣对混合料动稳定度的增加有明显的促进作用。

本节研究针对 AC-13C 型、SMA-13 型钢渣沥青混合料,通过与文献及其他工程应用的 AC-13C 型、SMA-13 型以及添加改性剂的沥青混合料相比,其动稳定度仍有较大的增幅。

对比 SMA-13 型、SUP-12.5 型钢渣沥青混合料与天然集料配制的沥青混合料可知,钢渣加入后,其动稳定度达到甚至略微高出采用不同改性剂及高黏沥青的沥青混合料。

(2) 低温稳定性

基于选取的级配和确定的最佳油石比,制备 AC-13C 型、SMA-13 型钢渣沥青混合料车辙板试件,切割制备小梁试件(图 3.36),并参照规范要求进行低温小梁弯曲测试,试验结果如表 3.27 所示。

图 3.36　低温弯曲用小梁试件

表 3.27　低温小梁弯曲试验结果

沥青混合料类型	弯拉强度/MPa	破坏应变/με	劲度模量/MPa	技术标准/με
AC-13C	9.102	3105	2931	≥2500
SMA-13	10.47	4417	2370	≥2500

从表 3.27 中可见,采用钢渣粗集料配制的 AC-13C 型沥青混合料的破坏应变为 3105 με,高于规范要求的 2500 με,而 SMA-13 型较 AC-13C 型沥青混合料有粗化现象,且在沥青用量增加情况下破坏应变略有减小。

为了对本研究配制的 AC-13C 型、SMA-13 型钢渣沥青混合料低温稳定性进行准确的评价,将其与最大公称粒径为 13.2 mm 的不同类型沥青混合料小梁弯曲试验结果进行对比,对比结果详见表 3.28 及图 3.37。

表 3.28　钢渣沥青混合料与普通沥青混合料低温稳定性对比

数据来源	沥青类型	沥青混合料类型	添加剂类型	集料类型	弯拉强度/MPa	破坏应变/με	劲度模量/MPa	技术标准/με
本研究	SBS 改性	AC-13C	无	钢渣粗集料	9.102	3325	2737	≥2500
本研究	SBS 改性	SMA-13	无	钢渣粗集料	10.47	4417	2370	≥2500
L1	SBS 改性	AC-13C	水泥	全部钢渣	3.179	3423	2026	—
L2-1	SBS 改性	SMA-13	矿粉	全部钢渣	10.58	3522.5	3002.9	≥2500
L2-2	SBS 改性	SMA-13	渣粉		12.25	3834.8	3212.3	≥2500
L3-1	SBS 改性	SMA-13	无	72.0%钢渣	9.3	4972.5	1873.1	≥2500
L3-2	SBS 改性	SMA-13	无		6.7	2295	2929.1	≥2500
L3-3	SBS 改性	SMA-13	无		9.5	4428	2139.8	≥2500
L3-4	SBS 改性	SMA-13	无		6.8	5775	1183.4	≥2500

续表 3.28

数据来源	沥青类型	沥青混合料类型	添加剂类型	集料类型	弯拉强度/MPa	破坏应变/με	劲度模量/MPa	技术标准/με
L4	AH-70	AC-13C	无	73.9%钢渣	3.7	3323	1865	—
L5-1	AH-70	AC-13C	无	玄武岩	9.56	2107	4537	
L5-2	SBS 改性	AC-13C	无		12.198	2945	4142	—
L5-3	AH-70	AC-13C			11.304	2719	4157	—
G-1	SBS 改性	SMA-13	无	玄武岩	7.116	2927	2432	≥2500
G-2	SBS 改性	AC-13C	无	玄武岩	9.196	3169	2904	≥2500

　　按照钢渣集料、玄武岩集料的不同,以及所用沥青种类的区别,将不同类型的沥青混合料破坏应变列于图 3.37 中。

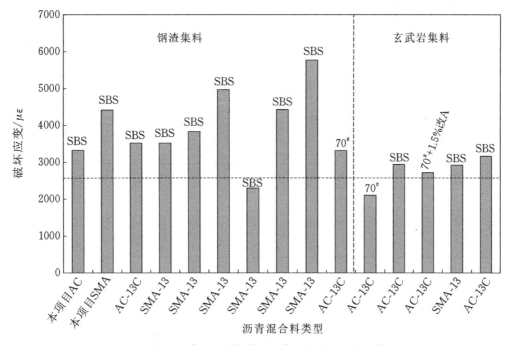

图 3.37　钢渣沥青混合料与普通沥青混合料低温稳定性对比

　　一般来说,低温条件下的弯曲应变越大、弯曲劲度模量越小,说明沥青混合料的抗裂性能越好。通过上述对比可见,钢渣集料配制的沥青混合料的低温稳定性要高于玄武岩集料配制的沥青混合料。

　　对于钢渣沥青混合料来说,由于试验原料及测试环境的区别,即使沥青混合料类型相同,其破坏应变也有较大的差异。将本研究配制的 AC-13C 型、SMA-13 型钢渣沥青混合料与文献数据比较可知,其破坏应变与文献数据处于相同的水平,均高于规范要求的 $2500\mu\varepsilon$。

3.2.3.3 水稳定性

基于选取的级配和确定的最佳油石比,分别制备 AC-13C 型、SMA-13 型钢渣沥青混合料马歇尔试件,并参照规范要求进行冻融劈裂试验及浸水马歇尔残留稳定度测试,试验结果见表 3.29。

表 3.29 水稳定性试验结果

沥青混合料类型	冻融劈裂强度比 TSR/%	技术标准/%	浸水残留稳定度/%	技术标准/%
AC-13C	94.07	≥80	93.8	≥85
SMA-13	89.1	≥80	90.27	≥80

从表 3.29 中可见,采用钢渣粗集料配制的 AC-13C 型、SMA-13 型沥青混合料的冻融劈裂强度比、浸水残留稳定度均高于规范的要求,其中以 AC-13C 型水稳定性最好,冻融劈裂强度比为 94.07%,浸水残留稳定度为 93.8%。

为了对本研究配制的 AC-13C 型、SMA-13 型钢渣沥青混合料水稳定性进行准确的评价,将其与最大公称粒径为 13.2 mm 的不同类型沥青混合料试验结果进行对比,对比结果详见表 3.30 及图 3.38 和图 3.39。

表 3.30 钢渣沥青混合料与普通沥青混合料低温稳定性对比

数据来源	沥青类型	沥青混合料类型	集料类型	添加剂类型	冻融劈裂强度比 TSR/%	技术标准/%	浸水残留稳定度/%	技术标准/%
本研究	SBS 改性	AC-13C	钢渣粗集料	无	94.07	≥80	93.8	≥85
本研究	SBS 改性	SMA-13	钢渣粗集料	无	89.1	≥80	90.27	≥85
L1	AH-90	AC-13C	全部钢渣	无	92.0	≥75	91.4	≥80
L2	AH-70	AC-13C	73.9%钢渣	无	84.98	≥75	90.36	≥80
L3-1	SBS 改性	AC-13C	全部钢渣	水泥	81.3	≥80	87.8	≥85
L3-2	AH-70	AC-13C		水泥	84.7	≥75	92.7	≥80
L4-1	AH-70	SUP-12.5	全部钢渣	无	94.5	≥75	96.9	≥80
L4-2	AH-70	SUP-12.5	玄武岩	无	88.0	≥75	94.0	≥80
L5-1	SBS 改性	SMA-13	75.0%钢渣	聚丙烯腈	93.7	≥75	91.0	≥80
L5-2	SBS 改性	SMA-13	玄武岩	聚丙烯腈	90.1	≥75	83.0	≥80
G-1	高黏沥青	SMA-13	玄武岩	木质素	82.7	≥80	94.1	≥85
G-2	SBS 改性	SMA-13	玄武岩	木质素+抗剥落剂	64.6	≥80	87.2	≥85
G-3	AH-70	AC-13C	玄武岩	无	84.2	≥75	86.3	≥80
G-4	SBS 改性	AC-13C	玄武岩	无	84.3	≥75	90.3	≥80

按照钢渣集料、玄武岩集料的不同,以及所用沥青种类的区别,将不同类型的沥青混合料冻融劈裂强度比和浸水残留稳定度列于图 3.38 和图 3.39 中。

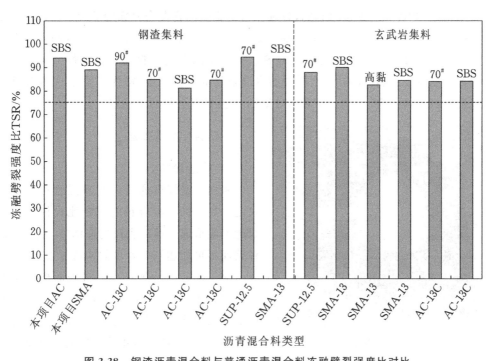

图 3.38 钢渣沥青混合料与普通沥青混合料冻融劈裂强度比对比

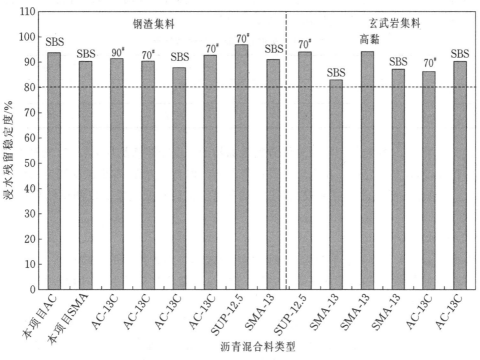

图 3.39 钢渣沥青混合料与普通沥青混合料浸水残留稳定度对比

从图 3.38 和图 3.39 中可以看到,各种类型的钢渣沥青混合料冻融劈裂强度比和浸水残留稳定度均达到了较高的水平。采用基质沥青与钢渣配制的 AC-13C 型钢渣沥青混合料的水稳定性甚至超过了玄武岩集料配制的 SMA-13 型沥青混合料的水稳定性。而采用 SBS 改性沥青和钢渣配制的 AC-13C 型钢渣沥青混合料的水稳定性,略优于采用 SBS 改性沥青和玄武岩集料配制的 SUP-12.5 型和 SMA-13 型沥青混合料的水稳定性。

图 3.40　构造深度测试

3.2.3.4　抗滑性能

（1）构造深度

路面构造深度通常由沥青混合料的级配所决定。如果沥青混合料的配合比设计所选择的级配不能形成足够的表面构造深度,施工后的沥青路面不可能达到所要求的构造深度。

手工铺砂法是测定混合料表面构造深度最简便的方法,它是将粒径为 0.15～0.3 mm 的干燥洁净的匀质砂摊铺在钢渣碎石沥青混合料车辙板上,然后用推平板将砂由里向外重复做摊铺运动,使砂填入凹凸不平的试件表面空隙中,摊铺以不得在试件表面留有浮动余砂为结束点,并尽可能将砂摊铺成圆形(图 3.40),通过砂的体积与摊铺面积的比值计算构造深度,试验结果如表 3.31 所示。

表 3.31　车辙板构造深度试验结果

混合料类型	摊铺直径/mm	构造深度/mm	技术要求/mm
AC-13C	155	0.61	≥0.55
SMA-13	127	1.27	≥0.55

试验结果表明,配制的钢渣沥青混合料表面构造深度能够满足规范要求,说明表面具有较高的粗糙度,提高了路面的排水能力及抗滑能力。但另一方面,本次试验测定的构造深度较大,也有可能说明试件空隙率较高,还需结合渗水试验和摆式摩擦仪测试结果进行综合评判。

（2）渗水试验

沥青路面渗水导致基层承载力下降而发生的破坏是沥青路面的主要病害之一,由此引发的后期病害有路面开裂、路面沉陷等,对行车安全会造成严重的影响,因此对沥青混合料的抗渗性能评价十分重要。

沥青混合料的抗渗性能是指沥青路面抵抗空气和水穿过进入其中的能力。路面的抗渗性由孔隙尺寸、孔隙之间是否连通以及孔隙与道路表面的连通方式决定,影响沥青混合料抗渗性能的主要因素有沥青含量过低、混合料空隙率偏大、压实度不足等。

参照沥青混合料渗水试验要求,采用路面水分渗透仪对钢渣沥青混合料车辙板试件的渗水性能进行测试(图 3.41),试验结果如表 3.32 所示。

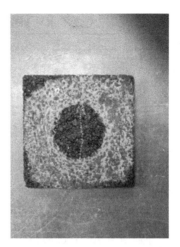

图 3.41　渗水仪及所用车辙板试件

表 3.32　车辙板渗水系数试验结果

混合料类型	渗水系数/(mL/min)	技术要求/(mL/min)
AC-13C	51	≤120
SMA-13	68	≤80

从试验结果可见,本次试验渗水系数均满足技术要求,说明试件抗渗性能良好。

（3）摩擦系数测试

路面抗滑能力是影响行车安全的主要因素,无论在公路建设过程中还是在公路运营养护中,路面抗滑能力都是评价路面使用质量的一个关键参数。大量的研究资料表明,湿路面事故的严重性(雨天事故)与路面的抗滑能力密切相关,在雨天随着车速的提高,抗滑性随之下降,而下降程度取决于路表纹理深度。一般来讲,较小的纹理深度其摩擦力损失较大。因此,沥青路面在使用过程中必须具有一定的纹理构造,以保持一定的抗滑能力,这对减少因滑溜而产生的事故是十分重要的。

本研究采用摆式摩擦仪对路面摩擦系数进行测试,如图 3.42 所示。车辙板表面温度为 20 ℃,修正值为 0,试验结果如表 3.33 所示。

图 3.42　摆式摩擦仪

表 3.33　摩擦系数测试结果

混合料类型	BPN 平均值	技术要求
AC-13C	57	≥54
SMA-13	63	≥54

从试验结果看,AC-13C 型、SMA-13 型测定的结果均满足规范要求,且 SMA-13 型摩擦系数较 AC-13C 型的更大。

3.2.3.5　抗疲劳性能

基于选取的级配和确定的最佳油石比,参照"沥青混合料试件制作方法"(T 0703—2011),采用轮碾法分别制备 AC-13C 型、SMA-13 型钢渣沥青混合料试件,并进行疲劳特性测试。本研究选用英国 instron 疲劳试验机进行沥青混合料弯曲试验,试验温度为 15 ℃,试验结果如表 3.34 所示。

表 3.34　疲劳性能测试结果

混合料类型	σ_f/MPa	技术要求
AC-13C	1.17	—
SMA-13	1.53	—

根据表 3.34 的试验结果可知,SMA-13 型的疲劳寿命(即重复荷载至材料疲劳破坏时的加载次数)较 AC-13C 型的更大,表明在此前提下,SMA-13 型钢渣的抗疲劳性能更好。

3.3　铁尾矿砂物理化学性能试验研究

由于尾矿特定的加工过程和排放方法,又经受水力分级和沉淀作用,形成了各向异性的尾矿沉积层,这就造成了尾矿有类似于而又有别于天然土壤的性质。为研究无机结合料稳定铁尾矿砂和铁尾矿砂在水泥混凝土中应用的可行性,有必要先对铁尾矿砂的物理化学性质进行研究,本节分别对铁尾矿砂的物理性能参数和化学成分进行测试分析。

图 3.43　尾矿样品(一)

3.3.1　样品说明

本研究选用的铁尾矿砂选自南京市江宁区吉山尾矿库,样品如图 3.43 所示。吉山尾矿库在尾矿排放和子坝堆积前对岸坡进行了清理,并将树木、树根、草皮、废石等杂物基本清理干净,目测尾矿杂质很少。尾矿一般都经过破碎和分级处理,颗粒较细。

3.3.2　物理性能参数测试

3.3.2.1　概述

尾矿是由固体、液体和气体三相物质组成的散粒体,三相物质的比例关系和它们的组成形式以及相互结合的强弱状态确定了尾矿的物理力学性质。在工程上为了说明尾矿的物理性质和物理状态,采用某些物理指标来表征,这些定量参数称为土的物理性指标。这些物理性指标包括含水率、密度及吸水率、含泥量、砂当量、比表面积、筛分试验、液塑限等,下面分别叙述这些物理性指标。

3.3.2.2　含水率

含水率是指土体中水的质量与土颗粒质量之比,以百分率表示。

尾矿含水率的测定参照规范《公路工程集料试验规程》(JTG E42—2005)中细集料含水率试验(T 0332—2005)进行,具体如图 3.44、图 3.45 和表 3.35 所示。

图 3.44　样品烘干前　　　　　　　　　　图 3.45　样品烘干后

表 3.35　尾矿含水率

项目	尾矿样品	
	1	2
含水率	14.1%	13.9%
平均值	14.0%	
误差要求	含水率≤7%,误差≤0.5%;7%<含水率≤40%,误差≤1.0%	

注:误差参照《公路沥青路面施工技术规范》(JTG F40—2004)中对矿粉的要求。

图 3.46　尾矿密度及吸水率试验

3.3.2.3　密度及吸水率

吸水率是指吸入集料开口孔隙中的水的质量与集料固体部分质量之比,用来表示吸水性的大小,代表材料与水接触吸收水分的性质。

尾矿的密度及吸水率测定参照规范《公路工程集料试验规程》(JTG E42—2005)中细集料密度及吸水率试验(T 0330—2005)进行,该方法适用于粒径小于2.36 mm 的细集料。当含有粒径大于 2.36 mm 的成分时,如粒径 0～4.75 mm 的石屑,宜采用筛孔尺寸为 2.36 mm 的标准筛进行筛分,其中粒径大于 2.36 mm 的部分采用粗集料密度及吸水率试验(T 0308—2005)测定,粒径小于 2.36 mm 的部分用本方法测定。试验过程和结果如图 3.46 和表 3.36 所示。

表 3.36　尾矿密度及吸水率

	试验次数	1	2
密度试验	试样烘干后质量 m_0/g	291.1	291.0
	水、瓶总质量 m_1/g	659.8	680.3
	饱和面干试样、水、瓶总质量 m_2/g	851.6	872.1
	饱和面干试样质量 m_3/g	300.0	300.0
	集料的表观相对密度测值 γ_a	2.932	2.933
	集料的表观相对密度测定值	2.932	
	集料的表干相对密度测值 γ_s	2.773	2.773
	集料的表干相对密度测定值	2.773	
	集料的毛体积相对密度测值 γ_b	2.690	2.689
	集料的毛体积相对密度测定值	2.690	
	集料的表观密度 ρ_a/(g/cm³)	2.926	
	集料的表干密度 ρ_s/(g/cm³)	2.767	
	集料的毛体积密度 ρ_b/(g/cm³)	2.684	
吸水率试验	烘干试样质量/g	291.1	291.0
	饱和面干试样质量/g	300.0	300.0
	集料的吸水率测值/%	3.06	3.09
	集料的吸水率测定值/%	3.07	

砂的表观密度在设计砂浆和混凝土配方时是不可缺少的参数,且这些参数直接关系到配制的砂浆和混凝土的体积密度,并将间接影响到砂浆和混凝土的长期性能,因此这些参数

的限定是必需的。大量的试验数据显示,铁尾矿砂的表观密度范围大多集中在 2700 kg/m³ 以上,大于一般机制砂的表观密度,为了控制铁尾矿砂中密度较小成分的影响,规定铁尾矿砂的表观密度应不低于 2700 kg/m³。

3.3.2.4 含泥量

含泥量是指天然砂中粒径小于 75 μm 的颗粒含量。尾矿含泥量的测定参照规范《公路工程集料试验规程》(JTG E42—2005)中细集料含泥量试验(T 0333—2000)进行,该方法仅用于测定天然砂中粒径小于 0.075 mm 的尘屑、淤泥和黏土的含量,试验结果如表 3.37 所示。

表 3.37 尾矿含泥量

项目	尾矿样品	
	1	2
含泥量测值	26.4%	26.2%
含泥量测定值	26.3%	—

3.3.2.5 砂当量

尾矿砂当量的测定参照规范《公路工程集料试验规程》(JTG E42—2005)中细集料砂当量试验(T 0334—2005)进行,该方法适用于测定天然砂、人工砂、石屑等各种细集料中所含的黏性土或杂质的含量,以评定集料的洁净程度。砂当量用 SE 表示,适用于公称最大粒径不大于 4.75 mm 的集料。

试验所用自动式砂当量振荡器如图 3.47 所示,试验结果如表 3.38 所示。

图 3.47 自动式砂当量振荡器

表 3.38 尾矿砂当量

项目	尾矿样品	
	1	2
砂当量测值 SE	20%	22%
砂当量测定值 SE	21%	

图 3.48 勃氏比表面积透气仪

3.3.2.6 比表面积

尾矿比表面积的测定参照《公路工程无机结合料稳定材料试验规程》(JTG E51—2009)中粉煤灰比表面积测定方法(T 0820—2009)进行,该方法适用于用勃氏比表面积透气仪(简称勃氏仪)来测定粉煤灰的比表面积,也适用于比表面积在 2000～6000 cm²/g 范围内的其他各种粉状物料,不适用于测定多孔材料及超细粉状材料。

试验所用勃氏仪如图 3.48 所示,试验结果如表 3.39 所示。

表 3.39 比表面积试验结果 单位:m²/kg

项目	尾矿样品	
	1	2
比表面积	412	418
平均值	415	

3.3.2.7 筛分试验

本研究对尾矿样品进行了筛分试验,目的在于测定尾矿的颗粒组成情况。尾矿筛分试验参照《公路工程集料试验规程》(JTG E42—2005)中细集料筛分试验(T 0327—2005)进行,该法用于测定细集料(天然砂、人工砂、石屑)的颗粒级配及粗细程度。对水泥混凝土用细集料可采用干筛法,如果需要也可以采用水洗法筛分;对沥青混合料及基层用细集料,则必须用水洗法筛分。

在进行筛分试验之前,将尾矿样品(图 3.49)置于 105 ℃±5 ℃的烘箱中烘干至恒重,冷却至室温后,按细集料筛分试验(T 0327—2005)进行水洗法筛分。筛分结果如表 3.40 所示。

图 3.49 尾矿样品(二)

表 3.40 尾矿样品的通过百分率

筛孔尺寸/mm	4.75	2.36	1.18	0.6	0.3	0.15	0.075
通过率/%	100.0	100.0	100.0	99.6	62.7	43.8	26.4

根据表 3.40 中尾矿样品在各筛上的通过百分率绘制出级配曲线,如图 3.50 所示。此外,尾矿砂的细度模数按下式计算:

$$M_x = \frac{(A_{0.15} + A_{0.3} + A_{0.6} + A_{1.18} + A_{2.36}) - 5A_{4.75}}{100 - A_{4.75}} \qquad (3.2)$$

式中 M_x——砂的细度模数;

$A_{0.15}, A_{0.3}, \cdots, A_{4.75}$——0.15 mm,0.3 mm,$\cdots$,4.75 mm 各筛上的累计筛余百分率(%)。

由此可得尾矿砂的细度模数为 0.94,属于特细砂。

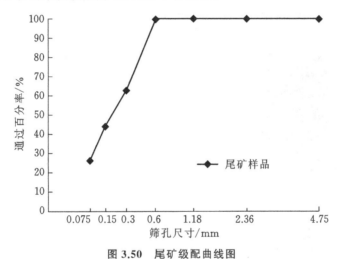

图 3.50 尾矿级配曲线图

3.3.2.8 液塑限

尾矿是由三相体所组成,水作为尾矿的组成部分存在于孔隙中,其状态随着水量的不同而变化。尾矿浆进入沉积滩面时,具有较高的含水率,远超过流限,且有很大的流动性。各种细尾矿有一个处于塑性状态的含水率范围,界限含水率(ω_p、ω_l)就是这个范围的量度值,液限和塑限就是尾矿处于塑性状态的上、下限,它随着尾矿的粒度和级配不同而不同,而塑性指数则反映黏性土呈可塑性状态含水率的变化范围,随黏粒含量增加而增加。

界限含水率试验是采用液塑限联合测定仪(图 3.51)法,其圆锥质量为 76 g,在 h-ω 图上查得纵坐标入土深度 $h = 17$ mm 所对应的横坐标的含水率即为该土样的

图 3.51 液塑限联合测定仪

液限 ω_1。根据试验求出的液限,通过 76 g 锥入土深度 h 与含水率 ω 的关系曲线,查得锥入土深度为 2 mm 所对应的含水率即为该土样的塑限 ω_p。

本研究中尾矿液塑限和塑性指数的测定参照《公路土工试验规程》(JTG 3430—2020)中液限和塑限联合测定法(T 0118—2007)规定的方法测定,试验结果如表 3.41 所示。

表 3.41　液塑限联合测定试验结果

项目	尾矿样品	
	1	2
液限/%	21.7	21.5
塑限/%	12.4	12.0
塑性指数/%	9.3	9.5

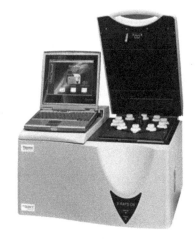

图 3.52　X 射线荧光光谱仪

3.3.3　化学性能测试

3.3.3.1　化学成分

由于尾矿中含有 SiO_2、Fe_2O_3、Al_2O_3、MgO、CaO 等化学成分,以往通常用多种化学分析方法进行测定,分析周期长,操作烦琐。目前一般采用 XRF 方法进行矿物化学成分定量分析,大多采用硼酸盐熔融玻璃样片的制样方法。该方法制成的样片分布均匀,能消除试样粒度和矿物效应的影响,尤其对于测定硅、铝等轻元素,更有其独到之处。本研究采用 X 射线荧光光谱仪(图 3.52)进行尾矿的化学分析,分析速度快、准确度高,完全能满足工程上的需求。

尾矿样品的化学组成如表 3.42 所示。

表 3.42　尾矿化学组成

化学成分	含量/%	化学成分	含量/%	化学成分	含量/%
SiO_2	29.992	MnO	0.311	ZrO_2	0.003
Fe_2O_3	19.805	TiO_2	0.287	CuO	0.006
CaO	15.246	Cr_2O_3	0.014	ZnO	0.022
Al_2O_3	9.759	V_2O_5	0.047	Na_2O	0.067
MgO	2.488	SO_3	0.264	Rb_2O	0.003
P_2O_5	1.336	BaO	0.074	Y_2O_3	0.002
K_2O	1.100	SrO	0.047	MoO_3	0.001

由表 3.42 可知,尾矿的主要化学成分为 SiO_2、Fe_2O_3、CaO 和 Al_2O_3。通常,矿料的酸碱性按照 SiO_2 含量来划分:SiO_2 含量高于 65％的集料为酸性集料;SiO_2 含量为 52％～65％的集料为中性集料;SiO_2 含量低于 52％的集料为碱性集料。因此根据试验结果中 SiO_2 的含量可初步判断,尾矿来源于以碱性集料为主的集料。

3.3.3.2 三氧化硫含量

对于铁尾矿砂在公路工程中的应用,三氧化硫含量的高低是需要重点关注的,因为三氧化硫含量高,可能会影响到无机结合料稳定铁尾矿砂基层铺筑后的体积安定性。固体工业废渣材料中的硫酸盐成分,一般以三氧化硫的含量表示,以氯化钡重量法测定。

尾矿中三氧化硫含量的测定参照《公路工程集料试验规程》(JTG E42—2005)中细集料三氧化硫含量试验(T 0341—1994)进行,用于测定尾矿砂中是否含有有害的硫酸盐、硫化物,以 SO_3 计,并测定其含量。根据规范要求,测试前采用 0.075 mm 筛孔对尾矿样品进行筛分,取过筛部分进行测试,试验过程及结果如图 3.53、图 3.54 和表 3.43 所示。

图 3.53　三氧化硫试验　　　　　　图 3.54　混合指示剂

表 3.43　三氧化硫试验结果

项目	尾矿样品	
	1	2
SO_3 含量	0.244％	0.246％
平均值	0.245％	

需要说明的是,《建设用砂》(GB/T 14684—2011)中规定,硫化物及硫酸盐含量(折算成 SO_3 按质量计)应不大于 0.5％;当砂中含有颗粒状的硫酸盐或硫化物杂质时,应进行专门检验,确认能满足混凝土耐久性要求后方可采用。

3.3.3.3 氯离子含量

尾矿中氯离子含量的测定参照《公路土工试验规程》(JTG 3430—2020)中易溶盐氯根

的测定——硝酸银滴定法(T 0155—1993)进行,用于测定尾矿中的氯离子含量,试验结果如表 3.44 所示。

表 3.44 氯离子含量

项目	尾矿样品	
	1	2
氯离子含量	0.051%	0.052%
平均值	0.052%	

砂中的有害物质会严重影响砂浆和混凝土的耐久性,且会对建筑施工和使用中的人体带来危害,因此必须对这些参数进行限定。本研究中铁尾矿砂的氯离子含量符合《建设用砂》中Ⅲ类砂的规定。

3.3.3.4 有机质含量

尾矿有机质含量的测定参照《公路工程集料试验规程》(JTG E42—2005)中细集料有机质含量试验(T 0336—1994)进行。该方法用于评定天然砂中的有机质含量是否达到影响水泥混凝土品质的程度。

先取 2 g 鞣酸粉溶解于 98 mL 的 10%酒精溶液中,即得所需的鞣酸溶液;然后取该溶液 2.5 mL 注入 97.5 mL 浓度为 3%的氢氧化钠溶液中,加塞后剧烈摇动,静置 24 h 即得标准溶液。向 250 mL 量筒中倒入试样至 103 mL 刻度处,再注入浓度为 3%的氢氧化钠溶液至 200 mL 刻度处,剧烈摇动后静置 24 h。

经比较,试样上部溶液的颜色浅于标准溶液的颜色,可知试样的有机质含量合格,符合《公路水泥混凝土路面施工技术细则》中对细集料有机质含量(比色法)的规定。

3.3.3.5 碱集料反应

路面混凝土及基层水泥稳定碎石通常采用硅酸盐水泥或者普通硅酸盐水泥,此类水泥的含碱量一般较高;另一方面,由于路面混凝土及基层水泥稳定碎石所处环境比较潮湿,与一般水泥混凝土工程相比,当集料具有碱活性时,发生碱集料反应的可能性比较大。碱活性反应一旦发生,其产物碱硅凝胶将吸水膨胀,导致水泥稳定碎石基层开裂。因此,需对尾矿进行碱活性测试。

本研究采用《砂、石碱活性快速试验方法》(CECS 48—1993)中的试验方法进行测试,试验结果如表 3.45 所示。

表 3.45 碱集料反应试验结果

试验项目	技术要求	试验结果	评定结果
最大膨胀值	<0.10%	0.05%	合格

从表 3.45 试验结果可以看出,本研究采用的铁尾矿砂无碱活性。

3.4　无机结合料稳定铁尾矿砂组成设计及路用性能研究

本研究试验所用的铁尾矿砂,取自于南京市江宁区吉山尾矿库。由前文可知,该铁尾矿砂 SiO_2 含量约为 30%,Fe_2O_3 含量约为 20%,Al_2O_3 含量约为 10%。由于水泥水化反应生成的 $Ca(OH)_2$ 和石灰中游离的 Ca^{2+} 与其中的活性 SiO_2 和 Al_2O_3 作用生成水化硅酸钙和水化铝酸钙(即火山灰作用)等胶凝物质,另外拌合料里的 $Ca(OH)_2$ 会与大气中的 CO_2 发生一种碳酸化作用,生成坚硬的 $CaCO_3$ 结晶体,因此压实后的混合料具有一定的强度和稳定性。

从混合料内部结构来分析:水泥、石灰是结合料,起胶结作用;水是水泥水化和石灰结晶必不可少的;铁尾矿砂是骨料。在碾压过程中,一定级配的砂料颗粒不断重新排列,互相靠拢、填充,混合料中的气体被迫排出,颗粒之间的接触面和支撑面不断增加,使粗颗粒之间的内摩阻力逐渐增大,从而提高了强度及稳定性。

3.4.1　原材料物理力学性质

3.4.1.1　水泥

水泥的品种很多,在道路工程中大量采用的有硅酸盐水泥、普通水泥、矿渣硅酸盐水泥和火山灰硅酸盐水泥。水泥的主要成分有:硅酸三钙($3CaO \cdot SiO_2$)、硅酸二钙($2CaO \cdot SiO_2$)、铝酸三钙($3CaO \cdot Al_2O_3$)、铁铝酸四钙($4CaO \cdot Al_2O_3 \cdot Fe_2O_3$)和硫酸钙($CaSO_4$)。

本研究选用的水泥产自南京中联水泥有限公司,是强度等级为 42.5 的普通硅酸盐水泥,水泥出厂试验符合标准《通用硅酸盐水泥》(GB 175—2007)中的 42.5 级普通硅酸盐水泥标准。其检测试验结果及具体技术指标如表 3.46 所示。

表 3.46　水泥检测试验结果

检测项目	国家标准值	单位	检测数据
烧失量	≤5.0	%	3.22
氧化镁	≤5.0	%	1.33
三氧化硫	≤3.5	%	2.20
氯离子	≤0.06	%	0.011
细度	≤20	%(45 μm)	13.3
比表面积	≥300	m^2/kg	350.0
安定性	必须合格		合格
标准稠度	—		26.6

续表 3.46

检测项目		国家标准值	单位	检测数据
凝结时间	初凝	≥45 min	h:min	02:35
	终凝	≤10 h	h:min	03:15
抗折强度	3 d	≥3.5	MPa	4.8
	28 d	≥6.5	MPa	7.0
抗压强度	3 d	≥17.0	MPa	25.1
	28 d	≥42.5	MPa	44.2

3.4.1.2 石灰

石灰是由石灰石、白云石、方解石等原材料经煅烧而得的。石灰石的成分主要是 $CaCO_3$,还含有少量的 $MgCO_3$,经过煅烧后,分别分解为 CaO 和 MgO。CaO 和 MgO 遇水发生剧烈的化学反应,生成 $Ca(OH)_2$ 和 $Mg(OH)_2$ 并释放大量的热量,然后 $Ca(OH)_2$ 再硬化。

石灰加入土中后,即与含一定水分的土发生一系列物理化学反应和物理力学作用。初期主要表现在土的结团、塑性降低、最佳含水率增大、最大干密度降低等方面;后期变化则主要表现在结晶体结构的形成,从而提高了土的板体性、强度和稳定性。

本研究选用的石灰是钙质消石灰,其检测试验结果如表 3.47 所示。

表 3.47　石灰检测试验结果及技术指标

名称	有效氧化钙/%	氧化镁/%	有效氧化钙加氧化镁含量/%			等级
消石灰	77.6	0.4	Ⅰ	Ⅱ	Ⅲ	Ⅰ
			≥65	≥60	≥55	

3.4.2　水泥稳定铁尾矿砂配合比设计

基于 3.4.1 节介绍的铁尾矿砂的化学成分及含量以及掺加水泥、石灰后的化学作用机理,对铁尾矿砂做以下配合比设计方案:水泥稳定铁尾矿砂、石灰稳定铁尾矿砂、水泥石灰综合稳定铁尾矿砂。

为了研究不同的结合料稳定铁尾矿砂的强度发展规律,需要确定结合料的掺量。其中,考虑到水泥的经济性和作用效果,水泥掺量从 4% 开始,以 1%～2% 的量递增;石灰掺量从 10%(风干试料的质量百分比,下同)开始,以 1%～2% 的量递增;水泥和石灰同时掺加的配合比方案,主要思路是从经济性上考虑控制水泥用量,水泥掺量为 2%,石灰掺量从 4% 开始,以 2% 的量递增,直到得到满足《公路路面基层施工技术细则》(JTG/T F20—2015)要求的 7 d 无侧限抗压强度的结合料掺量,然后在此基础上再进行后续的路用性能试验研究。

3.4.2.1　击实试验

本试验方法是在规定的试筒内,对水泥稳定类材料(在水泥水化前)、石灰稳定类材料和石灰(或水泥)粉煤灰稳定类材料进行击实试验,以绘制稳定材料的含水率-干密度关系曲线,从而确定其最佳含水率和最大干密度。根据原材料粒径选择甲法进行击实。按照中华人民共和国行业标准《公路工程无机结合料稳定材料试验规程》(JTG E51—2009)要求,其主要试验参数如表 3.48 所示。

表 3.48　击实试验参数

类别	锤的质量/kg	锤击面直径/cm	落高/cm	试筒尺寸			锤击层数	每层锤击次数	平均单位击实功/J	容许最大公称粒径/mm
				内径/cm	高/cm	容积/cm³				
甲	4.5	5.0	45	10.0	12.7	997	5	27	2.687	19.0

3.4.2.2　水泥稳定铁尾矿砂击实试验

因为铁矿尾砂的特殊性,其不属于普通意义上的细粒土,所以分别选取 4%、6%、7%、8%、9%、10%、12%的水泥掺量进行击实试验。

水泥稳定铁尾矿砂标准击实试验所得的最大干密度及最佳含水率结果如表 3.49 及图 3.55、图 3.56 所示。

表 3.49　水泥稳定铁尾矿砂标准击实试验汇总表

编号	水泥掺量/%	铁尾矿砂/%	最佳含水率/%	最大干密度/(g/m³)
A1	4	100	9.8	2.252
A2	6	100	9.8	2.260
A3	7	100	10.1	2.204
A4	8	100	9.8	2.235
A5	9	100	10.0	2.282
A6	10	100	10.1	2.279
A7	12	100	10.0	2.260

由击实试验结果可以看出,水泥稳定铁尾矿砂的最佳含水率在 9.8%～10.1%之间,最大干密度在 2.204～2.282 g/m³ 之间。随着含水率的变化,其干密度变化较大,所以在施工过程中对含水率的控制应该提出较高的要求。

3.4.2.3　7 d 无侧限抗压强度

水泥稳定土常用的强度指标是 7 d 无侧限抗压强度。本研究中按 4%、6%、7%、8%、9%、10%、12%的水泥掺量分别制件并进行了 7 d 无侧限抗压强度试验。

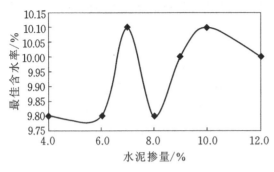

图 3.55　不同水泥掺量的最佳含水率

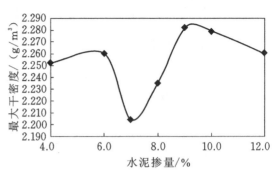

图 3.56　不同水泥掺量的最大干密度

本小节主要依据《公路工程无机结合料稳定材料试验规程》(JTG E51—2009)中规定的无机结合料稳定材料击实试验方法(T 0804—1994)、无机结合料稳定材料试件制作方法(圆柱形)(T 0843—2009)、无机结合料稳定材料无侧限抗压强度试验方法(T 0805—1994)的要求,按击实试验得到的最佳含水率和最大干密度,成型 50 mm×50 mm 的圆柱体试件(图 3.57),标准养护至规定龄期前一天浸水 24 h(图 3.58),按照如下方法测试 7 d 无侧限抗压强度。

图 3.57　试件成型

图 3.58　试件浸水

将已浸水一昼夜的试件从水中取出,用软布吸去试件表面的水分,并称重试件质量,用游标卡尺测量试件高度 h,精确至 0.1 mm。然后将试件放在路面材料强度试验仪或压力机上,并在升降台上先放一扁球座,进行抗压试验,如图 3.59 所示。试验过程中,应保持加载速率为 1 mm/min,并记录试件破坏时的最大压力 P。

试件的无侧限抗压强度按下式计算:

$$R_c = \frac{P}{A} \tag{3.3}$$

式中　R_c——试件的无侧限抗压强度(MPa);

138

图 3.59　无侧限抗压强度试验

P——试件破坏时的最大压力(N);

A——试件截面面积(mm^2)。

水泥稳定铁尾矿砂的 7 d 无侧限抗压强度测试结果如图 3.60 所示。

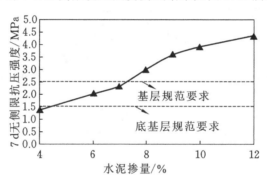

图 3.60　水泥稳定铁尾矿砂无侧限抗压强度

试验结果表明,水泥稳定铁尾矿砂的 7 d 无侧限抗压强度趋势基本上呈线性增长。另外,只有当水泥掺量达到 8% 左右时才能满足规范要求的强度值(低等级公路基层强度要求不小于 2.5 MPa),可见水泥用量偏多,经济性差,而且当水泥掺量过大时还可能引起收缩裂缝等其他问题[34]。

3.4.3　石灰稳定铁尾矿砂配合比设计

3.4.3.1　石灰稳定铁尾矿砂击实试验

先分别选取 10%、15%、20%、25%、30% 的石灰掺量进行击实试验(击实试验方法同上),然后根据试验得出的最佳含水率和最大干密度制作试件,并测得 7 d 无侧限抗压强度,再根据无侧限抗压强度结果确定需减小的石灰掺量间隔,最后选取 12％、14％、16％、18％的石灰掺量分别进行击实试验,试验所得的最大干密度及最佳含水率结果如表 3.50 及图 3.61、图 3.62 所示。

表 3.50 石灰稳定铁尾矿砂标准击实试验汇总表

编号	石灰掺量/％	铁尾矿砂/％	最佳含水率/％	最大干密度/(g/m³)
B1	10	100	10.6	2.123
B2	12	100	11.6	2.061
B3	14	100	11.7	2.050
B4	15	100	11.7	2.045
B5	16	100	11.7	2.042
B6	18	100	11.8	2.039
B7	20	100	11.8	2.038
B8	25	100	12.6	2.011
B9	30	100	13.5	1.985

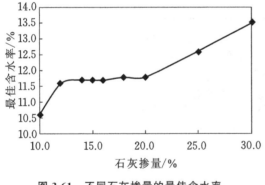

图 3.61 不同石灰掺量的最佳含水率

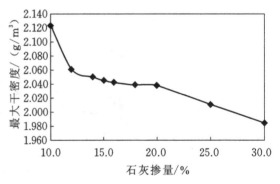

图 3.62 不同石灰掺量的最大干密度

试验结果表明,随着石灰量的增加,最佳含水率逐渐增加,而最大干密度逐渐减小。由于石灰的比重小于铁尾矿砂的比重,因此,混合后石灰掺量越大,其干密度越小。

3.4.3.2 7 d 无侧限抗压强度

本研究中按掺加石灰量 10％、12％、14％、15％、16％、18％、20％、25％、30％分别制件并进行了 7 d 无侧限抗压强度试验(试验方法同上),不同掺量石灰稳定铁尾矿砂的 7 d 无侧限抗压强度测试结果如图 3.63 所示。

试验结果表明,随着石灰掺量的增加,7 d 无侧限抗压强度也逐渐增大,基本呈现出线性增长趋势,且由图 3.63 可知,当达到规范要求的强度值(低等级公路基层强度要求不小于 0.8 MPa)时的石灰掺量在 14％左右。

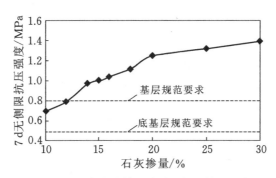

图 3.63　石灰稳定铁尾矿砂无侧限抗压强度

3.4.4　水泥石灰综合稳定铁尾矿砂配合比设计

3.4.4.1　水泥石灰综合稳定铁尾矿砂击实试验

分别按石灰:水泥:铁尾矿砂比例为4:2:100、6:2:100、8:2:100、10:2:100、12:2:100 的掺量进行击实试验(击实试验方法同上),试验所得的最大干密度及最佳含水率结果如表 3.51 及图 3.64、图 3.65 所示。

表 3.51　水泥石灰综合稳定铁尾矿砂标准击实试验汇总表

编号	石灰掺量/%	水泥掺量/%	铁尾矿砂/%	最佳含水率/%	最大干密度/(g/m³)
C1	4	2	100	11.6	2.058
C2	6	2	100	11.7	2.063
C3	8	2	100	11.6	2.065
C4	10	2	100	11.8	2.070
C5	12	2	100	11.5	2.083

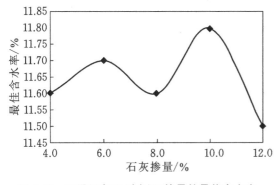

图 3.64　不同石灰(2%水泥)掺量的最佳含水率　　　图 3.65　不同石灰(2%水泥)掺量的最大干密度

试验结果表明,随着石灰掺量的增加,其干密度呈现出增大的趋势,且随着石灰与水泥的比例逐渐增大,击实曲线变化趋势也越来越明显。

3.4.4.2 7 d 无侧限抗压强度

本研究中分别按石灰∶水泥∶铁尾矿砂比例为 4∶2∶100、6∶2∶100、8∶2∶100、10∶2∶100、12∶2∶100 的掺量制作试件并进行了 7 d 无侧限抗压强度试验(试验方法同上),不同水泥石灰比例综合稳定铁矿尾砂的 7 d 无侧限抗压强度测试结果如图 3.66 所示。

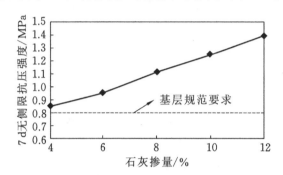

图 3.66　石灰(2%水泥)综合稳定尾矿无侧限抗压强度

试验结果表明,随着石灰掺量的增加,7 d 无侧限抗压强度在不断增大,且在加入少量水泥的条件下,能大大减少石灰用量。从图 3.66 中还可以看出,当在铁尾矿砂中掺加 4% 石灰和 2% 水泥时即能达到预期的强度值(低等级公路路面基层强度要求不小于 0.8 MPa)。

3.4.5　无机结合料稳定铁尾矿砂路用性能试验研究

基层是整个路面结构的承重层,无机结合料稳定铁尾矿砂基层的强弱和路用性能的好坏,对整个路面特别是沥青路面的强度、使用质量和使用寿命都有十分重要的影响。因此,《公路沥青路面设计规范》(JTG D50—2017)明确要求基层要有足够的强度、刚度和抗裂性能等。

基于此,本研究对无机结合料稳定铁尾矿砂的路用性能开展试验研究,具体包括:

(1) 7 d、28 d、60 d、90 d 和 180 d 龄期无侧限抗压强度发展规律;

(2) 7 d、28 d、60 d、90 d 和 180 d 龄期劈裂强度发展规律;

(3) 7 d、28 d、60 d、90 d 和 180 d 龄期抗弯拉强度发展规律;

(4) 7 d、28 d、60 d、90 d 和 180 d 龄期抗压回弹模量发展规律;

(5) 干缩性能试验。

3.4.5.1 机理分析

(1) 强度形成机理

在前文中知道了铁尾矿砂的化学成分,其中 SiO_2、Fe_2O_3 和 Al_2O_3 含量均为 30% 左右。在其中掺入适量的石灰,并在最佳含水率下拌匀压实,石灰与水反应后产生的 Ca^{2+} 会与铁尾矿砂中活性的 SiO_2 或 Al_2O_3 发生下列一系列反应:

① 离子交换作用

熟石灰溶于水以后易于离解成 Ca^{2+} 和 OH^-，即：

$$Ca(OH)_2 \longrightarrow Ca^{2+} + 2OH^-$$

在混合料中，由于一定量的水分影响，其溶液呈现出强碱性，随着 Ca^{2+} 浓度增大，根据质量作用定律，二价 Ca^{2+} 就能当量替换砂粒表面所吸附的一价金属离子。此时就发生了离子交换作用，原来铁尾矿砂颗粒表面所吸附的离子由一价变成了二价，减少了颗粒表面吸附水膜的厚度，使颗粒相互之间更为接近，分子间引力随之增加，多个颗粒聚成团，从而组成一个稳定的结构。

② 结晶作用

在石灰土中只有一部分熟石灰 $Ca(OH)_2$ 进行离子交换作用，绝大部分饱和的 $Ca(OH)_2$ 自行结晶。熟石灰与水作用生成熟石灰结晶网格，其化学反应式为：

$$Ca(OH)_2 + nH_2O \longrightarrow Ca(OH)_2 \cdot nH_2O$$

由于结晶作用，$Ca(OH)_2$ 由胶体逐渐成为晶体，这种晶体能够相互结合，并与铁尾矿砂颗粒结合起来形成共晶体，把颗粒胶结成整体。晶体 $Ca(OH)_2$ 与不定形（非晶体）的 $Ca(OH)_2$ 相比，溶解度几乎减小一半，因而其水稳定性得到提高。

③ 火山灰作用

熟石灰的游离 Ca^{2+} 与铁尾矿砂中的活性二氧化硅（SiO_2）和三氧化二铝（Al_2O_3）作用生成含水的硅酸钙和铝酸钙的化学反应就是火山灰作用，其反应式为：

$$x\,Ca(OH)_2 + SiO_2 + nH_2O \longrightarrow x\,CaO \cdot SiO_2 \cdot (n+1)H_2O$$

$$x\,Ca(OH)_2 + Al_2O_3 + nH_2O \longrightarrow x\,CaO \cdot Al_2O_3 \cdot (n+1)H_2O$$

上述所形成的熟石灰结晶网格和含水的硅酸钙以及铝酸钙结晶都是胶凝物质，它具有水硬性并能在固体和水两相环境下发生硬化。这些胶凝物质在微粒团外围形成一层稳定保护膜，填充颗粒空隙，使颗粒间产生结合料，减少了颗粒间的空隙与透水性，同时提高了密实度，这是石灰稳定类材料获得强度和水稳定性的基本原因，但这种作用比较缓慢，这也是为什么混合料后期强度增长较多的原因。

④ 碳酸化作用

所谓的碳酸化作用，是指石灰与水反应产生的 $Ca(OH)_2$ 与空气中的二氧化碳（CO_2）作用，其化学反应式为：

$$Ca(OH)_2 + CO_2 \longrightarrow CaCO_3 + H_2O$$

试验表明，碳酸化作用只是在有水的条件才能进行。当用干燥 CO_2 气体作用于完全干燥的石灰粉末时，这种反应几乎完全停止。

$CaCO_3$ 是坚硬的结晶体，它和其生成的复杂盐类把土粒胶结起来，从而大大提高了土的强度和整体性。

另外一方面，如果掺加水泥，其中的硅酸三钙（C_3S）、硅酸二钙（C_2S）、铝酸三钙（C_3A）、铝酸四钙（C_4AF）都能与水立即发生反应（即水化反应），具体反应式如下：

$$2(3CaO \cdot SiO_2) + 6H_2O \longrightarrow 3CaO \cdot 2SiO_2 \cdot 3H_2O + 3Ca(OH)_2$$

$$2(2CaO \cdot SiO_2) + 4H_2O \longrightarrow 3CaO \cdot 2SiO_2 \cdot 3H_2O + Ca(OH)_2$$

$$3CaO \cdot Al_2O_3 + 6H_2O \longrightarrow 3CaO \cdot Al_2O_3 \cdot 6H_2O$$

$$4CaO \cdot Al_2O_3 \cdot Fe_2O + 7H_2O \longrightarrow 3CaO \cdot Al_2O_3 \cdot 6H_2O + CaO \cdot Fe_2O_3 \cdot H_2O$$

水泥自身与水作用后,生成的主要水化产物有两类:一类是水化硅酸钙和水化铁酸钙凝胶体;另一类是氢氧化钙、水化铝酸钙和水化硫铝酸钙晶体。由于水泥熟料中硅酸三钙和硅酸二钙的含量高,所以在完全水化的水泥石中,水化硅酸钙约占 70%,氢氧化钙约占 20%,钙矾石和单硫型水化硫铝酸钙约占 7%。水泥水化反应生成的 $Ca(OH)_2$ 与混合料中的活性 SiO_2 和 Al_2O_3 作用生成含水的硅酸钙和铝酸钙,即发生了上述的火山灰作用,由此混合料的强度和稳定性都得到了提高。

(2)干燥收缩机理

干燥收缩是由于混合料内部含水量的变化而引起整体宏观体积收缩的现象,其基本原理是毛细管水分的蒸发而发生的毛细管张力作用、吸附水蒸发引起的分子间力作用、矿物晶体或凝胶体的层间水蒸发作用、碳化作用引起的整体宏观体积的变化。

① 毛细管张力

浆体失水时,首先是毛细孔的水蒸发。材料中水分蒸发首先是基层材料中的大孔隙中毛细管水蒸发。而大孔隙中的重力水蒸发,一般情况下很少引起基层材料的整体宏观体积变化。当毛细管中水分蒸发时,毛细管的液面下降,液面下降导致毛细管内的弯液面曲率半径有一定程度的减小,从而导致液面上下的压力差不断增大,致使基层材料产生初期体积收缩。

因此,在基层材料毛细管张力的作用阶段,随着材料中毛细管水分的不断散失,材料干燥收缩率也越来越大。

② 吸附水及分子间作用力

毛细管张力作用阶段完结后,随着水分的继续蒸发,半刚性基层材料的吸附水开始逐渐蒸发。由于吸附水不断蒸发,材料颗粒表面水膜逐渐变薄,颗粒与颗粒的间距变小,而颗粒间分子力增大,导致其宏观体积进一步收缩。吸附水蒸发引起的收缩量远远大于毛细管作用的影响,但这一影响是有限的,主要是因为材料颗粒间存在不同程度的排斥力。

另外,颗粒间中央处结合水的离子浓度比颗粒表面正常水溶液离子浓度要高,内外离子浓度差异导致渗透压力的产生,使其水分子向材料颗粒间发生渗透,使材料颗粒发生互相排斥[38,39],因此随颗粒之间间距进一步减小,吸附水分子间力的作用达到最大值后开始减弱。在吸附水以及分子间作用力的影响减弱过程中,层间水作用逐渐明显,但随着晶胞之间间距的不断变小,颗粒之间的斥力也逐渐增强,从而对材料宏观收缩产生的影响也越来越弱,达到一定程度后,收缩终止。

③ 矿物晶体或凝胶体的层间水作用

半刚性基层材料中存在一些层状结构物晶体或者非晶体,如 C-S-H 凝胶、黏土矿物以及 C-A-H 结晶等,层间一定程度上"夹"有层间水与水化离子。但随着层间水的不断蒸发,晶格间距逐渐减小,也会引起整体收缩。而含有蒙脱石以及丰富火山灰反应生成物的半刚性材料具有较强层间水作用,因此其具有较大的干燥收缩性,而含黏土较多的材料比含水化物较多的材料层间水作用更强烈。

④ 碳化作用

碳化收缩是碳化反应引起的收缩变形。在碳化作用反应过程中,$Ca(OH)_2$ 与 CO_2 发生反应而生成水以及 $CaCO_3$ 结晶体,当反应生成的水散失后,引起体积收缩。

另外,干缩程度与结合料的类型和剂量、被稳定物的类别、粒料的含量、粒径小于 0.5 mm 的细颗粒含量和塑性指数、粒径小于 0.002 mm 的黏粒含量和矿物成分、含水率和龄期等因素有关。

3.4.5.2　物理力学性能试验研究

根据上节所做的击实试验及 7 d 无侧限抗压强度试验结果,从中选取满足规范规定的低等级公路基层强度要求的配合比方案(掺量为 8% 的水泥稳定铁尾矿砂、掺量为 14% 的石灰稳定铁尾矿砂、4% 石灰＋2% 水泥综合稳定铁尾矿砂)进行物理力学性能试验研究。

(1) 无侧限抗压强度

依据无机结合料稳定类材料进行无侧限抗压强度的试验方法,按照中华人民共和国行业标准《公路工程无机结合料稳定材料试验规程》(JTG E51—2009)制作 50 mm×50 mm 试件,然后按照无侧限抗压强度试验方法(T 0805—1994)对无机结合料稳定铁尾矿砂试样的无侧限抗压强度进行测定。具体试验方法同前文无机结合料稳定铁尾矿砂 7 d 无侧限抗压强度试验。

图 3.67　环状剪切

破坏后的试件形如鼓状,表面局部有裂缝,将其表面松动区剥去,环状剪切面十分明显,如图 3.67 所示。

无机结合料稳定铁尾矿砂不同龄期条件下的无侧限抗压强度试验结果如表 3.52 和图 3.68 所示。

表 3.52　无侧限抗压强度试验结果　　　　　　　　　　　　　单位:MPa

配合比 (石灰:水泥:铁尾矿砂)			强度代表值				
			7 d	28 d	60 d	90 d	180 d
—	8	100	3.1	5.1	6.3	6.8	7.3
14	—	100	1.0	1.6	2.0	2.4	2.8
4	2	100	0.9	1.3	1.8	2.1	2.6

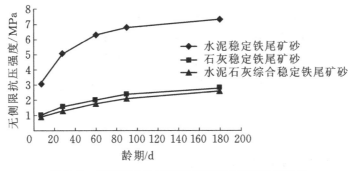

图 3.68　不同结合料稳定铁尾矿砂无侧限抗压强度

由图 3.68 可以看出,水泥稳定铁尾矿砂、石灰稳定铁尾矿砂和石灰水泥综合稳定铁尾矿砂的无侧限抗压强度随着龄期的增加而增大,如表 3.53 所示。此外,水泥稳定铁尾矿砂远远高于石灰稳定铁尾矿砂和水泥石灰综合稳定铁尾矿砂的无侧限抗压强度,但是水泥掺量过高容易产生收缩裂缝等问题。

表 3.53 无侧限抗压强度随养护龄期增长变化表

养护天数	7~28 d 强度增加/MPa	增长率 /%	28~60 d 强度增加/MPa	增长率 /%	60~90 d 强度增加/MPa	增长率 /%	90~180 d 强度增加/MPa	增长率 /%
水泥稳定	2.0	64.5	1.2	23.5	0.5	7.9	0.5	7.3
石灰稳定	0.6	60.0	0.4	25.0	0.4	20.0	0.4	16.7
综合稳定	0.4	44.4	0.5	38.5	0.3	16.7	0.5	23.8

由表 3.53 可以看出,水泥稳定铁尾矿砂前期无侧限抗压强度较高,且增长速度较快,后期增长缓慢,这是由于水泥水化反应速度较快,使混合料的强度和稳定性得到提高;石灰稳定铁尾矿砂前期无侧限抗压强度较低,后期增长得较多,这是由于石灰与铁尾矿砂的反应是缓慢的、长期的;石灰和水泥综合稳定铁尾矿砂的配合比能很好地发挥两者的优势,可达到节约混合料用量、降低成本的效果。

(2)劈裂强度

良好的基层材料,不仅要求其有较高的抗压强度,还必须具有一定的抗拉强度,而间接抗拉强度就是衡量抗拉强度的指标之一。因此本研究分别对水泥稳定铁尾矿砂、石灰稳定铁尾矿砂和水泥石灰综合稳定铁尾矿砂进行了 7 d、28 d、60 d、90 d 和 180 d 的间接抗拉强度试验。

① 试验方法

本小节主要依据《公路工程无机结合料稳定材料试验规程》(JTG E51—2009)中规定的无机结合料稳定材料击实试验方法(T 0804—1994)、无机结合料稳定材料试件制作方法(圆柱形)(T 0843—2009)、无机结合料稳定材料劈裂强度试验方法(T 0806—1994)的要求,按击实试验得到的最佳含水率和最大干密度,成型 50 mm×50 mm 的圆柱体试件,标准养护至规定龄期前一天浸水 24 h,按照如下方法测试不同龄期劈裂强度。

将已浸水一昼夜的试件从水中取出,用软布吸去试件表面的水分,并称重试件质量,用游标卡尺测量试件高度,精确至 0.1 mm。在压力机的升降台上置一压条,将试件横置在压条上,在试件的顶面也放一压条(上下压条与试件的接触线必须位于试件直径的两端,并与升降台垂直)(图 3.69)。在上压条上面放置球形支座,球形支座应位于试件的中部,试验过程中应使试验的形变等速增加,保持加载速率 1 mm/min,并记录试件破坏时的最大压力 P。

间接抗拉强度 R_i 按下式计算:

$$R_i = \frac{2P}{\pi dh}\left(\sin2\partial - \frac{a}{d}\right) \tag{3.4}$$

式中 R_i ——试件的间接抗拉强度(MPa);

　　　d ——试件的直径(mm);

图 3.69　劈裂强度试验及劈裂后的试件断面

a——压条的宽度(mm)；

∂——半压条宽对应的圆心角(°)；

P——试件破坏时的最大压力(N)；

h——浸水后试件的高度(mm)。

对于小试件：

$$R_i = 0.012526\frac{P}{h} \tag{3.5}$$

对于中试件：

$$R_i = 0.006263\frac{P}{h} \tag{3.6}$$

对于大试件：

$$R_i = 0.004178\frac{P}{h} \tag{3.7}$$

② 试验结果分析

试验结果如表 3.54 和图 3.70 所示。

表 3.54　劈裂强度试验结果　　　　　　　　　　　　单位：MPa

配合比			强度代表值				
(石灰：水泥：铁尾矿砂)			7 d	28 d	60 d	90 d	180 d
—	8	100	0.23	0.37	0.51	0.66	0.76
14	—	100	0.04	0.08	0.12	0.15	0.20
4	2	100	0.05	0.10	0.20	0.22	0.28

由图 3.70 可以看出，不同结合料稳定铁尾矿砂劈裂强度随龄期的变化规律基本上与无

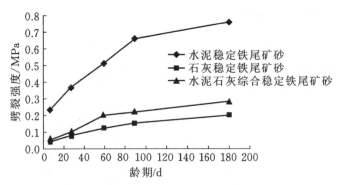

图 3.70　不同结合料稳定铁尾矿砂劈裂强度

侧限抗压强度的增长规律一致;不同结合料稳定铁尾矿砂劈裂强度均随龄期的增加而增长。其中,水泥稳定铁尾矿砂的劈裂强度最高,水泥石灰综合稳定铁尾矿砂的劈裂强度其次,石灰稳定铁尾矿砂的劈裂强度最低。

(3)抗弯拉强度

半刚性基层在车辆荷载的作用下,底部会产生弯拉应力。如果基层材料的抗弯拉强度不足,会引起基层的弯拉破坏,使基层内部产生损伤,产生荷载裂缝。反射到面层,在雨水和车辆荷载综合作用下会使路面产生早期破坏,同时因为基层破坏,要修复基层必须开挖面层,这不仅造成材料的浪费,而且影响交通的正常运行,造成非常不利的影响。目前至少有三种方法来取得材料的抗弯拉强度值,即直接抗弯拉强度试验、间接抗弯拉强度试验(劈裂强度试验)和抗弯拉强度试验。其中抗弯拉强度试验被认为比其他两种试验能更好地模拟半刚性材料基层在车轮荷载下的实际受力情况。

本研究分别对水泥稳定铁尾矿砂、石灰稳定铁尾矿砂和水泥石灰综合稳定铁尾矿砂进行了 7 d、28 d、60 d、90 d 和 180 d 的抗弯拉强度试验。

① 试验方法

本小节主要依据《公路工程无机结合料稳定材料试验规程》(JTG E51—2009)中规定的无机结合料稳定材料击实试验方法(T 0804—1994)、无机结合料稳定材料试件制作方法(梁式)(T 0844—2009)、无机结合料稳定材料抗弯拉强度试验方法(T 0851—2009)的要求,按击实试验得到的最佳含水率和最大干密度,成型 50 mm×50 mm×200 mm 的小梁试件(图3.71),标准养护至规定龄期前一天浸水 24 h,按照如下方法测试不同龄期的抗弯拉强度。

球形支座涂上机油,使其能够灵活转动,并安放在上压块上,在上下压块的左右两个半圆形压头上涂上机油。试件取出后,用湿毛巾覆盖并及时进行试验,保持试件干湿状态不变。在试件中部量出其宽度和高度,精确至 1 mm,并在试件侧面(平行于试件成型时的压力方向)标出三分点位置。将试件安放在试架上,荷载方向与试件成型时的压力方向一致,上下压块应位于试件三分点位置,同时安放球形支座。加载时,应保持均匀、连续,加载速率 50 mm/min,直至试件破坏(图 3.72),并记录破坏极限荷载 P。

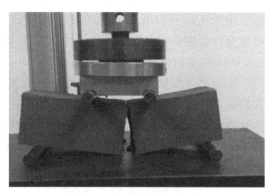

图 3.71　试件成型　　　　　　　　　图 3.72　抗弯拉强度试验

试件的抗弯拉强度按下式计算：

$$R_s = \frac{PL}{b^2 h} \tag{3.8}$$

式中　R_s——抗弯拉强度(MPa)；

　　　P——破坏极限荷载(N)；

　　　L——跨距，即两支点间的距离(mm)；

　　　b——试件宽度(mm)；

　　　h——试件高度(mm)。

② 试验结果分析

试验结果如表 3.55 和图 3.73 所示。

表 3.55　抗弯拉强度试验结果　　　　　　　　　　　单位:MPa

配合比			强度代表值				
(石灰:水泥:铁尾矿砂)			7 d	28 d	60 d	90 d	180 d
—	8	100	0.34	0.60	1.27	1.46	1.52
14	—	100	0.03	0.09	0.17	0.27	0.36
4	2	100	0.07	0.15	0.33	0.41	0.49

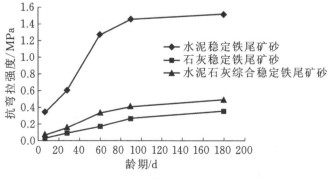

图 3.73　不同结合料稳定铁尾矿砂抗弯拉强度

由图 3.73 可以看出,水泥稳定铁尾矿砂、石灰稳定铁尾矿砂、石灰水泥综合稳定铁尾矿砂抗弯拉强度在初期增长较快,后期增长较慢,这对路面基层承受车辆荷载是有利的。

(4) 抗压回弹模量

土基回弹模量是公路路基路面设计的主要参数,是影响路面结构厚度的敏感参数之一;在路面结构设计中能否取用合适的土基回弹模量值,关系到路面结构的安全性和经济性。

本研究分别对水泥稳定铁尾矿砂、石灰稳定铁尾矿砂和水泥石灰综合稳定铁尾矿砂进行了 7 d、28 d、60 d、90 d 和 180 d 的抗压回弹模量试验。

① 试验方法

本小节主要依据《公路工程无机结合料稳定材料试验规程》(JTG E51—2009)中规定的无机结合料稳定材料击实试验方法(T 0804—1994)、无机结合料稳定材料试件制作方法(圆柱形)(T 0843—2009)、无机结合料稳定材料抗压回弹模量试验方法(T 0808—1994)中顶面法的要求,按击实试验得到的最佳含水率和最大干密度,成型 100 mm×100 mm 的圆柱体试件,标准养护至规定龄期前一天浸水 24 h,按照如下方法测试不同龄期的抗压回弹模量。

图 3.74　抗压回弹模量试验

当试件达到养护龄期时,将已浸水一昼夜的试件从水中取出,用布吸去试件表面的可见自由水,将试件放在加载底板上,将带有试件的测变形装置放到路面材料强度试验仪的升降台上,然后安置千分表,使千分表的脚支在加载顶板直径线的两侧并离试件中心距离大致相等,调整升降台的高度,使测力环下端的压头中心与加载板的中心接触,如图 3.74 所示。

先用拟施加最大荷载的一半进行两次加载/卸载预压试验,使加载顶板与试件表面紧密接触,每两次卸载后等待 1 min,然后将千分表的短指针调到中间位置,并将长指针调到零,记录千分表原始读数。将预定的单位压力分成 5～6 等份,作为每次施加的压力值。

实际施加的荷载应较预定级数增加 1 级。施加第 1 级荷载,待荷载作用达 1 min 时,记录千分表的读数,同时卸去荷载,让试件的弹性变形恢复。到 0.5 min 时记录千分表的读数,施加第 2 级荷载,同前,待荷载作用 1 min 时,记录千分表的读数,卸去荷载。卸载后达 0.5 min 时,再记录千分表的读数,并施加第 3 级荷载。如此逐级进行,直至记录下最后一级荷载下的回弹变形。

回弹模量用加载板上的计算单位压力 p 及相应的回弹变形 l 按下式计算:

$$E_c = \frac{ph}{l} \tag{3.9}$$

式中　E_c——抗压回弹模量(MPa);

　　　p——单位压力(MPa);

　　　h——试件高度(mm);

　　　l——试件回弹变形(mm)。

按下式计算每级荷载下的回弹变形 l：

$$l＝加载时读数－卸载时读数 \tag{3.10}$$

② 试验结果分析

试验结果如表 3.56 和图 3.75 所示。

表 3.56　抗压回弹模量试验结果　　　　　　　　　　　　单位：MPa

配合比			强度代表值				
（石灰：水泥：铁尾矿砂）			7 d	28 d	60 d	90 d	180 d
—	8	100	928	1414	1777	2042	2439
14	—	100	395	685	848	1156	1422
4	2	100	547	934	1225	1498	1803

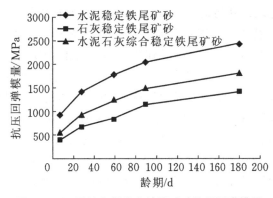

图 3.75　不同结合料稳定铁尾矿砂抗压回弹模量

由表 3.56 和图 3.75 可知,水泥稳定铁尾矿砂的配比方案,其回弹模量值最大,回弹变形值最小。铁尾矿砂的三种不同配合比方案中,回弹模量值由大到小依次是:水泥稳定铁尾矿砂＞水泥石灰综合稳定铁尾矿砂＞石灰稳定铁尾矿砂。回弹变形值由大到小依次是:石灰稳定铁尾矿砂＞水泥石灰综合稳定铁尾矿砂＞水泥稳定铁尾矿砂。

3.4.5.3　干缩性能试验研究

水泥和石灰稳定类材料都容易产生收缩变形。稳定类基层的收缩裂缝主要为缝宽最大可达 2～5 mm 的横向裂缝或纵横交错的网状裂缝。在路面结构中,基层的收缩开裂不仅破坏基层结构的整体性、降低其强度,而且还可能在沥青面层上形成缝宽达 12～16 mm 的反射裂缝。

半刚性材料在拌和、碾压后,由于蒸发和混合料内部发生水化作用,混合料的水分会不断减少,由于水分的减少而发生的毛细管作用、吸附作用、分子间力作用、材料矿物晶体或凝胶体间层间水的作用和碳化收缩作用等,会引起半刚性材料产生体积收缩(即所谓的干缩)。

之所以将干缩作为收缩问题中的一个重要内容来研究,是由于它具有如下特点:①干缩几乎不可避免,石灰土混合料一旦养护结束暴露在大气中,都面临着水分散失而发生收缩的可能;②干缩在总收缩中所占比例较大,通常要比温缩严重得多(半刚性材料的干缩系数是其温缩系数的 10 多倍),往往是引起开裂最常见的原因;③干缩在道路工程中引起的开裂危害严重;④干缩的可控制性强,相对于温缩受到自然环境温度变化的影响而难以控制而言,干缩可以通过养护、覆盖等措施加以改善,因此,控制干缩是控制收缩的主要着眼点。

本研究分别对水泥稳定铁尾矿砂、石灰稳定铁尾矿砂和水泥石灰综合稳定铁尾矿砂进行了干燥收缩试验。

(1)试验方法

本小节主要依据最新的《公路工程无机结合料稳定材料试验规程》(JTG E51—2009)中规定的无机结合料稳定材料干缩试验方法(T 0854—2009)进行干缩试验,具体试验方法如下:

按照重型击实试验确定的最大干密度和最佳含水率,采用静压成型的方式制作 50 mm×50 mm×200 mm 小梁试件,在标准温度与湿度下养护 7 d 后,将饱水后的试件表面水擦干,采用游标卡尺量取其初始长度,长度应重复测定 3 次,取算术平均值作为基准长度的测定值。至无明显水迹后称取试件初始质量 m_0。取出试件,将试件长轴端磨平并在端面上使用 502 胶黏结有机玻璃片,待 502 胶固结后将位移计(千分表)夹具固定在收缩仪上,在收缩仪上安放涂有润滑剂的玻璃棒,使试件在收缩时减少与收缩仪的摩擦。

收缩仪连同试件一起放入干缩室(图 3.76)。将千分表表头顶到有机玻璃片上,使表针走动到较大数值。从移入干缩室的时间起计算,在开始试验的一个星期内每天读一次数,记下每个试件每个表的读数 $X_{i,1}$、$X_{i,2}$(精确至 0.001 mm),称量标准试件的质量 m_i,在 7 d 以后每两天读一次数,一直记录到一个月,之后还可以分别记录 60 d、90 d、120 d、150 d、180 d 时的千分表读数。在干缩观测结束后,将标准试件放到烘箱内烘干至恒量 m_p,然后按照下面的计算公式计算试验结果并分析水泥稳定碎石材料的干缩发展规律。

图 3.76 干缩试验部分试件

失水率:

$$w_i = \frac{m_i - m_{i+1}}{m_p} \tag{3.11}$$

干缩量:

$$\delta_i = \frac{\sum_{j=1}^{2} X_{i,j} - \sum_{j=1}^{2} X_{i+1,j}}{2} \tag{3.12}$$

干缩应变:

$$\varepsilon_i = \frac{\delta_i}{l} \tag{3.13}$$

干缩系数:

$$\partial_{di} = \frac{\varepsilon_i}{w_i} \tag{3.14}$$

总干缩系数:

$$\partial_d = \frac{\sum \varepsilon_i}{\sum w_i} \tag{3.15}$$

式中　w_i——第 i 次失水率(%);

δ_i——第 i 次观测干缩量(mm);

ε_i——第 i 次干缩应变(%);

∂_{di}——第 i 次干缩系数(%);

m_i——第 i 次标准试件称量质量(g);

$X_{i,j}$——第 i 次测试时第 j 个千分表的读数(mm);

l——标准试件的长度(mm);

m_p——标准试件烘干后的恒量(g)。

(2)试验结果分析

本小节选定代号为 A_1、A_2、A_3 的三种无机结合料稳定铁尾矿砂做干缩试验,A_1、A_2、A_3 分别为水泥稳定铁尾矿砂、石灰稳定铁尾矿砂和水泥石灰综合稳定铁尾矿砂,观测记录一个月的数据,并整理数据得出不同无机结合料稳定铁尾矿砂混合料干缩量与龄期的关系、失水率与龄期的关系、干缩应变与龄期的关系、干缩系数与失水率的关系、干缩应变与失水率的关系,具体如图 3.77 至图 3.81 所示。

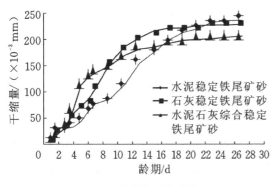

图 3.77　干缩量与龄期的关系

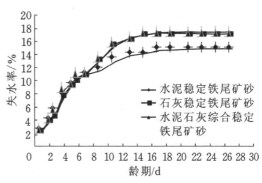

图 3.78　失水率与龄期的关系

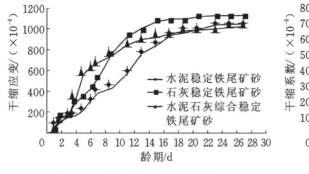

图 3.79　干缩应变与龄期的关系

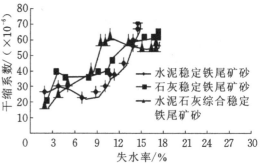

图 3.80　干缩系数与失水率的关系

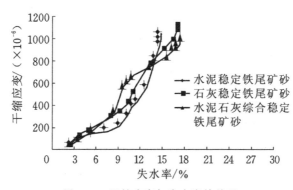

图 3.81　干缩应变与失水率的关系

由图 3.77 至图 3.81 可以看出：

① 水泥稳定铁尾矿砂、石灰稳定铁尾矿砂和水泥石灰综合稳定铁尾矿砂混合料的干缩量、失水率和干缩应变都随着龄期的增加而增加，在初期，干缩量、失水率和干缩应变增长得较快，随着龄期增加，增长逐步趋缓。

② 水泥石灰综合稳定铁尾矿砂混合料失水率大于水泥稳定铁尾矿砂混合料和石灰稳定铁尾矿砂混合料，但是水泥石灰综合稳定铁尾矿砂混合料的干缩变形却小于水泥稳定铁尾矿砂混合料和石灰稳定铁尾矿砂混合料，因此水泥石灰综合稳定铁尾矿砂混合料的干缩特性优于水泥稳定铁尾矿砂混合料和石灰稳定铁尾矿砂混合料。

③ 水泥稳定铁尾矿砂的质量损失最小，但是收缩率却最大，水泥掺量过大会造成收缩裂缝问题。

3.4.6　道路水泥混凝土原材料性能及配合比设计

水泥混凝土是由水泥、水、粗集料（石子）、细集料（砂）按预先设计的比例进行掺配，并在必要时加入适量外加剂、掺合料或其他改性材料，经搅拌、成型、养护后而得到的具有一定强度和耐久性的人造石材，常简称混凝土。

混凝土配合比设计是指混凝土中组成材料之间的比例关系，通常用每立方米混凝土中各种材料的质量来表示或以各种材料用量的比例表示(以水泥为1)。混凝土配合比设计采用的是经验公式和假定密度,不一定符合本试验的实际情况,因此还必须经过多次试配调整,选择出最佳配合比,才能应用于生产实践中。路面用水泥混凝土不仅要求抗压强度高,而且具有抗折强度高、干缩应变小、耐久性好的特点。目前,一般都采用以抗压强度为指标的混凝土设计方法,但公路、城市道路混凝土路面的板厚是以抗折强度为依据计算的,因此,相应的路面混凝土配合比也应以抗折强度为指标进行设计。

3.4.6.1　试验用原材料技术性能

水泥混凝土路面面层直接承受车辆动荷载的冲击、摩擦和反复变曲作用,同时还受温度和湿度环境因素的影响,因此,与其他结构物混凝土相比,路面混凝土板必须具有足够的强度和耐久性,同时应具有抗滑、耐磨、平整的表面,以确保行车的安全和舒适。而这些要求能否满足与材料品质、混合料组成有很大关系。因此,必须对路面面层原材料进行明确、周全的设计和严格的质量控制。

(1) 水泥

水泥作为混凝土中胶凝材料的主要组成成分,其强度是水泥混凝土强度的重要来源,对路面水泥混凝土的路用性能起主要作用,为此《公路水泥混凝土路面施工技术细则》(JTG/T F30—2014)规定水泥技术指标如表3.57所示。

本研究选用的水泥是产自南京中联水泥有限公司的普通硅酸盐水泥,其强度等级为42.5,水泥出厂试验符合标准《通用硅酸盐水泥》(GB 175—2007)规定的42.5级普通硅酸盐水泥标准。其检测试验结果及具体技术指标见表3.58所示。

表 3.57　路面用水泥技术指标

水泥性能	特重、重交通荷载等级	中、轻交通荷载等级
铝酸三钙	不大于 7.0%	不大于 9.0%
铁铝酸四钙	15.0%～20.0%	12.0%～20.0%
游离氧化钙	不大于 1.0%	不大于 1.8%
氧化镁	不大于 5.0%	不大于 6.0%
三氧化硫	不大于 3.5%	不大于 4.0%
碱含量 $Na_2O+0.658K_2O$	0.6%	集料有碱活性时,0.6%;无碱活性集料时,1.0%
混合材种类	不得掺窑灰、煤矸石、火山灰、烧黏土、煤渣,有抗盐冻要求时不得掺石灰岩粉	不得掺窑灰、煤矸石、火山灰、烧黏土、煤渣,有抗盐冻要求时不得掺石灰岩粉
初凝时间	不早于 1.5 h	不早于 0.75 h
终凝时间	不迟于 10 h	不迟于 10 h
28 d 干缩率	不大于 0.09%	不大于 0.1%
耐磨性/(kg/m²)	不大于 2.5	不大于 3.0
比表面积/(m²/kg)	300～450	300～450

表 3.58　水泥检测试验结果

检测项目		国家标准值	单位	检测数据
烧失量		≤5.0	%	3.22
氧化镁		≤5.0	%	1.33
三氧化硫		≤3.5	%	2.20
氯离子		≤0.06	%	0.011
细度		≤20	%(45 μm)	13.3
比表面积		≥300	m²/kg	350.0
安定性		必须合格		合格
标准稠度		—		26.6
凝结时间	初凝	≥45 min	h:min	02:35
	终凝	≤10 h	h:min	03:15
抗折强度	3 d	≥3.5	MPa	4.8
	28 d	≥6.5	MPa	7.0
抗压强度	3 d	≥17.0	MPa	25.1
	28 d	≥42.5	MPa	44.2

（2）粗集料

① 粗集料筛分

本研究中的粗集料选用江苏茅迪集团六合公司生产的玄武岩碎石,最大粒径为 31.5 mm,公称最大粒径为 26.5 mm,共分为 1#、2#、3# 三档,具体筛分结果如表 3.59 至表 3.61 所示。

表 3.59　粗集料筛分结果（1# 料）

试样			1			2			
干燥试样质量 m_3/g			2518.3			2516.2			平均
水洗后筛上总质量 m_4/g			2507.4			2504.6			
水洗后 0.075 mm 筛下质量 $m_{0.075}$/g			11.1			12.3			
0.075 mm 筛通过率 $P_{0.075}$/%			0.4			0.5			0.45
筛孔尺寸/mm	分计筛余质量 m_i/g	分计筛余百分率 P_i'/%	累计筛余百分率 Q_i/%	质量通过率 P_i/%	分计筛余质量 m_i/g	分计筛余百分率 P_i'/%	累计筛余百分率 Q_i/%	质量通过率 P_i/%	质量通过率 P_i/%
31.5	0	0.0	0.0	100.0	0	0.0	0.0	100.0	100.0
26.5	65.7	2.6	2.6	97.4	82.1	3.3	3.3	96.7	97.0

筛孔尺寸 /mm	分计筛余质量 m_i/g	分计筛余百分率 P_i'/%	累计筛余百分率 Q_i/%	质量通过率 P_i/%	分计筛余质量 m_i/g	分计筛余百分率 P_i'/%	累计筛余百分率 Q_i/%	质量通过率 P_i/%	质量通过率 P_i/%
19.0	1722.7	68.4	71.0	29.0	1355.5	53.9	57.2	42.8	35.9
16.0	295.8	11.7	82.7	17.3	655.1	26.0	83.2	16.8	17.0
13.2	297.3	11.8	94.5	5.5	262.4	10.4	93.6	6.4	6.0
9.5	119.2	4.7	99.2	0.8	129.3	5.1	98.7	1.3	1.0
4.75	4.5	0.2	99.4	0.6	17.2	0.7	99.4	0.6	0.6
2.36	0	0.0	99.4	0.6	0	0.0	99.4	0.6	0.6
1.18	0	0.0	99.4	0.6	0	0.0	99.4	0.6	0.6
0.6	0	0.0	99.4	0.6	0	0.0	99.4	0.6	0.6
0.3	0	0.0	99.4	0.6	0	0.0	99.4	0.6	0.6
0.15	0	0.0	99.4	0.6	0	0.0	99.4	0.6	0.6
0.075	1.6	0.1	99.5	0.5	2.3	0.1	99.5	0.5	0.5
筛底 $m_底$/g	0.2	0.0	99.5	—	0.7	0.0	99.5	—	—
筛分后总量 $\sum m_i$/g	2507.0				2504.6				
损耗 m_5/g	0.4				0.0				
损耗率/%	0.02				0.00				
扣除损耗后总量/g	2517.9				2516.2				

表 3.60　粗集料筛分结果($2^\#$ 料)

试样	1	2	
干燥试样质量 m_3/g	1037.5	1095.7	平均
水洗后筛上总质量 m_4/g	1034.5	1092.7	
水洗后 0.075 mm 筛下质量 $m_{0.075}$/g	3.3	3.0	
0.075 mm 筛通过率 $P_{0.075}$/%	0.3	0.3	0.3

筛孔尺寸 /mm	分计筛余质量 m_i/g	分计筛余百分率 P_i'/%	累计筛余百分率 Q_i/%	质量通过率 P_i/%	分计筛余质量 m_i/g	分计筛余百分率 P_i'/%	累计筛余百分率 Q_i/%	质量通过率 P_i/%	质量通过率 P_i/%
31.5	0	0.0	0.0	100.0	0	0.0	0.0	100.0	100.0
26.5	0	0.0	0.0	100.0	0	0.0	0.0	100.0	100.0

续表 3.60

筛孔尺寸 /mm	分计筛余质量 m_i/g	分计筛余百分率 P'_i/%	累计筛余百分率 Q_i/%	质量通过率 P_i/%	分计筛余质量 m_i/g	分计筛余百分率 P'_i/%	累计筛余百分率 Q_i/%	质量通过率 P_i/%	质量通过率 P_i/%
19.0	0	0.0	0.0	100.0	0	0.0	0.0	100.0	100.0
16.0	0	0.0	0.0	100.0	0	0.0	0.0	100.0	100.0
13.2	237.8	23.0	23.0	77.0	199.5	18.2	18.2	81.8	79.4
9.5	763.4	73.7	96.7	3.3	828.5	75.6	93.8	6.2	4.8
4.75	30.6	3.0	99.7	0.3	63.8	5.8	99.6	0.4	0.4
2.36	0	0.0	99.7	0.3	0	0.0	99.6	0.4	0.4
1.18	0	0.0	99.7	0.3	0	0.0	99.6	0.4	0.4
0.6	0	0.0	99.7	0.3	0	0.0	99.6	0.4	0.4
0.3	0	0.0	99.7	0.3	0	0.0	99.6	0.4	0.4
0.15	0	0.0	99.7	0.3	0	0.0	99.6	0.4	0.4
0.075	0.8	0.1	99.8	0.2	0.5	0.0	99.6	0.4	0.3
筛底 $m_底$/g	0.3	0.0	99.8	—	0	0.0	99.6	—	—
筛分后总量 $\sum m_i$/g	1032.9				1092.3				
损耗 m_5/g	1.6				0.4				
损耗率/%	0.15				0.04				
扣除损耗后总量/g	1035.9				1095.3				

表 3.61 粗集料筛分结果(3# 料)

试样	1	2	
干燥试样质量 m_3/g	1039.4	1003.2	平均
水洗后筛上总质量 m_4/g	1033.9	998.5	
水洗后 0.075 mm 筛下质量 $m_{0.075}$/g	5.5	5.4	
0.075 mm 筛通过率 $P_{0.075}$/%	0.5	0.5	0.5

筛孔尺寸 /mm	分计筛余质量 m_i/g	分计筛余百分率 P'_i/%	累计筛余百分率 Q_i/%	质量通过率 P_i/%	分计筛余质量 m_i/g	分计筛余百分率 P'_i/%	累计筛余百分率 Q_i/%	质量通过率 P_i/%	质量通过率 P_i/%
31.5	0	0.0	0.0	100.0	0	0.0	0.0	100.0	100.0
26.5	0	0.0	0.0	100.0	0	0.0	0.0	100.0	100.0

续表 3.61

筛孔尺寸 /mm	分计筛余质量 m_i/g	分计筛余百分率 P_i'/%	累计筛余百分率 Q_i/%	质量通过率 P_i/%	分计筛余质量 m_i/g	分计筛余百分率 P_i'/%	累计筛余百分率 Q_i/%	质量通过率 P_i/%	质量通过率 P_i/%
19.0	0	0.0	0.0	100.0	0	0.0	0.0	100.0	100.0
16.0	0	0.0	0.0	100.0	0	0.0	0.0	100.0	100.0
13.2	0	0.0	0.0	100.0	0	0.0	0.0	100.0	100.0
9.5	60.0	5.8	5.8	94.2	23.5	2.3	2.3	97.7	96.0
4.75	888.8	85.5	91.3	8.7	846.3	84.4	86.7	13.3	11.0
2.36	83.8	8.1	99.4	0.6	126.9	12.7	99.4	0.6	0.6
1.18	0	0.0	99.4	0.6	0	0.0	99.4	0.6	0.6
0.6	0	0.0	99.4	0.6	0	0.0	99.4	0.6	0.6
0.3	0	0.0	99.4	0.6	0	0.0	99.4	0.6	0.6
0.15	0	0.0	99.4	0.6	0	0.0	99.4	0.6	0.6
0.075	1.1	0.1	99.5	0.5	0.9	0.1	99.5	0.5	0.5
筛底 $m_底$/g	0	0.0	99.5	—	0.7	0.1	99.6	—	—
筛分后总量 $\sum m_i$/g	1033.7				998.3				
损耗 m_5/g	0.2				0.2				
损耗率/%	0.02				0.02				
扣除损耗后总量/g	1039.2				1003.0				

② 粗集料技术指标

粗集料是水泥混凝土中用量最大的单项材料,其在混凝土中形成主体骨架,内部的嵌锁和挤压力是路面水泥混凝土抗折抗压强度的重要保证。因此,粗集料应不含有机质、风化物或其他有害杂质,质地应坚硬、耐久。同时,在施工或使用过程中,拌合物中的集料都要保持良好的完整性,不能破碎,故对其压碎值提出要求,其性质应符合《公路水泥混凝土路面施工技术细则》(JTG/T F30—2014)的技术要求,如表 3.62 所示。

表 3.62　粗集料质量标准

项目	技术要求		
	Ⅰ级	Ⅱ级	Ⅲ级
碎石压碎值/%	≤18.0	≤25.0	≤30.0
卵石压碎值/%	≤21.0	≤23.0	≤26.0
坚固性(按质量损失计)/%	≤5.0	≤8.0	≤12.0
针、片状颗粒含量(按质量计)/%	≤8.0	≤15.0	≤20.0

续表 3.62

项目	技术要求		
	Ⅰ级	Ⅱ级	Ⅲ级
含泥量(按质量计)/%	≤0.5	≤1.0	≤2.0
吸水率(按质量计)/%	≤1.0	≤2.0	≤3.0
泥块含量(按质量计)/%	≤0.2	≤0.5	≤0.7
有机物含量(比色法)	合格	合格	合格
硫化物(按 SO₃ 质量计)/%	≤0.5	≤1.0	≤1.0
表观密度/(kg/m³)	≥2500		
松散堆积密度/(kg/m³)	≥1350		
空隙率/%	≤47		
碱活性反应	不得有碱活性反应或疑似碱活性反应		

粗集料技术指标按照《公路工程集料试验规程》(JTG E42—2005)规定的试验方法进行测试。经测试,粗集料的技术性质指标均满足《公路水泥混凝土路面施工技术细则》(JTG/T F30—2014)的要求,具体技术指标如表 3.63 所示。

表 3.63 粗集料技术指标

集料规格	表观密度/(g/cm³)	表干密度/(g/cm³)	毛体积密度/(g/cm³)	吸水率/%	压碎值/%	针、片状颗粒含量/%
1#	2.890	2.818	2.782	1.34	—	14.2
2#	2.906	2.838	2.803	1.25	12.5	12.2
3#	2.906	2.828	2.787	1.47	—	—

③ 粗集料用量比例

粗集料的级配直接影响着混凝土的和易性与强度,为了达到水泥混凝土集料的级配优化,对三种粗集料进行计算分析,得到了较好的粗集料用量比列,具体结果如表 3.64 所示。

表 3.64 粗集料用量表

1# 用量比例/%	2# 用量比例/%	3# 用量比例/%	总计/%
61.0	19.0	20.0	100

(3) 细集料

细集料应使用质地坚硬、耐久且洁净的天然砂或机制砂,不宜使用再生细集料。因为再生细集料的吸水率较高,水灰比难以控制,拌合物的坍落度损失大而快,用于面层水泥混凝土时,弯拉强度离差系数较大,表面抗磨性波动较大,对路面其他耐久性的影响缺少验证。

混凝土细集料选用安徽产天然河砂,细度模数为2.3,属于中砂的范畴。砂的含泥量和泥块含量经过测试符合规范要求。

铁尾矿砂选用南京市江宁区吉山铁尾矿库,细度模数为 0.94,属于特细砂的范畴。铁尾矿砂的具体参数指标详见 3.3 节。

(4) 减水剂

本研究减水剂选用江苏镇江特密斯混凝土外加剂有限公司生产的聚羧酸系高效减水剂,其综合性能指标优良、绿色无污染,是一种高性能环保型减水剂,特点是减水率高、分散性好、含气量低。其性能均符合规范《混凝土外加剂》(GB 8076—2008)的要求。

(5) 水

采用普通自来水。

3.4.6.2　道路水泥混凝土的性能要求

道路水泥混凝土从零散的原材料到路面的建成,首要的性能要求是拌和后的混凝土要具备良好的施工性能(即工作性),以满足不同的施工工艺和各种施工机械的要求,并保证成型后的路面足够密实。与此同时,开放交通后的水泥混凝土路面受到车辆荷载和环境因素(温度、湿度)的强烈影响。一方面,车辆荷载的重复作用要求道路水泥混凝土材料具有足够的力学强度和抗疲劳性能,并要求路面提供足够的抗滑和耐磨性能来保证行车安全;另一方面,恶劣的环境因素作用使得道路水泥混凝土材料不断被侵蚀,从而造成路面耐久性能逐渐劣化。因此,道路水泥混凝土必须同时满足力学性能、路用性能和耐久性能的要求。

(1) 工作性

通常认为,混凝土的工作性包含流动性、可塑性、稳定性和易密性四个方面,但当今世界上还没有一种能全面表征新拌水泥混凝土工作性的测定方法。目前世界各国广泛采用的是坍落度试验方法,该方法由美国学者提出,我国施工规范就是采用坍落度指标。由于该指标简单明了,易于操作,本研究将继续采用此指标评价新拌道路混凝土的工作性。

(2) 力学性能

我国采用弯拉强度作为道路水泥混凝土配合比的设计指标,沿用至今已有 20 多年。弯拉强度比较符合水泥混凝土路面在外力作用下板底的实际工作状态,直观方便、易于试验。本研究继续以此作为道路水泥混凝土配合比多指标设计方法的设计指标。

(3) 路用性能

汽车轮胎直接作用于道路表面并将荷载传递给路面和路基,水泥混凝土路面的表面构造与性质直接关系到路面的使用状况与行车安全,从而要求道路水泥混凝土表面尤其是表层砂浆具有足够的耐磨性。

(4) 耐久性能

道路混凝土属于多孔性材料,其孔隙结构与耐久性能有密切关系,而决定道路混凝土耐久性能的重要因素是渗透性。气体、液体及离子(如 Cl^-)经由水泥混凝土路表面的微裂缝或孔隙进入内部,而渗透性直接影响外界有害物质侵入的难易程度,因此,低渗透性是保持耐久性能不可或缺的条件之一。混凝土的渗透性主要由硬化水泥浆体的孔隙体积与大孔隙的连通性所控制,其特征表现在混凝土孔隙结构(毛细孔隙或微裂缝)及其传输路径上,而孔隙结构特征主要表现在总孔隙体积、孔隙连续性及孔隙大小和分布形态等方面。

3.4.6.3 普通道路水泥混凝土配合比设计方法

道路水泥混凝土配合比设计的最终目的是确定各组分的最佳配合比和用料量,主要包括水灰比(或强度公式)、粗细集料的确定、用水量三个参数,国内外大多数现行的经验设计方法主要基于这三个参数考虑。

我国现行的《公路水泥混凝土路面施工技术细则》(JTG/T F30—2014)中的道路混凝土配合比设计是以抗折强度为主要设计指标,再计算所需的水灰比,然后选择砂率、计算单位用水量,最后根据假设表观密度法或绝对体积法来确定相应的配合比。

(1)计算初步配合比

① 确定配制 28 d 弯拉强度

$$f_c = \frac{f_r}{1 - 1.04C_v} + ts \tag{3.16}$$

式中　f_c——面层水泥混凝土配制 28 d 弯拉强度均值(MPa);

　　　f_r——设计弯拉强度标准值(MPa),按设计确定,且不应低于《公路水泥混凝土路面设计规范》(JTG D40—2011)中的规定;

　　　t——保证率系数,按表 3.65 取值;

　　　s——弯拉强度试验样本的标准差(MPa),有试验数据时应使用试验样本的标准差,无试验数据时可按公路等级及设计弯拉强度,参考表 3.66 规定的范围确定;

　　　C_v——弯拉强度变异系数,应按统计数据取值,小于 0.05 时取 0.05;无统计数据时可在表 3.67 规定的范围内取值,其中高速公路、一级公路变异水平等级应为低,二级公路变异水平等级应不低于中。

表 3.65　保证率系数 t

公路等级	判别概率 p	样本数 n(组)			
		6~8	9~14	15~19	≥20
高速	0.05	0.79	0.61	0.45	0.39
一级	0.10	0.59	0.46	0.35	0.30
二级	0.15	0.46	0.37	0.28	0.24
三级、四级	0.20	0.37	0.29	0.22	0.19

表 3.66　各级公路水泥混凝土面层弯拉强度试验样本的标准差 s

公路等级	高速	一级	二级	三级	四级
目标可靠度/%	95	90	85	80	70
目标可靠指标	1.64	1.28	1.04	0.84	0.52
样本的标准差 s/MPa	0.25≤s≤0.50		0.45≤s≤0.67	0.40≤s≤0.80	

表 3.67　变异系数 C_v 的范围

弯拉强度变异水平等级	低	中	高
弯拉强度变异系数 C_v 的范围	$0.05 \leqslant C_v < 0.10$	$0.10 \leqslant C_v < 0.15$	$0.15 \leqslant C_v \leqslant 0.20$

② 水灰比 W/C 的计算、校核及确定

不同粗集料类型混凝土的水灰比 W/C 按下面经验公式计算。

碎石或破碎卵石混凝土：

$$\frac{W}{C} = \frac{1.5684}{f_c + 1.0097 - 0.3595 f_s} \tag{3.17}$$

卵石混凝土：

$$\frac{W}{C} = \frac{1.2618}{f_c + 1.5492 - 0.4709 f_s} \tag{3.18}$$

式中　$\dfrac{W}{C}$——水灰比；

f_c——混凝土配制弯拉强度（MPa）；

f_s——水泥 28 d 实测抗折强度（MPa）。

现行规范规定，按照道路混凝土的使用环境、道路等级查表 3.68 得到满足耐久性能要求的最大水灰（胶）比。在满足弯拉强度和耐久性能要求的水灰（胶）比中取最小值作为道路混凝土的设计水灰（胶）比。

表 3.68　各级公路水泥混凝土最大水灰（胶）比和最小单位水泥用量

公路等级		高速、一级	二级	三级、四级
最大水灰（胶）比		0.44	0.46	0.48
有抗冰冻要求时最大水灰（胶）比		0.42	0.44	0.46
有抗盐冻要求时最大水灰（胶）比		0.40	0.42	0.44
最小单位水泥用量/(kg/m³)	52.5 级	300	300	290
	42.5 级	310	310	300
	32.5 级	—	—	315
有抗冰冻、抗盐冻要求时最小单位水泥用量/(kg/m³)	52.5 级	310	310	300
	42.5 级	320	320	315
	32.5 级	—	—	325
掺粉煤灰时最小单位水泥用量/(kg/m³)	52.5 级	250	250	245
	42.5 级	260	260	255
	32.5 级	—	—	265

③ 选取砂率

水泥混凝土的砂率宜根据砂的细度模数和粗集料种类按表 3.69 选取。用作抗滑槽时，

砂率可在表 3.69 基础上增大 $1\% \sim 2\%$。

表 3.69　水泥混凝土的砂率

砂细度模数		$2.2\sim2.5$	$2.5\sim2.8$	$2.8\sim3.1$	$3.1\sim3.4$	$3.4\sim3.7$
砂率 S_p/%	碎石	$30\sim34$	$32\sim36$	$34\sim38$	$36\sim40$	$38\sim42$
	卵石	$28\sim32$	$30\sim34$	$32\sim36$	$34\sim38$	$36\sim40$

注:① 相同细度模数时,机制砂的砂率宜偏低限取用;

　　② 破碎卵石可在碎石和卵石之间内插取值。

④ 单位用水量(W_0)的计算与确定

根据粗集料种类和坍落度要求,按下面经验公式计算单位用水量。计算单位用水量大于表 3.70 所示最大用水量的规定时,应采用减水率更高的外加剂来降低单位用水量。

碎石:

$$W_0 = 104.97 + 0.309S_L + 11.27\frac{C}{W} + 0.61S_p \qquad (3.19)$$

卵石:

$$W_0 = 86.89 + 0.370S_L + 11.24\frac{C}{W} + 1.00S_p \qquad (3.20)$$

掺外加剂的混凝土单位用水量:

$$W_{0w} = W_0\left(1 - \frac{\beta}{100}\right) \qquad (3.21)$$

式中　W_0——不掺外加剂与掺合料混凝土的单位用水量(kg/m^3);

　　　S_L——坍落度(mm);

　　　S_p——砂率(%);

　　　W_{0w}——掺外加剂混凝土的单位用水量(kg/m^3);

　　　β——所用外加剂剂量的实测减水率(%)。

表 3.70　水泥混凝土最大单位用水量　　　　　　　　　单位:kg/m^3

施工工艺	碎石混凝土	卵石混凝土
滑模摊铺机摊铺	160	155
三辊轴机组摊铺	153	148
小型机具摊铺	150	145

注:破碎卵石混凝土最大单位用水量可在碎石和卵石混凝土之间内插取值。

⑤ 计算单位水泥用量

单位水泥用量 C_0 可按照下式计算,计算结果小于表 3.68 所示规定值时,应取表 3.68 所示规定值。

$$C_0 = \frac{C}{W}W_0 \qquad (3.22)$$

式中　C_0——单位水泥用量(kg/m^3)。

⑥ 计算砂石材料用量 m_{s0} 和 m_{g0}

采用体积法时,认为混凝土拌合物总体积等于水泥、砂、石和水四种材料绝对体积与空隙体积之和,可按照下式计算:

$$\left.\begin{array}{l} \dfrac{m_{c0}}{\rho_c}+\dfrac{m_{g0}}{\rho_g}+\dfrac{m_{s0}}{\rho_s}+\dfrac{m_{w0}}{\rho_w}+V_a=1 \\[3mm] \beta_s=\dfrac{m_{s0}}{m_{s0}+m_{g0}}\times100\% \end{array}\right\} \qquad (3.23)$$

式中　m_{co}——混凝土中的单位水泥用量(kg/m^3);

$\quad\quad m_{g0}$——混凝土中的单位粗集料用量(kg/m^3);

$\quad\quad m_{s0}$——混凝土中的单位细集料用量(kg/m^3);

$\quad\quad m_{w0}$——混凝土中的单位用水量(kg/m^3);

$\quad\quad \beta_s$——砂率(%);

$\quad\quad \rho_c$——水泥密度(kg/m^3);

$\quad\quad \rho_g$——粗集料的表观密度(kg/m^3);

$\quad\quad \rho_s$——细集料的表观密度(kg/m^3);

$\quad\quad \rho_w$——水的密度(kg/m^3),可取 1000 kg/m^3;

$\quad\quad V_a$——混凝土的含气量百分数,在不使用引气型外加剂时,可取 1。

(2)试拌调整,提出基准配合比

① 试拌:取施工现场实际材料,配制 0.03 m^3 混凝土拌合物。

混凝土的试拌根据《公路工程水泥及水泥混凝土试验规程》(JTG 3420—2020)中普通混凝土的制备方法进行。试验采用强制式单卧轴混凝土搅拌机拌和,如图 3.82 所示。

② 测定工作性:测定坍落度或维勃稠度,并观察黏聚性和保水性,如图 3.83 所示。

图 3.82　强制式单卧轴混凝土搅拌机

图 3.83　混凝土坍落度测试

③ 调整配合比:如流动性不符合要求,应在水灰比不变的情况下,增减水泥用量;如黏聚性和保水性不符合要求,应调整砂率。

④ 提出基准配合比:调整后,提出一个流动性、黏聚性和保水性均符合要求的基准配合比。

(3)强度测定,确定实验室配合比

① 制备抗弯拉强度试件:按基准配合比,增加和减少水灰比,再计算两组配合比,用三

组配合比制备抗弯拉强度试件。

② 抗弯拉强度测定:三组试件在标准条件下养护 28 d 后,按标准方法测定其抗弯拉强度。

③ 确定实验室配合比:根据抗弯拉强度,确定符合工作性和强度要求,且最经济合理的实验室配合比(或称理论配合比)。

(4) 换算工地配合比

根据施工现场材料性质、砂石材料颗粒表面含水率,对理论配合比进行换算,最后得出施工配合比。

3.4.6.4 道路水泥混凝土配合比设计

道路混凝土配合比设计的任务是将组成混凝土的原材料,即粗(细)集料、水和水泥的用量加以合理配合,使所配制的混凝土能满足强度、耐久性能及和易性等技术要求,并尽可能节约水泥,以取得最大的经济效益。水泥混凝土路面设计弯拉强度为 5.0 MPa,碎石混凝土工作性出机坍落度为 40~60 mm,其水泥混凝土实验室配合比如下:

(1) 计算初步配合比

① 确定道路混凝土的配制抗折强度

$$f_c = \frac{f_r}{1 - 1.04C_v} + ts = 5.9 \text{ MPa} \tag{3.24}$$

② 计算水灰比

$$\frac{W}{C} = \frac{1.5684}{f_c + 1.0097 - 0.3595f_s} = \frac{1.5684}{5.9 + 1.0097 - 0.3595 \times 7.0} = 0.36 \tag{3.25}$$

③ 选取砂率

根据砂的细度模数和粗集料种类,按《公路水泥混凝土路面施工技术细则》中表 4.2.11-1 取 33%。

④ 计算单位用水量

$$W_0 = 104.97 + 0.309S_L + 11.27\frac{C}{W} + 0.61S_p$$

$$= 104.97 + 0.309 \times 40 + 11.27 \times \frac{1}{0.36} + 0.61 \times 33$$

$$= 168.8 \text{ kg/m}^3 \tag{3.26}$$

计算得出的用水量大于规范中规定的最大用水量,取用水量为 150 kg/m³。

⑤ 计算单位水泥用量

$$C_0 = \frac{C}{W}W_0 = \frac{1}{0.36} \times 150 = 416.7 \text{ kg/m}^3 \tag{3.27}$$

⑥ 计算砂石材料用量

根据上一小节公式计算得出 $m_{g0} = 1267.2 \text{ kg/m}^3$,$m_{s0} = 620.9 \text{ kg/m}^3$。

(2) 试拌调整,提出基准配合比

①试拌:按计算初步配合比试拌 36 L 混凝土拌合物,各种材料用量:

水泥：$416.7 \times 0.036 = 15$ kg

水：$150 \times 0.036 = 5.4$ kg

碎石：$1267.2 \times 0.036 = 45.62$ kg

砂：$620.9 \times 0.036 = 22.35$ kg

② 确定基准配合比：按混凝土初步配合比，配制混凝土拌合物，测得和易性不满足施工要求。为此，在拌合物中加入高效减水剂，经多次试配后，水灰比为 0.36，减水剂含量为水泥掺量的 0.55% 时坍落度为 50 mm；砂率为 33% 时混凝土黏聚性、保水性良好，满足施工和易性要求。由此，确定最终混凝土拌合物的基准配合比为：

$$m_{c0}:m_{w0}:m_{s0}:m_{g0}=416.7:150:620.9:1267.2$$

③ 设计配合比确定

在基准配合比的水灰比上下浮动 0.03 试配三种水灰比的试件，用水量保持不变，相应调整砂、碎石用量，拌制三组混凝土拌合物。除基准配合比一组外，其他两组经测定坍落度并观察其黏聚性和保水性均属合格。具体配合比如表 3.71 所示。

表 3.71　水泥混凝土配合比汇总表

编号	水灰比	水泥/(kg/m³)	水/(kg/m³)	砂/(kg/m³)	碎石/(kg/m³)	减水剂/%	砂率/%
A	0.36	416.7	150	620.9	1267.2	0.55	33
A1	0.39	384.6	150	630.1	1285.9	0.5	33
A2	0.33	454.5	150	592.6	1260.9	0.5	32

水泥混凝土抗弯拉强度的测试参照《公路工程水泥及水泥混凝土试验规程》（JTG 3420—2020）中"T 0558—2005"方法进行，成型尺寸为 100 mm×100 mm×400 mm 的棱柱体试件，在标准养护室中养护至测试龄期后在万能试验机上测试 7 d 和 28 d 抗弯拉强度；水泥混凝土立方体抗压强度的测试参照《公路工程水泥及水泥混凝土试验规程》（JTG 3420—2020）中"T 0553—2005"方法进行，成型尺寸为 100 mm×100 mm×100 mm 的立方体试件，在标准养护室中养护至测试龄期后在万能试验机上测试 7 d 和 28 d 立方体抗压强度。具体测试结果如表 3.72 所示。

表 3.72　水泥混凝土的力学强度

编号	水灰比	抗弯拉强度/MPa		抗压强度/MPa	
		7 d	28 d	7 d	28 d
A	0.36	5.60	6.34	56.9	67.1
A1	0.39	5.03	5.12	54.9	62.7
A2	0.33	5.95	6.95	64.1	73.2

根据表 3.72 测试得出的 28 d 抗弯拉强度结果，从强度和经济性双重角度优选，选择 A 组作为实验室基准配合比。

3.4.7　铁尾矿砂混凝土基本力学性能研究

混凝土是目前世界上应用最广的建筑材料,被广泛应用于建筑、公路、桥梁、水利及其他有特殊要求的建筑结构中,其基本力学性能指标是水泥基材料和混凝土结构设计的基础。在实际工程应用中,对于水泥基材料硬化后的基本力学性能指标的试验考察是必不可少的。强度是水泥混凝土最重要的力学性能,也是评价混凝土质量的重要指标。

本节采用在水泥混凝土基准配合比基础上配制出铁尾矿砂混凝土,并进行铁尾矿砂混凝土的基本力学性能试验,以一组普通水泥混凝土为参照进行对比,研究铁尾矿砂混凝土的立方体抗压强度、劈裂抗拉强度、轴心抗压强度、抗弯拉强度以及抗压弹性模量等多种混凝土力学性能及变形性能随龄期变化的规律,为铁尾矿砂混凝土的实际工程应用提供有效的试验依据。

3.4.7.1　力学性能试验方法

(1) 立方体抗压强度

抗压强度是混凝土材料研究中最基本的力学性能指标之一,也是结构设计最重要的设计指标之一,它不仅反映了混凝土材料的强度等级,也影响着混凝土劈裂抗拉强度、抗折强度、弹性模量、应力应变等性能指标[44]。当然,对于路用混凝土,抗压强度并不是最主要的力学指标,只起到辅助参考的作用。

本小节主要依据《公路工程水泥及水泥混凝土试验规程》(JTG 3420—2020)中规定的水泥混凝土抗压强度试验方法(T 0553—2005),成型边长为 100 mm 的正立方体试件,在室温 20 ℃±5 ℃、相对湿度大于 50% 的环境下,静放一昼夜后拆模,放入标准养护室中进行养护,标准养护室温度 20 ℃±2 ℃,相对湿度在 95% 以上,养护至规定龄期,同龄期的 3 个试件为一组(图 3.84、图 3.85)。

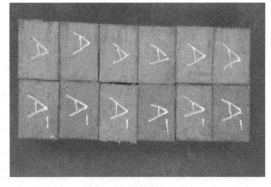

图 3.84　试件拆模前　　　　　　　　　　　　图 3.85　试件拆模后

至试验规定龄期后,从养护室中取出试件,应尽快试验,避免其湿度变化(图 3.86)。

检查外观与形状,相对两面应平行,量出棱边长度,精确至 1 mm,试件受力截面面积按其与压力机上下接触面的平均值计算。在破型前,保持试件原有湿度,在试验时擦干试件。

图 3.86　水泥混凝土立方体抗压强度试验

以成型时侧面为上下受压面,试件中心应与压力机几何对中。

强度等级小于 C30 的混凝土,取 0.3~0.5 MPa/s 的加荷速度;强度等级大于 C30 小于 C60 时,则取 0.5~0.8 MPa/s 的加荷速度;强度等级大于 C60 的混凝土,取 0.8~1.0 MPa/s 的加荷速度。当试件接近破坏而迅速变形时,应停止调整试验机油门,直至试件破坏,记下破坏极限荷载 $F(\mathrm{N})$。

混凝土立方体试件抗压强度按下式计算:

$$f_{cu} = 0.95 \frac{F}{A} \tag{3.28}$$

式中　0.95——采用非标准试件时的尺寸换算系数;

　　　f_{cu}——混凝土立方体抗压强度(MPa);

　　　F——极限荷载(N);

　　　A——受压面积(100 mm×100 mm)。

以每组 3 个试件测值的算术平均值为测定值,计算精确至 0.1 MPa。3 个测值中的最大值或最小值如有一个与中间值之差超过中间值的 15%,则取中间值为测定值;如最大值和最小值与中间值之差均超过中间值的 15%,则该组试验结果无效。

(2)立方体劈裂抗拉强度

抗拉强度是混凝土材料研究中基本的力学性能指标之一,是结构设计最重要的设计指标,它不仅影响混凝土构件的正常使用极限状态,有时也影响构件承载能力极限状态,是混凝土材料破坏和强度理论的重要依据[45]。

本小节主要依据《公路工程水泥及水泥混凝土试验规程》(JTG 3420—2020)中规定的水泥混凝土立方体劈裂抗拉强度试验方法(T 0560—2005),成型边长为 100 mm 的正立方体试件,在室温 20 ℃±5 ℃、相对湿度大于 50% 的环境下,静放一昼夜后拆模,放入标准养护室中进行养护,标准养护室温度 20 ℃±2 ℃,相对湿度在 95% 以上,养护至规定龄期,同龄期的 3 个试件为一组,试验采用半径 75 mm 的弧形垫块,采用长度为 120 mm、宽度为 20 mm、厚度为 3 mm 的木质三合板垫条(垫条不重复使用)。

至试验规定龄期后,自养护室取出试件,用湿布覆盖,避免其湿度变化。检查外观,在试件中部划出劈裂面位置线,劈裂面与试件成型时的顶面垂直。尺寸测量精确到 0.1 mm。

试件放在球座上,几何对中,放妥垫层垫条,其方向与试件成型时的顶面垂直(图 3.87)。

当混凝土的强度等级小于 C30 时,加荷速度为 0.02～0.05 MPa/s;当混凝土的强度等级大于 C30 小于 C60 时,加荷速度为 0.05～0.08 MPa/s;当混凝土的强度等级大于 C60 时,加荷速度为 0.08～0.10 MPa/s。当试件接近破坏而迅速变形时,不得调整试验机油门,直至试件破坏(图 3.88),记下破坏极限荷载 $F(\text{N})$。

图 3.87 劈裂抗拉强度试验

图 3.88 试件破坏形态

混凝土立方体劈裂抗拉强度按下式计算:

$$f_{ts}=0.85\times\frac{2F}{\pi A}=0.541\frac{F}{A} \tag{3.29}$$

式中 0.85——采用非标准试件时的尺寸换算系数;

f_{ts}——混凝土立方体劈裂抗拉强度(MPa);

F——极限荷载(N);

A——试件劈裂面面积(100 mm×100 mm),为试件横截面面积。

以 3 个试件测值的算术平均值为测定值,计算精确至 0.01 MPa。如 3 个测值中的最大值或最小值有一个与中间值之差超过中间值的 15%,则取中间值为测定值;如最大值和最小值与中间值之差均超过中间值的 15%,则该组试验结果无效。

(3)棱柱体轴心抗压强度

为了消除立方体试件两端与试验机接触面的相互摩擦作用,测试出混凝土理想的单轴受压性能,常采用棱柱体或圆柱体试件。已有试验结果表明[46],混凝土的棱柱体抗压强度随着试件高厚比的增大而单调减小,但当高厚比大于或等于 3 时,强度值已稳定,故常采用高厚比为 2 的棱柱体进行抗压试验。

本小节主要依据《公路工程水泥及水泥混凝土试验规程》(JTG 3420—2020)中规定的水泥混凝土棱柱体轴心抗压强度试验方法(T 0555—2005),成型 150 mm×150 mm×300 mm 的标准试件,在室温 20 ℃±5 ℃、相对湿度大于 50% 的环境下,静放一昼夜后拆模,放入标准养护室中进行养护,标准养护室温度 20 ℃±2 ℃,相对湿度在 95% 以上,养护至规定龄期,同龄期的 3 个试件为一组。

至试验规定龄期后,自养护室取出试件,用湿布覆盖,避免其湿度变化。在试验时擦干试件,测量其高度和宽度,精确至 1 mm。

在压力机下压板上放好试件,几何对中。强度等级小于 C30 的混凝土,取 0.3～0.5 MPa/s 的加荷速度;强度等级大于 C30 小于 C60 时,则取 0.5～0.8 MPa/s 的加荷速度;强度等级大于 C60 的混凝土,取 0.8～1.0 MPa/s 的加荷速度。

当试件接近破坏而开始迅速变形时,应停止调整试验机油门,直至试件破坏,记下破坏极限荷载 $F(\text{N})$(图 3.89)。

图 3.89　轴心抗压强度试验

混凝土棱柱体轴心抗压强度按下式计算:

$$f_{cp} = \frac{F}{A} \tag{3.30}$$

式中　f_{cp}——混凝土棱柱体轴心抗压强度(MPa);

　　　F——极限荷载(N);

　　　A——受压面积(150 mm×150 mm)。

以 3 个试件测值的算术平均值为测定值,计算精确至 0.1 MPa。如 3 个测值中的最大值或最小值有一个与中间值之差超过中间值的 15%,则取中间值为测定值;如最大值和最小值与中间值之差均超过中间值的 15%,则该组试验结果无效。

(4)抗弯拉强度

在道路设计规范中,抗折强度是混凝土的主要强度指标。混凝土试件的极限抗折强度可作为对混凝土配合比设计的强度验证,并为路面结构设计提供设计参数。与抗压强度不同的是,抗压破坏受压剪应力控制,抗压强度主要取决于浆体本身的强度,而抗折破坏主要受弯拉应力控制,弯拉应力对混凝土的界面结构和匀质性更为敏感。

本小节主要依据《公路工程水泥及水泥混凝土试验规程》(JTG 3420—2020)中规定的水泥混凝土弯拉强度试验方法(T 0558—2005),成型 100 mm×100 mm×400 mm 的直角棱柱体小梁试件,在室温 20 ℃±5 ℃、相对湿度大于 50% 的环境下,静放一昼夜后拆模,放入标准养护室中进行养护,标准养护室温度 20 ℃±2 ℃,相对湿度在 95% 以上,养护至规定龄期,同龄期的 3 个试件为一组。

至试验规定龄期后,自养护室取出试件,用湿毛巾覆盖并及时进行试验,保持试件干湿状态不变。在试件中部量出其宽度和高度,精确至 1 mm。

调整两个可移动支座,将试件安放在支座上,试件成型时的侧面朝上,几何对中后,务必使支座及承压面与活动船形垫块的接触面平稳、均匀,否则应垫平(图 3.90)。

图 3.90　抗弯拉强度试验

加荷时,应保持均匀、连续。当混凝土的强度等级小于 C30 时,加荷速度为 0.02～0.05 MPa/s;当混凝土的强度等级大于 C30 小于 C60 时,加荷速度为 0.05～0.08 MPa/s;当混凝土的强度等级大于 C60 时,加荷速度为 0.08～0.10 MPa/s。当试件接近破坏而迅速变形时,不得调整试验机油门,直至试件破坏,记下破坏极限荷载 F(N),并记录下最大荷载和试件下边缘断裂的位置。

当端面发生在两个加荷点之间时,抗弯拉强度按下式计算:

$$f_f = 0.85 \frac{FL}{bh^2} \tag{3.31}$$

式中　0.85——采用非标准试件时的尺寸换算系数;

　　　F——抗弯拉强度(MPa);

　　　L——支座间距离(mm);

　　　b——试件宽度(mm);

　　　h——试件高度(mm)。

以 3 个试件测值的算术平均值为测定值,计算精确至 0.01 MPa。如 3 个测值中的最大值或最小值有一个与中间值之差超过中间值的 15%,则取中间值为测定值;如最大值和最小值与中间值之差均超过中间值的 15%,则该组试验结果无效。

3 个试件中如有一个断裂面位于加荷点外侧,则混凝土抗弯拉强度按另外两个试件的试验结果计算。如果这两个测值的差值不大于这两个测值中较小值的 15%,则以两个测值的平均值为测试结果,否则结果无效。

如果有两根试件均出现断裂面且位于加荷点外侧,则该组结果无效。

(5) 抗压弹性模量

弹性模量是反映混凝土材料变形的力学性能指标,是混凝土结构抗震设计的重要依据。本小节主要依据《公路工程水泥及水泥混凝土试验规程》(JTG 3420—2020)中规定的水泥混凝土棱柱体抗压弹性模量试验方法(T 0556—2005),成型 150 mm×150 mm×300 mm 的标准试件,在室温 20 ℃±5 ℃、相对湿度大于 50% 的环境下,静放一昼夜后拆模,放入标准养护室中进行养护,标准养护室温度 20 ℃±2 ℃,相对湿度在 95% 以上,养护至规定龄期,同龄期的 3 个试件为一组。

至试验规定龄期后,自养护室取出试件,用湿毛巾覆盖并及时进行试验,保持试件干湿状态不变。

　　擦净试件,量出尺寸并检查外形,尺寸量测精确至 1 mm。试件不得有明显缺损,端面不平时需预先抹平。

　　根据轴心抗压强度试验,计算出棱柱体轴心抗压强度值。

　　将试件移于压力机球座上,几何对中,微变形量测仪应安装在试件两侧的中线上并对称于试件两侧(图 3.91)。

（a）

（b）

图 3.91　抗压弹性模量试验

　　开动压力机,当上压板与试件接近时,调整球座,使接触均衡。加荷至基准应力为 0.5 MPa 对应的初始荷载值 F_0,保持荷载 60 s 并在以后的 30 s 内记录两侧变形量测仪的读数 $\varepsilon_0^{左}$、$\varepsilon_0^{右}$。应立即以 0.6 MPa/s±0.4 MPa/s 的加荷速率连续均匀加荷至 1/3 轴心抗压强度 f_{cp} 对应的荷载值 F_a,保持荷载 60 s 并在以后的 30 s 内记录两侧变形量测仪的读数 $\varepsilon_0^{左}$、$\varepsilon_0^{右}$。

　　以上读数应和它们的平均值相差在 20% 以内,否则应重新对中试件后重复上述步骤。如果无法使差值降低到 20% 以内,则此次试验无效。

　　确认差值在 20% 以内后,以相同的速度卸荷至基准应力 0.5 MPa 对应的初始荷载值 F_0 并持荷 60 s。以相同的速度加荷至荷载值 F_a,再保持 60 s 恒载,最后以相同的速度卸荷至初始荷载值 F_0,至少进行两次预压循环。

　　在完成最后一次预压后,保持 60 s 初始荷载值 F_0,在后续的 30 s 内记录两侧变形量测仪的读数 $\varepsilon_0^{左}$、$\varepsilon_0^{右}$,再用同样的加荷速度加荷至荷载值 F_a,再保持 60 s 恒载,并在后续的 30 s 内记录两侧变形量测仪的读数 $\varepsilon_a^{左}$、$\varepsilon_a^{右}$。

　　卸除微变形量测仪,以同样的速度加荷至破坏,记下破坏极限荷载 $F(N)$。

　　混凝土抗压弹性模量按下式计算:

$$E_c = \frac{F_a - F_0}{A} \times \frac{L}{\Delta n} \tag{3.32}$$

式中　E_c——混凝土抗压弹性模量(MPa);

　　　　F_a——终荷载(N)($\frac{1}{3} f_{cp}$ 时对应的荷载值);

F_0——初荷载(N)(0.5 MPa 时对应的荷载值);

L——测量标距(mm);

A——试件承压面积(mm^2);

Δn——最后一次加荷时,试件两侧在 F_a 及 F_0 作用下变形差平均值(mm)。

$$\Delta n = \frac{\varepsilon_a^{左} + \varepsilon_a^{右}}{2} - \frac{\varepsilon_0^{左} + \varepsilon_0^{右}}{2}$$

式中 ε_a——F_a 时标距间试件变形(mm);

ε_0——F_0 时标距间试件变形(mm)。

以 3 根试件试验结果的算术平均值为测定值,计算结果精确至 0.1 MPa。如果其循环后的任一根与循环前轴心抗压强度之差超过后者的 20%,则弹性模量值按另两根试件试验结果的算术平均值计算;如有两根试件试验结果超出上述规定,则试验结果无效。

(6) 干缩性能

水泥混凝土材料的干缩是其物理力学性能的重要方面,干缩使混凝土产生内应力,路面结构发生变形,诱发路面板出现裂缝,降低其强度和刚度。此外,干缩还能使混凝土内部产生微裂缝,破坏混凝土的微结构,降低混凝土的耐久性。

本小节主要依据《公路工程水泥及水泥混凝土试验规程》(JTG 3420—2020)中规定的水泥混凝土干缩性试验方法(T 0566—2005),成型 100 mm×100 mm×400 mm 的直角棱柱体小梁试件,在室温 20 ℃±5 ℃、相对湿度大于 50% 的环境下,静放一昼夜后拆模,放入标准养护室中进行养护,标准养护室温度 20 ℃±2 ℃,相对湿度在 95% 以上,养护至规定龄期,同龄期的 3 个试件为一组。

采用游标卡尺量取其初始长度,长度应重复测定 3 次,取算术平均值作为基准长度的测定值。至无明显水迹后称取试件初始质量 m_0。取出试件,将试件长轴端磨平并在端面上使用 502 胶黏结有机玻璃片,待 502 胶固结后将位移计(千分表)夹具固定在收缩仪上,在收缩仪上安放涂有润滑剂的玻璃棒,使试件在收缩时减少与收缩仪的摩擦。

收缩仪连同试件一起放入干缩室。将千分表表头顶到有机玻璃片上,使表针走动到较大数值。从移入干缩室的时间起计算,某一龄期混凝土的干缩率按下式计算:

$$S_d = \frac{(X_{01} - X_{t1})}{L_0} \times 100\% \tag{3.33}$$

式中 S_d——龄期 d 天的混凝土干缩率(%);

L_0——试件的测量标距,等于混凝土试件的长度(不计侧头凸出部分)减去 2 倍侧头埋入深度(mm);

X_{01}——试件的初始长度(含侧头)(mm);

X_{t1}——龄期 t 天时干缩长度测值(含侧头)(mm)。

取 3 个试件干缩率的算术平均值作为试验结果,干缩率计算精确至 0.0001%。

(7) 抗渗性能

水泥混凝土属于一种耐水材料,本身即具有刚性自防水功能,但由于混凝土本身是一种多孔性材料,在一定的水压作用下,水分仍有可能浸湿水泥混凝土一定深度,从而引起各种耐久性问题,在北方冰冻地区甚至还有可能造成冻融破坏等病害,所以抗渗性能是路(桥)面水泥混凝土设计的重要路用指标之一。

本小节对不同取代率下铁尾矿砂混凝土进行水渗透试验,旨在通过分析试验结果得出平均渗水高度随铁尾矿砂取代率的变化规律,主要依据《公路工程水泥及水泥混凝土试验规程》(JTG 3420—2020)中规定的水泥混凝土渗水高度试验方法(T 0569—2005),成型上口直径 175 mm、下口直径 185 mm、高 150 mm 的标准试件,在室温 20 ℃±5 ℃、相对湿度大于 50% 的环境下,静放一昼夜后拆模,放入标准养护室中进行养护,标准养护室温度 20 ℃±2 ℃,相对湿度在 95% 以上,养护至规定龄期,同龄期的 6 个试件为一组。

试件至龄期后取出,擦干表面,用钢丝刷刷净两端面,待表面干燥后,在试件侧面滚涂一层溶化的石蜡,然后立即在压力机上压入经过烘箱预热过的试模中,使试件底面和试模底平齐,待试模冷却后,即可接触压力,装在渗透仪上进行试验(图 3.92)。若在试验过程中发现水从试件的周边渗出则表示试件没有密封好,需要重新密封。随时观察试件端面是否出现渗水现象,当某一试件端面出现渗水,应停止这个试件的水渗透试验,记录时间并以 150 mm 作为其渗水高度。

图 3.92　抗渗试验

试验时,水压控制恒定为 1.0 MPa,同时开始记录时间(精确到 1 min),24 h 后停止试验,取出试件。

试验完成后取出试件并将试件放在压力机上,沿端面将试件劈裂成两半,待看清水痕后(过 2~3 min)用墨汁描出水痕,即为渗水轮廓,笔迹不宜太粗。

将梯形玻璃板放在试件劈裂面上,用尺测量 10 条线的渗水高度(精确至 1 mm)。

以 10 个测点处渗水高度的算术平均值作为该试件的渗水高度,然后再计算 6 个试件的渗水高度的算术平均值,作为该组试件的平均渗水高度。如试件的渗水高度均匀(3 个试件渗水高度值中最大值与最小值之差不大于 3 个数的平均值的 30%)时,允许从 6 个试件中先取 3 个试件进行试验,其渗水高度取 3 个试件的算术平均值。根据试验所得渗水高度的大小,相对比较混凝土的密实性。

3.4.7.2　不同铁尾矿砂取代率下的试验配合比

在 3.4.6 节中,通过适配调整得到了道路水泥混凝土的基准配合比,其工作性能表现良好。本小节拟在基准配合比的基础上,用铁尾矿砂取代部分天然砂,配制出符合工作性能要求的道路水泥混凝土,考察不同取代率下铁尾矿砂混凝土力学性能的变化情况。由于铁尾矿砂属于特细骨料,比表面积比天然砂的大,相同用量下要达到天然砂的流动性,需水量比天然砂的大,因此拟分别采用铁尾矿砂取代率0%、20%、40%、60%做对比试验。具体的配合比如表3.73所示。

表3.73　不同铁尾矿砂取代率配合比设计表　　　　　　　单位:kg/m³

编号	铁尾矿砂取代率	水泥	水	天然砂	铁尾矿砂	碎石	减水剂	砂率
A	0%	416.7	150	620.9	0	1267.2	0.55%	33%
B	20%	416.7	150	483.4	120.9	1285.7	0.95%	32%
C	40%	416.7	150	352.3	234.8	1304.7	1.7%	31%
D	60%	416.7	150	227.8	341.7	1324.4	2.45%	30%

3.4.7.3　基本力学性能试验结果分析

（1）立方体抗压强度

为了充分比较不同铁尾矿砂取代率下的铁尾矿砂混凝土的立方体抗压强度变化规律,本研究分别对0%、20%、40%、60%铁尾矿砂取代率下的铁尾矿砂混凝土进行了7 d、28 d、60 d和90 d的立方体抗压强度试验,试验结果如表3.74和图3.93所示。

表3.74　不同铁尾矿砂取代率下铁尾矿砂混凝土立方体抗压强度　　　　单位:MPa

龄期		7 d	28 d	60 d	90 d
立方体抗压强度	0%铁尾矿砂取代率	66.8	72.8	77.6	79.8
	20%铁尾矿砂取代率	62.2	72.6	76.0	79.4
	40%铁尾矿砂取代率	55.2	69.1	71.4	73.4
	60%铁尾矿砂取代率	53.4	66.0	70.4	71.5

由图3.93可以看出,铁尾矿砂混凝土的立方体抗压强度和普通水泥混凝土的立方体抗压强度增长规律相似,都随着龄期的增长而增长。其中铁尾矿砂取代率为20%的铁尾矿砂混凝土与普通水泥混凝土在各个龄期均具有相近的抗压强度。

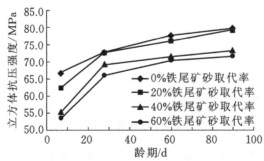

图3.93　不同铁尾矿砂取代率下铁尾矿砂混凝土立方体抗压强度随龄期变化曲线

从曲线变化规律来看,在铁尾矿砂取代率不变的条件下,铁尾矿砂混凝土的强度增长可分为三个阶段,即快速发展期、平稳过渡期和稳定增长期。1～7 d 为快速发展期,四种混凝土抗压强度在该阶段均表现出快速增加的趋势;7～28 d 为平稳过渡期,该阶段中强度增长有所减缓,但减缓不明显,强度仍然增加;28 d 之后为稳定增长期,进入该阶段后强度增长放缓。

影响混凝土强度最根本的原因在于自身的材料种类及掺量,从微观层面考虑,可以把硬化后的混凝土分为水泥石、骨料以及界面过渡区(Interfacial Transition Zone, ITZ)三相。其中粗骨料和细骨料本身性质稳定,不具有时变性。而水泥石随着水化反应的进行,其物相及内部构成产生复杂变化,表现为宏观反应,即强度的增长及密实度的变化。而 ITZ 是混凝土中最薄弱的组成相,此组成相决定了混凝土早期强度,ITZ 性质随龄期的微观物相变化受水泥石浆体及骨料表面特点影响,具有时变性。因此,硬化后的混凝土早期强度的变化规律是由水泥石物相变化及其性质的时变性和 ITZ 性质的时变性所决定的,是二者的综合体现。

(2)立方体劈裂抗拉强度

为了充分比较不同铁尾矿砂取代率下的铁尾矿砂混凝土的立方体劈裂抗拉强度变化规律,本研究分别对 0%、20%、40%、60%铁尾矿砂取代率下的铁尾矿砂混凝土进行了 7 d、28 d、60 d 和 90 d 的立方体劈裂抗拉强度试验,试验结果如表 3.75 和图 3.94 所示。

表 3.75　不同铁尾矿砂取代率下铁尾矿砂混凝土立方体劈裂抗拉强度　　　单位:MPa

龄期		7 d	28 d	60 d	90 d
立方体劈裂抗拉强度	0%铁尾矿砂取代率	4.25	4.74	5.22	5.35
	20%铁尾矿砂取代率	4.23	4.58	5.01	5.13
	40%铁尾矿砂取代率	4.03	4.27	4.78	4.96
	60%铁尾矿砂取代率	3.95	4.19	4.56	4.83

由图 3.94 可以看出,四种混凝土劈裂抗拉强度随龄期的发展规律相似,也是前期强度发展迅速,过渡期发展放缓,后期发展平稳,其过程与立方体抗压强度随龄期发展规律相似,即也经历快速发展期、平稳过渡期和稳定增长期三个强度发展阶段。

混凝土的劈裂抗拉强度与立方体抗压强度之比(简称拉压比)是反映混凝土脆性指标的重要参数。图 3.95 给出了拉压比随龄期的变化规律,由图 3.95 可知,基准配合比混凝土 7 d、28 d 拉压比和不同铁尾矿砂取代率下混凝土的拉压比变化趋势相反,基准配合比混凝土随龄期增长,拉压比呈现增长趋势,而不同铁尾矿砂取代率下混凝土的拉压比随龄期增长呈现下降趋势。到达 28 d 时,四种配合比混凝土的拉压比接近。

(3)棱柱体轴心抗压强度

为了充分比较不同铁尾矿砂取代率下的铁尾矿砂混凝土的棱柱体轴心抗压强度变化规律,本研究分别对 0%、20%、40%、60%铁尾矿砂取代率下的铁尾矿砂混凝土进行了 7 d、28 d、60 d 和 90 d 的棱柱体轴心抗压强度试验,试验结果如表 3.76 和图 3.96 所示。

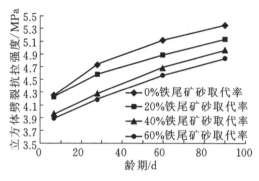

图 3.94　不同铁尾矿砂取代率下铁尾矿砂混凝土
立方体劈裂抗拉强度随龄期变化曲线

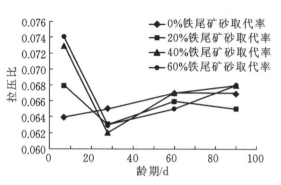

图 3.95　不同铁尾矿砂取代率下铁尾矿砂
混凝土拉压比随龄期变化规律

表 3.76　不同铁尾矿砂取代率下铁尾矿砂混凝土棱柱体轴心抗压强度　　单位：MPa

	龄期	7 d	28 d	60 d	90 d
	0%铁尾矿砂取代率	50.7	55.3	58.9	61.2
棱柱体轴心	20%铁尾矿砂取代率	47.3	55.7	57.8	60.4
抗压强度	40%铁尾矿砂取代率	42.0	52.5	54.3	58.6
	60%铁尾矿砂取代率	40.6	50.2	53.5	54.3

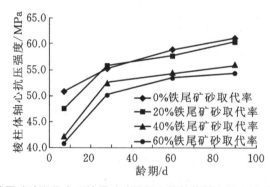

图 3.96　不同铁尾矿砂取代率下铁尾矿砂混凝土棱柱体轴心抗压强度随龄期变化曲线

由图 3.96 可以看出，在相同龄期条件下随着铁尾矿砂取代率的增加，轴心抗压强度总体呈现减小的趋势；在铁尾矿砂取代率不变的条件下，混凝土的早期轴心抗压强度增长得较快，而当龄期超过 28 d 后，其增长速度放缓。

（4）抗弯拉强度

为了充分比较不同铁尾矿砂取代率下的铁尾矿砂混凝土的抗弯拉强度变化规律，本研究分别对 0%、20%、40%、60%铁尾矿砂取代率下的铁尾矿砂混凝土进行了 7 d、28 d、60 d 和 90 d 的抗弯拉强度试验，试验结果如表 3.77 和图 3.97 所示。

表 3.77　不同铁尾矿砂取代率下铁尾矿砂混凝土抗弯拉强度　　　　单位:MPa

龄期		7 d	28 d	60 d	90 d
抗弯拉强度	0%铁尾矿砂取代率	5.54	6.31	6.55	6.71
	20%铁尾矿砂取代率	5.43	6.15	6.38	6.42
	40%铁尾矿砂取代率	4.92	5.94	6.11	6.21
	60%铁尾矿砂取代率	5.07	5.70	5.93	6.02

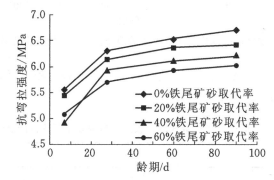

图 3.97　不同铁尾矿砂取代率下铁尾矿砂混凝土抗弯拉强度随龄期变化曲线

由图 3.97 可知,抗弯拉强度与立方体抗压强度、劈裂抗拉强度、轴心抗压强度随龄期增长的强度变化趋势大致相似。在铁尾矿砂取代率不变的条件下,混凝土的早期抗弯拉强度增长得较快,而当龄期超过 28 d 后,其增长速度放缓。

（5）抗压弹性模量

为了充分比较不同铁尾矿砂取代率下的铁尾矿砂混凝土的抗压弹性模量变化规律,本研究分别对 0%、20%、40%、60% 铁尾矿砂取代率下的铁尾矿砂混凝土进行了 7 d、28 d、60 d 和 90 d 的抗压弹性模量试验,试验结果如表 3.78 和图 3.98 所示。

表 3.78　不同铁尾矿砂取代率下铁尾矿砂混凝土抗压弹性模量　　　　单位:GPa

龄期		7 d	28 d	60 d	90 d
抗压弹性模量	0%铁尾矿砂取代率	3.68	3.74	3.78	3.81
	20%铁尾矿砂取代率	3.67	3.72	3.75	3.79
	40%铁尾矿砂取代率	3.54	3.65	3.71	3.75
	60%铁尾矿砂取代率	3.51	3.60	3.63	3.65

由图 3.98 可以看出,在相同龄期条件下,随着铁尾矿砂取代率的增加,抗压弹性模量呈现减小的趋势,其中铁尾矿砂取代率为 20% 的铁尾矿砂混凝土与普通水泥混凝土在各个龄期均具有相近的抗压弹性模量。

（6）干缩性能

为了充分比较不同铁尾矿砂取代率下的铁尾矿砂混凝土的干缩性能变化规律,本研究

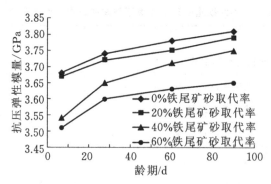

图 3.98 不同铁尾矿砂取代率下铁尾矿砂混凝土抗压弹性模量随龄期变化曲线

分别对 0%、20%、40%、60%铁尾矿砂取代率下的铁尾矿砂混凝土进行了 60 d 的干燥收缩试验,试验结果如表 3.79 和图 3.99 所示。

表 3.79 不同铁尾矿砂取代率下铁尾矿砂混凝土干缩性能测试结果

铁尾矿砂取代率	干缩率/($\times 10^{-6}$)					
	1 d	3 d	7 d	14 d	28 d	60 d
0%	70	87	147	205	274	312
20%	55	73	141	210	265	303
40%	73	88	138	218	280	308
60%	55	75	100	168	234	261

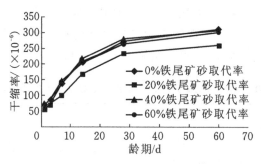

图 3.99 不同铁尾矿砂取代率下铁尾矿砂混凝土干缩性能随龄期变化曲线

由表 3.79 和图 3.99 可知,不同铁尾矿砂取代率下铁尾矿砂混凝土各龄期的干缩率都较小,其前期收缩速度较快,后期逐渐变缓。

从反应机理分析,铁尾矿砂或铁尾矿砂混合砂基本不参加水化,对于混凝土的干缩变形基本影响不大。干缩变形性能部分表征了混凝土的体积稳定性和干缩开裂趋势,因此该试验研究表明,铁尾矿砂混凝土体积稳定性和干缩开裂趋势符合混凝土耐久性能要求和工程实践的需要。

(7)抗渗性能

本小节对不同取代率下铁尾矿砂混凝土进行水渗透试验,旨在通过分析得出平均渗水高度随铁尾矿砂取代率的变化规律,分别对 0%、20%、40%、60% 铁尾矿砂取代率下的铁尾矿砂混凝土进行了 28 d 标准龄期试件的抗渗试验,试验结果如表 3.80 所示。

表 3.80　不同铁尾矿砂取代率下铁尾矿砂混凝土平均渗水高度试验结果

铁尾矿砂取代率	平均渗水高度/mm
0%	20
20%	22.5
40%	26
60%	29

由表 3.80 可以看出,随着铁尾矿砂取代率的增加,混凝土的平均渗水高度也逐渐增加,说明随着铁尾矿砂取代率的增加,铁尾矿砂混凝土的密实性降低。

3.5　建筑固体废弃物混凝土再生骨料材料性能研究

3.5.1　水泥稳定再生骨料混合料应用技术

从广义上来说,再生骨料(Recycled Aggregate,RC)是指由建筑固体废弃物中的混凝土、砂浆、砖瓦、石块等加工而成的粒料。从狭义上来说,再生骨料是指以废弃混凝土为主要原料,经破碎、筛分、除杂等工序后得到的粒料,这是目前研究和应用得最多的再生骨料,也可称为混凝土再生骨料(Recycled Concrete Aggregate,RCA)。与天然骨料相比,混凝土再生骨料在吸水率、密度、压碎值、针片状颗粒含量、杂质含量等方面有一定的差异,从而对路用无机结合料稳定混合料的配合比设计、路用性能等指标产生一定的影响。

本节主要基于前期的相关研究,从原料性能、配合比设计、路用性能等方面,对路用再生骨料无机混合料应用技术进行介绍。

针对天然骨料的分级方法和标准规范,并不适用于再生骨料。因此制定再生骨料的相关标准和规范,可以为再生骨料的生产、应用提供必要的技术依据和指导,为再生骨料生产的产品提供可靠的质量保障,引导和规范再生骨料的研究工作和产品生产,推动建筑固体废弃物再生循环利用的产业化进程。

混凝土再生骨料因废弃物来源和生产工艺不同,质量差别较大,我国住房城乡建设部在参考国外相关标准及大量研究成果基础之上,结合《建筑用卵石、碎石》(GB/T 14685—2001)[现已替换为《建设用卵石、碎石》(GB/T 14685—2022)]相关要求编制的《混凝土用再生粗骨料》(GB/T 25177—2010)和《混凝土和砂浆用再生细骨料》(GB/T 25176—2010)中,将再生粗骨料和再生细骨料分为Ⅰ类、Ⅱ类、Ⅲ类。这两项标准分别规定了适用于配制混凝土和砂浆的再生粗骨料和再生细骨料技术标准,其分类方法与技术要求分别参见表 3.81 和

表 3.82。

表 3.81　再生粗骨料分类与技术要求

项目	指标		
	Ⅰ类	Ⅱ类	Ⅲ类
颗粒级配(最大粒径≤31.5 mm)	合格	合格	合格
有机物含量(比色法)	合格	合格	合格
碱集料反应	合格	合格	合格
微粉含量(按质量计)(%,<)	1.0	2.0	3.0
泥块含量(按质量计)(%,<)	0.5	0.7	1.0
吸水率(%,<)	3.0	5.0	7.0
针、片状颗粒含量(按质量计)(%,<)	10	10	10
硫化物及硫酸盐含量(按 SO_3 质量计)(%,<)	2.0	2.0	2.0
氯离子含量(%,<)	0.06	0.06	0.06
杂物含量(%,<)	1.0	1.0	1.0
坚固性(质量损失)(%,<)	5.0	9.0	15.0
压碎值(%,<)	12	20	30
表观密度(kg/m³,>)	2450	2350	2250
空隙率(%,<)	47	50	53

表 3.82　再生细骨料分类与技术要求

项目		指标		
		Ⅰ类	Ⅱ类	Ⅲ类
颗粒级配		合格	合格	合格
有机物含量(比色法)		合格	合格	合格
碱集料反应		合格	合格	合格
微粉含量(按质量计)(%,<)	亚甲蓝 MB<1.40 或合格	5.0	6.0	9.0
	亚甲蓝 MB≥1.40 或不合格	1.0	3.0	5.0
泥块含量(按质量计)(%,<)		1.0	2.0	3.0
吸水率(%,<)		3.0	5.0	7.0
云母含量(按质量计)(%,<)		2.0	2.0	2.0
轻物质含量(按质量计)(%,<)		1.0	1.0	1.0

项目		指标		
		Ⅰ类	Ⅱ类	Ⅲ类
针、片状颗粒含量(按质量计)(%,<)		10	10	10
硫化物及硫酸盐含量(按 SO_3 质量计)(%,<)		2.0	2.0	2.0
氯离子含量(%,<)		0.06	0.06	0.06
杂物含量(%,<)		1.0	1.0	1.0
坚固性(质量损失)(%,<)		7.0	9.0	12.0
最大压碎指标值(%,<)		20	25	30
表观密度(kg/m^3,>)		2450	2350	2250
堆积密度(kg/m^3,>)		1350	1300	1200
空隙率(%,<)		46	48	52
再生胶砂需水量比(<)	细	1.35	1.55	1.80
	中	1.30	1.45	1.70
	粗	1.20	1.35	1.50
再生胶砂强度比(≤)	细	0.80	0.70	0.60
	中	0.90	0.85	0.75
	粗	1.00	0.95	0.90

如前所述,《混凝土用再生粗骨料》(GB/T 25177—2010)和《混凝土和砂浆用再生细骨料》(GB/T 25176—2010)是针对再生混凝土配制的技术规范,将再生粗骨料和细骨料分为Ⅰ、Ⅱ、Ⅲ三种类别,并分别从物理、化学等十余项指标做出了详细的技术要求。再生粗骨料和再生细骨料满足表 3.81 和表 3.82 的规定后,方可用于再生混凝土的配制。但从目前我国再生骨料生产企业实际情况看,由于生产工艺及原料来源复杂等方面的原因,采用过多的技术指标进行分类的方法,不利于规范的推广与应用。实际工程中,容易出现再生骨料难以同时满足多项指标的情况。

水泥稳定碎石是目前我国公路工程基层的主要材料形式,《公路路面基层施工技术细则》(JTG/T F20—2015)对用于水泥稳定碎石的粗骨料、细骨料做出了相应的要求。从类别与技术指标上看,水泥稳定碎石用骨料的分类及技术指标比混凝土用骨料的分类和技术指标少。再生骨料由于材料的均质性因素,在含泥量、化学成分含量等指标方面难以准确测定。另一方面,再生骨料中的石块类、砂浆类颗粒强度不同,再生骨料的组成势必对其压碎值、吸水率、混合料强度产生较大的影响,这在前述两项标准规范中并未得到体现,显然不适用于无机结合料稳定粒料材料的配制。2014 年 12 月 24 日发布的《道路用建筑垃圾再生骨料无机混合料》(JC/T 2281—2014)(2015 年 6 月 1 日实施)则将再生骨料分为Ⅰ、Ⅱ两种类别。其中,Ⅰ类再生骨料可用于城镇道路路面的底基层和主干路及以下道路的路面基层;Ⅱ类再生骨料可用于城镇道路路面的底基层和次干路、支路及以下道路的路面基层。该标准根据粒径 4.75 mm 以上部分再生骨料的混凝土颗粒含量、压碎指标、杂物含量、针片状颗粒含量四个指标来对再生骨料进行分级,如表 3.83 所示。

表 3.83　再生骨料(粒径 4.75 mm 以上部分)性能指标要求

项目	Ⅰ类	Ⅱ类
再生混凝土颗粒含量(按质量计)(%,≥)	90	—
压碎指标(按质量计)(%,≤)	30	45
杂物含量(按质量计)(%,≤)	0.5	1.0
针、片状颗粒含量(按质量计)(%,≤)	20	

上述指标的选取考虑了我国再生骨料生产工艺的实际情况,能够满足实际工程对再生骨料分类的需求,同时也参考了现行标准规范对普通水泥稳定碎石所需天然骨料的技术要求。此外,考虑到再生骨料内砂浆、杂质等成分的存在,引入了再生混凝土颗粒含量这一指标,用于保证再生骨料中"有效成分"——石块颗粒和混凝土颗粒的含量。但值得注意的是,规范对再生混凝土颗粒定义为"再生级配骨料中粒径 4.75 mm 以上部分混凝土块及石块类粒料的总称",并未对"混凝土块"做出详细的定义与图片说明,在实际操作中,容易出现砂浆与混凝土块难以准确辨别的现象,试验操作人员的主观因素影响较大,影响再生混凝土颗粒含量的测定与再生骨料的分类。

3.5.2　再生骨料的材料性能

项目组前期对无机结合料稳定再生骨料应用技术开展了系统和深入的研究,本节根据前期研究成果,介绍再生骨料的材料性能。

3.5.2.1　外观

项目前期研究采用的再生骨料与天然骨料外观对比情况如图 3.100 所示。从图中可见,再生骨料颗粒表面粗糙、多孔,粒形较好。但部分骨料颗粒表面覆盖有尚未能去除的水泥砂浆,在一定程度上影响了颗粒的棱角性。项目组采用的再生骨料经过了一次颚式破碎＋两次反击破碎,因而棱角性较好。

目前,我国不少小型加工企业生产线的配备不够完善,仍然仅采用单一颚式破碎的方式,无法有效降低再生骨料的针、片状颗粒含量。同时,由于缺乏必要的骨料整形机械,难以有效去除裹覆于石料表面的水泥砂浆。研究表明,采用整形工艺处理后的再生粗骨料,表面较为干净,裹覆砂浆少,针、片状颗粒含量降低。

3.5.2.2　组成

项目组选取由江苏省某公司生产的砖混再生骨料和混凝土再生骨料为研究对象,根据《道路用建筑垃圾再生骨料无机混合料》(JC/T 2281—2014)规定的试验方法,对再生骨料的组成进行了研究,试验结果如表 3.84 所示。图 3.101 为再生骨料内所含混凝土颗粒、砖瓦、瓷砖、木屑等组成情况。

(a)　(b)

图 3.100 再生骨料与天然骨料的外观

(a) 再生骨料;(b) 天然骨料

表 3.84 再生骨料组成成分

成分	砖混再生骨料/%	混凝土再生骨料/%
混凝土颗粒	60.9	95.2
砖瓦	36.8	1.0
瓷砖	1.4	3.3
玻璃	0.3	0.3
木屑	0.2	0.1
其他	0.4	0.1

(a)　(b)

图 3.101 再生骨料的组成

(a) 砖混再生骨料;(b) 混凝土再生骨料

再生骨料内杂物的定义为"再生骨料中除混凝土、砂浆、石、砖瓦、陶瓷之外的其他物质",如木屑、塑料等。目前,再生骨料的组成主要根据各组分的质量计算。木屑、塑料等成分在再生骨料中的质量比例虽小,但其体积分数较高,如图 3.102 所示。用于配制再生混凝土或水泥稳定再生混合料时,容易形成"薄弱区",在内部产生较多的薄弱环节,不利于整体结构强度的形成和体积稳定性。

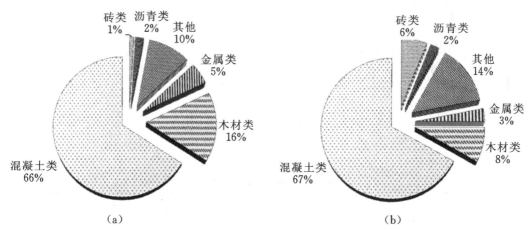

图 3.102　美国和中国香港建筑固体废弃物的组成

(a) 美国;(b) 中国香港

由图 3.102 和图 3.103 对比可知,中国的建筑固体废弃物存在一定的特殊性,即砖类含量较高,这与我国建筑物的类型和材料有关。砖类成分吸水率高、强度低、稳定性差。再生骨料中砖块成分含量较高时,容易导致再生骨料吸水率高、压碎值高,不利于再生混合料强度的形成,因此生产再生骨料时必须对原料进行分类,以减少砖块成分的含量。

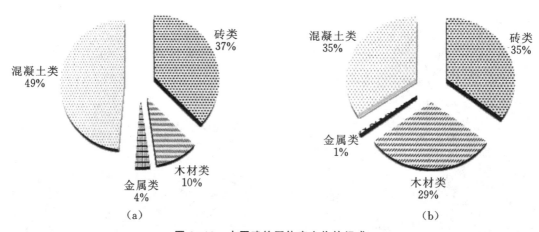

图 3.103　中国建筑固体废弃物的组成

(a) 按质量计;(b) 按体积计

3.5.2.3　级配

项目组前期研究采用的再生骨料的颗粒级配分别如表 3.85 和表 3.86 所示。

表 3.85　再生粗骨料颗粒级配

集料类型		通过筛孔(方孔筛,mm)质量百分率/%							
		31.5	26.5	19	9.5	4.75	2.36	0.6	0.075
混凝土再生骨料	1#	100	100	65.0	2.4	1.9	1.9	1.6	0.4
	2#	100	100	100	88.2	40.8	13.6	10.7	5.0
砖混再生骨料	1#	100	71.0	16.3	2.2	2.0	2.0	1.8	0.6
	2#	100	100	100	76.4	20.9	5.8	5.2	2.8

表 3.86　再生细骨料颗粒级配

集料类型		通过筛孔(方孔筛,mm)的质量百分率/%			
		4.75	2.36	0.6	0.075
混凝土再生骨料	3#	100	93.7	57.8	16.0
砖混再生骨料	3#	100	85.2	45.4	12.8

《公路沥青路面施工技术规范》(JTG F40—2004)和《公路路面基层施工技术细则》(JTG/T F20—2015)中,均对粗骨料中粒径小于 0.075 mm 的颗粒含量(水洗法)做出了严格要求。而从表 3.85 和表 3.86 可见,再生骨料 0.075 mm 筛孔通过率偏高,且随着骨料粒径的减小,粒径小于 0.075 mm 的颗粒含量明显增加,这主要归因于骨料表面黏附的水泥砂浆微粉。值得注意的是,再生骨料由于其表面黏附的水泥砂浆难以完全消除,因而较天然骨料更加难以准确筛分。在筛分的过程中,骨料与骨料、骨料与筛网之间的碰撞容易形成更多的水泥砂浆粉尘,从而增加 0.075 mm 筛孔的通过率,影响试验结果的准确性。

3.5.2.4　密度

表观相对密度是指骨料颗粒单位体积(包括内部封闭空隙)的质量,即烘干骨料的质量与相同体积水的质量之比。由表观相对密度代表的骨料体积,是骨料固体体积和骨料浸泡 24 h 后残留气体体积之和。再生粗骨料的表观相对密度与母岩种类、原混凝土的强度等级、配合比、使用时间和使用环境,以及地域、杂质含量等因素有关。

再生骨料表观相对密度试验装置如图 3.104 所示,测试结果如表 3.87 所示。

图 3.104　网篮法测定密度试验装置

表 3.87　骨料表观相对密度测试结果

骨料类型	表观相对密度		
	1#	2#	3#
混凝土再生骨料	2.670	2.682	2.667
砖混再生骨料	2.462	2.601	2.592
天然骨料	2.912	2.921	2.917

由表 3.87 可见,受骨料表面附着砂浆的影响,混凝土再生骨料的表观相对密度低于天然骨料,而由于砖类成分含量的增加,砖混类再生骨料的表观相对密度略低于混凝土再生骨料。

与天然碎石骨料相比,再生骨料表面粗糙,砂浆含量较高,内部缺陷较多,从而导致再生骨料密度低于天然骨料,如图 3.105 所示。研究表明,界面过渡区是混凝土内部的薄弱环节,对再生骨料进行颗粒整形,可以剥离黏附在骨料表面的水泥砂浆,从而提高再生骨料的表观密度,同时降低吸水率。

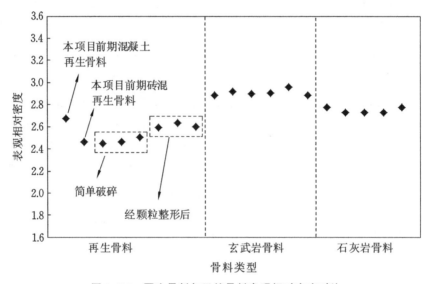

图 3.105　再生骨料与天然骨料表观相对密度对比

3.5.2.5　吸水率

吸水率是指骨料从干燥状态开始吸水至刚好饱和为止相较于干燥状态下的质量百分比。吸水率也是骨料颗粒内部开放性孔隙相对含量的间接指标。从理论上来说,再生骨料表面附着的水泥砂浆吸水率较高,同时,在机械破碎的过程中,再生骨料的表面、内部产生了大量的微裂纹,从而增大了吸水率。

再生骨料的吸水率试验结果如表 3.88 和图 3.106 所示。

表 3.88　再生骨料与天然骨料吸水率测试结果对比

骨料类型	吸水率/%		
	1#	2#	3#
混凝土再生骨料	4.71	6.51	14.07
砖混再生骨料	10.09	12.04	14.5
天然骨料	1.25	2.11	1.78

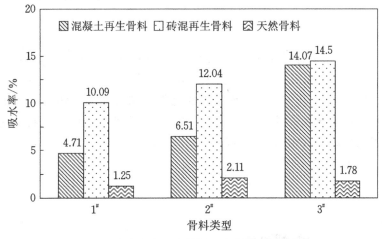

图 3.106　再生骨料与天然骨料吸水率测试结果对比（一）

从表 3.88 和图 3.106、图 3.107 可见,从骨料粒径上看,随着粒径的降低,再生骨料吸水率开始增加。从骨料类型上看,再生骨料的吸水率远高于天然骨料,砖混类再生骨料的吸水率高于混凝土再生骨料,这主要是因为再生骨料表面黏附的砂浆及骨料内砂浆块、混凝土

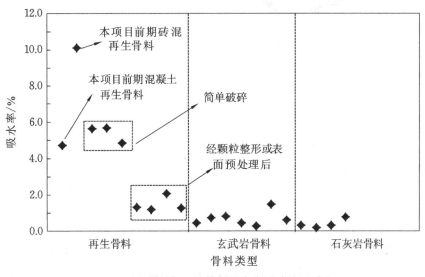

图 3.107　再生骨料与天然骨料吸水率测试结果对比（二）

块、黏土块等成分的吸水率远高于天然石块。混凝土再生骨料主要由废弃混凝土块经破碎、筛分后制备而成,砖混类再生骨料的原料来源则主要是废弃砖瓦、混凝土的混合物,组分中吸水率较高的黏土砖块颗粒含量较高,因此砖混类再生骨料吸水率高于混凝土再生骨料。

研究表明,不同强度等级的混凝土经过简单破碎、筛分工艺制备的再生骨料性能存在很大差异。通常,采用较高等级的混凝土制备出的再生骨料性能较好。由于建筑固体废弃物来源的不确定性,生产的再生骨料质量离散性较大。采用颗粒整形或预处理强化等方法,能够有效去除再生骨料周围的水泥砂浆,消除骨料的质量离散性。由图 3.107 可见,经预处理或颗粒整形后,再生骨料的吸水率大幅度降低,仅略高于天然骨料的吸水率。

3.5.2.6 压碎值

骨料压碎值用于衡量骨料在逐渐增加的荷载下抵抗压碎的能力,是衡量骨料力学性质的重要指标,以评定其在公路工程中的适用性,测定仪器如图 3.108、图 3.109 所示。在实际工程中可以发现基层水泥稳定碎石表面破损的现象,主要是因为骨料压碎值较大,在基层施工时,压路机振动压实导致骨料发生断裂或破碎。公路服役后,在超重、特重交通荷载的冲击作用下,已经产生缺陷的水泥稳定碎石中的骨料,由于缺乏水泥胶结料的黏附而松散,从而产生缺陷,并逐渐反射到面层。

图 3.108　压碎值测定仪　　　　　图 3.109　液压式压力试验机

再生骨料的压碎值试验结果如图 3.110 所示。

由图 3.110 可知,再生骨料的压碎值普遍高于天然骨料,砖混类再生骨料的压碎值远高于混凝土再生骨料和天然骨料。这主要是因为从抗压能力的角度看,砖块<砂浆<混凝土块<石块。混凝土再生骨料表面裹覆一定数量的水泥砂浆,导致其压碎值低于天然骨料。砖混类再生骨料所含砖块、杂质成分较高,导致其压碎值高于混凝土再生骨料。

我国现行的《公路路面基层施工技术细则》(JTG/T F20—2015)中要求,粗骨料用于高速公路和一级公路(重、中、轻交通)的基层时,粗骨料压碎值应不高于 26%。显然,由于再生骨料加工工艺、处理水平、原料质量的限制,再生粗骨料压碎值较高。部分混凝土再生粗骨料的压碎值能够满足现行规范的要求,而砖混再生粗骨料的压碎值则无法满足现行规范的要求。《道路用建筑垃圾再生骨料无机结合料》(JC/T 2281—2014)对此指标的要求放宽至 30%(Ⅰ类再生骨料)。

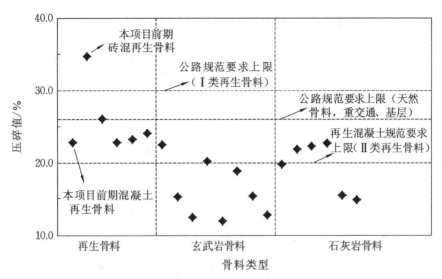

图 3.110　再生骨料与天然骨料压碎值测试结果对比

与水泥稳定碎石相比,水泥混凝土更加密实、强度更高。界面过渡区(Interfacial Transition Zone,ITZ)是制约混凝土强度提升和影响混凝土耐久性的重要因素。再生骨料表面裹覆的水泥砂浆将极大削弱 ITZ 的强度,并进一步导致再生混凝土的强度降低。因此,对用于再生混凝土的再生骨料,国外的标准和规范都做出了严格要求,我国《混凝土用再生粗骨料》(GB/T 25177—2010)中也要求,Ⅰ类再生粗骨料压碎值不低于 12%,Ⅱ类再生粗骨料压碎值不低于 20%,Ⅲ类再生粗骨料压碎值不低于 30%。

另一方面,再生粗骨料的压碎值变异系数较大,压碎值并不能真实反映再生骨料的实际强度,这主要是因为再生骨料的颗粒组成复杂,并非完全由质量、成分均匀的颗粒组成。采用颗粒整形、表面处理等工艺,能够有效去除再生骨料颗粒表面的水泥砂浆,减少初始缺陷含量,从而显著降低再生粗骨料的压碎值,如图 3.111 所示。

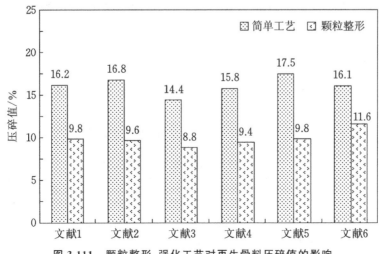

图 3.111　颗粒整形、强化工艺对再生骨料压碎值的影响

3.5.2.7　针、片状颗粒含量

针、片状颗粒含量即骨料中针、片状颗粒的含量,是评价骨料的形状及其在工程中的适用性的重要指标。再生骨料的针、片状颗粒含量试验结果如图 3.112 所示。

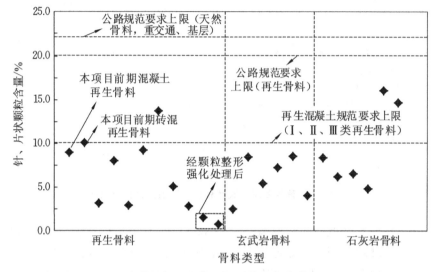

图 3.112　再生骨料与天然骨料针、片状颗粒含量测试结果对比

由图 3.112 可知,再生骨料中的针、片状颗粒含量较低,与天然骨料相近,基本能够满足公路工程相关规范的要求。但对于混凝土来说,骨料的针、片状颗粒含量对混凝土的工作性和抗折性能具有重要的影响。因此,我国《混凝土用再生粗骨料》(GB/T 25177—2010)对再生混凝土用粗骨料针、片状颗粒含量要求不高于 10%,较公路工程用骨料更加严格。由图 3.112同时可知,经过颗粒整形或强化处理后,再生粗骨料的针、片状颗粒含量大幅度降低,几乎不存在针、片状颗粒。因此,《混凝土用再生粗骨料》(GB/T 25177—2010)和《道路用建筑垃圾再生骨料无机结合料》(JC/T 2281—2014)中,均未将针、片状颗粒含量作为再生粗骨料分类的指标。

3.5.2.8　洛杉矶磨耗值

洛杉矶磨耗值用以评价粗骨料抗磨耗能力和抵抗在操作、铺筑和服务过程中由于机械作用引起的破碎的能力。

再生骨料的洛杉矶磨耗值试验结果如表 3.89 和图 3.113 所示。

表 3.89　骨料洛杉矶磨耗值试验结果

骨料类型	洛杉矶磨耗值/%
混凝土再生骨料	14.3
砖混再生骨料	40.2
天然骨料	12.5

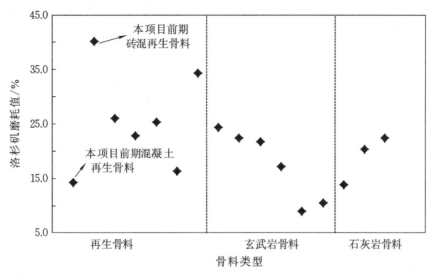

图 3.113　再生骨料与天然骨料洛杉矶磨耗值试验结果对比

目前,再生骨料在公路工程中的应用主要在基层、底基层、路基等结构层,而在面层沥青混合料中的应用,主要集中于试验研究,尚未见到应用于实际工程的相关报道。混凝土相关规范中,并未对洛杉矶磨耗值做出要求,而公路工程相关规范并未对基层用粗骨料磨耗值做出技术要求。本项目主要将再生骨料应用于基层,此处对比洛杉矶磨耗值,仅为对比再生骨料与天然骨料的性能特点。再生骨料洛杉矶磨耗值主要来源于项目研究采用的骨料试验结果,以及将再生骨料应用于沥青混合料试验的文献数据,对比结果如图 3.113 所示。从对比结果可以看出,砖混类再生骨料的磨耗值远高于混凝土再生骨料和天然骨料。在本研究的试验结果及调研的文献数据中,再生骨料磨耗值普遍高于 15%;而加工工艺较好、裹覆水泥砂浆量较低的混凝土再生骨料,磨耗值能够接近天然骨料的水平。

3.5.2.9　化学成分

本研究采用 ARL9800XP+型 X 射线荧光光谱仪检测再生骨料的化学组成。

再生骨料的化学组成如表 3.90 所示。

表 3.90　再生骨料的化学组成

化学成分	混凝土再生骨料/%	砖混再生骨料/%
SiO_2	63.9	61.19
Al_2O_3	8.24	10.71
Fe_2O_3	3.39	3.92
CaO	11.17	10.40
MgO	1.10	1.22
K_2O	1.64	1.83

续表 3.90

化学成分	混凝土再生骨料/%	砖混再生骨料/%
Na_2O	0.57	0.89
TiO_2	0.47	0.57
SO_3	1.20	0.94
P_2O_5	0.12	0.10
MnO	0.08	0.088
SrO	0.045	0.044
ZrO_2	0.022	0.025
BaO	0.062	0.056
Cl	0.029	0.004
Cr_2O_3	0.023	0.017
ZnO	0.014	0.014
V_2O_5	0.012	0.015
烧失量	7.89	7.94

从化学组成来说,本项目采用的再生骨料主要成分包括 SiO_2、Al_2O_3、Fe_2O_3 和 CaO,烧失量较高。需要指出的是,建筑固体废弃物来源复杂,因而生产加工出的再生骨料成分较多,单次测试结果并不具备代表性,仅用于对再生骨料的成分进行定性认识。

3.6 建筑固体废弃物水泥稳定再生骨料混合料配合比设计

经过多年的探索与发展,目前我国多数高等级公路路面均采用半刚性基层。由于强度高、耐久性能好、造价低等优点,水泥稳定碎石等半刚性基层受到了广泛应用。

3.6.1 水泥稳定碎石强度形成机理

水泥稳定碎石是以级配碎石作骨料,采用一定数量的胶凝材料和足够的灰浆体积填充骨料的空隙,按嵌挤原理摊铺压实。其压实度接近于密实度,强度主要靠碎石间的嵌挤锁结,同时有足够的灰浆体积来填充骨料的空隙。它的初期强度高,并且强度随龄期增加很快结成板体,因而具有较高的强度,抗渗度较高,抗冻性较好。水泥稳定碎石水泥用量一般为混合料3%～7%,7 d 的无侧限抗压强度可达到 5.0 MPa,较其他路用材料的高。水泥稳定碎石成型后遇雨不泥泞,表面坚实,是高级路面的理想基层材料。基于这些优点,它的应用范围已经超过了二灰稳定碎石基层。水泥稳定碎石的组成结构直接决定了它所表现的各种路用性能,所以对它的研究已经从宏观发展到微观程度。在利用水泥稳定碎石的过程中,水

194

泥、碎石和水之间发生了多种复杂的作用,包括物理作用、物理化学作用以及化学作用,从而使碾压前的水泥、碎石松散体逐渐形成整体性材料,即强度逐渐形成。其中,物理作用包括碎石与碎石的嵌挤作用,混合料的拌和、压实作用等;物理化学作用包括碎石颗粒与水泥及水泥水化产物之间的吸附作用,微粒的凝聚作用,水及水化产物的扩散、渗透作用,水化产物的溶解、结晶作用等;化学作用主要有水泥颗粒的水化、硬化作用,有机物的聚合作用以及水泥水化产物与黏土矿物之间的化学作用等。

3.6.1.1 水泥稳定碎石宏观结构

水泥稳定碎石混合料是一种复合材料,由水泥、粗集料、细集料组成。在混合料中,由于组成材料质量的差异和数量的多少以及各组成材料之间相互作用的特点、相对位置分布及相互联系的状况,可以形成不同的组成结构,并表现出不同的性能。在研究水泥稳定类材料的结构时,一般将其划分为三种不同的类型,划分结构类型的主要标准是粗集料经过压实后,粗颗粒间空隙体积与压实后起填充作用的细集料体积之间的关系。根据已有的资料,一般将粗、细集料的分界尺寸定为 4.75 mm,即通过 4.75 mm 筛孔的石料属于细集料,通过 4.75 mm 以上筛孔的石料则属于粗集料。关于基层材料粗集料的最大粒径一般定为 31.5 mm。这三种结构类型分别是:

(1) 悬浮密实结构。这种结构形态的混合料,通常采用连续型密级配,骨料的颗粒尺寸由大到小连续存在。这种结构中含有大量细料,而粗料数量少,且相互之间没有形成石-石接触,不能形成骨架,粗颗粒犹如“悬浮”于细颗粒之中,即混合料中细料的压实体积大于粗集料形成的空隙体积[图 3.114(a)]。试验表明,该种结构虽然具有较高的黏聚力,但内摩阻角较小,其强度主要受黏结力所控制,在外部荷载作用下易产生破坏。由此而修筑的水泥稳定类基层,受结合料性质的影响较大,因而其抗收缩性能较差,使基层容易开裂,破坏了基层的整体性,是造成路面结构破坏的因素之一。

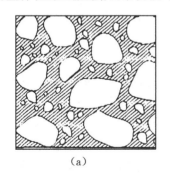 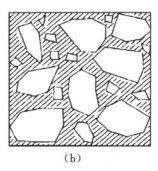 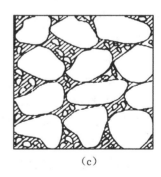

(a)   (b)   (c)

图 3.114 基层骨料结构类型

(a) 悬浮密实结构;(b) 骨架空隙结构;(c) 骨架密实结构

(2) 骨架空隙结构。在这种结构中,粗骨料较多,而细骨料数量过少,混合料中细骨料的压实体积小于粗骨料形成的空隙体积,因此,虽然能够形成骨架,但其残余空隙较大[图 3.114(b)]。试验表明,虽然此种结构黏聚力较低,但其内摩阻角较大,其强度主要取决于内摩阻力,黏聚力相对是次要的。由此修筑的水稳类基层,受稳定材料性质的影响较小,因而其抗收缩性能较好,但由于其空隙率太大,使基层的耐久性能受到影响。

(3)骨架密实结构。骨架密实结构是以上两种类型组成的结构。要求混合料既有一定数量的粗骨料形成骨架,又根据残余空隙的多少加入细骨料,混合料中细骨料的压实体积应"临界"于粗骨料形成的空隙体积,从而使混合料形成较高的密实度[图 3.114(c)]。其混合料三轴试验表明,此种结构不仅具有较高的内摩阻角,而且具有较高的黏聚力。从理论上讲,属于该种结构类型的水稳类混合料具有最优的力学性能、抗收缩性能和抗冲刷性能。

水泥稳定碎石混合料在形成强度时发生的各种作用过程是非常复杂的,一般包括:(a)化学过程,如水泥颗粒的水化作用和水解作用、有机物质的聚合作用,以及与产生许多化学成分复杂的新生物有关的其他化学过程;(b)物理-化学过程,如集料微粒部分的结合料与化学剂中个别组分的交换吸附作用,颗粒的凝聚作用和微聚集作用,以及随后多种结构的形成过程;(c)物理过程,如集料的部分破碎,混合料的拌和、压实成型。

在大多数情况下,上述这些过程是同时发生的,它们相互补充、相互配合,处于连续的状态。在实际应用中,推荐采用骨架密实型结构,这样可获得最优的力学性能、抗收缩性能和抗冲刷性能。

3.6.1.2 微观分析

水泥稳定碎石的强度形成过程,从微观上看是一个水化产物由无定形凝胶向低结晶度,最终到高结晶度的发展过程。

7 d 龄期时,混合料中的主要物相为未被水化的氧化物——C_2S 核和 C_3S 核,呈絮凝状,附着在集料骨架的表面,还有少量水化硅酸钙凝胶 C-S-H(Ⅰ)和氢氧硅酸钙石 C_2SH 存在,水化是初步的,而其他水化产物很少,空隙也比较明显,刚刚开始形成网状结构,因此有一定的强度,但不是很高。

14 d 龄期时,混合料中未被水化的絮凝状的 C_2S 核和 C_3S 核大量减少,形状逐渐向纤维状和板块状晶体过渡,空隙中多余的水分加强了水泥颗粒的水化,出现大量的纤维状水化硅酸钙凝胶 C-S-H(Ⅰ)和一部分低结晶扫帚状水化硅酸钙 C-S-H(Ⅱ),以及板块状的 Ca(OH)$_2$ 晶体和少量六角板状的水化铝酸钙 C_4AH_{13} 晶体,充实了一部分空隙。

28 d 龄期时,混合料中水泥颗粒继续水化,主要物相则为低结晶扫帚状水化硅酸钙 C-S-H(Ⅱ)和板块状氢氧化钙 Ca(OH)$_2$,以及氢氧硅酸钙石 C_2SH,同时还有部分立方体状的水化铝酸钙 C_3AH_6 晶体和六角板状的 C_4AH_{13} 晶体。由于晶体大量增多,产生大量网状结构,提高了强度。

60 d 龄期时,混合料中继续产生大量网状结构,水泥水化的胶结体已形成一个整体,强度继续提高,主要物相与 28 d 龄期时基本相同,变化不是很明显。

90 d 龄期时,混合料中主要物相是形状为扁平或大而不规则粒状的高结晶度水化硅酸钙 C-S-H(Ⅲ)晶体,以及水化铝酸钙六角板 C_4AH_{13} 晶体和立方 C_3AH_6 晶体,在局部区域还可见纤维状的水化硅酸钙 C-S-H(Ⅰ)。由于混合料中水泥的水化结果绝大部分已经形成高结晶度的水化硅酸钙 C-S-H(Ⅲ)晶体和水化氯酸钙晶体,因此材料强度已经基本形成,但同时仍有少量未水化的 C_3S 核和未彻底结晶的水化硅酸钙 C-S-H(Ⅰ),所以在以后养护条件适当时,材料强度仍有发展的余地,但增长幅度不大。

由以上内容可知,随着龄期的增长,水泥的水化反应不断进行,水化产物水化硅酸钙经历了由早期的无定形凝胶到低结晶度的 C-S-H(Ⅰ)、C-S-H(Ⅱ)晶体,最终到高结晶度的 C-S-H(Ⅲ)晶体的典型发展过程,对应的宏观力学特性即强度表现为随龄期不断增长。因此,混合料中固体结构单元和孔结构单元是其强度的基础。如果固体结构单元间连接松散、空隙较多,就容易导致混合料整体性差、强度低。如果空隙被填满,界面黏结紧密,水化形成的晶体相互交错嵌挤,就会提高强度和抗剪能力,表现为混合料具有较强的抵抗破坏的能力。

3.6.2　原材料

(1) 水泥

本研究采用的水泥为南京中联水泥有限公司生产的 P·O 42.5 水泥,技术指标检测结果见表 3.91。

表 3.91　水泥检测试验结果

检测项目		技术要求	单位	检测数据
烧失量		≤5.0	%	3.22
氧化镁		≤5.0	%	1.33
三氧化硫		≤3.5	%	2.20
氯离子		≤0.06	%	0.011
细度(45 μm)		≤20	%	13.3
比表面积		≥300	m²/kg	350.0
安定性		必须合格	—	合格
标准稠度		—	—	26.6
凝结时间	初凝	≥45 min	h:min	02:35
	终凝	≤10 h	h:min	03:15
抗折强度	3 d	≥3.5	MPa	4.8
	28 d	≥6.5	MPa	7.0
抗压强度	3 d	≥17.0	MPa	25.1
	28 d	≥42.5	MPa	44.2

(2) 天然骨料

天然骨料取自江苏六合某生产线,根据《公路工程集料试验规程》(JTG E42—2005)规定的试验方法对试验采用的天然骨料压碎值、洛杉矶磨耗值、表观相对密度、吸水率、坚固性、针片状颗粒含量进行测试,试验结果如表 3.92 所示。

表 3.92　天然骨料基本性能指标

试验项目	试验结果	技术要求
洛杉矶磨耗值/%	9.3	—
压碎值/%	12.5	≤26
吸水率/%	1.25	—
表观相对密度	2.912	—
坚固性/%	5	—
针、片状颗粒含量/%	5.2	≤22

天然骨料级配如表 3.93 所示。

表 3.93　天然骨料级配

材料名称	通过下列筛孔(方孔筛,mm)的质量百分率/%							
	31.5	26.5	19	9.5	4.75	2.36	0.6	0.075
天然骨料	100	100	100	4.8	0.4	0.4	0.4	0.3

（3）再生骨料

采用江苏省某建材公司生产的混凝土再生骨料和砖混再生骨料,性能指标见 2.2 节,各档再生骨料级配见表 3.94、表 3.95。

表 3.94　混凝土再生骨料的筛分结果

级配类型	通过下列筛孔(方孔筛,mm)的质量百分率/%							
	31.5	26.5	19	9.5	4.75	2.36	0.6	0.075
1#	100	100	65.0	2.4	1.9	1.9	1.6	0.4
2#	100	100	100	88.2	40.8	13.6	10.7	5.0
3#	100	100	100	100	100	93.7	57.8	16.0

表 3.95　砖混再生骨料的筛分结果

级配类型	通过下列筛孔(方孔筛,mm)的质量百分率/%							
	31.5	26.5	19	9.5	4.75	2.36	0.6	0.075
1#	100	71.0	16.3	2.2	2.0	2.0	1.8	0.6
2#	100	100	100	76.4	20.9	5.8	5.2	2.8
3#	100	100	100	100	100	85.2	45.4	12.8

3.6.3　矿料级配确定

本研究目的在于研究水泥稳定混凝土再生骨料及水泥稳定砖混再生骨料的路用性能。

根据《公路路面基层施工技术细则》(JTG F20—2015)的颗粒组成范围,采用水泥稳定碎石作为高速公路或者一级公路的基层时,颗粒组成应选择规范中所列的 2 号级配范围。

从前述再生骨料压碎值、组成、磨耗值等性能指标可知,砖混再生骨料强度较低。根据预研究试验结果可知,采用砖混再生骨料时,击实过程中骨料容易被击碎,产生骨料细化现象,部分击实试验中甚至出现击实出水后所测干密度仍继续提高的趋势。为此,对于混凝土再生骨料,完全采用水泥进行稳定;对于砖混再生骨料,分别掺入 10%、20%、30% 天然骨料。

本研究前期采用的合成级配如表 3.96 至表 3.99、图 3.115 至图 3.118 所示。

表 3.96 混凝土再生骨料合成级配

骨料名称	各档矿料比例/%	通过下列筛孔(方孔筛,mm)的质量百分率/%						
		31.5	19	9.5	4.75	2.36	0.6	0.075
混凝土再生骨料 1#	44	44.0	28.6	1.1	0.8	0.8	0.7	0.2
混凝土再生骨料 2#	40	40.0	40.0	35.3	16.3	5.4	4.3	2.0
混凝土再生骨料 3#	16	16.0	16.0	16.0	16.0	15.0	9.2	2.6
合成级配		100.0	84.6	52.6	33.1	21.2	14.2	4.8
级配上限		100.0	90.0	68.0	50.0	38.0	22.0	7.0
级配下限		90.0	67.0	45.0	29.0	18.0	8.0	0.0

表 3.97 砖混再生骨料合成级配(10% 天然骨料＋90% 砖混再生骨料)

骨料名称	各档矿料比例/%	通过下列筛孔(方孔筛,mm)的质量百分率/%						
		31.5	19	9.5	4.75	2.36	0.6	0.075
砖混再生骨料 1#	33	33.0	5.4	0.7	0.7	0.7	0.6	0.2
砖混再生骨料 2#	33	33.0	33.0	25.2	6.9	1.9	1.7	0.9
砖混再生骨料 3#	24	24.0	24.0	24.0	24.0	20.4	10.9	3.1
天然骨料	10	10.0	10.0	0.5	0.0	0.0	0.0	0.0
合成级配		100.0	72.4	50.4	31.6	23.1	13.2	4.2
级配上限		100.0	90.0	68.0	50.0	38.0	22.0	7.0
级配下限		90.0	67.0	45.0	29.0	18.0	8.0	0.0

表 3.98 砖混再生骨料合成级配(20% 天然骨料＋80% 砖混再生骨料)

骨料名称	各档矿料比例/%	通过下列筛孔(方孔筛,mm)的质量百分率/%						
		31.5	19	9.5	4.75	2.36	0.6	0.075
砖混再生骨料 1#	29	29.0	4.7	0.6	0.6	0.6	0.5	0.2
砖混再生骨料 2#	23	23.0	23.0	17.6	4.8	1.3	1.2	0.6
砖混再生骨料 3#	28	28.0	28.0	28.0	28.0	23.9	12.7	3.6

续表 3.98

骨料名称	各档矿料比例/%	通过下列筛孔(方孔筛,mm)的质量百分率/%						
		31.5	19	9.5	4.75	2.36	0.6	0.075
天然骨料	20	20.0	20.0	1.0	0.1	0.1	0.1	0.1
合成级配		100.0	75.7	47.2	33.5	25.9	14.5	4.5
级配上限		100.0	90.0	68.0	50.0	38.0	22.0	7.0
级配下限		90.0	67.0	45.0	29.0	18.0	8.0	0.0

表 3.99　砖混再生骨料合成级配(30%天然骨料＋70%砖混再生骨料)

骨料名称	各档矿料比例/%	通过下列筛孔(方孔筛,mm)的质量百分率/%						
		31.5	19	9.5	4.75	2.36	0.6	0.075
砖混再生骨料 1#	19	19.0	3.1	0.4	0.4	0.4	0.3	0.1
砖混再生骨料 2#	25	25.0	25.0	19.1	5.2	1.5	1.3	0.7
砖混再生骨料 3#	26	26.0	26.0	26.0	26.0	22.2	11.8	3.3
天然骨料	30	30.0	30.0	1.4	0.1	0.1	0.1	0.1
合成级配		100.0	84.1	47.0	31.7	24.1	13.6	4.2
级配上限		100.0	90.0	68.0	50.0	38.0	22.0	7.0
级配下限		90.0	67.0	45.0	29.0	18.0	8.0	0.0

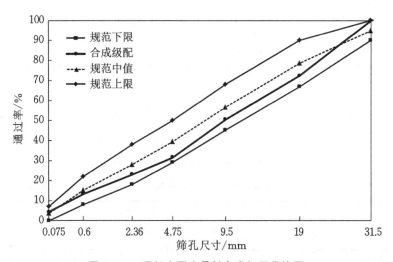

图 3.115　混凝土再生骨料合成级配曲线图

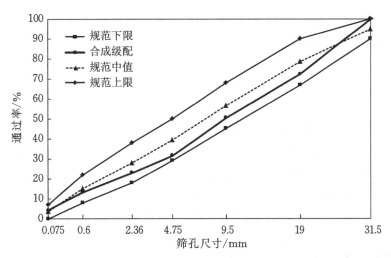

图 3.116　砖混再生骨料合成级配（10％天然骨料＋90％砖混再生骨料）

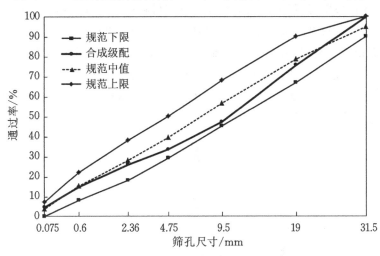

图 3.117　砖混再生骨料合成级配（20％天然骨料＋80％砖混再生骨料）

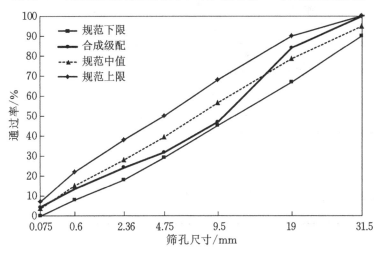

图 3.118　砖混再生骨料合成级配（30％天然骨料＋70％砖混再生骨料）

3.6.4 配合比设计

3.6.4.1 试验方法

根据《公路路面基层施工技术细则》(JTG F20—2015)规定,一级公路水泥稳定级配碎石路面基层设计要求 7 d 无侧限饱水抗压强度不小于 3.0 MPa,二级及二级以下公路水泥稳定级配碎石路面基层设计要求 7 d 无侧限饱水抗压强度不小于 2.5 MPa,水泥稳定级配碎石路面底基层设计要求 7 d 无侧限饱水抗压强度不小于 1.5 MPa。根据经验,混凝土再生骨料水泥掺量按 2.5%、3.5%、4.5%、5.5%四种比例进行配制,即水泥∶混凝土再生骨料分别为 2.5∶100、3.5∶100、4.5∶100、5.5∶100。砖混再生骨料水泥掺量按 5%、6%、7%、8%四种比例进行配制,即水泥∶混凝土再生骨料分别为 5∶100、6∶100、7∶100、8∶100。

重型击实试验采用《公路工程无机结合料稳定材料试验规程》(JTG E51—2009)中规定的无机结合料稳定材料击实试验方法(T 0804—1994)的要求进行。具体的方法是在规定的试筒内,对水泥稳定类材料(在水泥水化前)进行击实试验,以绘制稳定材料的含水率-干密度关系曲线,从而确定其最佳含水率和最大干密度。根据《公路工程无机结合料稳定材料试验规程》(JTG E51—2009)要求,选择丙法进行击实成型试验。采用击实仪(图 3.119)进行击实试验,其主要试验参数如表 3.100 所示。

图 3.119　电动击实仪

表 3.100　击实试验参数

| 类别 | 锤的质量 /kg | 锤击面 直径/mm | 落高 /mm | 试筒尺寸 | | | 锤击 层数 | 每层锤击 次数 | 平均单位 击实功/J | 容许最大公称 粒径/mm |
				内径 /mm	高 /mm	容积 /cm³				
丙	4.5	50	450	152	120	2177	3	98	2.677	37.5

3.6.4.2　击实试验结果

对于水泥稳定混凝土再生骨料混合料,不同水泥掺量下的最佳含水率和最大干密度如图 3.120 所示。

对于水泥稳定砖混再生骨料混合料,不同水泥掺量下的最佳含水率和最大干密度如图 3.121 至图 3.123 所示。

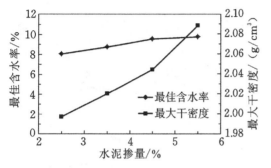

图 3.120　最大干密度、最佳含水率与
水泥掺量关系图(混凝土再生骨料)

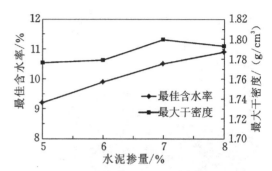

图 3.121　最大干密度、最佳含水率与
水泥掺量关系图(10%天然骨料)

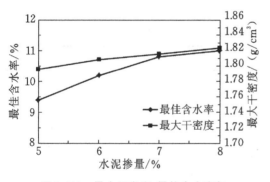

图 3.122　最大干密度、最佳含水率与
水泥掺量关系图(20%天然骨料)

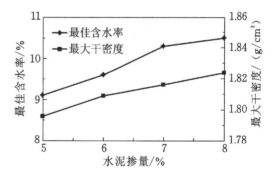

图 3.123　最大干密度、最佳含水率与
水泥掺量关系图(30%天然骨料)

由击实试验结果可以看出,随着水泥掺量的增加,含水率的变化幅度相对较大,而干密度的变化相对较小,在施工过程中应严格控制含水率指标范围。

3.6.4.3　7 d 无侧限抗压强度

依据《公路工程无机结合料稳定材料试验规程》(JTG E51—2009)测定水泥稳定碎石的 7 d 无侧限抗压强度,其适用的试模尺寸为 150 mm×150 mm(直径×高度)。水泥稳定混凝土再生骨料混合料的 7 d 无侧限抗压强度试验,采用的水泥掺量分别为 2.5%、3.5%、4.5%、5.5%;三种砖混再生骨料混合料(天然骨料掺加量分别为 10%、20%、30%)的 7 d 无侧限抗压强度试验,采用的水泥掺量分别为 5%、6%、7%、8%。根据无机结合料稳定材料试件制作方法(圆柱形)(T 0843—2009)和无机结合料稳定材料无侧限抗压强度试验方法(T 0805—1994)的要求,按击实试验得到的最佳含水率和最大干密度,成型圆柱体试件,标准养护室养护 6 d,然后浸水 1 d,将吸去表面可见自由水的试件放到压力机的升降台上,进行抗压试验,测试 7 d 无侧限抗压强度。试件的养护条件如图 3.124、图 3.125 所示。

图 3.124　标准养护　　　　　　　　　　图 3.125　试件浸水

7 d 无侧限抗压强度测试结果如表 3.101 至表 3.104 和图 3.126 所示。

表 3.101　7 d 无侧限抗压强度结果汇总表(混凝土再生骨料)

力学指标	水泥掺量/%			
	2.5	3.5	4.5	5.5
强度平均值 $\overline{R}$/MPa	3.7	3.8	5.8	7.1
强度标准差 σ/MPa	0.522	0.253	0.607	0.416
强度偏差系数 C_V/%	14.3	6.6	10.5	5.9
强度代表值 $R_{c0.95}$/MPa	2.8	3.4	4.8	6.4
是否满足 $R_{c0.95} \geqslant 3.5$ MPa	否	否	是	是

表 3.102　7 d 无侧限抗压强度结果汇总表(10%天然骨料+90%砖混再生骨料)

力学指标	水泥掺量/%			
	5	6	7	8
强度平均值 $\overline{R}$/MPa	2.2	3.0	3.5	4.1
强度标准差 σ/MPa	0.239	0.406	0.373	0.212
强度偏差系数 C_V/%	10.8	13.3	10.6	5.2
强度代表值 $R_{c0.95}$/MPa	1.8	2.4	2.9	3.8
是否满足 $R_{c0.95} \geqslant 2.5$ MPa	否	否	是	是

表 3.103　7 d 无侧限抗压强度结果汇总表（20％天然骨料＋80％砖混再生骨料）

力学指标	水泥掺量/％			
	5	6	7	8
强度平均值 $\overline{R}$/MPa	2.7	3.4	3.8	4.2
强度标准差 σ/MPa	0.183	0.444	0.357	0.348
强度偏差系数 C_V/％	6.8	13.1	9.4	8.3
强度代表值 $R_{c0.95}$/MPa	2.4	2.7	3.2	3.6
是否满足 $R_{c0.95} \geqslant 2.5$ MPa	否	是	是	是

表 3.104　7 d 无侧限抗压强度结果汇总表（30％天然骨料＋70％砖混再生骨料）

力学指标	水泥掺量/％			
	5	6	7	8
强度平均值 $\overline{R}$/MPa	3.0	3.4	3.8	4.3
强度标准差 σ/MPa	0.249	0.404	0.275	0.241
强度偏差系数 C_V/％	8.4	11.7	7.3	5.7
强度代表值 $R_{c0.95}$/MPa	2.6	2.8	3.3	3.9
是否满足 $R_{c0.95} \geqslant 2.5$ MPa	是	是	是	是

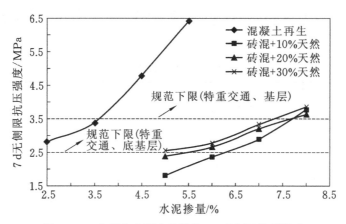

图 3.126　水泥稳定再生骨料的 7 d 无侧限抗压强度

由表 3.101 至表 3.104 和图 3.126 可知,两种再生骨料水泥稳定碎石的 7 d 无侧限抗压强度随水泥掺量的增加呈现增长趋势。通过以下分析确定后续试验的水泥掺量:

（1）比较强度平均值和规范要求值。根据试验结果,水泥掺量为 2.5％、3.5％、4.5％、5.5％ 时混凝土再生骨料试件强度平均值均满足规范规定的不低于 3.5 MPa 的要求;水泥掺量为 5％、6％、7％、8％时,砖混再生骨料掺 10％天然骨料试件强度平均值除 5％水泥掺量之外均满足规范规定的不低于 2.5 MPa(二级公路)的要求,砖混再生骨料掺 20％和 30％

天然骨料试件强度平均值均满足规范规定的不低于 2.5 MPa 的要求。

（2）考虑到试验数据的偏差和施工中的保证率，对各水泥掺量下的无侧限抗压强度数据通过公式 $R_{c0.95} = \bar{R} - Z_a\sigma$ 计算强度代表值，对于 95％保证率下 Z_a 取 1.645。通过计算，对于混凝土再生骨料水泥稳定碎石，水泥掺量为 4.5％、5.5％时强度能够满足指标要求；对于砖混再生骨料掺 10％天然骨料的水泥稳定碎石，水泥掺量为 7％、8％时强度能够满足指标要求；对于砖混再生骨料掺 20％天然骨料的水泥稳定碎石，强度除 5％水泥掺量外均能够满足指标要求；对于砖混再生骨料掺 30％天然骨料的水泥稳定碎石，强度均能够满足指标要求。

（3）从工程经济性考虑，选取满足强度指标要求的最小水泥掺量为最佳水泥掺量。因此，最终确定的室内配合比为水泥∶混凝土再生骨料＝4.5∶100，其最佳含水率为 9.5％，最大干密度为 2.044 g/cm³；水泥∶砖混再生骨料（掺 10％天然骨料）＝7∶90，其最佳含水率为 10.5％，最大干密度为 1.799 g/cm³；水泥∶砖混再生骨料（掺 20％天然骨料）＝6∶80，其最佳含水率为 10.2％，最大干密度为 1.809 g/cm³；水泥∶砖混再生骨料（掺 30％天然骨料）＝5∶70，其最佳含水率为 9.1％，最大干密度为 1.796 g/cm³，压实度均按 98％控制。

3.7 建筑固体废弃物水泥稳定再生骨料混合料路用性能

本节基于前期确定的最大干密度及最佳含水率，研究水泥稳定再生骨料混合料的路用性能，主要包括无侧限抗压强度、间接抗拉强度、抗压回弹模量、干缩性能等，试验配合比如表 3.105 所示。

表 3.105　试验配合比汇总表

级配类型	水泥∶集料	最佳含水率/％	最大干密度/(g/cm³)
混凝土再生骨料	4.5∶100	9.5	2.044
10％天然骨料＋90％砖混再生骨料	7∶100	10.5	1.799
20％天然骨料＋80％砖混再生骨料	6∶100	10.2	1.809
30％天然骨料＋70％砖混再生骨料	5∶100	9.1	1.796

3.7.1　无侧限抗压强度

7 d 浸水无侧限抗压强度，是基层用水泥稳定碎石的重要性能指标。鉴于 7 d 无侧限抗压强度龄期较短，项目前期分别对不同水泥稳定再生骨料混合料的 7 d、28 d、60 d 和 90 d 无侧限抗压强度进行了测试，以研究无侧限抗压强度的发展规律。

将养护至规定龄期且浸水 24 h 后的试件放到压力机的升降台上（图 3.127），使试件的形变以约 1 mm/min 等速率增加进行无侧限抗压强度试验。

图 3.127　无侧限抗压强度试验

试验结果如表 3.106 和图 3.128 所示。

表 3.106　水泥稳定再生骨料无侧限抗压强度发展规律

混合料类型	龄期/d	强度平均值 $\overline{R}$/MPa	强度标准差 σ/MPa	强度偏差系数 C_V/%	强度代表值 $R_{c0.95}$/MPa
混凝土再生骨料	7	5.8	0.607	10.5	4.8
	28	6.9	0.512	7.4	6.0
	60	7.5	0.473	6.3	6.7
	90	7.5	0.345	4.6	6.9
10%天然骨料+90%砖混再生骨料	7	3.5	0.373	10.6	2.9
	28	6.3	0.594	9.4	5.4
	60	6.6	0.411	6.3	5.9
	90	7.0	0.466	6.7	6.2
20%天然骨料+80%砖混再生骨料	7	3.7	0.537	14.5	2.8
	28	6.0	0.500	8.3	5.2
	60	6.2	0.437	7.0	5.5
	90	6.5	0.459	5.7	5.7
30%天然骨料+70%砖混再生骨料	7	4.0	0.416	10.5	3.3
	28	6.6	0.666	10.1	5.5
	60	6.7	0.444	6.6	6.0
	90	7.0	0.360	5.2	6.4

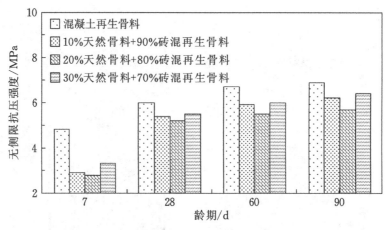

图 3.128　水泥稳定再生骨料无侧限抗压强度

由图 3.128 可以看出,两种水泥稳定碎石混合料无侧限抗压强度随龄期的变化有以下规律:不同级配、不同材料组成的水泥稳定碎石混合料的无侧限抗压强度均随龄期的增加而增长,发展规律与普通水泥稳定碎石的发展规律一致。另外,水泥稳定混凝土再生骨料的抗压强度均高于水泥稳定砖混再生骨料。

3.7.2　间接抗拉强度

良好的基层材料,不仅应具有较高的抗压强度,还必须具备一定的抗拉强度,而间接抗拉强度就是衡量抗拉强度的指标之一。因此,本研究分别对 7 d、28 d、60 d 和 90 d 龄期的水泥稳定碎石间接抗拉强度进行了试验。

将养护至规定龄期且浸水 24 h 后的试件放到压力机升降台上,以 1 mm/min 等速率加载,测试间接抗拉强度(劈裂强度)(图 3.129)。

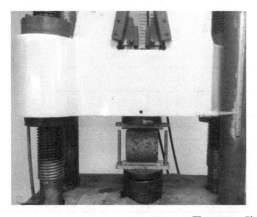

图 3.129　劈裂强度试验

试验结果如表 3.107 和图 3.130 所示。

表 3.107　水泥稳定再生骨料间接抗压强度发展规律

混合料类型	龄期/d	强度平均值 $\overline{R}$/MPa	强度标准差 σ/MPa	强度偏差系数 C_V/%	强度代表值 $R_{c0.95}$/MPa
混凝土再生骨料	7	0.262	0.013	5.1	0.24
	28	0.524	0.022	4.3	0.49
	60	0.644	0.045	7.0	0.57
	90	0.727	0.058	8.0	0.63
10%天然骨料+90%砖混再生骨料	7	0.341	0.023	6.7	0.30
	28	0.426	0.016	3.7	0.40
	60	0.487	0.031	6.3	0.44
	90	0.547	0.040	7.3	0.48
20%天然骨料+80%砖混再生骨料	7	0.326	0.021	6.4	0.29
	28	0.389	0.006	1.5	0.38
	60	0.469	0.032	6.8	0.42
	90	0.468	0.018	3.8	0.44
30%天然骨料+70%砖混再生骨料	7	0.364	0.018	5.1	0.33
	28	0.450	0.016	3.6	0.42
	60	0.507	0.026	5.1	0.48
	90	0.540	0.019	3.6	0.51

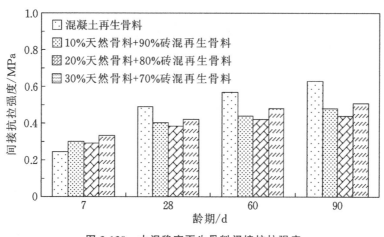

图 3.130　水泥稳定再生骨料间接抗拉强度

　　由表 3.107 和图 3.130 可见,四种水泥稳定碎石混合料的间接抗拉强度随龄期的变化规律基本上与无侧限抗压强度增长规律一致,这主要是由于相同材料的抗压强度和间接抗拉强度之间有着一定的相关性。间接抗拉强度随龄期的变化规律为:不同级配、不同材料组成的水泥稳定碎石混合料的强度均随龄期的增加而增长,增长的趋势基本上一致。在龄期小于 28 d 时,其强度增长幅度较大;当龄期大于 28 d 时,强度增长幅度有所减缓;当龄期大于 90 d 后,三种级配的主要差异也表现在强度大小的不同。除 7 d 异常数据外,水泥稳定混凝土再生骨料的间接抗拉强度均高于水泥稳定砖混再生骨料。

3.7.3 抗压回弹模量

回弹模量是路面结构设计的主要参数之一,抗压回弹模量的测定采用顶面法(图 3.131)。试件在不同龄期的抗压回弹模量变化规律如表 3.108 和图 3.132 所示。

图 3.131 抗压回弹模量试验

表 3.108 水泥稳定再生骨料不同龄期下的抗压回弹模量

混合料类型	抗压回弹模量/MPa			
	7 d	28 d	60 d	90 d
混凝土再生骨料	771	889	1055	1128
10%天然骨料+90%砖混再生骨料	556	626	708	828
20%天然骨料+80%砖混再生骨料	627	715	789	879
30%天然骨料+70%砖混再生骨料	709	821	899	956

由表 3.108 和图 3.132 可见,抗压回弹模量增长规律同强度增长规律基本一致,随着龄期的增长,回弹模量逐渐增加。相同龄期下,水泥稳定混凝土再生骨料的回弹模量普遍高于水泥稳定砖混再生骨料。但值得注意的是,本试验中测定的抗压回弹模量普遍偏小,从项目组经验及文献分析来看,除试验稳定性、设备精度、操作误差等因素外,也可能归因于再生骨料本身的强度与弹性模量较低。

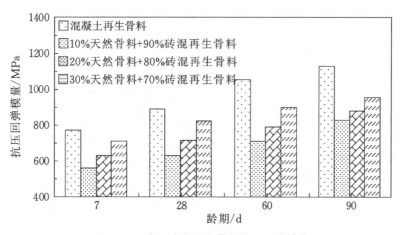

图 3.132　水泥稳定再生骨料抗压回弹模量

3.7.4　干缩性能

干缩性能的测定,主要依据《公路工程无机结合料稳定材料试验规程》(JTG E51—2009)规定的无机结合料稳定材料干缩试验方法(T 0854—2009)进行。

本研究记录了 30 d 养护龄期内水泥稳定再生骨料混合料试件的干缩试验数据,并进行数据分析(图 3.133)。

图 3.133　混合料干缩制件及测试

干缩应变与龄期、失水率与龄期、干缩系数与龄期、干缩应变与失水率、干缩系数与失水率的变化规律,分别参见图 3.134 至图 3.138 所示。

由图 3.134 至图 3.138 可以得出如下结论:

(1)试件失水率随着龄期的增加而增加。早期失水快,7~9 d 后失水变慢。从另一个侧面表明,碾压结束后养护至少 7 d 对于水泥稳定再生骨料具有同样的重要性。单从本次试验结果看,水泥稳定再生骨料碾压结束后养护龄期的需求甚至更长。值得注意的是,试验测试失水率过高,此次试验结果仅用于定性比较。

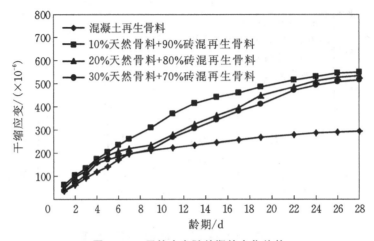

图 3.134　干缩应变随龄期的变化趋势

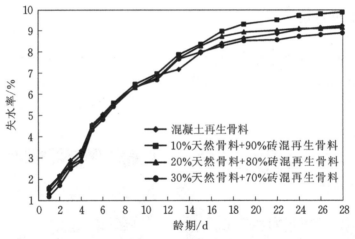

图 3.135　失水率随龄期的变化规律

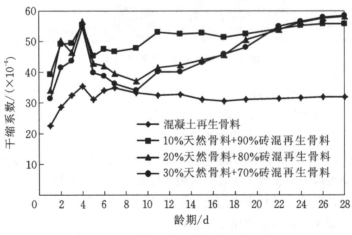

图 3.136　干缩系数随龄期的变化规律

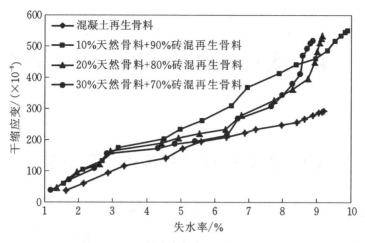

图 3.137　干缩应变与失水率的变化规律

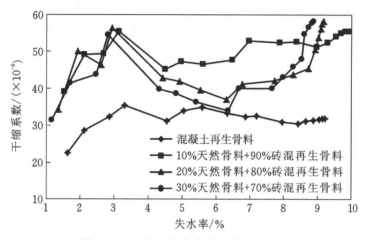

图 3.138　干缩系数与失水率的变化规律

（2）早龄期，水泥稳定混凝土再生骨料的吸水率与水泥稳定砖混再生骨料的相近，随着龄期的延长，水泥稳定混凝土再生骨料的失水率逐渐降低，并低于水泥稳定砖混再生骨料。这主要是因为混凝土再生骨料的吸水率远低于砖混类再生骨料，水泥稳定混凝土再生骨料混合料的最佳含水率也低于水泥稳定砖混再生骨料，并远高于普通水泥稳定碎石。早龄期，两种混合料中自由水量充足，失水率相近。随着自由水分的蒸发，水泥稳定砖混再生骨料混合料内的存储水分较高，表现出更高的失水率。

（3）从干缩应变、干缩系数等指标看，水泥稳定混凝土再生骨料在相同龄期、相同失水率的情况下，表现出比水泥稳定砖混类再生骨料更小的干缩性能。对于水泥稳定砖混再生骨料混合料而言，随着天然骨料掺量的增加，干缩指标逐渐减小。这也从侧面说明，采用骨料颗粒整形、预处理工艺，消除再生骨料表面黏附的水泥砂浆，以及掺入天然骨料等措施，可以有效提高水泥稳定再生骨料的抗收缩性能。

第4章 绿色低碳技术工程应用研究及效益分析

4.1 脱黏抑冰材料施工性能研究

使用脱黏抑冰材料时将 A、B、C 三个组分进行混合,然后喷涂到沥青路面上,为保证脱黏抑冰材料的施工效果,需要对 A、B、C 三个组分混合后的脱黏抑冰材料自身的性能进行评价。脱黏抑冰材料在实际施工过程中将受到外界环境的影响,尤其在我国北方地区会受到气温的影响,因此为保证脱黏抑冰材料的使用效果,确定合理的施工温度极为重要。脱黏抑冰材料施工需设置施工合理作业控制区,喷涂到沥青路面后完全固化之前势必会对交通造成一定的影响,特别是在交通量较大的路段,会导致更大的交通压力。与此同时,脱黏抑冰材料的固化时间较短,会导致材料在材料洒布设备内部固化,从而造成材料的浪费;脱黏抑冰材料的洒布量还会影响材料的固化时间,通常认为洒布量越大,固化时间越长。因此,为降低脱黏抑冰材料施工对交通的影响,同时减少施工过程中材料的浪费,需确定脱黏抑冰材料合理的固化时间和洒布量。

4.1.1 固化时间

脱黏抑冰材料固化时间的长短对脱黏抑冰材料的施工和交通运营具有重要的影响。固化时间过短,在机械内部易于集聚,黏度变大,阻塞管口,不利于喷涂机械的施工和管道的清洗;固化时间过长,在沥青路面上无法形成立体网状薄膜,冰点抑制剂无法黏附于沥青道路表面,从而影响交通的开放,给交通造成压力。因此,对于脱黏抑冰材料的固化时间,需寻找一个平衡点,在保障机械正常喷涂的同时,能够在短时间内开放交通。

首先,考虑到实际施工的需要,应确保脱黏抑冰材料三个组分混合后在洒布车内的固化时间不宜过短,从而保证有充足的施工时间。为模拟脱黏抑冰材料三个组分混合后置于材料洒布车中的实际状况,将脱黏抑冰材料 A、B、C 三个组分按照一定比例混合后均分成若干份,然后分别置于不同的密闭容器中,且每隔 1 h 打开一个密闭容器以观测脱黏抑冰材料的固化情况,试验如图 4.1 所示。

图 4.1 脱黏抑冰材料在密闭容器中固化情况

通过试验发现,脱黏抑冰材料在密闭容器中完全固化的时间为 12 h,这个固化时间能满足脱黏抑冰材料从加入洒布车开始到喷涂结束的施工时间,从而不会因脱黏抑冰材料一次施工未完成而造成材料的浪费。

其次,要考虑脱黏抑冰材料喷洒到沥青路面上至材料完全固化需要的材料固化后期时间,这段时间施工现场需要封闭交通,因此此段时间的长短会对交通造成一定的影响。为合理确定材料固化后期时间,在洒布温度为 5 ℃、脱黏抑冰材料洒布量为 0.5 kg/m² 的条件下,分别对不同固化时间的喷涂有脱黏抑冰材料的马歇尔试件进行落球冲击试验,试验结果如表 4.1 和图 4.2 所示。

表 4.1　不同固化后期时间脱黏抑冰材料试件落球冲击试验结果

固化后期时间/h	破损率 B_R/%
0.5	9.5
1.0	10.3
1.5	11.4
2.0	13.3
2.5	15.6
3.0	17.6
3.5	17.7
4.0	17.8
4.5	17.8
5.0	17.8

由表 4.1 和图 4.2 可知,在温度和洒布量一定的条件下,落球冲击试验后的脱黏抑冰材料试件的破损率随着固化时间的增加而逐渐增加,破损率在固化后期时间为 0.5～3 h 时逐渐增大,这说明这段时间抗凝冰效果逐渐增大,3 h 后破损率增长速度趋于平缓。为进一步验证脱黏抑冰材料固化后期时间,在温度为 5 ℃、脱黏抑冰材料洒布量为 0.5 kg/m² 的条件下,进一步验证脱黏抑冰材料的固化后期时间(图 4.3)。试

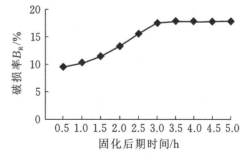

图 4.2　不同固化后期时间的
脱黏抑冰材料试件破损率

验结果表明,在温度为 5 ℃、脱黏抑冰材料洒布量为 0.5 kg/m² 的条件下,脱黏抑冰材料的固化后期时间为 3 h。综合考虑脱黏抑冰材料实际施工对交通的影响,建议脱黏抑冰材料的固化后期时间不宜超过 3 h。

图 4.3　试件固化后期时间试验

4.1.2　施工温度

脱黏抑冰材料的施工受到外界气温的影响,而脱黏抑冰材料的固化后期时间与外界气温的相关性较大,外界气温越低,脱黏抑冰材料相应的固化后期时间也越长,其施工对交通造成的影响也越大,尤其是在我国北方地区,如果在温度较低的情况下进行脱黏抑冰材料的施工,会因脱黏抑冰材料固化后期时间太长而增大交通压力。为确定脱黏抑冰材料合理的固化后期时间,在脱黏抑冰材料洒布量为 0.5 kg/m² 的条件下测试不同温度下脱黏抑冰材料的固化后期时间,试验结果如表 4.2 和图 4.4 所示。

表 4.2　不同温度下脱黏抑冰材料的固化时间

温度/℃	固化后期时间/h
0	6.00
1	5.80
2	5.00
3	4.50
4	3.50
5	3.10
6	3.00
7	2.98
8	2.95
9	2.92
10	2.90

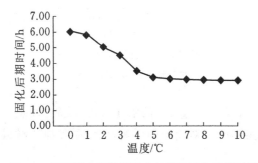

图 4.4　不同温度下脱黏抑冰材料的固化后期时间

由表 4.2 和图 4.4 可知,随着温度的增加,脱黏抑冰材料的固化后期时间逐渐缩短,0~5 ℃时脱黏抑冰材料固化后期时间降幅较大,5 ℃时固化后期时间为 3 h 左右,5 ℃以后固化后期时间降幅趋于平缓,考虑脱黏抑冰材料的实际施工情况及需要快速开放交通的实际状况,推荐脱黏抑冰材料的施工温度应不低于 5 ℃。

4.1.3　洒布量

脱黏抑冰材料的洒布量与沥青路面的构造深度、脱黏抑冰材料的除冰效果、脱黏抑冰材料的固化后期时间及经济性能等有关。若脱黏抑冰材料的洒布量较小,则其除冰性能相对较差,不能起到较好的除冰效果;若脱黏抑冰材料的洒布量较大,相对固化后期时间较长,则会增大交通压力,同时也不经济,因此需确定合理的脱黏抑冰材料的洒布量。本研究在室温条件下,采用构造深度为 0.5 mm 的 AC-13C 级配的马歇尔脱黏抑冰材料试件进行落球冲击试验和固化后期时间试验,试验结果分别如表 4.3、图 4.5 和表 4.4、图 4.6 所示。

表 4.3　不同洒布量条件下的脱黏抑冰材料试件破损率

洒布量/(kg/m²)	破损率/%
0.3	12.1
0.4	14.3
0.5	17.8
0.6	18.2
0.7	18.5

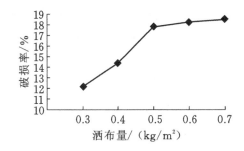

图 4.5　不同洒布量的脱黏抑冰材料试件破损率

表 4.4　不同洒布量的脱黏抑冰材料固化后期时间

洒布量/(kg/m²)	固化后期时间/h
0.3	2.2
0.4	2.8
0.5	3.1
0.6	3.5
0.7	4.0

由表 4.3、图 4.5 可知,脱黏抑冰材料试件的落球冲击试验破损率随着洒布量的增加而逐渐增大,脱黏抑冰材料洒布量在 0.3~0.5 kg/m² 之间时,随着洒布量的增加,破损率增长

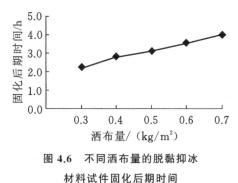

图 4.6　不同洒布量的脱黏抑冰
材料试件固化后期时间

较快,洒布量大于 0.5 kg/m² 以后,破损率增长趋于平缓,这说明脱黏抑冰材料试件的抗凝冰性能增长幅度不大。由表 4.4、图 4.6 可知,脱黏抑冰材料试件随着洒布量的增大,固化后期时间也逐渐增大;由脱黏抑冰材料试件的抗凝冰及固化时间试验结果并综合考虑脱黏抑冰材料的经济性能可得出,构造深度为 0.5 mm 的 AC-13 级配脱黏抑冰材料试件的最佳洒布量为0.5 kg/m²。

采用上述类似确定脱黏抑冰材料最佳洒布量的方法,分别对不同级配及构造深度的试件进行脱黏抑冰材料最佳洒布量试验,试验结果见表 4.5。

表 4.5　不同级配、构造深度的脱黏抑冰材料试件最佳洒布量试验结果

级配类型	构造深度/mm	脱黏抑冰材料最佳洒布量/(kg/m²)
AC-13C	0.3	0.45
	0.5	0.50
	0.7	0.55
	0.9	0.58
	1.1	0.62
SUP-13	0.3	0.45
	0.5	0.50
	0.7	0.55
	0.9	0.58
	1.1	0.62
SMA-13	0.3	0.45
	0.5	0.50
	0.7	0.55
	0.9	0.58
	1.1	0.62

由表 4.5 可知,同种级配的脱黏抑冰材料试件随着构造深度的增加,脱黏抑冰材料洒布量逐渐增大;不同级配、构造深度相同的脱黏抑冰材料试件的材料最佳洒布量相同。这说明脱黏抑冰材料的最佳洒布量与沥青路面的构造深度有关,与沥青路面的级配相关性不大。沥青路面的构造深度是决定脱黏抑冰材料洒布量的最关键因素。考虑到沥青路面的构造深度如果太小,脱黏抑冰材料的洒布量就较小,从而会影响脱黏抑冰材料的除冰效果,因此建议沥青路面的构造深度不宜小于 0.3 mm。

4.1.4 脱黏抑冰材料固含量

乳化沥青固含量的多少影响乳化沥青的性能,同样脱黏抑冰材料的固含量对脱黏抑冰材料的性能也有重要影响,固含量越大,脱黏抑冰材料的抗凝冰性能、疏水性能和黏附性能也越好。为合理确定脱黏抑冰材料的固含量,参照乳化沥青筛上剩余量试验(T 0652—1993)[48]中的方法测定脱黏抑冰材料的固含量,试验方法参考如下:

(1) 将 1.18 mm 的滤筛、烧杯、金属盘等用溶剂擦净,用蒸馏水洗涤后于 105 ℃±5 ℃ 烘箱中烘干,称取金属盘及滤筛质量(m_1),精确称至 0.1 g。

(2) 称取搅拌充分、均匀的脱黏抑冰材料样品 500 g±5 g(记为 m,精确称至 0.1 g)并置于烧杯中。

(3) 将筛框用含量为 2% 的油酸钠溶液(阴离子乳液)或蒸馏水(阳离子乳液)湿润。

(4) 将 1.18 mm 的滤筛支在烧杯上,再将烧杯中的脱黏抑冰材料试样边搅拌边徐徐注入筛内过滤。在过滤畅通情况下,筛上脱黏抑冰材料仅可保留一薄层;如发现筛孔有堵塞或过滤不畅现象,可用手轻轻拍打筛框。

(5) 样品过滤后,移开装脱黏抑冰材料的烧杯。

(6) 用蒸馏水多次清洗烧杯,并将洗液过筛,再用蒸馏水冲洗滤筛,直到过滤的水完全清洁为止。

(7) 将滤筛置于已称量过的金属盘中,并置于烘箱 105 ℃±5 ℃ 中烘干 2～4 h。

(8) 取出滤筛,连同金属盘一起置于干燥器中冷却至室温(冷却时间一般为 30 min 以上)后称其质量(m_2),精确至 0.1 g。

脱黏抑冰材料试样过筛后筛上剩余物含量按照下式进行计算,精确至 1 位小数:

$$P_r = \frac{m_2 - m_1}{m} \times 100\%$$

式中 P_r——筛上剩余物含量(%);

      m——脱黏抑冰材料试样质量(g);

      m_1——滤筛及金属盘质量(g);

      m_2——滤筛、金属盘及筛上剩余物合计质量(g)。

分别对不同固含量的脱黏抑冰材料进行抗凝冰试验、疏水性能试验和黏附性能试验,并分别采用破损率、接触角、疏水等级及冰层与试件的拉伸力和剪切力指标来评价脱黏抑冰材料的除冰效果,试验结果见表 4.6。分别绘制脱黏抑冰材料的抗凝冰试验的破损率、疏水性能试验结果和黏附性能试验结果与脱黏抑冰材料固含量关系图,如图 4.7 至图 4.9 所示。

表 4.6   不同固含量脱黏抑冰材料除冰效果试验结果

脱黏抑冰材料固含量/%	破损率 B_R/%	接触角/°	疏水等级	拉伸力/kN	剪切力/kN
10	6.4	73.2	HC2	2316	8744
15	7.3	78.8	HC2	2145	7476
20	8.5	85.3	HC2	1894	6532

续表 4.6

脱黏抑冰材料固含量/%	破损率 B_R/%	接触角/°	疏水等级	拉伸力/kN	剪切力/kN
25	9.6	87.4	HC2	1736	5540
30	10.7	91.8	HC1	1575	4853
35	11.9	99.5	HC1	1388	4320
40	13.7	103.2	HC1	1077	4121
45	15.6	106.4	HC1	953	3833
50	17.8	110.4	HC1	844	3754
55	18.0	110.5	HC1	802	3739
60	18.1	111.1	HC1	787	3638

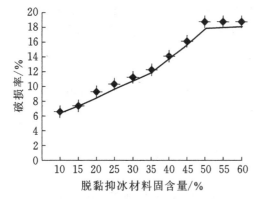

图 4.7 不同固含量脱黏抑冰材料
抗凝冰试验的破损率

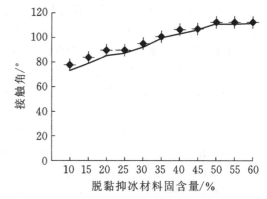

图 4.8 不同固含量脱黏抑冰材料
疏水性能试验结果

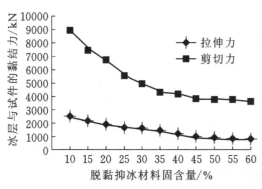

图 4.9 不同固含量脱黏抑冰材料拉伸
试验及剪切试验结果

由表 4.6 和图 4.7 可知,随着脱黏抑冰材料固含量的增加,抗凝冰试验破损率先逐渐增大后趋于平缓。

由表 4.6 和图 4.8 可知,随着脱黏抑冰材料固含量的逐渐增加,脱黏抑冰材料的接触角先逐渐增大后逐渐趋于平缓,疏水等级也随脱黏抑冰材料固含量的增加而逐渐增大,在固含量为 30% 时脱黏抑冰材料的疏水等级增大到 HC1 级。

由表 4.6 和图 4.9 可知,随着脱黏抑冰材料固含量的逐渐增加,冰层与试件之间的拉伸力和剪切力逐渐降低,且降低速率逐渐趋于平缓。这说明随着脱黏抑冰材料固含量的逐渐增加,冰层与试件之间的黏结力逐渐下降。

结合不同固含量的脱黏抑冰材料抗凝冰试验、疏水性能试验和黏附性能试验结果,并考虑经济性能和脱黏抑冰材料的施工性能,建议脱黏抑冰材料固含量取 30％～50％。

4.1.5　脱黏抑冰材料黏度

不同固含量的脱黏抑冰材料其黏度也不同,脱黏抑冰材料黏度太大则不利于施工,黏度太小会影响脱黏抑冰材料的除冰性能。目前在道路工程中测定乳液黏度的方法大多是采用道路沥青标准黏度计法和恩格拉黏度计法。本研究参照沥青标准黏度试验(道路沥青标准黏度计法)(T 0621—1993)中的试验方法对脱黏抑冰材料的黏度进行检测。

(1)脱黏抑冰材料黏度检测试验方法

检测方法参考沥青标准黏度试验(道路沥青标准黏度计法)(T 0621—1993)中的相关规定。

(2)脱黏抑冰材料黏度评价方法及结果分析

分别针对固含量为 30％～50％的脱黏抑冰材料进行材料标准黏度试验,试验结果如表4.7 和图 4.10 所示。

表 4.7　不同固含量脱黏抑冰材料标准黏度试验结果

固含量/%	脱黏抑冰材料标准黏度/s			
	1	2	3	平均值
30	10.24	11.33	11.86	11.14
35	12.31	13.06	13.55	12.97
40	14.28	14.36	14.27	14.30
45	17.47	18.60	20.45	18.84
50	21.44	23.33	24.09	22.95

由表 4.7 和图 4.10 可知,随着脱黏抑冰材料固含量的增加,脱黏抑冰材料的黏度逐渐增大。相关研究表明,雾封层材料的黏度以 3～60 s 为宜[27]。根据脱黏抑冰材料的性能及施工技术特点可将其归结为雾封层材料类,脱黏抑冰材料的黏度技术要求可参考雾封层材料黏度技术要求。由试验结果可知,固含量为30％～50％的脱黏抑冰材料黏度为 12～22 s,满足雾封层材料黏度 3～60 s 的要求。

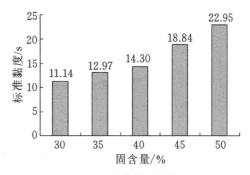

图 4.10　不同固含量脱黏抑冰材料
标准黏度试验结果

对不同黏度的脱黏抑冰材料进行抗凝冰试验、疏水性能试验和黏附性能试验,并分别采用破损率、接触角、疏水等级及冰层与试件的拉伸力和剪切力等指标来评价脱黏抑冰材料的除冰效果,试验结果见表 4.8。分别绘制抗凝冰试验的破损率、疏水性能试验结果及拉伸和剪切试验结果与脱黏抑冰材料固含量关系图,分别如图 4.11 至 4.13 所示。

表 4.8　不同黏度脱黏抑冰材料除冰效果试验结果

脱黏抑冰材料标准黏度/s	破损率 B_R/%	接触角/°	疏水等级	拉伸力/kN	剪切力/kN
12	11.2	93.2	HC1	1552	4833
14	13.3	102.8	HC1	1109	4288
16	14.5	105.4	HC1	1022	3980
18	15.2	106.0	HC1	967	3841
20	16.5	107.9	HC1	898	3789
22	17.3	109.8	HC1	857	3761

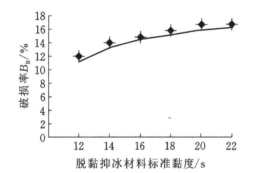

图 4.11　不同黏度脱黏抑冰材料的
抗凝冰试验的破损率

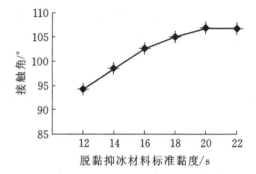

图 4.12　不同黏度脱黏抑冰材料
疏水性能试验结果

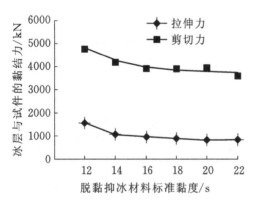

图 4.13　不同黏度脱黏抑冰材料拉伸试验
及剪切试验结果

由表 4.8 和图 4.11 可知,随着脱黏抑冰材料黏度的逐渐增大,其抗凝冰试验破损率逐渐增大,且增大的速率逐渐趋于平缓。由表 4.8 和图 4.12 可知,随着脱黏抑冰材料黏度的逐渐增大,脱黏抑冰材料的接触角先逐渐增大后逐渐趋于平缓,疏水等级均为 HC1 级。由表 4.8 和图 4.13 可知,随着脱黏抑冰材料黏度的逐渐增大,冰层与试件之间的拉伸力和剪切力逐渐降低,且逐渐趋于平缓,这说明随着脱黏抑冰材料黏度的逐渐增大,冰层与试件之间的黏结力逐渐下降。

综合以上试验结果,参考雾封层黏度技术要求,固含量为 30%～50% 的脱黏抑冰材料的黏度(12～22 s)均满足脱黏抑冰材料的施工技术要求;必要条件下,可对脱黏抑冰材料进行加水稀释,降低脱黏抑冰材料的黏度,提高脱黏抑冰材料的施工和易性。

4.1.6　脱黏抑冰材料水稀释性能

为使脱黏抑冰材料便于机械喷洒以及控制喷洒数量,其在施工前需要加水稀释,为确保加水稀释后的脱黏抑冰材料的性能稳定,要求脱黏抑冰材料混合液具有良好的水稀释性能。

参考文献[27]中关于脱黏抑冰材料的水稀释性能检测试验方法,以固含量为 50％ 的脱黏抑冰材料为例对脱黏抑冰材料的水稀释性能进行试验检测,如果固含量较高的脱黏抑冰材料水稀释性能能满足要求,则固含量较低的脱黏抑冰材料的水稀释性能也能满足相应的要求。

4.1.6.1　试验方法

(1) 计算固含量为 50％ 的脱黏抑冰材料混合液 300 g 所需的用水量,并用烧杯称取所需的用水量。

(2) 将计量好的水倒入混合液中,制备 300 g 固含量为 50％ 的脱黏抑冰材料混合液,用玻璃棒搅拌 2～3 min,使混合液搅拌均匀。

(3) 用预湿的 1.18 mm 筛将混合液过滤,并计算筛上剩余量。

(4) 用水以任意比例稀释,使筛余量为零。稀释后放置 24 h,若此时水分在上部析出,稍加摇晃即可摇匀,则说明材料具有优良的水稀释性能;反之,则水稀释性能较差。

4.1.6.2　脱黏抑冰材料水稀释性能试验结果分析

按照上述试验步骤对固含量为 50％ 的脱黏抑冰材料加水稀释,并用 1.18 mm 筛过滤混合液。试验结果表明,固含量为 50％ 的脱黏抑冰材料可用水以任意比例进行稀释,1.18 mm 筛上筛余量为零。脱黏抑冰材料加水稀释 24 h 后,水分在上部析出,稍加摇晃即可摇匀,性能较稳定,符合喷洒和计量施工要求。

4.1.7　脱黏抑冰材料施工技术要求

综上研究结果,可得脱黏抑冰材料的施工技术要求如表 4.9 所示。

表 4.9　脱黏抑冰材料施工技术要求

技术参数		技术要求
施工性能	施工温度/℃	≥5
	固化时间/h	≤3
	洒布量/(kg/m²)	根据路面构造深度确定
	脱黏抑冰材料固含量/％	30～50
	脱黏抑冰材料黏度/s	12～22
	脱黏抑冰材料水稀释性能	能与水以任意比例稀释,性能稳定,符合喷洒和计量施工的要求

4.2 脱黏抑冰材料洒布车的设计研发

4.2.1 研发背景

脱黏抑冰材料属于一种新型的沥青路面除冰材料,目前还没有完善的施工工艺及方法。要使脱黏抑冰材料能大面积应用,必须从提高施工效率和保证施工质量两方面综合考虑。在脱黏抑冰材料试验段,主要采用人工滚涂和小型机械设备喷涂的方式施工,这两种施工工艺具有施工效率低、施工质量不易控制的特点,适用于脱黏抑冰材料小面积的施工,对于材料的大面积施工,这两种方式均不能满足大面积施工的施工速度及效率的要求,因此需要针对脱黏抑冰材料的特点,有针对性地开发洒布设备。在脱黏抑冰材料洒布设备研发过程中,有学者曾尝试使用乳化沥青洒布车进行脱黏抑冰材料大面积洒布施工,但脱黏抑冰材料与乳化沥青不同,它是由 A、B、C 三组分混合后加入洒布设备中进行洒布,而乳化沥青是单组分材料,不需要在现场进行配制。将脱黏抑冰材料加入乳化沥青洒布车之后,由于脱黏抑冰材料的固含量比普通乳化沥青的大,在喷洒过程中经常出现喷嘴堵塞现象;与此同时,为防止脱黏抑冰材料从喷涂到路面再到材料完全固化的这一时间段内路面出现摩擦系数降低的情况,需要向脱黏抑冰材料中添加石英砂以提高路面的抗滑性能,而在脱黏抑冰材料中添加石英砂就会加剧洒布车喷嘴的堵塞。因此,需要开发适合于脱黏抑冰材料特点的大面积施工洒布设备。此洒布设备应具有符合脱黏抑冰材料特点、施工效率高、喷洒均匀、施工质量易控制等特点。

4.2.2 脱黏抑冰材料洒布车的研发设计

4.2.2.1 脱黏抑冰材料洒布车总体设计目标

脱黏抑冰材料现场大面积施工是将 A、B、C 三组分按照一定的配合比在洒布车中进行现场混合,通过洒布车均匀喷洒到沥青路面上,脱黏抑冰材料固化后开放交通,通过脱黏抑冰材料自身的性能达到除冰的效果,因此,在研发设计脱黏抑冰材料洒布车时需要考虑以下几点:①提高脱黏抑冰材料的施工效率;②脱黏抑冰材料现场搅拌问题;③脱黏抑冰材料洒布问题;④防止洒布过程中脱黏抑冰材料造成洒布车管道及喷嘴堵塞;⑤防止施工过程中脱黏抑冰材料对路面标线造成污染;⑥脱黏抑冰材料洒布车的耐腐蚀问题。基于以上考虑,本书提出脱黏抑冰材料洒布车的总体研发设计目标:

(1) 提高脱黏抑冰材料施工效率

脱黏抑冰材料洒布车的设计中提高施工效率是核心。施工效率不仅体现在施工速度的提高,而且还体现在提高脱黏抑冰材料各组分的掺配速度和提高脱黏抑冰材料喷洒完成后洒布车机械的清洗速度上,因此,在提高施工速度的同时要提高脱黏抑冰材料各组分的掺配效率和脱黏抑冰材料喷洒完成后洒布机械的清洗效率,且要保证施工质量。

（2）脱黏抑冰材料各组分要搅拌均匀

为防止脱黏抑冰材料固化,脱黏抑冰材料的 A、B、C 三组分要现场进行掺配并搅拌均匀,掺配完成后及时洒布到沥青路面上。因此,脱黏抑冰材料洒布车需要在较短的时间内使脱黏抑冰材料三组分掺配均匀且保证脱黏抑冰材料的质量。

（3）脱黏抑冰材料要洒布均匀

采用脱黏抑冰材料洒布车喷洒脱黏抑冰材料时要保证脱黏抑冰材料喷洒均匀,避免有漏洒或过洒现象,从而影响脱黏抑冰材料施工质量。

（4）洒布设备管道及喷嘴应不易堵塞

与乳化沥青相比,脱黏抑冰材料具有固含量高、黏度大的特点,用传统的洒布设备洒布时则管道及喷嘴极易堵塞,为不影响施工效率,设计脱黏抑冰材料洒布车时需考虑脱黏抑冰材料的特点对清洗及过滤系统进行设计。

（5）防止标线污染

脱黏抑冰材料的组分里面含有炭黑,若施工不当会对标线造成污染。为防止脱黏抑冰材料施工对标线的污染,脱黏抑冰材料洒布车的喷洒设备应采取特殊的设计。

（6）耐腐蚀性能好

脱黏抑冰材料洒布车往往在冬季使用,为保证脱黏抑冰材料洒布车的使用寿命,需选用耐腐蚀性能较好的不锈钢材质的洒布车配件。

4.2.2.2 脱黏抑冰材料洒布车设计

（1）整体构造设计

使用脱黏抑冰材料时需要现场将 A、B、C 三组分进行掺配,三组分需要在洒布车的储罐中混合均匀,因此洒布车需要配置一个材料储罐进行组分混合。为保证三组分材料能混合均匀,则必须在储罐中不断搅拌。因此洒布车需设置一材料储罐进行脱黏抑冰材料三组分的混合,同时为使三组分能够混合均匀,需配备一个自动搅拌设备。要使脱黏抑冰材料能够喷洒到沥青路面上,需要给材料的喷洒提供一定的压力,这就需要设置压力控制系统。脱黏抑冰材料的固含量较高,为防止在材料喷洒过程中造成管道、喷嘴堵塞,以及喷洒完成后防止材料在管道内固化从而影响材料的施工,洒布车需要设置材料过滤及清理系统。喷洒脱黏抑冰材料时需根据沥青路面的实际情况设置喷洒高度,因此洒布车需要设置升降喷洒系统。喷洒车应配备发电机以提供动力;管道及喷嘴清洗需要设置水箱;常通过撒砂来提高脱黏抑冰材料固化前路面的抗滑性能,因此需要配置撒砂机;为使洒布车能够移动作业,则需要汽车牵引或拖动的移动设备。

综上,脱黏抑冰材料洒布车的整体构造应包括汽车牵引或拖动设备、发电机、材料储罐、压力控制系统、材料过滤及清理系统、撒砂机、升降喷洒系统和水箱等。

（2）局部构造设计与选择

① 设备移动方式的选择

牵引式脱黏抑冰材料洒布车的优点:结构稳定性好,对地面状况的适应性强。缺点:转弯半径大,不适于远距离施工。车载式脱黏抑冰材料洒布车的优点:操作可靠性强,作业稳定性好。缺点:成本高,需汽车底盘。两种移动设备如图 4.14 所示。根据脱黏抑冰材料连续施工且不同施工地点距离可能较远的特点,设备移动方式选择车载式。

（a）

（b）

图 4.14 设备移动方式

（a）牵引式；（b）车载式

② 细部构造设计

a.材料储罐

材料储罐是现场将 A、B、C 三组分混合均匀的装置,为使其在车载式汽车上更加稳定和平稳,将材料储罐设计成卧式形状。为使三组分脱黏抑冰材料搅拌均匀,还需要在储罐内设置搅拌设备。经多次试验,最终决定在卧式储罐内设置不锈钢制潜水搅拌机,如图 4.15 所示。经现场大量试验验证,潜水搅拌机可高效地将脱黏抑冰材料的三组分搅拌均匀,且不产生沉淀。卧式储罐示意图如图 4.16 所示。

图 4.15 不锈钢制潜水搅拌机

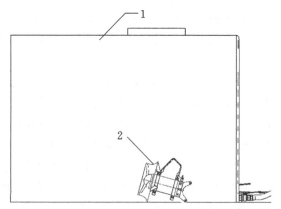

图 4.16 卧式储罐示意图

1—卧式储罐;2—不锈钢制成的潜水搅拌机

b. 压力控制系统和过滤清理系统

压力控制系统和过滤清理系统需要提供动力装置,清理装置为篮式过滤器,篮式过滤器的作用为当脱黏抑冰材料混合物流入滤篮后,杂质被阻挡在滤篮内,此时可拆掉法兰盖,清洗后再重新装入即可继续使用。过滤清理系统包括柴油循环系统和清水循环系统。同时,为方便小面积及局部路段的脱黏抑冰材料的喷涂,洒布车还增加了人工喷洒系统及装置。

压力控制系统和过滤清理系统组成如下:压力控制系统和过滤清理系统由不锈钢齿泵、汽油发动机、篮式过滤器、柴油循环箱组成,如图 4.17 所示。固定于平台底座上;压力控制系统和过滤清理系统由出料球阀控制涂料出料,自动喷涂球阀实施自动喷涂,人工喷涂球阀实施人工喷涂;柴油循环球阀 1、柴油循环球阀 2 实施柴油循环;清水循环球阀 1、清水循环球阀 2、清水循环球阀 3 实施清水循环,如图 4.18 所示。

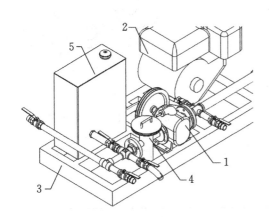

图 4.17　压力控制系统和过滤清理系统立体图

1—不锈钢齿泵;2—汽油发动机;3—平台底座;

4—篮式过滤器;5—柴油循环箱

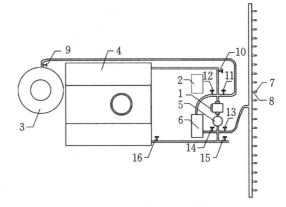

图 4.18　压力控制系统和过滤清理系统俯视图

1—不锈钢齿泵;2—汽油发动机;3—水箱;

4—卧式储罐;5—篮式过滤器;6—柴油循环箱;

7—喷头 ;8—喷头球阀;9—清水循环球阀 1;

10—出料球阀;11—清水循环球阀 2;

12—柴油循环球阀 1;13—自动喷涂球阀;

14—柴油循环球阀 2;15—人工喷涂球阀;

16—清水循环球阀 3

c.升降喷洒系统

升降喷洒系统根据沥青路面的实际情况设置升降装置以方便脱黏抑冰材料的实际施工,同时,为防止施工过程中风速对脱黏抑冰材料喷涂造成影响,在升降喷洒系统中设置了防风罩和挡板;为防止脱黏抑冰材料喷涂过程中对路面标线的污染,将升降喷洒系统的喷嘴设置成并联形式,保证每个喷嘴之间互不影响,且可以根据实际沥青路面的宽度调整喷洒宽度。同时,为防止在脱黏抑冰材料中掺加石英砂而造成管道及喷嘴堵塞,将同步撒砂机采用外置的方式集成到洒布车上,使洒布脱黏抑冰材料和撒布石英砂同步进行。

升降喷洒系统具体组成如图 4.19 所示,其中升降喷洒系统通过支撑臂连接于平台底座上,同步撒砂机挂在插孔中,通过插孔固定于平台底座上。

(3)脱黏抑冰材料洒布车的整体构成

由以上分析可得,脱黏抑冰材料洒布车为满足功能要求,应包括以下几个部分:汽车底盘、发电机、卧式储罐、压力控制系统和过滤清理系统、同步撒砂机、升降喷洒系统、水箱。脱黏抑冰材料洒布车示意图如图 4.20 所示,根据脱黏抑冰材料洒布车实际施工需要对脱黏抑冰材料洒布车的各装置进行配置。各装置的配置清单见表 4.10,洒布车性能技术参数及要求见表 4.11。

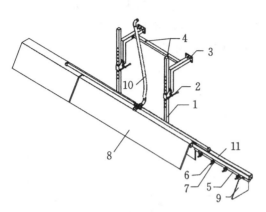

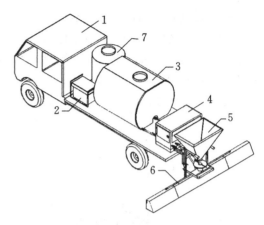

图 4.19　升降喷洒系统示意图

1—齿条；2—摇杆；3—支撑臂；4—插孔；
5—不锈钢喷杆；6—喷头；7—喷头球阀；
8—防风罩；9—挡板；10—高压管；11—方管

图 4.20　脱黏抑冰材料洒布车示意图

1—汽车底盘；2—发电机；3—卧式储罐；
4—压力控制系统和过滤清理系统；5—同步撒砂机；
6—升降喷洒系统；7—水箱

表 4.10　脱黏抑冰材料洒布车配置单

序号	名称	型号、要求	数量
1	底盘	3500 mm×1800 mm×50 mm	1
2	储罐	3 m³	1
3	储罐外壳	不锈钢、材质包裹	1
4	水箱	1 m³	1
5	潜水搅拌机	不锈钢、高速	1
6	汽油发动机	GX390 四冲程	1
7	发电机组	6.5 kW	1
8	不锈钢齿轮泵	KCB-200	1
9	不锈钢篮式过滤器	DN25/DN32	1
10	循环柴油箱	钢板材质	1
11	折叠喷杆	316 不锈钢管	3
12	不锈钢雾化喷嘴	304 材质	20
13	不锈钢球阀	304 材质	20
14	防风罩	亚克力板/不锈钢板	3
15	挡板	不锈钢材质	2
16	手持喷枪	—	1
17	同步撒砂机	容量 200 L	1
18	齿条升降杆	手动/气动	2
19	机箱	1500 mm×600 mm×600 mm	1
20	高压球阀	304 不锈钢/铜质	10
21	高压油管总成	高压钢丝编织软管	5

表 4.11　脱黏抑冰材料洒布车性能技术参数及要求

性能技术参数	性能技术要求
洒布宽度/m	1～4
洒布量/(L/m²)	0.2～1
洒布误差	±2%
罐容量/L	3000
喷洒介质	脱黏抑冰材料
喷嘴数量	17
喷嘴控制方式	相互独立控制

4.2.3　脱黏抑冰材料洒布车的调试及使用方法

在使用脱黏抑冰材料洒布车前应进行调试,经调试各项性能完全满足要求后,方可采用洒布车进行脱黏抑冰材料的施工。

4.2.3.1　脱黏抑冰材料洒布车调试方法

(1) 性能调试前的准备工作

① 人员、测试材料、工具等到位;

② 采取必要的安全防护措施。

(2) 性能调试应具备的条件

① 设备及其附属装置、管路等均应处于未工作状态,液压、润滑、水、电气控制等附属装置均应按系统检验完毕,并应符合性能调试的要求。

② 需要的汽油、脱黏抑冰材料、工具、安全防护设施及用具等,均应符合性能调试的要求。

③ 参加试运转的人员,应熟悉设备的构造、性能,并应掌握操作规程及操作要领。

(3) 性能调试内容

① 压力控制系统的调试

a. 动力传动系统:测试动力是否充足,检查皮带轮松紧程度是否适合。

b. 球阀:检查系统上各类阀门的开、关状态,避免滴漏现象的出现。

c. 管路:应按设计安装图进行组装,设备内、外部管路应安装正确,并检查控制回路。

② 过滤清理系统的调试

a. 篮式过滤器:检测篮式过滤器孔径是否满足设计要求,对脱黏抑冰材料进行过滤,杂质应被阻挡在滤篮内,喷嘴处要求不能有堵塞现象。

b. 柴油循环箱:油液量不得低于规定值的下限。

③ 喷洒系统的调试

a. 行列式喷头：检查喷头位置是否在同一水平线，对应球阀是否容易开启或关闭。

b. 防风罩：检查是否容易安装与拆卸。

c. 挡板：检查挡板是否可在喷管上自由固定，在车辆行驶过程中是否会滑落。

④ 升降杆的调试

液压升降杆：检查升降杆的承重能力是否满足要求，升降杆反应是否灵敏、油路有无渗漏、上下加/卸载是否平稳。

⑤ 同步撒砂机的调试

a. 转盘：检查转盘是否为顺时针方向旋转。

b. 料门：检查料门开关是否反应灵敏，是否能有效控制料门角度大小。

4.2.3.2　脱黏抑冰材料洒布车的使用方法

① 打开发电机给潜水搅拌机提供动力。

② 喷涂前，将脱黏抑冰材料各组分放置于卧式储罐，开启潜水搅拌机搅拌脱黏抑冰材料 30 min。

③ 展开不锈钢喷杆、方管、防风罩、挡板，摇动摇杆，通过齿条上下移动升降喷洒系统至距离路面约 5 cm 处。

④ 开启汽油发动机给不锈钢齿泵提供动力，以产生压力。

⑤ 开启出料球阀、自动喷涂球阀、喷头球阀，使脱黏抑冰材料流经不锈钢齿泵、篮式过滤器、高压管，通过喷头喷洒到路面。同时开启同步撒砂机，将防滑颗粒撒布于路面脱黏抑冰材料之上，待脱黏抑冰材料固化后黏结于沥青路面上，起到防滑抗滑作用。

⑥ 若采用人工喷涂，开启人工喷涂球阀即可实现人工喷涂，同时开启同步撒砂机。

⑦ 喷涂结束后，首先开启清水循环球阀实施清水循环，清理管道及卧式储罐中残余的脱黏抑冰材料。然后关闭清水循环球阀，开启自动喷涂球阀、人工喷涂球阀，对喷头进行清水循环，清除内部残余的脱黏抑冰材料。清水循环结束后，开启柴油循环球阀实施柴油循环，清理不锈钢齿泵、篮式过滤器，以防止沥青阻塞。

4.2.4　脱黏抑冰材料洒布车的特点及优势

脱黏抑冰材料洒布车是一种为脱黏抑冰材料洒布而设计的专用车辆。洒布车主要由压力控制系统、过滤系统、喷洒系统、同步撒砂机、升降杆、汽车底盘、卧式储罐、潜水搅拌机、发电机等构成。相对于人工洒布、小型机具及传统的乳化沥青洒布车，脱黏抑冰材料洒布车具有以下特点及优势：

（1）施工速度快，施工速度可达到 3.0 km/h，能有效保证脱黏抑冰材料的洒布效率；

（2）洒布均匀，采用行列式喷头，三重叠喷洒，保证洒布得更加均匀；

（3）洒布车预留人工喷洒接口，对于小面积的脱黏抑冰材料施工及不易施工路段可采用人工喷洒方法进行施工，灵活方便；

（4）防标线污染，在喷洒系统两端设置挡板（可移动）可有效防止路面标线被污染；

（5）同步撒砂机置于卧式储罐外部，减少了石英砂对喷嘴的阻塞；

（6）整机关键部分的零部件均采用不锈钢材质，使用寿命长；

（7）能及时清理管道、卧式储罐、不锈钢齿泵以及篮式过滤器，简便快捷。

完成装配后的整机如图 4.21 所示。

图 4.21　完成装配后的整机

4.3　脱黏抑冰材料工程应用及效益分析

脱黏抑冰材料作为一种新型的除冰技术，与传统除冰技术有所区别。本节从脱黏抑冰材料的项目组织、实施方案等方面总结、完善脱黏抑冰材料的施工工艺，分别以黑龙江哈同高速和山东养马岛大桥为例详细介绍脱黏抑冰材料的施工工艺流程，通过大量实体工程应用对脱黏抑冰材料的应用流程进行总结，并对脱黏抑冰材料的经济效益和社会效益进行分析，为脱黏抑冰材料的大面积推广应用提供技术参考。

4.3.1　脱黏抑冰材料工程项目实施思路

脱黏抑冰材料是一种新型的除冰材料，能大幅度提升寒冷地区沥青路面在冰雪天气下的通行能力，降低经济损失，减少事故的发生，降低传统融雪材料对道路结构设施和周围环境的损害，对提升城市道路、高等级公路、互通立交匝道等在冰雪寒冬天气的通行能力具有重大作用；同时对寒冷冰雪环境下停机坪和机场跑道的积雪、结冰现象具有较大的预防作用，对飞机在冰雪气候下的安全起飞和降落起到保障作用，可在一定程度上减少航班延误。脱黏抑冰材料可用于高速公路、国省干线公路、城市道路的桥梁、道路以及机场跑道等；同时，脱黏抑冰材料作为一种新的除冰方法，需根据实体工程应用情况总结一套适合的项目组织方案、实施方案和性能观测方法等，为脱黏抑冰材料后期大范围的推广提供理论数据与技术支持。

脱黏抑冰材料应用于沥青路面的除冰实体工程时，其总体实施思路为：

脱黏抑冰材料施工前需确认现场温度是否满足不低于 5 ℃ 的施工要求,检测脱黏抑冰材料的固含量、水稀释性能和黏度是否满足技术要求。根据实际路面的构造深度确定脱黏抑冰材料的洒布量,并喷洒小段试验段以验证脱黏抑冰材料的固化时间。

在项目组织方面,应从机械设备、作业人员、路段布置三方面进行协调统一,为脱黏抑冰材料的全面施工奠定良好基础。组织配备齐全现场生产和施工的设备机械,针对具体实施路段的等级、现场施工操作的技术要求、时间、交通流量、经济性等因素,对施工作业区提前进行控制区布置,合理设置交通标志与施工标志,并安排相应人员提前检查与清扫作业路段。

在实施方案方面,基于脱黏抑冰材料的配合比设计成果,规范脱黏抑冰材料生产工序,控制原材料质量检查,确保脱黏抑冰材料的生产质量;根据实施路段的特点,如界面状态和脱黏抑冰材料施工质量控制,并考虑施工工艺的简便性和可操作性,制定出合理的实施方案。

现场检查脱黏抑冰材料的洒布量,并控制脱黏抑冰材料喷涂的外观、固含量、黏度、固化时间和水稀释性能等,避免施工不科学而降低除冰效果。

在性能检测方面,在脱黏抑冰材料施工完成后,依据脱黏抑冰材料的质量指标控制要求,对路面性能进行检测,评价脱黏抑冰材料的除冰效果。通过摩擦系数、构造深度指标的前后变化来评价路面脱黏抑冰材料的抗滑性能,通过渗水试验反映脱黏抑冰材料对路面的封水和密水功效,通过除冰试验来衡量脱黏抑冰材料的抗凝冰性能。

项目实施总体思路如图 4.22 所示。

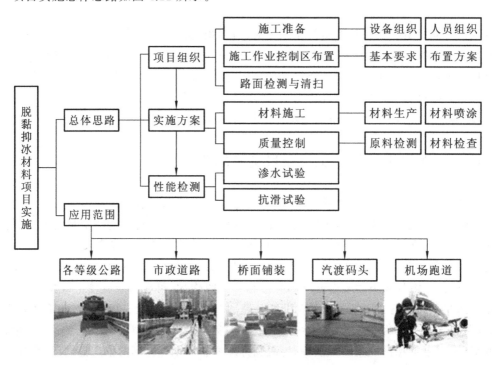

图 4.22 项目实施总体思路图

4.3.2　项目组织

4.3.2.1　施工准备

（1）机械设备组织

需配齐生产、施工设备和备用零件，设备的保养、试机等工作应提前做好，以确保现场生产与施工的顺利开展；需要配置性能优良、高精度的质量检测仪器，并储备足够数量的易损构件。

① 脱黏抑冰材料现场拌和生产设备

生产设备包括：a.强制式行星搅拌机；b.50 kg 电子秤；c.塑料桶；d.插线板；e.材料盛装器皿；f.油毡布；g.真空泵；h.油泵。

② 人工手持喷涂设备（适用于小面积脱黏抑冰材料施工）或脱黏抑冰材料洒布车（适用于大面积脱黏抑冰材料施工）

人工手持喷涂设备包括：a.空气压缩机；b.单相汽油发电机组；c.电动高压喷涂机；d.50 kg 电子秤；e.油泵。

③ 检测设备

a.摆式仪；b.改进型渗水仪；c.人工铺砂仪。

④ 运输设备：运输卡车。

⑤ 清扫设备：森林灭火器。

（2）人员组织

脱黏抑冰材料的施工工艺比较简便，前后工序具有一定的连续性，无须大量的施工人员。开工时，立即安排相关人员到位，并明确各人的具体任务。项目经理作为总负责人，负责脱黏抑冰材料项目的全面管理工作；技术负责人负责整个工程的生产、进度、质量、实施等工作；现场负责人负责实施现场脱黏抑冰材料的喷涂工作。应根据项目特点与施工工序，提前组织好拟参与本工程施工的各类人员进行施工前的培训工作，使参与施工的人员了解脱黏抑冰材料的喷涂特点与施工注意事项。

4.3.2.2　施工作业控制区布置

施工作业控制区布置应根据公路等级选择相应的布置方案，参照《公路养护安全作业规程》（JTG H30—2015）相关规定执行。

4.3.2.3　路面检查与清扫

组织安排相应人员对待喷涂路面进行相应的检查与清扫，具体要求如下：

（1）检查沥青路面是否有局部破损，若有破损，应按规定进行修复。

（2）将待施工沥青路面的表面浮粒及杂物清扫干净。

（3）对准备施工的沥青路面按照规定的测试方法检测其抗滑性能指标（摩擦系数和构造深度）和渗水系数，并认真填写原始记录表。

4.3.3 实施方案

4.3.3.1 施工工艺

将脱黏抑冰材料滚涂或喷涂到沥青道路表面,在其表面形成所需的疏水涂膜的过程,称为"涂装",即脱黏抑冰材料的施工。脱黏抑冰材料施工工艺分为人工滚涂、小型设备喷涂、洒布车喷涂三种方式(图 4.23),应依据实际的工程需要和应用场合选择。

(a)　　　　　　　　　　　(b)　　　　　　　　　　　(c)

图 4.23　脱黏抑冰材料喷涂工艺

(a) 洒布车喷洒;(b) 小型设备喷涂;(c) 人工滚涂

(1) 使用洒布车喷涂时需保持速率稳定和喷洒量一致,应保证整个洒布宽度内喷洒的统一性、匀称性。

(2) 采用人工手持喷涂设备喷涂时应先做好人身防护措施。喷涂过程中应保证喷涂速率均匀和喷涂用量均匀,确保喷涂统一匀称,保证无流淌痕迹,即没有流挂和雾化效果不好的现象出现。喷涂时沿着行车道方向按 S 形曲线进行喷涂,喷涂面的搭接宽度为喷涂面宽度的 1/3~1/2。

(3) 喷涂脱黏抑冰材料时需对工程沿线人工构造物、路缘石等裸露结构做好防污染掩盖。

(4) 待脱黏抑冰材料形成的薄膜固化后方可开放交通。

(5) 在高速公路路面实际使用过程中,如需加快交通开放时间,可通过提高交联剂的含量和采用森林灭火器吹干脱黏抑冰材料表面的方法来实现。

对于早晚温差较大的寒冷地区(如黑龙江省),为了保证施工温度满足施工要求,施工时间通常选择一天内温度较高、日照较丰富的正午;如当地气温较低、施工时间较紧时,推荐采用喷洒车喷涂。喷洒车喷涂具有以下特点:

(1) 速度快:解决了喷涂效率低的问题,施工速度可达 3 km/h。

(2) 表面均匀:解决了喷涂均匀度问题,能够使脱黏抑冰材料喷涂表面非常均匀。

(3) 防标线污染:喷洒设备两侧增加了标线防喷挡板,在驾驶人员精准的驾驶下,可确保标线不被污染,无须人工清理标线,可节约大量的人力。

(4) 安全耐用:配有超压回路系统,既保证压力泵运转安全、耐久,也能保证材料在罐体内的搅拌和循环。

4.3.3.2　施工工艺流程

影响脱黏抑冰材料工程质量的主要因素为脱黏抑冰材料的生产工艺和施工工艺。为保证工程质量,对于严寒地区沥青路面,宜在干燥、温度适宜的环境下施工(喷涂时温度应不低于 5 ℃)。脱黏抑冰材料洒布车施工工艺流程如下:

(1) 将成膜组分 A、胶黏组分 B 和改性抑冰组分 C 放于事先准备好的塑料桶中,上面覆盖油毡布,置于阴凉地方,密封、遮光保存。

(2) 提前将称量好的水装入大桶备用,将 A 组分倒入水中搅拌均匀,并将稀释的 A 组分抽入车罐。

(3) 封闭交通,在施工作业限制区域内设置安全文明标识与标牌。

(4) 清扫路面,以保证施工作业面洁净无污。

(5) 现场往正在搅拌的 A 组分中按一定比例缓缓地掺入 C 组分,以 300～500 rpm 的转速搅拌 10 min 后,再将 B 组分按一定比例缓缓地掺入正在搅拌的混合组分中,以 300～500 rpm 的转速继续搅拌 10 min,混合均匀后制得脱黏抑冰材料。施工时仍需边施涂边搅拌。

(6) 对配制好的脱黏抑冰材料进行固含量、黏度和水稀释性能检测,且在喷洒之前检测原沥青路面的抗滑性能和渗水性能。

(7) 先根据路面的构造深度确定脱黏抑冰材料的最佳洒布量,再启动洒布车进行脱黏抑冰材料喷洒,喷洒的同时启动同步撒砂机撒布石英砂。

(8) 及时清理现场,待脱黏抑冰材料表面固化后开放交通。

具体施工流程如图 4.24 所示。

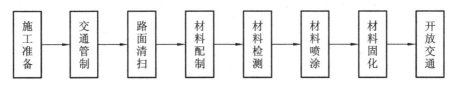

图 4.24　脱黏抑冰材料施工流程

4.3.3.3　施工质量控制

(1) 脱黏抑冰材料原材料检测

在外部条件(如施工温度)满足脱黏抑冰材料施工条件的前提下,施工前需检测脱黏抑冰材料的固含量、脱黏抑冰材料黏度和脱黏抑冰材料的水稀释性能,每项指标均应满足脱黏抑冰材料的施工技术指标要求。

(2) 脱黏抑冰材料施工阶段质量控制

脱黏抑冰材料施工过程中需根据沥青路面的构造深度确定合理的脱黏抑冰材料最佳洒布量,同时为降低脱黏抑冰材料施工给交通造成的压力,需控制脱黏抑冰材料的固化时间不大于 3 h。

（3）分析脱黏抑冰材料对路面性能的影响

脱黏抑冰材料施工结束后，应对路面的性能包括摩擦系数、构造深度、渗水系数、路面外观等进行检查，对比脱黏抑冰材料施工前后路面的性能变化，分析脱黏抑冰材料对路面性能的影响。

4.3.4 脱黏抑冰材料实体工程应用及性能观测

脱黏抑冰材料自成功研发以来，已在江苏省、黑龙江省、吉林省、辽宁省、山东省、浙江省等地的高速公路、干线公路中得到应用，通过后期性能观测发现其效果良好。采用了脱黏抑冰材料的典型项目见表4.12。

表 4.12　采用了脱黏抑冰材料的典型项目

应用路段	施工日期	施工面积	施工车道
宁淮高速花旗营大桥	2013 年 1 月	1000 m²	行车道
扬州 328 国道跨江六段大桥	2013 年 12 月	7500 m²	双向超车道
锡张高速羊尖收费站高架桥	2013 年 12 月	17800 m²	单向超车道、行车道
淮安丁集互通立交桥	2013 年 12 月	4800 m²	单向超车道、行车道
连云港宁海二号立交桥	2013 年 12 月	5175 m²	单向超车道、行车道
如皋如泰运河大桥	2014 年 1 月	9000 m²	单向超车道、行车道
京沪高速淮安楚州段	2014 年 1 月	2095 m²	单向超车道
京沪高速京杭运河大桥	2014 年 1 月	3225 m²	单向超车道、行车道
黑龙江哈同高速	2014 年 10 月	17250 m²	行车道
山东省养马岛跨海大桥	2014 年 12 月	12840 m²	超车道、行车道
盐城世纪大道立交桥	2014 年 12 月	4200 m²	超车道、行车道
绍兴诸暨市店口湄池大桥	2014 年 12 月	4000 m²	单向超车道、行车道
宁淮高速滴水珠大桥	2015 年 1 月	10000 m²	行车道、超车道
江苏沿海高速灌河大桥	2015 年 10 月	18000 m²	行车道
苏州吴江地区干线公路桥	2015 年 11 月	290000 m²	桥面行车道、超车道
辽宁辽河大桥	2015 年 11 月	36585 m²	钢桥面、上下坡路段
长春市、通化市、白山市等地道路	2015 年 10 月	50000 m²	行车道
黑龙江国省干线公路	2015 年 10 月	50000 m²	行车道
102 国道京哈公路双城段	2015 年 11 月	31500 m²	行车道
102 国道京哈公路哈尔滨段	2015 年 11 月	35000 m²	行车道
江苏润扬大桥连接线	2015 年 11 月	30000 m²	超车道、行车道
浙江沪杭甬高速公路中的曹娥江大桥、荷湖江大桥	2015 年 12 月	8700 m²	行车道

应用路段	施工日期	施工面积	施工车道
绍兴诸暨杭金线 K78＋000	2015 年 12 月	3500 m²	行车道
绍兴绍诸高速谷博岭高架桥	2015 年 12 月	10000 m²	超车道、行车道
绍兴嵊州市禹溪分离式立交、S212 绍甘线山区道路	2015 年 12 月	15000 m²	行车道、超车道
绍兴市柯桥区桥梁及山区道路	2015 年 12 月	15000 m²	行车道、超车道
合计		692170 m²	

　　部分工程现场施工情况如图 4.25 所示。现以黑龙江哈同高速和山东省养马岛跨海大桥为例,介绍脱黏抑冰材料的施工工艺、施工过程及施工质量控制方法。

(a)　　　　　　　　　　(b)　　　　　　　　　　(c)

(d)　　　　　　　　　　(e)　　　　　　　　　　(f)

(g)　　　　　　　　　　(h)　　　　　　　　　　(i)

(j)　　　　　　　　　　　　(k)　　　　　　　　　　　　(l)

图 4.25　应用实例

(a)京沪高速京杭运河大桥;(b)京沪高速淮安楚州段;(c)淮安丁集互通立交桥;(d)锡张高速羊尖收费站高架桥;(e)如皋如泰运河大桥;(f)连云港宁海二号立交桥;(g)宁淮高速花旗营大桥;(h)黑龙江哈同高速;(i)山东省养马岛跨海大桥;(j)盐城世纪大道立交桥;(k)绍兴诸暨市店口湄池大桥;(l)绍兴嵊州市禹溪分离式立交

4.3.4.1　脱黏抑冰材料在哈同高速中的应用

(1)工程概况

哈同高速是黑龙江省境内的高速公路,全线大部分设计为四车道,全程约 595 km,是由原国道主干线同江—哈尔滨段组成的全封闭高速公路。它是连接哈尔滨与黑龙江省东部的交通枢纽带,将哈尔滨、佳木斯联结在一起,并辐射鸡西、七台河、鹤岗等地域中心地带,交通量较大,多为重型卡车。

哈尔滨冬季温度一般为 $-30\sim-20$ ℃,冬季高速公路冰雪灾害已成为当地重点防治的内容。因此,当地一般都在下雪前与下雪过程中撒布大剂量的化学融雪剂、盐化物以及配合人力机械铲雪,人力、物力消耗均较大,并对环境产生了较恶劣的影响。2014 年 11 月 2 日至 11 月 5 日,哈同高速公路路面采用脱黏抑冰材料进行主动除冰融雪作业施工,施工面积为 17250 m²,施工车道为双向行车道。具体应用数量见表 4.13。

表 4.13　哈同高速脱黏抑冰材料应用数量表

施工日期	幅别	施工车道	施工长度/m	施工面积/m²
2014.11.02	右幅	行车道	800	3000.0
2014.11.03	右幅	行车道	550	2062.5
2014.11.03	左幅	行车道	450	1687.5
2014.11.04	左幅	行车道	1100	4125.0
2014.11.04	左幅	行车道	250	937.5
2014.11.05	左幅	行车道	700	2625.0
2014.11.05	左幅	行车道	750	2812.5
总计	—	—	4600	17250.0

（2）施工工艺流程

① 施工准备

a. 材料准备

脱黏抑冰材料原材料于 2014 年 10 月 27 日到达哈尔滨,本次脱黏抑冰材料在哈同高速上施工面积共 17250 m²,计算出需准备的原材料如下:

ⓐ A 组分:3.6 t;

ⓑ B 组分:0.15 t;

ⓒ C 组分:2.0 t;

ⓓ 石英砂:6ᵗ 砂 0.3 t,7ᵗ 砂 0.3 t;

ⓔ 水:4.0 t。

b. 工艺选择及机械准备

由于施工时间较紧,且施工面积较大,因此本次施工采用脱黏抑冰材料洒布车进行喷涂施工,所需要的机械设备见表 4.14。

表 4.14　施工所需配备的机械设备

序号	设备名称	规格	数量
1	脱黏抑冰材料洒布车	施工速度为 3 km/h	1 台
2	发电机	5 kW	2 台
3	吹风机	E8000	2 台
4	搅拌泵	220 V/1050 W	2 台
5	材料搅拌桶	1 t	1 套
6	倒料叉车	1 t	2 台
7	撒砂用车	15 t	1 台
8	管理用车	面包车	1 台

c. 人员配备

施工人员共计 7 人:项目部长 1 人、项目经理 1 人、技术工程师 1 人、技术员 1 人、设备维修工 1 人、安全员兼司机 1 人、后勤 1 人。

② 交通管制

施工前一定要封闭交通,在施工作业限制区域内必须设置安全文明标识、标牌。

③ 路面检查与清扫

a. 检查沥青路面是否有局部破损,若有破损,应按规定进行修复。

b. 对施工界面进行清扫,确保表面干净整洁,无浮粒及杂物等。

④ 脱黏抑冰材料配制

a. 严格按照室内生产配合比以及制备工艺生产脱黏抑冰材料,提前将称量好的水装入大桶备用,将 A 组分倒入水中搅拌均匀,并将稀释的 A 组分抽入车罐,由于 A 组分采用 180 L 大铁桶包装,人工无法搬运,因此采用叉车或铲车配合解决材料倒料、装料问题,如图 4.26、图 4.27 所示。

图 4.26　铲车倒水

图 4.27　叉车装料

b. 运用大功率的电动抽水泵充分拌和 A 组分。精准的调配、均匀的拌和是确保工程质量的关键。本次采用了大功率的电动抽水泵 2 台,其中 1 台作为拌和 A 组分用,如图 4.28 和图 4.29 所示。为缩短脱黏抑冰材料固化时间,降低脱黏抑冰材料施工对交通造成的影响,选择在中午温度高于 5 ℃且日照条件丰富的条件下施工。

图 4.28　大功率抽水泵

图 4.29　用搅拌泵稀释 A 组分

c. 现场往正在拌和的 A 组分中按一定比例缓慢地掺入 C 组分,以 300～500 rpm 的转速搅拌 10 min 后,再将 B 组分按一定比例缓缓地掺入正在拌和的混合组分中,继续以 300～500 rpm 的转速搅拌 10 min,混合均匀后制得脱黏抑冰材料。施工时脱黏抑冰材料需边施涂边搅拌,确保三个组分能拌和均匀,不产生沉淀,如图 4.30 所示。

⑤ 脱黏抑冰材料检测

脱黏抑冰材料配制好后,检测脱黏抑冰材料的固含量、黏度和水稀释性能,且在喷洒之前对沥青路面的抗滑性能和渗水性能进行现场试验,检测合格后方可进行脱黏抑冰材料的

图 4.30　现场循环搅拌

喷涂。

⑥ 脱黏抑冰材料喷涂

先根据路面的构造深度确定脱黏抑冰材料的最佳洒布量,再启动洒布车进行脱黏抑冰材料的喷洒,并用牛皮纸称重的方法检测脱黏抑冰材料的洒布量,喷洒的同时启动同步撒砂机撒布石英砂。

⑦ 及时将现场清理干净,待脱黏抑冰材料表面固化后开放交通。

(3) 脱黏抑冰材料施工质量控制及性能检测

① 脱黏抑冰材料施工性能检测

对现场配制好的脱黏抑冰材料的固含量、黏度、水稀释性能、施工温度、固化时间和洒布量等进行检测,检测试验结果见表 4.15。

表 4.15　脱黏抑冰材料施工性能检测结果

技术指标	测试结果	技术要求	备注
固含量/%	42	30~50	—
黏度/s	16.62	12~22	—
水稀释性能	能与水以任意比例稀释,性能稳定	能与水以任意比例稀释,性能稳定	—
施工温度/℃	8	≥5	—
固化时间/h	2.5	≤3	—
洒布量/(kg/m²)	0.58	根据构造深度确定	路面构造深度为 0.87 mm

试验结果表明脱黏抑冰材料的施工性能均满足性能要求,可进行脱黏抑冰材料的现场施工。

② 脱黏抑冰材料喷涂前后路面颜色观测

脱黏抑冰材料喷涂到路面上且固化后,与原来相比路面变得更加黑亮,脱黏抑冰材料的喷涂并未对路面及标线造成污染。脱黏抑冰材料喷涂前后路面如图 4.31 所示。

喷洒后路面　　　　　　　　　　固化后路面

(a)

喷洒后路面　　　　　　　　　　固化后路面

(b)

喷洒后路面　　　　　　　　　　固化后路面

(c)

喷洒后路面　　　　　　　　　　　　　固化后路面

(d)

图 4.31　脱黏抑冰材料固化前后路面颜色

(a) 2014.11.02 脱黏抑冰材料固化前后路面颜色；(b) 2014.11.03 脱黏抑冰材料固化前后路面颜色；
(c) 2014.11.04 脱黏抑冰材料固化前后路面颜色；(d) 2014.11.05 脱黏抑冰材料固化前后路面颜色

③ 脱黏抑冰材料喷涂前后路面性能检测

a. 路面抗滑性能检测

ⓐ 摩擦系数

按照规程[56,111,114]，用摆式摩擦系数测定仪分别测定原始路面和喷涂脱黏抑冰材料且固化后路面的抗滑性能，其结果见表 4.16。

表 4.16　摆式摩擦系数测定仪测定摩擦系数的试验结果

摆值	原始路面	脱黏抑冰材料路面
	56	55
BPN 值	63	63
	52	50
平均值	57	56

由表 4.16 可知，与哈同高速原始路面的摩擦系数相比，喷涂脱黏抑冰材料后，路面的摩擦系数稍许下降，说明脱黏抑冰材料对哈同高速路面的摩擦系数没有较大的影响。

ⓑ 构造深度

按照规程[56,111,114]，用手工铺沙法检测沥青路面的构造深度，检测结果见表 4.17。

表 4.17　手工铺沙法测构造深度的试验结果　　　　　　　　　　　　单位：mm

构造深度	原始路面	脱黏抑冰材料路面
	0.92	0.89
TD 值	0.85	0.81
	0.83	0.75
平均值	0.87	0.82

243

由表 4.17 可知,与哈同高速原始路面的构造深度值相比,喷涂脱黏抑冰材料后路面构造深度稍许下降,表明脱黏抑冰材料对哈同高速路面的抗滑性无明显影响。

b. 路面渗水性能检测

2014 年 11 月 5 日,在该路段上任意选定 3 个桩号,并选定相应测量点记录测量位置,以方便后续跟踪观测。按照规程[56,111,114],用改进型渗水仪分别测定原始路面和喷涂脱黏抑冰材料后路面的渗水系数,其测试结果见表 4.18。

表 4.18　渗水仪测渗水系数的试验结果　　　　　　　　　　单位:mL/min

渗水系数	原始路面	脱黏抑冰材料路面
系数值	72	30
	66	28
	77	32
平均值	72	30

由表 4.18 可得,与哈同高速原始路面的渗水检测结果相比,喷涂脱黏抑冰材料后,渗水系数均减小至不大于 50 mL/min,满足施工质量控制要求。这说明喷涂脱黏抑冰材料后,水分很难渗透到沥青路面结构内部,当温度降到冰点以下时,路面构造深度内的少量水分则不易结成冰。这是由于在表面喷涂脱黏抑冰材料后,在沥青表面及一定构造深度内形成了一层连续的疏水结构,能够有效地阻止水分渗透到沥青路面结构内部,有效减少路面的水损坏,延长路面的使用寿命。

④ 路面后期性能检测

为加强对喷涂脱黏抑冰材料路面的后期性能的跟踪观测,2014 年 12 月 8 日和 2015 年 1 月 5 日分别对喷涂除冰脱黏抑冰材料的路面进行抗滑性能试验和渗水性能试验,试验结果见表 4.19。

表 4.19　脱黏抑冰材料路面后期性能试验结果

技术指标		原始路面	脱黏抑冰材料路面	
			2014.12.8	2015.1.5
BPN 值	第一次测定值	56	55	55
	第二次测定值	63	62	63
	第三次测定值	52	51	51
	平均值	57	56	56
构造深度 TD 值/mm	第一次测定值	0.92	0.88	0.91
	第二次测定值	0.85	0.85	0.85
	第三次测定值	0.83	0.78	0.80
	平均值	0.87	0.84	0.85

技术指标		原始路面	脱黏抑冰材料路面	
			2014.12.8	2015.1.5
渗水系数/ (mL/min)	第一次测定值	73	31	32
	第二次测定值	66	27	30
	第三次测定值	77	33	34
	平均值	72	30	32

由表 4.19 可知,喷涂脱黏抑冰材料一个月及两个月后,路面的摩擦系数(BPN 值)与原始路面相比基本无变化;一个月后构造深度与原始路面相比稍有降低,两个月后路面的构造深度有所回升;一个月后路面的渗水系数与原始路面渗水系数相比有大幅度的降低,而两个月后的路面渗水系数有所升高。究其原因,为脱黏抑冰材料喷洒到沥青路面后大部分渗透到路面构造里,少部分留在道路表面,随着车轮的磨耗,道路表面脱黏抑冰材料逐渐被磨掉,而在构造里的脱黏抑冰材料几乎不会被车轮磨掉;采用摆式摩擦系数测定仪测路面的摩擦系数与路面的表面粗糙程度相关性较大,而与路面的构造深度相关性较小,因此,一段时间后的路面 BPN 值与原始路面相比基本无变化;路面的构造深度和渗水系数与路面的构造深度相关性较大,随着降雨降雪,路面构造中的脱黏抑冰材料会逐渐释放出来,因此路面的构造深度和渗水系数会逐渐增大。

⑤ 脱黏抑冰材料除冰性能观测

2014 年 12 月 12 日,哈尔滨哈同高速区域出现降雪。12 月 13 日,对哈同高速脱黏抑冰材料试验段除冰性能进行观测,脱黏抑冰材料喷涂区和未喷涂区除冰效果对比如图 4.32 所示。

（a）　　　　　　　　　　　　　　　（b）

图 4.32　哈同高速脱黏抑冰材料试验段除冰效果对比图

（a）未喷涂区；（b）喷涂区

由图 4.32 可以看出,降雪后哈同高速未喷涂区出现路面积雪,而喷涂区积雪全部融化,说明脱黏抑冰材料能够有效地融雪且对冰层具有明显的抑制作用。

2015 年 1 月 8 日,哈尔滨哈同高速出现强降雪(气温达 −22 ℃)。1 月 9 日对哈同高速脱黏抑冰材料试验段进行观测,除冰效果如图 4.33 所示。

（a）   （b）

图 4.33   除冰效果观测图

（a）未喷涂区；（b）喷涂区

由于当地温度较低（已达到－22 ℃），长时间降雪后，脱黏抑冰材料喷涂区路面与未喷涂区路面都形成明显冰层，但未喷涂区路面冰层较难清除，喷涂区路面经过车辆碾压后，在车轮剪切等外力作用下，轮迹处沥青路面露出，且构造深度内无任何暗冰残留，保证了行车安全。

经过 2014 年年底及 2015 年年初冰雪天气的检验证明，采用脱黏抑冰材料喷涂的沥青路面均未出现结冰现象，脱黏抑冰材料可有效预防寒雪天气严寒地区沥青路面的结冰。同时在对脱黏抑冰材料的环保性能进行跟踪观测中，未发现有植被和道路结构及附属设施因脱黏抑冰材料破坏，证明脱黏抑冰材料具有良好的环保性能。

4.3.4.2   脱黏抑冰材料在山东省养马岛跨海大桥中的应用

（1）工程概况

山东省养马岛跨海大桥为双向四车道桥面，往年冬季雨雪期间，主要采用抛撒融雪剂、机械与人工除雪等措施除雪。2014 年 12 月 8 日，采用小型设备喷涂和人工滚涂的方式进行脱黏抑冰材料施工，桥面标线处使用人工方式清除多余涂液，总施工面积（包括全幅桥面）共 12840 m²，施涂工艺如图 4.34 所示。

（a）   （b）

图 4.34   主要施涂工艺

（a）小型设备喷涂；（b）人工滚涂

（2）施工工艺流程

施工工艺流程同样按照图 4.24 进行。其中，施工准备、交通管制、路面清扫、脱黏抑冰材料配制、脱黏抑冰材料检测与脱黏抑冰材料洒布车喷洒工艺基本相同，此处不再赘述。本次脱黏抑冰材料施工采用小型机械与人工滚涂结合的形式，其施工效率低于洒布车喷洒效率，且本次施工石英砂的撒布与脱黏抑冰材料洒布不同步，撒砂工序稍迟于脱黏抑冰材料的洒布，部分施工工艺流程如图 4.35 所示。

（a）　　　　　　　　　　　　　　（b）

（c）　　　　　　　　　　　　　　（d）

（e）　　　　　　　　　　　　　　（f）

图 4.35　脱黏抑冰材料施工工序

（a）封闭交通；（b）路面性能检测；（c）小型设备喷涂；（d）人工滚涂；（e）撒布石英砂；（f）材料固化

（3）脱黏抑冰材料喷涂前后路面性能检测

脱黏抑冰材料喷涂前后分别对原始桥面、脱黏抑冰材料固化后桥面进行抗滑性能和渗水性能检测，且分别于 2014 年 12 月 15 日、2015 年 1 月 15 日和 2015 年 2 月 15 日对桥面进行性能观测，试验结果见表 4.20。

表 4.20　脱黏抑冰材料喷涂前后桥面性能观测试验结果

技术指标		原始桥面	脱黏抑冰材料固化后桥面	脱黏抑冰材料桥面		
				2014.12.15	2015.1.15	2015.2.15
BPN 值	第一次测定值	38	37	38	38	38
	第二次测定值	41	40	40	41	41
	第三次测定值	36	36	36	36	36
	平均值	38	38	38	38	38
构造深度 TD 值/mm	第一次测定值	0.84	0.80	0.81	0.83	0.83
	第二次测定值	0.77	0.72	0.73	0.73	0.74
	第三次测定值	0.63	0.59	0.61	0.63	0.63
	平均值	0.75	0.70	0.72	0.73	0.73
渗水系数/(mL/min)	第一次测定值	85	34	34	34	34
	第二次测定值	78	32	34	34	36
	第三次测定值	83	33	33	35	36
	平均值	82	33	34	34	35

由表 4.20 可知，用脱黏抑冰材料喷涂过的桥面摩擦系数 BPN 值与原始桥面的基本一样，构造深度和渗水系数呈逐渐增长的趋势。桥面性能规律与哈同高速路面的性能具有相同的规律，脱黏抑冰材料大部分分布于桥面构造深度而少部分分布于桥表面，桥面的表面性能对摩擦系数 BPN 值影响较大，而对桥面的构造深度和摩擦系数影响较小；桥面的构造深度对桥面的渗水系数影响较大，对桥面的摩擦系数 BPN 值影响较小；随着车轮的磨耗作用，桥表面的脱黏抑冰材料逐渐被磨掉，而在构造深度里的脱黏抑冰材料几乎不会被车轮磨掉，因此喷涂脱黏抑冰材料的桥面的摩擦系数 BPN 值与原始桥面相比几乎无变化；随着降雨降雪的持续，路面构造深度中的脱黏抑冰材料会逐渐释放出来，因此路面的构造深度和渗水系数会逐渐增大。

（4）脱黏抑冰材料除冰性能观测

2014 年 12 月 16 日，烟台降了一场雪。12 月 17 日对养马岛大桥脱黏抑冰材料除冰效果进行观测，除冰效果如图 4.36 所示。

由图 4.36 可知，脱黏抑冰材料喷涂区桥面在车辆碾压作用下，积雪全部融化，无明显积雪结冰现象；而非脱黏抑冰材料桥面在降雪后，桥面有明显积雪现象，严重影响车辆的行驶安全。这说明脱黏抑冰材料具有较好的除冰性能。

实践证明，采用脱黏抑冰材料喷涂的桥面未出现明显结冰现象，脱黏抑冰材料具有较好

（a）　　　　　　　　　　　（b）　　　　　　　　　　　（c）

图 4.36　脱黏抑冰材料除冰效果观测

（a）喷涂区与未喷涂区对比；（b）未喷涂桥面；（c）喷涂桥面

的除冰效果，且未发现脱黏抑冰材料对植被和桥梁结构及附属设施造成破坏，证明脱黏抑冰材料具有良好的环保性能。

4.3.5　脱黏抑冰材料的应用流程

4.3.5.1　应用条件

（1）温度要求

施工时当地气温应不低于 5 ℃，且为阳光充足的晴天，以保证脱黏抑冰材料满足快速固化的施工技术要求，降低因脱黏抑冰材料施工对交通造成的压力。

（2）路面状况

脱黏抑冰材料适用于各等级公路、市政道路、桥面铺装、汽渡码头和机场跑道的沥青路面或水泥路面等，路面的构造深度满足不低于 0.3 mm 的要求，从而使脱黏抑冰材料可根据路面的构造深度达到最佳洒布量，满足路面除冰性能要求。

4.3.5.2　脱黏抑冰材料性能检测

按照一定比例配制脱黏抑冰材料，并对脱黏抑冰材料的固含量、黏度和水稀释性能进行检测，同时在当地天气状况下对脱黏抑冰材料的固化时间进行检测，检测指标应满足表 4.21 中的技术要求。

表 4.21　脱黏抑冰材料性能检测技术指标及要求

技术参数	技术要求
固化时间/h	≤3
固含量/%	30～50
黏度/s	12～22
水稀释性能	能与水以任意比例稀释，性能稳定，符合喷洒和计量施工的要求

4.3.5.3　施工前准备

（1）机械设备准备

根据现场施工面积及进度要求合理选择施工工艺及机械,且在施工前配备齐全的生产、施工机械和配件。

（2）人员组织

项目施工之前,组织施工人员到位并明确各人员的具体任务,并根据项目特点与施工工序,提前组织好拟参与本工程施工的各类人员进行施工前的培训工作,使参与施工的人员了解脱黏抑冰材料的喷涂特点与现场施工注意要点。

（3）施工作业区布置

根据公路等级及施工特点制定合理的施工作业区布控方案。

（4）路面检查与清扫

① 检查沥青路面是否有局部破损,若有破损,应按规定进行修复。

② 对施工界面进行清扫,路表应洁净、整洁,无浮粒及杂物等。

（5）初始路面性能检测

脱黏抑冰材料施工之前对原始路面进行抗滑及渗水性能检测,并做好相关数据记录。

4.3.5.4　脱黏抑冰材料施工

做好前期准备工序后方可安排脱黏抑冰材料的施工,在施工流程中要注意合理控制脱黏抑冰材料的固化时间,现场脱黏抑冰材料的固化时间宜控制在 3 h 内,并根据路面的构造深度选择合理的洒布量,脱黏抑冰材料的最佳洒布量参照表 4.22 进行选择,并控制好脱黏抑冰材料洒布的均匀性,防止脱黏抑冰材料对道路标线造成污染。

表 4.22　脱黏抑冰材料洒布量选择

构造深度/mm	脱黏抑冰材料洒布量/(kg/m²)
0.3	0.45
0.5	0.50
0.7	0.55
0.9	0.58
1.1	0.62

4.3.5.5　脱黏抑冰材料施工后路面性能检测

脱黏抑冰材料施工结束,待脱黏抑冰材料固化后检测路面的抗滑和渗水性能。

4.3.5.6　脱黏抑冰材料长期性能跟踪观测

脱黏抑冰材料施工结束后需进行脱黏抑冰材料除冰性能跟踪观测,并对脱黏抑冰材料路面的抗滑和渗水性能以及脱黏抑冰材料的环保性能进行跟踪观测。

综上,脱黏抑冰材料应用流程如图 4.37 所示。

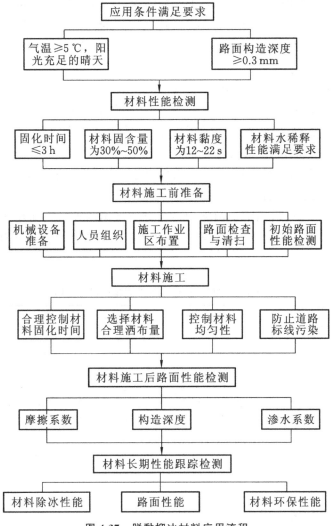

图 4.37　脱黏抑冰材料应用流程

4.3.6　脱黏抑冰材料效益分析

4.3.6.1　经济效益分析

(1) 定性分析

脱黏抑冰材料是一种混合型液体材料,现场施工采用机械喷涂或人工涂刷即可,施工简便。在路面的除冰养护方面,与其他除雪技术相比,本研究研发的脱黏抑冰材料有着优越的经济效益。

① 可操作性强

脱黏抑冰材料施工工艺简单,与脱黏抑冰材料洒布车配套使用,大大提高了施工效率;

固化时间较短，能够快速开放交通，具有明显的寿命周期成本优势。而外部除冰法中的人工和机械除雪等耗费大量的人力、物力，作业危险性大，且无法清除构造深度中的暗冰，给行车安全留下了隐患；内部除冰法中的热力除冰、导电铺面、能量转化等，融雪速率快、效果显著，但都需在路面内部铺设能量存储和转化装置，工艺复杂，使用范围相对较小。

② 性能高效耐久

脱黏抑冰材料喷涂一次即可在一个冬季内无须除冰雪。目前大多采用撒氯化盐或融雪剂来去除寒冷地区沥青路面的冰雪，每下一次雪都要撒布一遍，因此需要大量的融雪剂、人工劳动力和机械设备，而且融雪剂是"事后处理"，不仅存在安全隐患，还造成了环境污染。

③ 具有预养护功能，减少费用

本研究研制的脱黏抑冰材料不但融冰雪效果好，而且还具有与雾封层类似的封闭路面细小裂缝和凝结微松散的功能。

表 4.23 从前期投资、后期维护两方面对比分析了国内外常用除冰融雪技术的经济效益，综合考虑成本效益与融雪效果发现，本研究研发的脱黏抑冰材料具有较好的综合经济效益。

表 4.23　常用除冰融雪技术的经济效益对比

除雪措施	撒布融雪剂	机械除雪	抑制冻结类路面铺装	发热式路面铺装	脱黏抑冰材料
前期投资	一次性投资低，但一下雪就需撒布融雪剂，融雪剂的前期投资部分取决于冬季的雨雪次数	前期投资设备费用较高，每次除雪需动用大量的人力	取决于外掺防冻材料的价格，前期投资相对较小	能量转化设备的铺设耗资较大	一次喷涂后则一个冬季无须除冰，前期投资水平中等
后期维护成本	含有的化学有害物质影响设备的使用寿命，破坏路面的性能，污染空气环境，后期投入费用较高	会给融雪道路表面造成"硬伤"	使用防冻结特殊材料代替部分集料，会对沥青路面性能造成一定的影响，早期病害较多，需较高的后期维护成本	后期融冰雪时所需功率太大，高温会影响路面性能	拥有路面预养护功能，可减少后期养护费用，安全环保，后期维护成本低
综合成本效益	高	高	中	高	中
融雪效果	好	中	中	好	好

（2）定量分析

现对本研究研发的脱黏抑冰材料的经济效益进行定量评价。现以四车道、10 km 为一个作业单元进行经济效益测算。

① 脱黏抑冰材料费用

按四车道、10 km 为一个作业单元计算,脱黏抑冰材料的材料及施工单价按照 20 元/m² 计算,采用本研究研发的脱黏抑冰材料费用为 3.75 m×4 车道×10000 m×20 元/m²＝ 300 万元/(年·单元),可满足 8 场中雪、大雪的养护作业。

② 机械＋融雪剂法费用

通过对江苏省高速公路的调研,主线每个单元(10 km)融雪剂费用为 18000 元/d、人工费用为 2000 元/d,匝道及互通枢纽除雪费用为 16000 元/d,则每个单元一年融雪剂及人工成本总费用为 70 万元。除雪结束后车辆检修、洗刷、保养费用约为 40 万元,合计费用 110 万元/(年·单元)。另外,机械设备需要增加成本 133 万元。

③ 减少的预防性养护费用

本研究所述的脱黏抑冰材料内含有增塑组分,可有效封闭路面早期产生的微裂纹,防止雨水下渗对路面结构造成的损坏,进一步延缓大、中修的时间。以雾封层预养护作业为例[104],费用约 30 元/m²,寿命 1～2 年,按 2 年计,则每年费用为 15 元/m²。采用本研究研发的脱黏抑冰材料后,每个单元一年节省的养护费用为:

$$3.75 \text{ m}×4 \text{ 车道}×10000 \text{ m}×15 \text{ 元/m}^2＝225 \text{ 万元}$$

④ 减少因撒布盐化物造成的损失

撒布盐化物会对路桥两侧的土壤和水体造成污染,同时会影响路(桥)面结构,导致路(桥)使用寿命缩短。以 NaCl 为例,研究表明,使用 NaCl 除冰雪会造成严重的环境污染,并对构造物结构本身产生严重腐蚀作用。我国每年因撒布 NaCl 造成的损失高达 115 亿元,使用 NaCl 带来的后续治理费用是其使用价格的 30 倍。如前所述,使用盐化物融雪剂合计费用为 70 万元/(年·单元),以道路使用寿命 15 年计算,则需额外支出的治理费用为:

$$70 \text{ 万元/(年·单元)}×30÷15 \text{ 年}＝140 \text{ 万元/单元}$$

本研究所述的脱黏抑冰材料对环境和路(桥)面结构无任何污染,由此,可节省的因撒布盐化物而造成的治理费用为 140 万元/(年·单元)。

⑤ 综合经济效益

通过上述测算可知,采用本研究研发的脱黏抑冰材料,其直接经济效益为:

$$300 \text{ 万元/(年·单元)}－110 \text{ 元/(年·单元)}－225 \text{ 万元/(年·单元)}－$$
$$140 \text{ 万元/(年·单元)}＝－175 \text{ 万元/(年·单元)}$$

即采用本研究研发的脱黏抑冰材料后,每个作业单元(四车道、10 km)每年节约的综合养护费用为 175 万元。

综上所述,目前采用较多的机械和人工除雪作业费用高、危险性大,对路面和桥面有损伤;而抛撒融雪剂和防滑料作业对环境污染严重、对路面和桥面有腐蚀作用。本研究研发的环保型主动融雪防冰冻脱黏抑冰材料为道路冬季除冰养护作业提供了全新的解决方案。该脱黏抑冰材料对路面行车安全和路面颜色无影响,施工工艺简单、可操作性强。经实际工程检验,该脱黏抑冰材料可有效抑制路面和桥面冰层的产生,使路面积雪结冰现象大幅减少。自实现产业化以来,脱黏抑冰材料逐渐受到公路养护部门的好评,取得了良好的经济效益,具有良好的市场竞争力。

4.3.6.2 社会效益分析

脱黏抑冰材料的应用还可带来显著的社会效益,主要体现在以下三个方面:

(1) 消除安全隐患

随着我国经济的迅速发展,道路交通运输对国民经济以及社会发展起着至关重要的作用,而冬季路面积雪结冰的现象直接关系到人民群众的生命财产安全。本研究研发的路面脱黏抑冰材料是一种新型的主动除冰材料,能够主动抑制道路表面结冰,并对路面的抗滑性能不产生反作用,对保障人民生命财产安全和交通顺畅起到促进作用。

(2) 低碳节能

脱黏抑冰材料一次施工可以长期使用,施工工艺非常简单。与传统的机械除冰雪作业相比,它无须耗费大量的设备和燃料等;与人工去除冰雪相比,优势明显,因为它无须耗费大量劳动力;与铺装类、热力融冰雪类技术相比,它无须复杂的养护维修施工,施工工艺异常简单,因此优势明显。脱黏抑冰材料具有低碳排放量、低耗能的巨大优势,在倡导低碳、绿色环保的当下,该材料显出了巨大的社会效益。

(3) 安全环保

国内外目前普遍使用的除冰雪方法是融雪剂去除法,因其具有价格方面的巨大优势而备受青睐,但是其危害不容小视。

① 对动物和人的安全产生威胁。融雪剂含有的有害成分可以在除冰后渗入地下水或直接汇入河流,一方面给周围的水环境造成一定程度的污染,另一方面对动植物的生长产生不利影响。一些被污染的肉类和粮食类食品若被人们食用,有害物质在人体内积聚会危害身体健康。

② 对植物产生影响。融雪剂的长期使用容易导致钠离子和氯离子在土壤中积聚,进而使树木枯死、城市绿地黄化和土壤板结。

③ 对交通工具的影响。各种机动车辆的轮胎和底盘因融雪剂的附着,会产生不同程度的腐蚀,使其性能大大下降,影响生命安全。

④ 对道路桥梁产生威胁。融雪剂的使用一方面对道路桥梁等构筑物产生腐蚀,使其使用寿命大大缩短,另一方面会产生一定的安全隐患。脱黏抑冰材料不腐蚀道路桥梁,对植物生长无负面作用,更不会对水资源和周边土地造成污染,安全环保。

4.4 钢渣混合料的施工工艺、质量控制及综合效益评价

4.4.1 施工工艺、质量控制

钢渣 AC、SMA 混合料施工所用的生产装置、运输车辆、摊铺机与压实机具,均与传统密级配沥青混凝土相同。但钢渣 AC、SMA 混合料的施工特性与施工工艺具有自身的特点。钢渣 AC、SMA 混合料与传统 AC 混合料不同,在运输和摊铺过程中,不会出现粗(细)

集料的离析;与普通 SMA 混合料也有所不同,即在运输与摊铺过程中不容易发生沥青结合料的析漏现象。前者是因为纤维稳定剂的存在起了作用,而后者则主要是因为钢渣集料多孔,在高沥青含量的 SMA 混合料中比通常使用的集料(如玄武岩)更能吸附沥青,而不至于出现析漏。同时,钢渣沥青混合料的可压缩性很小,其压实特性和压实方法与传统 AC 混合料也有很大不同。

(1) 混合料的生产

改性沥青的加热温度为 160～170 ℃,矿料的加热温度为 185～200 ℃,成品料的出厂温度为 170～185 ℃,不能高于 195 ℃。为了保证混合料质量,其中 SMA 混合料在投放矿粉的同时添加纤维,然后喷入沥青。

需注意的是,钢渣的成分中含有铁,铁的化合物是热的良好的传导介质,因此,钢渣沥青混合料的温度上升得很快(主要是因为钢渣传热快),这样虽然提高了加热效率,但在实际中因为钢渣的易导热性,会使得运输的过程中混合料温度下降得较快,待到达摊铺现场时可能由于温度下降到低于摊铺温度而无法施工。控制的主要方法就是使钢渣的加热时间不要太短。但一定要注意,由于钢渣是多孔性材料,在加热烘干的过程中,如果加热温度过高,会使材料本身粉化而使级配出现变异。

钢渣在淬冷时因各组分材料的收缩率不同造成了钢渣在破碎后出现许多“死角”,即沥青很难到达这些地方与集料进行有效黏附,这样的混合料易出现沥青剥落现象,从而使路面出现早期病害。

针对上面两点,考虑延长集料干拌时间 5～15 s,以提高集料温度、减少混合料温度损失;延长“湿”拌时间 10～20 s,以解决集料与沥青不能有效黏附的问题。

(2) 混合料的运输

根据拌合楼生产能力及运距计算车辆数,并采用大吨位运输车,将车厢清洗干净,涂刷适量油水混合物。不管天气如何,运输过程中均应用苫布覆盖混合料。运料车到达现场后,应严格检查混合料温度,确保其不得低于摊铺温度要求。

(3) 混合料的摊铺与碾压

钢渣混合料的温度散得非常快,如果环境温度较低,压路机必须紧跟在摊铺机的后面,边铺边碾压。可以说,碾压的温度愈高愈好,摊铺后应立即压实。碾压得越快越好,其中钢渣 SMA 不得采用轮胎压路机碾压。此外,施工过程中及时用核子密实度仪对压实情况跟踪检测,以便在规定温度下使压实度达到要求,同时防止过压。

(4) 混合料的质量控制

设计钢渣沥青混合料的难点在于保证其坚硬的矿物结构和合适的沥青用量。沥青用量过多,将造成粗骨料之间的分离,易产生油斑;沥青用量过少,混合料将难以压实,空隙率过高,骨料之间的沥青膜过薄,从而影响其耐久性。因此,在实际操作过程中应控制钢渣混合料的沥青用量,分次取热料进行马歇尔试验、抽提试验,及时了解沥青混合料的油石比、空隙率、稳定度等各项技术指标,并及时作相应调整。钢渣混合料出料以混合料拌和均匀、纤维均匀分布在混合料中、所有矿料颗粒全部裹覆沥青结合料为基本要求,拌和时间视实际情况可相应增减。

4.4.2 综合效益评价

4.4.2.1 社会效益评价

钢渣陈化处理一直是环境污染的一个重大问题。目前看来,钢渣最基本的处理办法就是堆积陈化,这种落后的处理方式对当地的环境会造成重大的污染。因此,如何更加合理地利用钢渣是解决环境污染问题的重要举措。江苏地区在加快经济又好又快发展的同时,也在加快公路基础设施建设,若能把钢渣应用到公路建设中去,不但可解决环境污染的大难题,还可降低工程成本。将钢渣应用到公路建设中后,会减少对开山取石的需求量,能有效保护自然资源,既节省了能源,也大大减少了货车排放尾气所造成的空气污染。因此钢渣的利用在真正意义上实现了"变废为宝"。

由室内试验研究可得知,钢渣应用于道路工程是完全能满足目前的行车要求的,即钢渣是一种环保型的道路建筑材料。因此,实现钢渣变废为宝的转变,兼备了社会、经济和环境效益,能造福当地的居民。

4.4.2.2 经济效益评价

对于工程建设项目的可操作性评价不仅包括社会效益,还应对经济效益进行分析。工程建设项目的经济效益包含的内容十分广泛。从工程全寿命周期的角度出发,工程建设项目的经济效益主要可分为建设成本费用、工程营运费用、后期维护保养费用等。

将钢渣作为主要的建筑材料应用于沥青路面建设,通过对材料近期市场单价的调查,可以对工程建设的成本费用进行量化分析,见表 4.24。

表 4.24　南京地区主要材料近期市场单价

材料名称	单位	价格
钢渣	元/t	20
石灰岩碎石	元/t	80
玄武岩碎石	元/t	150

从表 4.24 的数据可以看出,目前钢渣的单价仅为 20 元/t,而石灰岩碎石的单价则达到了 80 元/t,玄武岩碎石甚至达到了 150 元/t。因此从材料的选用角度看,使用钢渣材料更加便宜,具有良好的经济效益。

截至 2014 年年底,江苏省高速公路总里程已达 4488 km。今后,随着高速公路和市政道路养护、大中修工程的增多,对优质集料的需求量仍然很大,而将钢渣变废为宝应用于公路养护与建设工程,将是路面材料发展的重要趋势之一。以江苏省南京市为例,目前,南京六合茅迪集团生产的优质玄武岩集料价格约为 180 元/t,若建成年产量为 100 万吨的钢渣生产线,产出的钢渣单价按 100 元/t 计,则可获得 1 亿元的年产值,用于替代玄武岩集料,则可直接节约工程材料费用 8000 万元,节约天然集料开采近 120 万吨。在南京、苏州、常州

地区各建一条年产量为 100 万吨的钢渣生产线,则可获得近 3 亿元的年产值,直接节约工程材料费用 2.4 亿元,节约天然集料开采近 360 万吨。

4.5　尾矿资源利用技术施工工艺及综合效益分析

4.5.1　无机结合料稳定铁尾矿砂施工工艺

无机结合料稳定铁尾矿砂基层的施工方法与无机结合料稳定砂砾基层的施工方法基本相同,施工中关键要控制好无机结合料的用量。本小节以水泥稳定铁尾矿砂为例,按照《公路路面基层施工技术细则》(JTG F20—2015)中的有关规定和实际施工经验,确定了图 4.38 所示的施工组织框架,保证施工质量,确保研究数据的准确性。

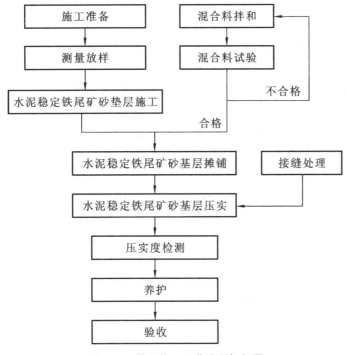

图 4.38　基层施工工艺流程框架图

4.5.1.1　铁尾矿砂的存储和质量控制

铁尾矿砂经过预处理后,如果无法及时使用,则需对其进行存储。为了尽量减少铁尾矿砂存储过程中的质量变化对无机结合料稳定铁尾矿砂基层混合料的性能产生影响,需对其进行科学管理。

铁尾矿砂的进场检验要严格,堆放要分级,以利于使用时分别计量、合理掺配;堆料场要经过适当的硬化处理,设置一定坡度,在料堆边设置盲沟排水;不同料堆之间需设置分隔带,避免把来源不同、性质不同的铁尾矿砂堆放在一起。

水分对铁尾矿砂的性能影响很大,因此需设置防雨设施。

对于已知来源集料无碱活性的铁尾矿砂可不进行碱活性测试,对于未知来源或来源集料存在碱活性的铁尾矿砂必须进行碱活性测试,经检测存在碱活性的铁尾矿砂不得在无机结合料稳定铁尾矿砂基层中使用。

4.5.1.2　水泥稳定铁尾矿砂基层施工

针对施工段的工程数量、工程特点、工期进度、安全质量要求及实际情况,水泥稳定铁尾矿砂基层采用机械化施工。水泥稳定基层料采用配有电子自动计量装置的稳定粒料拌和设备拌和混合料,由自卸汽车运至摊铺现场,其基层摊铺采用基层自动找平混合料摊铺机摊铺,振动压路机碾压成型,洒水车洒水养护。

4.5.1.3　混合料的拌和与运输

(1) 混合料的拌和

① 在正式拌和水泥稳定铁尾矿砂混合料之前,先调试所用的搅拌设备,使混合料的颗粒组成和含水率都达到设计的要求。

② 拌和的混合料应均匀、无离析现象,集料、水泥、水的用量偏差不超过技术规范要求。

③ 由于铁尾矿砂对水分敏感,因此要特别注意最佳含水率的控制。拌和前一天将铁尾矿砂加水并用土工布覆盖,闷料一夜后备用。拌和过程中利用电脑控制与人工控制相结合的办法,严格控制拌和用水量。

④ 拌和过程中,实时测定混合料质量。称取定量拌和好的水泥稳定铁尾矿砂混合料进行筛分试验、含水率测定与水泥含量的测定,检验其混合料质量是否符合要求。

(2) 混合料的运输

① 应配备足够数量的运输车辆,保证混合料摊铺的连续性。

② 为了避免混合料离析,车辆装料时应前后移动,且料口与马槽顶距离控制在20~30 mm。

③ 混合料运输车辆必须配备覆盖篷布,以防淋雨、水分蒸发等,保持装载高度以防混合料离析。

④ 运输混合料的车辆要在铺筑层整个表面上匀速通过,速度要缓慢,减少不均匀碾压或车辙。

4.5.1.4　混合料的摊铺

水泥稳定铁尾矿砂基层混合料的摊铺采用两台基层自动找平混合料摊铺机同向、并联梯形摊铺,摊铺机的摊铺高度通过钢三脚架摆铝合金板控制。

(1) 摊铺速度的确定

基层摊铺机摊铺速度的选择应以保证摊铺机匀速连续作业为原则。摊铺机摊铺速度对摊铺机的作业效率和摊铺质量都有很大影响,具体表现在平整度、密实度等方面,摊铺机摊铺速度的瞬时变化特别是急加速和停机将导致熨平板受力平衡的瞬间破坏,从而引起熨平板上下"浮动"。自动找平系统虽能及时传递厚度变化信号,但由于靠自动找平仰角的变化来调整摊铺厚度的速度与找平信号反馈速度不同步,具有一定的延时,由此会导致摊铺路面出现凹凸波浪现象。

(2) 基层摊铺工艺

① 摊铺时按事先确定的松铺厚度和施工工艺摊铺。

② 摊铺混合料的含水率要高于最佳含水率 $0.5\%\sim1.0\%$,以补偿摊铺及碾压过程中的水分损失。

③ 摊铺机后面配备专人消除粗(细)料离析现象,特别是局部粗集料集中处,应及时铲除,并用新拌和混合料填补。

4.5.1.5　基层碾压

水泥稳定基层混合料采用试验确定的次数进行碾压,先用轻型压力机跟在摊铺机后及时碾压,后用重型振动压路机继续碾压密实。即先静压,再振动压实。

(1) 混合料经摊铺和整形后立即在全宽范围内由低处向高处碾压。压实后的表面平整无轮迹或隆起,且断面正确,路拱符合设计要求。

(2) 碾压过程中,水泥稳定铁尾矿砂基层的表面应始终保持湿润。与普通的水泥稳定基层混合料不同的是,铁尾矿砂具有水敏感性,尤其是在夏天较高温度时摊铺,在摊铺后很短时间内铁尾矿砂就会丧失大量水分,致使混合料表面干燥,呈现散粒状,从而不利于压实。为了解决这一问题,除了拌和前闷料、拌和中增加水量、运输中密闭保水外,还应在碾压中适当补水。采用人工洒水方式,在路面全宽范围内喷洒并及时碾压,防止水分再次散失。

(3) 严禁压路机在已完成或正在碾压的路段上调头或急刹车,以保证水泥稳定基层表面不受破坏。

(4) 施工中,从加水拌和到碾压终了的延迟时间不超过 2 h。

(5) 在摊铺碾压过程中配备专人用 3 m 直尺紧随其后,即时检查初步压实的表面是否满足平整度要求,发现问题及时处理。

(6) 测定压实度是否满足二级公路压实度 97% 的要求,如不满则继续碾压,直至满足规范要求。

4.5.1.6　养护与交通管制

碾压完成后用土工布覆盖,用洒水车进行保湿养护,养护期不少于 7 d。养护期内,除洒水车通行外,封闭交通。

4.5.1.7　施工工艺控制

(1) 正确处理底基层

水泥稳定基层铺筑前,要充分洒水湿润底基层,这样既可以降低摩阻系数,减少由于摩阻约束所产生的板体的拉应力,同时还可防止底基层对混合料中水分的吸收,保证混合料中有足够的水分供水泥水化作用,以促进水泥稳定基层强度的增长。

（2）基层施工后及时铺筑沥青面层

水泥稳定基层铺筑完成且养护 3 d 后便立即撒铺透层乳化沥青，而后应及时铺筑沥青面层，避免水泥稳定基层长时间在露天环境下暴晒导致过分变干而加剧干缩裂缝的产生。

（3）混合料含水率的控制

水泥稳定基层干缩应变随混合料含水率的增加而增大，施工碾压时含水率越大，结构层越容易产生收缩裂缝。即使已铺筑沥青面层，在旱季或冬季，基层也可能产生干缩裂缝，因此施工时应严格按照施工配合比控制最佳含水率（实际施工中，水泥稳定粗粒料碾压时混合料的含水率宜较最佳含水率大 0.5%～1.0%，对于水泥稳定细集料碾压时混合料的含水率宜较最佳含水率大 1.0% 左右），避免因施工用水量控制不当而人为造成路面开裂。已有研究表明，对同种材料，压实度越高，其抗压强度也越高，因此在实际施工中，及时调整拌和用水量，以保证混合料的含水率在最佳含水率范围内，从而提高工程质量。

（4）路面养护

干燥收缩的破坏发生在早期，及时采用土工布或薄膜覆盖进行良好的养护，不但可以迅速提高基层的强度，而且可以防止基层因混合料内部发生水化作用和水分的过度蒸发引起表面的干缩裂缝。施工经验表明，如果能保持水稳基层在铺筑沥青面层前不开裂，基层就不会先于沥青面层产生干缩裂缝。在条件允许时，及时撒铺沥青下封层是减少干缩裂缝的一个好办法。

4.5.2　综合效益分析

4.5.2.1　经济效益分析

尾矿资源在道路工程中应用的经济效益主要包括两个方面：一是尾矿的应用减少了矿方处理尾矿的投资；二是用尾矿代替其他建筑材料，可以降低道路建设的成本。一般来说，尾矿库工程的造价及运营费用占选矿厂成本支出的 10% 甚至更高。以梅山钢铁新建的鸡笼山山景尾矿库为例，工程总投资 1.97 亿元，尾矿库容量设计 672 万立方米，因此每消耗 1 m³ 尾矿，可节约尾矿库工程投资 29.3 元，若加上尾矿库每年数百万元维护运营费用，则在尾矿库投资上取得的经济效益约为 30 元/m³。以尾矿堆积密度 1.85 t/m³ 计算，每使用一吨尾矿，可为矿方节约废料处理费用 16.6 元。

以河北野兴公路为例进行成本分析。2002 年该公路北段大修工程全长 12.66 km，路基宽为 9.6～16.0 m，路面底基层为 2×16 cm 石灰土，在修复施工中全部采用石灰稳定尾矿砂作为底基层，共完成底基层铺筑 247596 m²。工程取材的尾矿库总投资 2270.55 万元，有效库容 5724.09 万立方米，堆积密度按 1870 kg/m³ 计算，则堆存尾矿砂约 1 亿吨，所以每使用 1 t 尾矿砂可对矿方产生经济效益约 0.23 元。由于二灰碎石、二灰稳定土和二灰稳定尾矿砂的施工工艺基本相同，那么可从材料价格变化进行成本分析，见表 4.25。

表 4.25　材料单价表

	石屑	碎石			石灰	水泥	粉煤灰	尾矿砂
粒径/mm		5～10	10～20	20～40	—	—	—	—
百分比/%	30	20	35	15	—	—	—	—
单价(元/t)	25	25	25	28	—	—	—	—
均价(元/t)	26				310	315	28	0

不同配合比混合料成本计算：

二灰稳定碎石配合比为石灰∶粉煤灰∶碎石＝5∶10∶85，每吨混合料成本为：
$$310×5\%＋28×10\%＋26×85\%＝40.4 \text{ 元/t}$$

二灰稳定尾矿砂配合比为石灰∶粉煤灰∶尾矿砂＝5∶15∶80，每吨混合料成本为：
$$310×5\%＋28×15\%＋0×80\%＝19.7 \text{ 元/t}$$

水泥稳定碎石配合比为水泥∶碎石＝6∶94，每吨混合料成本为：
$$315×6\%＋26×94\%＝43.34 \text{ 元/t}$$

水泥稳定尾矿砂配合比为水泥∶尾矿砂＝6∶94，每吨混合料成本为：
$$315×6\%＋0×94\%＝18.9 \text{ 元/t}$$

可见，在施工流程相同的情况下，二灰稳定尾矿砂比二灰稳定碎石可节约成本 20.7 元/t，水泥稳定尾矿砂比水泥稳定碎石可节约成本 24.44 元/t。

通过尾矿砂的应用，该工程直接经济效益为 247596 m²×0.32 m×1.85 t/m³×20.7 元/t＝3034140 元，为矿方节约尾矿管理费用 247596 m²×0.32 m×1.85 t/m³×0.8×0.23 元/t＝26970 元。但是，值得一提的是，由于尾矿资源所处位置的限制，运输成本的增加限制了其在道路工程中的应用，但若因地制宜将尾矿资源应用于尾矿库周边的城市道路和乡村道路建设，在经济运输半径内，仍可获得较大的经济优势。

4.5.2.2　社会效益分析

(1) 尾矿砂属于选矿后的废弃物，是工业固体废弃物的主要组成部分。据不完全统计，我国现有堆存的尾矿量近 100 亿吨，年排出的尾矿量高达 6 亿吨以上。大量的废弃物对库存周围的环境造成了严重的破坏，使得一些山区荒漠化严重。将尾矿砂应用于公路建设，可以消耗大量的库存尾矿，减轻环境保护的压力。

(2) 大量的尾矿砂存放在尾矿坝内得不到利用，新产生的尾矿必然需要占用新的土地堆放，恶性循环下，必将占用大量的土地，甚至是农田。利用尾矿砂修筑公路，减少堆放量，可以大量减少其对土地的侵占，符合我国退耕还林的大背景。

(3) 随着我国经济发展，公路建设迅猛发展，建筑材料的需求量极大，这就造成了工程材料的稀缺，材料单价不断飙升，甚至还出现了高价难买的现象，从而使建设成本大幅提高。将尾矿砂用于公路基层的铺筑，不但解决了公路建设材料紧缺的问题，还可以大幅度降低工程造价。

(4) 2012 年，国务院发布的《"十二五"节能环保产业发展规划》中明确提出，大力推动节能减排,发展绿色经济和循环经济,建设资源节约型和环境友好型社会;将固体废弃物的综合利用列为资源循环利用产业重点领域;推广建筑废弃物分类设备及生产道路结构层材料。

尾矿与回收粉、建筑垃圾、钢渣、铣刨料一样,是固体废弃物的一种。从资源循环的角度看,将尾矿应用于道路工程,不仅可以有效地将环保效益和经济效益相结合,更是促进我国资源再生利用、贯彻可持续发展战略和落实科学发展观要求的体现,具有重要的社会意义。

4.6　混凝土再生粗骨料实施方案及工程应用研究

4.6.1　项目实施方案

4.6.1.1　总体实施流程

项目实施主要从配合比设计、现场调研准备、试验段实施三个方面开展,具体流程如图4.39 所示。

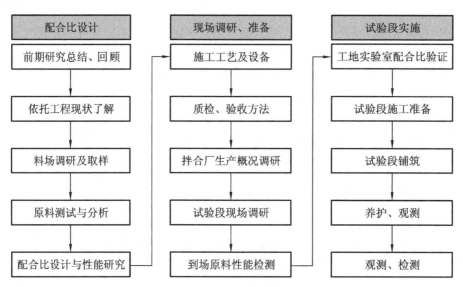

图 4.39　项目实施总体思路图

（1）配合比设计阶段

了解工程现状和需求,根据前期研究成果和经验,制定工作大纲。结合工程概况,调研再生骨料生产线分布状况,了解不同生产线的混凝土再生骨料加工工艺、产能、价格等。对取样的再生骨料开展密度、组成、吸水率、级配、压碎值、针片状颗粒含量等指标测试。根据原料性能,确定试验段采用的混凝土再生骨料来源。开展级配设计,通过击实试验测定最大干密度和最佳含水率,测定不同水泥掺量下的 7 d 无侧限抗压强度,通过强度比选确定水泥掺量,并研究不同水泥掺量下的路用性能发展规律。

(2) 现场调研、准备阶段

水泥稳定混凝土再生骨料混合料施工,基本可采用普通水泥稳定碎石的施工工艺。开展文献调研,进一步了解水泥稳定混凝土再生骨料混合料的施工工艺,了解其质量、验收方法。对水泥稳定碎石拌和站现场的料堆、拌和、料仓、产能等概况进行调研,并了解试验段具体位置等信息。对到场的原材料开展现场取样与分析测试工作。

(3) 试验段实施阶段

根据设计的目标配合比,采用现场原料开展工地实验室配合比验证工作。对验证过程中发现的问题做好处置预案。做好试验段实施组织,从机械设备、试验检测设备、原材料准备三方面统一协调,为试验段的实施做好准备工作。试验路段铺筑完成后,根据质量控制要求开展检测工作,评价试验段性能。

4.6.1.2　目标配合比设计方案

(1) 料场调研方案

项目开展之前,由 S229 姜堰段改扩建工程建设指挥部、华设设计集团课题组组成调研组,对再生骨料生产厂家进行走访、调研,调研内容包括:

① 再生骨料的生产工艺;

② 再生骨料生产线的产能;

③ 再生骨料的现场存储情况;

④ 生产厂家建筑固体废弃物的来源情况;

⑤ 生产线至拌合站的运输距离;

⑥ 再生骨料的价格;

⑦ 生产厂家提供的骨料性能指标;

⑧ 在调研现场目测再生骨料质量;

⑨ 其他内容。

(2) 原料测试与分析方案

对再生骨料生产线调研过程中现场取样的再生骨料开展性能指标测试与分析,并与工程用天然骨料的性能指标进行对比,内容包括:

① 对再生骨料的组成、压碎值、密度、坚固性、针片状颗粒含量、级配等指标进行测定。

② 对再生骨料的化学成分、硫酸盐含量、碱活性等化学指标进行测试与分析。

③ 对再生骨料的氯离子含量、吸水率等指标进行测试分析。

④ 根据再生骨料的组成、压碎值、针片状颗粒含量等指标,对不同生产线的再生骨料进行对比分析、分级评价,并评价再生骨料在基层用水泥稳定碎石中应用的适用性。

(3) 目标配合比设计方案

结合 S229 姜堰段改扩建工程的设计文件和相关技术规范,开展水泥稳定再生骨料基层试验段的目标配合比设计工作,主要内容包括:

① 根据再生骨料、天然骨料的性能指标与级配情况,开展基层用水泥稳定再生骨料的级配设计,确定再生骨料的掺量。

② 选取多个水泥掺量,通过击实试验,分别确定各水泥掺量下水泥稳定再生骨料混合料的最大干密度和最佳含水率。此过程中,应充分考虑到再生骨料的高吸水率,适当增大预设含水率。

③ 根据试验确定的最大干密度、最佳含水率以及压实度要求,成型标准试件,验证不同水泥掺量下的混合料技术性能,结合设计要求及相关技术规范的要求,确定最佳水泥掺量。

④ 根据最佳水泥掺量,成型相关试件,验证该水泥掺量下水泥稳定再生骨料混合料的其他路用性能。

4.6.1.3 施工准备与组织

(1) 人员与技术组织

① 人员组织

成立以项目经理为核心的工程技术管理小组,小组成员包括技术负责人、施工员、质检员、测量员、试验员、资料员等,采取专人专项负责,责任到人,并根据需要随时加大对人员的投入。

鉴于本项目试验段是该工程的一部分,试验段铺筑时,除上述人员到场外,本项目课题组主要成员也在场。

② 施工技术组织

组织施工技术人员熟悉施工图纸,详细了解各分项工程、施工方法和技术指标,完成技术交底。

测量放线,完成水泥稳定碎石基层高程的测量放样工作。

上道工序(土基平整)完工并通过验收后,开展水泥稳定基层施工。

(2) 机械设备组织

① 施工机械

必须配备齐全的施工机械和配件,做好开工前的保养、试机工作,并保证在施工期间一般不发生有碍施工进度和质量的故障。

水泥稳定碎石施工应采用集中厂拌、摊铺机摊铺施工。施工单位应配备足够的拌和、运输、摊铺、压实机械。每层最大压实厚度不大于 20 cm。

a. 拌合机:要保证其实际出料(生产量的 80%)能力超过实际摊铺能力的 10%~15%。拌合机必须采用定型产品,料斗上口必须安装钢筋网盖,筛除超出粒径规格的集料及杂物。为使混合料拌和均匀,拌缸要有一定长度。拌合机应配有大容量的储水箱。料斗、水箱、罐仓都要求装配高精度电子动态计量器,电子动态计量器应经有资质的计量部门进行计量标定后方可使用。

b. 摊铺机:应根据路面摊铺层的宽度、厚度,选用合适的摊铺机械。

c. 压路机:至少应配备 20 t 以上单钢轮振动压路机或 12 t 左右双钢轮振动压路机,同时配备 25 t 以上胶轮压路机。压路机的吨位和台数必须与拌合机及摊铺机生产能力相匹配,使从加水拌和到碾压终了的时间不超过水泥初凝时间,保证施工正常进行。

d. 自卸汽车:数量应与拌合设备、摊铺设备、压路机相匹配。

e. 装载机:不少于 2 台。

f. 洒水车:不少于2台。

g. 水泥钢制罐仓:由拌合机的生产能力决定其容量,罐仓内应配有水泥破拱器,以免水泥起拱停流。

以上机械数量至少应满足每个工点、每日连续正常生产的要求及工期要求。

② 质量检测仪器

a. 水泥胶砂强度、水泥凝结时间、安定性检验仪器;

b. 水泥掺量测定设备;

c. 振动压实成型设备(备选);

d. 重型击实仪;

e. 水泥稳定碎石抗压试件制备与抗压强度测定设备;

f. 标准养护室;

g. 基层密度测定设备;

h. 标准筛(方孔);

i. 压碎值成套测试设备;

j. 针、片状颗粒含量测定仪器;

k. 取芯机。

(3) 材料准备

工程用水泥、碎石、石屑等材料必须得到监理工程师批准方可进场,未经批准的不允许进场,更不允许使用。

① 水泥:水泥应选用强度等级为32.5或42.5的普通硅酸盐水泥、矿渣硅酸盐水泥或火山灰硅酸盐水泥,严禁使用快硬水泥、早强水泥以及受潮变质的水泥。水泥品牌的选用应考虑其质量稳定性、生产数量、运距等各种因素。水泥的初凝时间应大于3 h,终凝时间应大于6 h且应小于10 h。水泥每次进场前应有合格证书,应以每500 t为单位对水泥的凝结时间、标号进行抽检。

② 粗骨料:用作被稳定材料的粗骨料宜采用各种硬质岩石或砾石加工而成的碎石,也可直接采用天然砾石,其最大粒径应小于37.5 mm。水泥稳定级配碎石基层中粗骨料压碎值应不高于28%,针、片状颗粒含量应不高于18%。为了施工方便,宜采用1#碎石(19～37.5 mm)、2#碎石(9.5～19 mm)、3#碎石(4.75～9.5 mm)、石屑(0～4.75 mm)粒料配合。

③ 细骨料:细骨料应洁净、干燥、无风化、无杂质,并具有适当的颗粒级配。塑性指数应不大于17,骨料中粒径为0.075 mm的颗粒含量应不大于15%。

④ 再生骨料:再生骨料的性能指标应根据前期研究进行评估。

⑤ 水:水泥稳定碎石搅拌和养护用水应清洁,宜采用饮用水。

4.6.1.4　施工工艺

(1) 一般要求

①清除作业面表面的浮土、积水等,并将作业面表面洒水湿润。

②开始摊铺前按摊铺机宽度与传感器间距进行测量放样,一般在直线上间隔10 m,在平曲线上间隔为5 m,做出标记,并打好厚度控制线支架。根据松铺系数算出松铺厚度,决

定控制线高度,挂好控制线。用于摊铺机摊铺厚度控制线钢丝的拉力应不小于 800 N。

③ 水泥稳定碎石基层应尽量避免在高温季节施工。

④ 水泥稳定碎石基层分层施工时,下层水泥稳定碎石施工结束 7 d 后即可进行上层水泥稳定碎石的施工。两层水泥稳定碎石施工间隔不宜长于 30 d。

⑤ 为保证基层强度满足要求,并使抗裂能力最佳,应尽量限制水泥、细集料、粉料的用量;根据施工时的气候条件限制含水率。施工中要求水泥掺量宜控制在 3%～4.5%,不应大于 5.0%;合成矿料级配中粒径 0.075 mm 以下颗粒含量应控制在 3.5% 以下,含水率不宜超过最佳含水率的 1%。

(2) 试铺

正式开工之前应进行试铺,试铺段应选择在经验收合格的下承层上进行。

水泥稳定碎石混合料采用中心站集中拌和(厂拌),一次碾压密实。试铺路段的拌和、摊铺、碾压各道工序按《公路路面基层施工技术细则》(JTG/T F20—2015)的要求进行。

试铺段铺筑过程的主要内容如下:

① 验证用于施工的混合料的配合比

a. 调试拌合机,分别称出拌缸中不同规格的碎石、水泥、水的质量,测量其计量的准确性;

b. 调整拌和时间,保证混合料均匀性;

c. 检查混合料含水率、碎石级配、水泥掺量、7 d 无侧限抗压强度。

② 确定铺筑的松铺厚度和松铺系数(为 1.20～1.30)。

③ 确定标准施工方法

a. 混合料配合比的控制方法;

b. 混合料摊铺方法和适用机具(包括摊铺机的行进速度、摊铺厚度的控制方式、梯队作业时摊铺机的间隔距离);

c. 含水率的增加和控制方法;

d. 压实机械的选择和组合,压实的顺序、速度和遍数,至少应选择两种确保能达到压实标准的碾压方案;

e. 拌和、运输、摊铺和碾压机械的协调和配合。

④ 确定每一作业段的合适长度(一般建议为 50～80 m)。

⑤ 严密组织拌和、运输、碾压等工序,缩短延迟时间。

其中试铺段的检验频率应是《公路路面基层施工技术细则》(JTG/T F20—2015)中规定生产路面的 2～3 倍。

当使用的原材料和混合料、施工机械、施工方法及试铺路面各检验项目的检测结果都符合规定后,可按以上内容编写"试铺总结",经审批后即可作为正式申报路面施工开工的依据。

(3) 拌和

① 开始拌和前,拌合场的备料应能满足 3～5 d 的摊铺用料。

② 每天开始搅拌前,应检查场内各处集料的含水率,计算当天的施工配合比,外加水与骨料天然含水率的总和要比最佳含水率略高。同时,在充分估计施工富余强度时要从缩小施工偏差入手,不得以提高水泥用量的方式提高路面基层强度。

③ 每天开始搅拌之后,按规定取混合料试样检查级配和水泥掺量;随时在线检查配合比、含水率是否变化。高温作业时,早晚与中午的含水率要有区别,要按温度变化及时调整。

④ 拌合机出料不允许采取自由跌落式的落地成堆、装载机装料运输的办法。一定要配备带活门漏斗的料仓,成品混合料先装入料仓内,由漏斗出料装车运输,装车时车辆应前后移动,分三次装料,避免混合料离析。

（4）运输

① 在每天开工前,要检查运输车辆完好情况,装料前应将车厢清洗干净。运输车辆数量一定要满足拌和出料与摊铺需要,并略有富余。

② 应尽快将拌成的混合料运送到铺筑现场。车上的混合料应覆盖,以减少水分损失。如运输车辆中途出现故障,必须在最短时间内排除故障;若车内混合料不能在水泥初凝时间内运至工地摊铺压实,则必须予以废弃。

（5）摊铺

① 摊铺前应将下承层洒水湿润。对于下基层表面,应喷洒水泥净浆,按水泥质量计,宜不少于 $1.0\sim1.5$ kg/m^2。水泥净浆稠度以洒布均匀为度,洒布长度以不大于摊铺机前 $30\sim40$ m 为宜。

② 摊铺前应检查摊铺机各部分的运转情况,而且每天坚持重复此项工作。

③ 调整好传感器臂与控制线的关系,严格控制基层厚度和高程,保证路拱横坡度满足设计要求。

④ 摊铺机宜连续摊铺。如拌合机生产能力较小,应采用最低速度摊铺,禁止摊铺机停机待料。摊铺机的摊铺速度一般宜在 1 m/min 左右。

⑤ 基层混合料摊铺采用摊铺机作业,应保证其速度一致、摊铺厚度一致、松铺系数一致、路拱坡度一致、摊铺平整度一致、振动频率一致等,两机摊铺接缝平整。

⑥ 摊铺机的螺旋布料器应有 2/3 埋入混合料中。

⑦ 在摊铺机后面应设专人消除离析现象,应该铲除局部粗集料"窝",并用新拌混合料填补。

（6）碾压

① 每台摊铺机后面应有振动压路机和轮胎压路机紧随,方便摊铺后立即进行碾压,一次碾压长度一般为 $50\sim80$ m。碾压段落必须层次分明,设置明显的分界标志,并有监理旁站。

② 碾压应遵循试铺路段确定的程序与工艺。注意稳压要充分,振压不起浪、不推移。压实时,遵循稳压(遍数适中,压实度达到 90%)振动碾压→胶轮稳压的程序,压至无轮迹为止。碾压过程中,可用核子仪初查压实度,不合格时,重复再压(注意检测压实时间)。碾压完成后用灌砂法检测压实度,压实度控制所用的标准密度应采用振动击实最大干密度。

③ 压路机碾压时应重叠 1/2 轮宽。

④ 压路机倒车应自然停车,不允许刹车;换挡要轻且平顺,不要拉动基层。在第一遍初步稳压时,应倒车原路返回,换挡位置应在已压好的路段上,在未碾压的一头换挡倒车,位置应错开,出现个别拥包时,应进行铲平处理。

⑤ 压路机碾压时的行驶速度,第 $1\sim2$ 遍为 $1.5\sim1.7$ km/h,以后各遍应为 $1.8\sim2.2$ km/h。

⑥ 压路机停车要错开,相隔间距不小于 3 m,应停在已碾压好的路段上。

⑦ 严禁压路机在已完成的或正在碾压的路段上调头和急刹车。

⑧ 碾压宜在水泥初凝前及试验确定的延迟时间内完成,并达到要求的压实度。碾压后应没有明显的轮迹。

⑨ 为保证水泥稳定碎石基层边缘压实度,应有一定的超宽;用方木或型钢模板支撑时,也应有一定超宽。

(7) 横缝设置

① 水泥稳定碎石混合料摊铺时,应连续作业,如因故中断时间超过 2 h,则应设横缝;每天收工之后,第二天开工的接头断面也要设置横缝。要特别注意桥头搭板前水泥碎石的碾压。

② 横缝应与路面车道中心线垂直设置,接缝断面应是竖向平面。其设置方法如下:

a. 压路机碾压完毕,沿端头斜面开到下承层上停机过夜。

b. 第二天将压路机沿斜面开到前一天施工的基层上,将 3 m 直尺纵向放在接缝处,定出基层面离开 3 m 直尺的点作为接缝位置,沿横向断面挖除坡下部分混合料,清理干净后,摊铺机从接缝处起步摊铺。

c. 压路机沿接缝横向碾压,由前一天压实层上逐渐推向新铺层,碾压完毕后再纵向正常碾压。

d. 碾压完毕,接缝处纵向平整度应符合相关规定。

4.6.1.5 养护及交通管制

(1) 每一段碾压完成以后立即进行质量检查,并开始养护。

(2) 养护方法:采用土工布覆盖洒水养护,覆盖 2 h 后,再用洒水车洒水,在 7 d 内应保持基层处于湿润状态,28 d 内正常养护。养护结束后,将土工布清除干净。

(3) 用洒水车洒水养护时,洒水车的喷头采用喷雾式,不得用高压式喷管,以免破坏基层结构,每天洒水次数应视气候而定,整个养护期间应始终保持水泥稳定碎石层表面湿润。

(4) 基层养护期不少于 7 d。

(5) 养护期间应封闭交通。

(6) 冬季施工保障措施

① 塑料薄膜与土工布双重养护;

② 注意保湿、保温;

③ 少量补水,甚至无须洒水,防止冰冻。

4.6.1.6 质量管理与检查验收

(1) 一般规定

① 基层施工的质量标准与控制应包括材料检验、施工参数确定、施工过程中的质量检查验收等方面,并符合下列规定:

a. 按相关规范、技术细则的要求备料,严把进料质量;

b. 按施工需求合理布置建设场地,选择适宜的拌和、摊铺和碾压机械;

c. 将试验段确定的施工参数作为施工过程中质量控制的标准;

d. 健全工地实验室能力,试验、检验数据真实、完整、可靠;

e. 各个工序完结后,应检查验收,合格后方可进行下一个工序。

② 施工过程中发现质量缺陷时,应加大检测频率;必要时应停工整顿,查找原因。

③ 施工关键工序宜拍摄照片或录像,作为现场记录保存。

④ 施工结束后,应清理现场,处理废弃物,恢复耕地或绿化,做到工完场清。

⑤ 施工过程中,应配备具有相关试验资质的试验操作人员。每个工地实验室的试验操作人员宜不少于 8 人,同时应明确每个质量控制环节的责任人。

(2) 材料检验

① 在施工前以及在施工过程中,原材料或混合料发生变化时,应检验拟采用材料。

② 用作基层的碎石、砾石等粗骨料,其试验项目和要求见表 4.26。

表 4.26　基层用碎石、砾石的试验项目和要求

项次	试验项目	目的	频度	试验方法
1	含水率	确定原始含水率	每天使用前测 2 个样品	T 0801/T 0803
2	级配	确定级配是否符合要求,确定材料配合比	每种石料使用前测 2 个样品,使用过程中每 2000 m² 测 2 个样品	T 0303
3	液限、塑限*	求塑性指数,审定是否符合要求		T 0118
4	毛体积相对密度、吸水率	评定粒料质量,计算固体体积率	使用前测 2 个样品,砾石使用过程中每 2000 m³ 测 2 个样品,若碎石种类变化则重做 2 个样品	T 0304/T 0308
5	压碎值	评定石料的抗压碎能力是否符合要求		T 0316
6	粉尘含量	评定石料质量		T 0310
7	针、片状颗粒含量	评定石料质量		T 0312

注:* 级配砾石或级配碎石中 0.6 mm 以下的细土进行此项试验。

③ 用作基层的细骨料,其试验项目和要求见表 4.27。

表 4.27　基层用细骨料试验项目和要求

项次	试验项目	目的	频度	试验方法
1	含水率	确定原始含水率	每天使用前测 2 个样品	T 0801/T 0803
2	级配	确定级配是否符合要求,确定材料配合比	使用前测 2 个样品,使用过程中每 2000 m³ 测 2 个样品	T 0327
3	液限、塑限	求塑性指数,审定是否符合要求		T 0118/T 0119
4	毛体积相对密度、吸水率	评定粒料质量,计算固体体积率		T 0328/T 0352
5	有机质和硫酸盐含量	是否适用于水泥稳定	有怀疑时做此试验	T 0336/T 0341

④ 用作基层的水泥，其试验项目和要求见表 4.28。

表 4.28 基层用水泥试验项目和要求

试验项目	目的	频度	试验方法
水泥强度等级和初凝、终凝时间	确定水泥的质量是否适合应用	做材料组成设计时测 1 个样品，料源或强度等级发生变化时重测	T 0505/T 0506

⑤ 初步确定使用的基层混合料，包括非整体性材料，其试验项目和要求见表 4.29。

表 4.29 基层混合料试验项目和要求

项次	试验项目	目的	频度	试验方法
1	重型击实试验	最佳含水率和最大干密度	材料发生变化时	T 0505/T 0506
2	承载比	确定非整体性材料是否适宜做基层		T 0134
3	抗压强度	整体材料配合比试验及施工期质量评定	每次配合比试验	T 0805
4	延迟时间	确定延迟时间对混合料密度和抗压强度的影响，确定施工允许的延迟时间		T 0805
5	绘制 EDTA 标准曲线	对施工工程中水泥掺量的有效控制	水泥品种变化时	T 0809

（3）施工过程检测

① 基层正式施工之前应铺筑试验段，试验段设置在生产路段上，长度宜为 200～300 m。

② 试验段开工之前，应符合下列规定：

a. 提交完整的目标配合比报告和生产配合比报告；

b. 正常施工时所配备的施工机械完全进场，且调试完毕；

c. 全部施工人员到位。

③ 试验段施工期间，应及时检测下列技术项目：

a. 施工所用原材料的全部技术指标；

b. 混合料拌和时的结合料剂量；

c. 混合料拌和时的含水率；

d. 混合料拌和时的级配；

e. 混合料压实度与松铺系数、碾压工艺；

f. 混合料压实后的含水率；

g. 混合料击实试验，测定干密度和含水率；

h. 7 d 无侧限抗压强度。

④ 施工过程中的质量控制应包括外形尺寸检查及内在质量检查两部分。

⑤ 施工过程的检验指标应符合表 4.30 的规定。

表 4.30　水泥稳定碎石基层质量标准

检查项目	质量要求		检查规定		备注
	要求值或容许误差	质量要求	最低频率	方法	
压实度	代表值不小于 97%	符合技术规范要求	4 处/200m/层	每处每车道测一点,用灌砂法检查	
平整度	12 mm	平整、无起伏	每 200 m 取 2 处	用 3 m 直尺连续量 10 尺,每尺取最大间隙	
纵断面高程	+5～−15 mm	平整顺适	每 20 m 取 1 个断面	水准仪测量	
厚度	代表值−10 mm	均匀一致	1 处/200m/车道	每处 3 点,路中及边缘任选挖坑丈量	
	合格值−20 mm				
宽度	不小于设计	边缘线整齐,顺适,无曲折	每 40 m 取 1 处	用皮尺丈量	
横坡度	±0.5%		每 100 m 取 3 个断面	用水准仪测量	
水泥掺量	±0.5%		每 2000 m² 取 6 个以上样品	EDTA 滴定及总量校核	拌合机拌和后取样
级配	见注②	符合规范要求	每 2000 m² 1 次	水洗筛分	
含水率	0～1%	最佳含水率	随时	烘干法	
外观要求	表面平整密实,无浮石、弹簧现象;无明显压路机轮迹				

注:①水泥稳定碎石基层 7 d 龄期必须能取出完整的钻件,如果取不出完整钻件,则应找出不合格界限,进行返工处理。

②水稳碎石的级配宜控制在设计级配范围以内,不应超过设计级配范围的上限。施工中关键筛孔级配值与生产配合比设计值允许误差为 0.075 mm,±2%;2.36 mm,±4%;4.75 mm,±7%。

③其他质量要求按《公路路面基层施工技术细则》(JTG/T F20—2015)执行。

⑥ 后场质量控制的项目、内容、检测应符合表 4.31 的要求。

表 4.31　施工过程中后场质量控制关键内容

项次	项目	内容	频度
1	原材料抽检	结合料质量	每批次
		粗(细)骨料品质	异常时,随时试验
		级配、规格	异常时,随时试验
2	混合料抽检	混合料级配	每 2000 m² 1 次
		结合料剂量	每 2000 m² 1 次
		混合料最大干密度	每个工日
		含水率	每 2000 m² 1 次

⑦ 前场质量控制的项目、内容应符合表 4.32 的要求,检测结果应满足相关技术要求。

表 4.32　施工过程中前场质量控制关键内容

项次	项目	内容	频度
1	摊铺目测	是否离析	随时
		粗估含水率状态	随时
2	碾压目测	压实机械是否满足	随时
		碾压组合、次数是否合理	随时
3	压实度检测	含水率	每一作业段检查 6 次以上
		压实度	每一作业段检查 6 次以上
4	强度检测	在前场取样成型试件	每一作业段不少于 9 个
5	钻芯检测	—	每一作业段不少于 9 个
6	弯沉检测	—	每一评定段(不超过 1 km)每车道 40～50 个测点
7	承载比	—	每 2000 m² 1 次,异常时,随时增加试验

⑧ 应在现场碾压结束后及时检测压实度,应采用整层灌砂试验方法检测压实度,灌砂深度应与现场摊铺厚度一致。

⑨ 无机结合料稳定材料应钻取芯样检验其整体性,并符合下列规定:

a. 无机结合料稳定材料中的中、粗粒材料的芯样直径应为 150 mm。

b. 采用随机取样方式,不得在现场挑选位置,否则评价结果无效。

c. 芯样顶面、四周应均匀、致密。

d. 芯样的高度应不小于实际摊铺厚度的 90%。

e. 取不出完整芯样时,应找出实际路段相应的范围,返工处理。

(4) 质量检测

① 检查内容应包括工程完工后的外形和质量两方面。

② 应检查施工原始记录,对检查内容进行初步评定。

③ 应随机抽样检查,不得带有任何主观性。压实度、厚度、水泥或石灰用量检测样品和取芯等的现场随机取样位置的确定,应按相关标准的要求执行。

4.6.2　混凝土再生粗骨料在干线公路基层中的应用

混凝土再生粗骨料是指以废弃混凝土为主要原料,对其进行破碎、加工处理后,所得粒径为 5.0～31.5 mm 的骨料,主要由独立的石料和表面附着水泥砂浆的粗骨料组成。本项目旨在将混凝土再生粗骨料应用于 S229 姜堰段改扩建工程基层的水泥稳定碎石混合料,本小节将结合项目概况,首先对再生骨料料源进行调研和取样,并对取样的再生粗骨料进行系统的性能测试和分析。根据测试结果,选取合适的再生骨料,并进行目标配合比设计与路用性能验证工作。结合生产配合比的验证结果,开展试验段的铺筑,并进行综合效益分析。

4.6.2.1 项目概况

项目依托于 S229 姜堰段改扩建工程,开展水泥稳定混凝土再生骨料在基层中的应用研究。项目路线起自 229 省道老路姜堰与兴化两区市交界处,沿老路线走廊跨越兴姜河、泰东河后,于溱东镇工业集中规划区西侧改线向南,跨越姜溱河至沈马公路(规划 353 省道走廊)折向东,与规划 353 省道共线,于沈高村东折向南,沿沈高镇区规划东侧上跨启扬高速公路,于宁启铁路预留下穿桥孔处接上老路,利用老路沿姜堰区主城外围跨越新通扬运河,终点位于姜堰东转盘,路线长约 22.822 km(姜堰段长约 17.085 km,东台段长约 5.737 km),其中姜堰段改线中新建线路长约 9.235 km,老路改扩建线路长约 7.850 km。

路基标准横断面如图 4.40 所示。

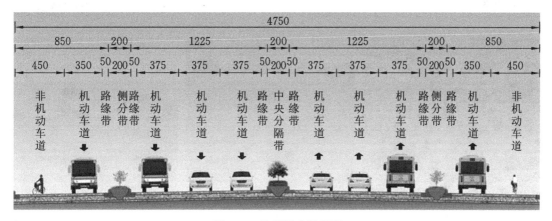

图 4.40 路基标准横断面

非机动车道设计宽度 5.5 m,路面结构类型为 4 cm 细粒式沥青混合料 AC-13C+18 cm 水泥稳定碎石+(4%水泥+8%石灰)底基层。本项目试验段桩号为 K21+320~K21+520,共计 200 m。

4.6.2.2 料源调研

(1) 调研概述

2016 年 8 月 29 日至 31 日,项目组对位于姜堰区的再生骨料料源进行了现场调研,包括泰州市再生骨料 A 公司、泰州市建材 B 公司、泰州市建材 C 公司。调研的内容包括再生骨料的原料、生产工艺、产能、骨料存储、价格、运输距离、运费等指标。调研后,进行了现场取样并开展了原料关键性能指标测试工作。经测试,姜堰区现有生产线生产的再生骨料石块含量为 56%~65%,压碎值为 22.1%~28.7%,针、片状颗粒含量为 5.4%~15.7%,再生骨料裹覆的砂浆含量较高,不宜用于基层的水泥稳定碎石。

为此,项目组再次调研了常州市 D 公司的生产线,并对其生产的再生骨料进行取样分析,根据测试结果,确定了相应的水泥稳定再生骨料混合料配合比。

（2）料场概况

调研的泰州市再生骨料 A 公司、泰州市建材 B 公司、泰州市建材 C 公司、常州市再生骨料 D 公司生产概况分别如图 4.41 至图 4.44 所示。

图 4.41　再生骨料 A 公司生产概况

（a）原料；（b）生产线；（c）存储；（d）料堆；（e）骨料中的粉尘；（f）料堆窜料

图 4.42　再生骨料 B 公司生产概况

（a）原料；（b）存储；（c）料堆

（a）　　　　　　　　　　　（b）

图 4.43　再生骨料 C 公司生产概况

（a）存储；（b）料堆

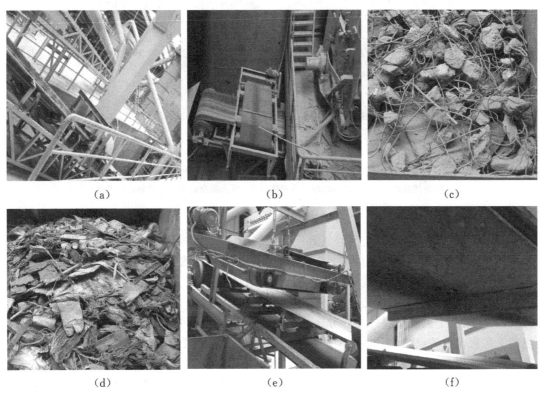

（a）　　　　　　　　（b）　　　　　　　　（c）

（d）　　　　　　　　（e）　　　　　　　　（f）

图 4.44　再生骨料 D 公司生产概况

（3）生产工艺

废弃混凝土的回收、破碎和再生骨料的生产工艺，是实现废弃混凝土再生利用的前提。本节在对国内外已有的成熟混凝土再生骨料生产工艺进行综述、分析的基础之上，结合课题组调研的再生骨料生产线和生产工艺，说明其存在的问题和不足。

图 4.44 （续）

(a) 生产车间内部；(b) 一级破碎后供料；(c) 钢筋杂质；(d) 木屑、塑料、纸屑等杂质；(e) 磁选除杂；

(f) 磁选机底部；(g) 二次破碎(反击破碎)；(h) 浮选除杂设备；(i) 存储；(j) 料堆

① 日本的生产工艺

日本由于受地域狭小及资源匮乏等因素的影响，非常重视建筑固体废弃物的再生利用，并在该领域投入了大量的人力、物力和财力以开展相应的研发工作。到目前为止，日本已在再生骨料领域取得了较好的成绩。日本的再生骨料生产工艺及流程如图 4.45 所示。

日本的再生骨料生产工艺和流程中，块体破碎、骨料筛分均是天然骨料生产中的成熟工艺，因此在生产中关键是要控制好分选、除杂、冲洗等环节的工艺和质量。日本的再生骨料生产工艺突出的特点是有一填充型加热装置，经加热、二次破碎、二次筛分后可获得高品质再生骨料。加温到 300 ℃ 左右后，包裹在石料周围的水泥石黏结较差的部分，或在一级破碎中骨料外已带有损伤裂纹的水泥石，在二级转筒式或球磨式碾压中都会脱落，从而提高了再生骨料的强度。在该工艺流程中，加热到 300 ℃、二级碾磨等工序，均需要消耗大量的能源，生产成本较高。

② 德国的生产工艺

据报道，德国利用废弃混凝土生产再生骨料的技术已经达到一流水平。德国再生骨料的生产流程如图 4.46 所示。

该工艺采用颚式破碎机对废弃混凝土块进行破碎，经过破碎的石料需烘干处理。经过两次破碎和筛分后，再生骨料被筛分为 0～4 mm、4～16 mm、16～45 mm、45～90 mm、90～150 mm 等粒径规格。该工艺整个流程需要安装两台颚式破碎机及四台筛分机，投资费用

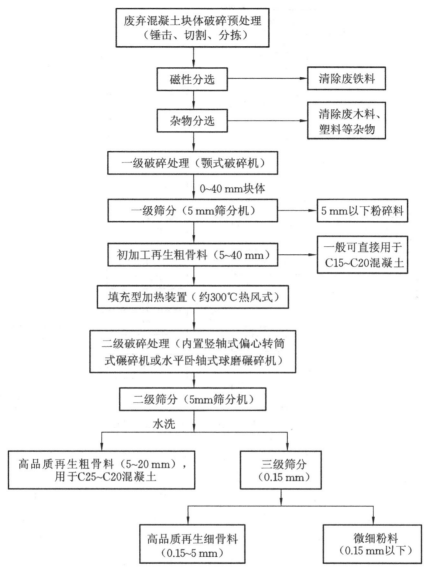

图 4.45　日本的再生骨料生产工艺及流程

巨大且工程占地面积较大,不适合在我国推广和利用。

③ 我国的生产工艺

我国对再生骨料的应用研究起步较晚,但已在国外成熟的工艺和技术基础之上,研究出了适合于我国国情的再生骨料生产工艺和流程。史巍等人设计了一套带有风力分级设备的再生骨料生产工艺流程,如图 4.47 所示。肖建庄等人经过比较分析国内外再生骨料的生产工艺,提出了一套再生骨料生产工艺及流程,如图 4.48 所示。

史巍等人提出的再生骨料生产工艺及流程的特点之一是使用了风力分级装置及吸尘设备将粒径为 0.15～5 mm 的骨料分离出来,这有利于再生细骨料的推广利用,对于推动再生骨料的"无差别化利用"具有良好的促进作用。但从目前情况来看,再生细骨料的利用研究相对较少,离深入研究和大规模应用还有较大的差距。

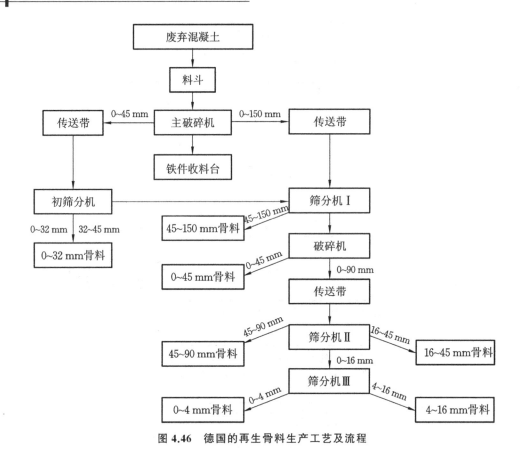

图 4.46 德国的再生骨料生产工艺及流程

　　肖建庄等人认为,目前我国人口众多、劳动力成本相对较低,现有机械操作并不适宜于大块杂质的分离。利用丰富的劳动力资源,采用人工分选的方式对废混凝土块进行分选,除去钢筋和木材等大块杂质,这种方式总体费用低于采用机械装置分选的费用。由于再生细骨料的研究和应用难度较大,肖建庄等人建议的再生骨料生产工艺将这部分骨料作为微粉另行处理。鉴于铁屑和碎塑料等细微杂质很难采用人工分离,在再生工艺中设置了磁铁分离器和分离台,以便提高再生骨料的洁净度。通过筛分机对破碎颗粒的筛分,得到不同粒径的再生骨料。考虑到再生骨料表面的粉尘含量,该工艺增加了冲洗处理工艺,对 5～31.5 mm 粒径的骨料进行冲洗。

　　总体来说,我国的再生骨料生产流程与天然骨料生产流程相似,采用了合理的设备和工序对建筑固体废弃物进行破碎、筛分,并采用了人工分选或机械除杂等方式在相应的环节对钢筋、木屑、塑料等杂质进行剔除。但总体来说,现有工艺仍有进一步提升的空间。主要体现在,混凝土固体废弃物与天然石料存在较大的差异,采用相似的工艺和流程生产加工的再生骨料和天然骨料在形态、性能上也存在着一定的差异,如针片状颗粒含量、压碎值、骨料表面裹覆的水泥砂浆等。

　　(4) 料源评价

　　根据前述料场调研概况,结合对国内外现有再生骨料生产工艺和流程的调研总结,现将调研的 4 条再生骨料生产线的生产工艺、产能、价格等因素汇总,见表 4.33。

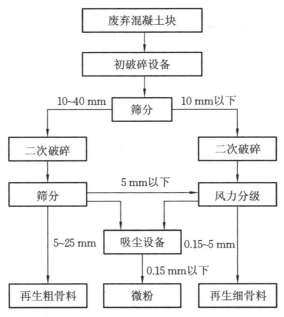

图 4.47　史巍等人建议的再生骨料生产工艺及流程

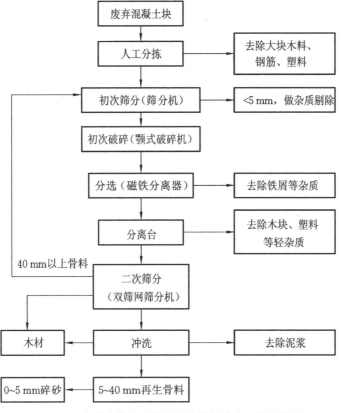

图 4.48　肖建庄等人建议的再生骨料生产工艺及流程

表 4.33　4 条生产线对比情况

项目	料源			
	泰州市 A 公司	泰州市 B 公司	泰州市 C 公司	常州市 D 公司
生产方式	室外生产	室外生产	室外生产	室内生产
原料来源	道路混凝土、建筑混凝土	道路混凝土、建筑混凝土	道路混凝土、建筑混凝土	道路混凝土、建筑混凝土
振动给料	无(采用料斗＋格栅)	无(采用料斗＋格栅)	无(采用料斗＋格栅)	1 台,配格栅
一次破碎	颚式破碎	颚式破碎	颚式破碎	颚式破碎
二次破碎	无(闭路回流)	无(闭路回流)	无(闭路回流)	反击破碎
三次破碎	无	无	无	反击破碎
磁选除铁	无	无	无	3 台＋人工分选
浮选除杂	无	无	无	3 套
轻物质分离	无	无	无	人工分选
颗粒整形	无	无	无	无
骨料强化	无	无	无	无
水洗除杂	无	无	无	无
骨料烘干	无	无	无	无
骨料分档	4 档	4 档(调研时 2 档)	调研时 2 档	4 档
生产能力[1]	10 万～12 万吨/年	10 万～12 万吨/年	10 万～12 万吨/年	160 万吨/年
骨料价格[2]	约 40 元/t	约 40 元/t	约 40 元/t	约 40 元/t
骨料用途[3]	填塘、低等级混凝土、水稳	填塘、低等级混凝土、水稳	填塘、低等级混凝土、水稳	砌块、混凝土、市政水稳
运输方式[4]	汽车运输	汽车运输	汽车运输	汽运/水运
运输费用	10～15 元/t (30 t 车,10 km)	10～15 元/t (30 t 车,10 km)	10～15 元/t (30 t 车,10 km)	15～18 元/t (水运,500 t 起,料场至泰州拌合站)

注:① 生产能力数据由再生骨料厂家提供;

② 再生骨料价格不固定,随市场行情变化,此为调研时期均价,一般比同期天然骨料低 30％左右;

③ 骨料用途由厂家提供;

④ 常州市 D 公司厂内建有码头,支持水运。

总体来说,调研的再生骨料生产线呈现如下特点:

① 生产规模

调研的泰州市姜堰区 3 条再生骨料生产线,生产能力相近,为 10 万～12 万吨/年,调研的常州市再生骨料生产线生产能力约 160 万吨/年。

② 生产工艺

从表 4.33 的系列指标对比可知,姜堰区 3 条再生骨料生产线的生产工艺和流程基本相似,采用人工分选＋颚式破碎＋筛分的方式,没有配备专用的二级破碎设备,二级破碎过程通过闭路回流的形式,将较大粒径的颗粒送回颚式破碎机,该类生产工艺尚有较大的提升空间,如相关除杂工艺与流程等。常州市 D 公司的生产线配备的设备较多,但出于成本控制等方面的原因,没有配备骨料整形、水洗除尘设备等。

③ 骨料质量

综合现场判断、后续测试分析结果来看,泰州市姜堰区的 3 条生产线生产的再生骨料,压碎值、针片状颗粒含量较高,有效成分(石含量)较低;常州市生产线生产的再生骨料,在压碎值、针片状颗粒含量、有效成分方面,都优于前述 3 条生产线。但这几条生产线面临的共同问题是无法有效地将再生骨料中所含的砖块、木屑成分完全分离出来。

④ 环境保护

4 条生产线在生产过程中,均会产生较大的噪声和粉尘。姜堰区的 3 条生产线均为露天生产,在生产过程中通过喷洒水雾的形式降低粉尘污染,但从现场情况看,对周围的树木、河流、土壤仍造成了一定的污染。常州市的生产线建在厂房内部,混凝土块破碎除尘等环节通过管道内部提升机进行传送,浮选设备为独立箱体,对外部环境的粉尘污染较少,但车间内部粉尘含量较高,且噪声较大。

⑤ 骨料价格

再生骨料价格随天然骨料市场行情变化而波动,调研时期,天然骨料单价为 60～70 元/t,同期再生骨料价格为 40～45 元/t,比天然骨料价格低 30％左右。

4.6.2.3　再生骨料性能测试分析

项目实施前期,项目组共进行了 3 次生产线现场调研,并完成了 2 次现场取样工作。调研的生产线包括泰州市 A 公司、泰州市 B 公司、泰州市 C 公司和常州市 D 公司。其中,泰州市 C 公司处于停产状态,因此对剩余生产线生产的混凝土再生粗骨料进行了现场取样。

为方便后文叙述,现将从泰州市 A 公司生产线取样的 2 档混凝土再生粗骨料分别记为 A-1#、A-2#,将泰州市 B 公司生产线取样的 1 档混凝土再生骨料记为 B,将常州市 D 公司生产线取样的 2 档混凝土再生粗骨料分别记为 D-1#、D-2#。

（1）组成

采用分拣称重法对 A-1#、A-2#、B、D-1#、D-2# 五种混凝土再生粗骨料进行了成分分析,试验结果见表 4.34。

表 4.34　再生粗骨料成分

骨料种类	A-1#	A-2#	B	D-1#	D-2#
石块/%	60.7	56.3	65.6	73.1	82.0
混凝土颗粒/%	21.4	21.3	19.5	17.7	9.3
砂浆/%	17.7	21.9	14.2	7.7	7.2
砖块/%	0.2	0.5	0.6	1.5	1.5
杂物/%	—	—	0.1	—	—

从再生骨料成分对比试验结果看,常州市 D 公司生产的再生骨料中石块含量较高,D-1$^\#$、D-2$^\#$ 的石块含量分别为 73.1%和 82.0%,而泰州市 A 公司、B 公司的生产线生产的再生骨料石块含量均在 70%以下。

《道路用建筑垃圾再生骨料无机混合料》(JC/T 2281—2014)中引入了再生混凝土颗粒含量这一指标,用于保证再生骨料中的有效成分——石块颗粒和混凝土颗粒的含量。但值得注意的是,规范对再生混凝土颗粒定义为"再生级配骨料中粒径 4.75 mm 以上部分混凝土块及石块类粒料的总称",但并未对"混凝土块"做出详细的定义与图片说明,在实际操作中,容易出现砂浆与混凝土块难以准确辨别的现象,因此试验操作人员的主观判断对试验结果的影响较大。

本项目在分拣过程中,对难以判别的颗粒通过"水洗+锤击"的方式予以区别,对于仍然难以辨识的颗粒,则将其归入砂浆分类。从图 4.49 至图 4.53 所示的五种混凝土再生骨料成分来看,再生骨料中石块表面裹覆的水泥砂浆均未能有效去除。

（a）　　　　　　　　　　（b）　　　　　　　　　　（c）

图 4.49　A-1$^\#$ 再生骨料成分

（a）A-1$^\#$ 再生骨料中的石块；（b）A-1$^\#$ 再生骨料中的砂浆+混凝土颗粒；（c）A-1$^\#$ 再生骨料中的砖块

（a）　　　　　　　　　　（b）　　　　　　　　　　（c）

图 4.50　A-2$^\#$ 再生骨料成分

（a）A-2$^\#$ 再生骨料中的石块；（b）A-2$^\#$ 再生骨料中的砂浆+混凝土颗粒；（c）A-2$^\#$ 再生骨料中的砖块

（a） （b） （c） （d）

图 4.51　B 再生骨料成分

（a）B 再生骨料中的石块；（b）B 再生骨料中的砂浆＋混凝土颗粒；
（c）B 再生骨料中的杂物；（d）B 再生骨料中的砖块

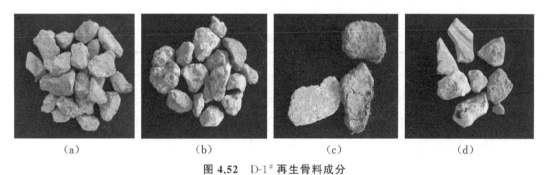

（a） （b） （c） （d）

图 4.52　D-1# 再生骨料成分

（a）D-1# 再生骨料中的石块；（b）D-1# 再生骨料中的砂浆＋混凝土颗粒；
（c）D-1# 再生骨料中的杂物；（d）D-1# 再生骨料中的砖块

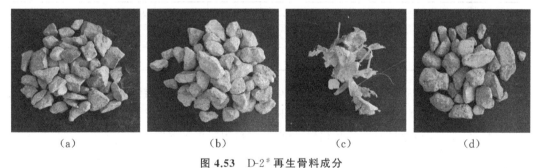

（a） （b） （c） （d）

图 4.53　D-2# 再生骨料成分

（a）D-2# 再生骨料中的石块；（b）D-2# 再生骨料中的砂浆＋混凝土颗粒；
（c）D-2# 再生骨料中的杂物；（d）D-2# 再生骨料中的砖块

（2）压碎值

混凝土再生骨料与天然骨料压碎值对比见表 4.35。

表 4.35　再生骨料与天然骨料压碎值对比　　　　　　　　　　　单位：％

骨料种类	A	B	D	天然骨料
压碎值	28.7	26.6	22.3	22.1
技术要求	≤30			

从表4.35可知,常州市D公司生产的再生骨料压碎值为22.3%,低于泰州市2条生产线生产的再生骨料。但三种再生骨料,均能够满足《道路用建筑垃圾再生骨料无机混合料》(JC/T 2281—2014)对Ⅰ类再生骨料的要求(≤30%)

(3)密度

混凝土再生骨料与天然骨料密度对比见表4.36。

表4.36 再生骨料与天然骨料密度对比

骨料种类	A-1#	A-2#	B	D-1#	D-2#	天然骨料1#	天然骨料2#
表观相对密度	2.736	2.692	2.702	2.656	2.676	2.726	2.722

(4)吸水率

混凝土再生骨料与天然骨料吸水率对比见表4.37。

表4.37 再生骨料与天然骨料吸水率对比

骨料种类	A-1#	A-2#	B	D-1#	D-2#	天然骨料1#	天然骨料2#
吸水率/%	2.76	5.8	4.78	4.9	4.5	0.34	0.38

从表4.37各档再生骨料与天然骨料吸水率的对比可知,混凝土再生粗骨料的吸水率远高于天然石灰岩骨料,在开展击实试验设定预设含水率时需充分重视。

(5)针、片状颗粒含量

混凝土再生骨料与天然骨料针、片状颗粒含量对比见表4.38。

表4.38 再生骨料与天然骨料针、片状颗粒含量对比　　　　　　　单位:%

骨料种类	A-1#	A-2#	B	D-1#	D-2#	天然骨料1#	天然骨料2#
针、片状颗粒含量	5.4	15.7	14.8	3.5	8.6	9.5	9.0
技术要求	≤20						

从表4.38可知,常州市D公司生产的再生骨料D-1#、D-2#的针、片状颗粒含量分别为3.5%和8.6%,泰州市生产线生产的再生骨料,除A-1#与D-1#、D-2#相近外,其他均达到了15%左右,高于天然骨料的针、片状颗粒含量。《道路用建筑垃圾再生骨料无机混合料》(JC/T 2281—2014)中要求再生骨料的针、片状颗粒含量不高于20%,即本研究选用的再生骨料针、片状颗粒含量指标满足规范要求(图4.54)。

(a)　　　　　　(b)　　　　　　(c)　　　　　　(d)

图4.54 再生骨料中的针、片状颗粒

(a) A-1#;(b) A-2#;(c) D-1#;(d) D-2#

（6）级配

不同再生骨料级配见表 4.39。

表 4.39　再生骨料级配

骨料类型	通过下列筛孔(方孔筛,mm)的质量百分率/%												
	31.5	26.5	19	16	13.2	9.5	4.75	2.36	1.18	0.6	0.3	0.15	0.075
A-1#	100	87.6	12.6	4.5	1.7	1.2	1.0	0.9	0.9	0.9	0.8	0.7	0.6
A-2#	100	100	100	100	99.6	78.6	4.6	2.8	2.4	2.0	1.6	1.2	0.9
B	100	97.9	76	51.6	32.3	14.4	5.5	4.4	4.0	3.6	2.8	2.2	1.7
D-1#	100	75.8	12.4	2.6	1.9	1.2	1.0	1.0	1.0	1.0	1.0	0.8	0.8
D-2#	100	100	97.1	73.0	37.4	10.9	1.6	1.6	1.6	1.6	1.5	1.4	1.2

（7）碱活性

再生骨料的碱活性试验结果见表 4.40。

表 4.40　再生骨料碱活性测试结果　　　　　　　　　　　　单位:%

测试项目	D-1#	D-2#
膨胀率	0.02	—
技术要求	< 0.1	

从表 4.40 可知,本项目采用的再生骨料不具备碱活性。碱活性膨胀是影响密实型水泥基材料稳定性和耐久性的重要因素,在混凝土结构和配合比设计中,具有一票否决权。混凝土再生骨料的生产原料主要是各类废弃混凝土块。一方面,在原料混凝土配制的过程中,已经经过筛查,排除了绝大部分具有碱活性的骨料;另一方面,经过多年的服役,即使是具有碱活性的骨料,其内部活性 SiO_2 也得到一定程度的消耗。

（8）化学成分

再生骨料的化学组成见表 4.41。

表 4.41　再生骨料化学成分

化学成分	含量/%	化学成分	含量/%
SiO_2	66.32	TiO_2	0.25
Fe_2O_3	3.25	SO_3	0.023
CaO	13.56	Cr_2O_3	0.035
Al_2O_3	9.25	V_2O_5	0.008
MgO	0.9	BaO	0.033
Na_2O	0.65	ZnO	0.012
K_2O	1.58	Cl	0.025
P_2O_5	0.08	ZrO_2	0.019
MnO	0.052	烧失量	3.953

如前所述,建筑固体废弃物来源复杂,生产过程中原料无法固定,因此,生产出的再生骨料化学成分测试结果并不具备普遍性和代表性,仅用于对再生骨料的成分进行定性描述。从本次分析的测试结果来看,再生骨料的主要成分仍然为 SiO_2、Al_2O_3、Fe_2O_3、和 CaO。

（9）氯离子含量

再生骨料的氯离子含量试验结果见表 4.42。

表 4.42　再生骨料的氯离子含量

测试项目	D-1#	D-2#
氯离子含量/%	0.015	0.042

氯离子含量测试主要用于评价再生骨料对环境的作用,本项目测定此项指标的目的是定量描述再生骨料性能指标。

（10）硫酸盐含量

再生骨料的硫酸盐含量试验结果见表 4.43。

表 4.43　再生骨料硫酸盐含量

测试项目	D-1#	D-2#
SO_3 的含量/%	—	0.18

再生骨料中 SO_3 的含量测试主要用于衡量水泥稳定再生骨料的体积稳定性,同时用以评价再生骨料对环境的作用。《公路路面基层施工技术细则》(JTG/T F20—2015)中对细骨料的 SO_3 含量做出了要求,但并未对粗骨料的 SO_3 含量做出要求。而现有再生骨料相关技术规范也未对 SO_3 含量做出技术要求。本项目测定此项指标旨在对再生骨料的性能指标进行定性描述。

需要指出的是,从试验过程及试验结果来看,由于再生骨料中包含石块、砖块、混凝土块、砂浆、瓷砖等成分,对其压碎后筛分取样,颗粒混合物或粉末中成分复杂,很大程度上影响了碱活性、化学成分、硫酸盐含量测试结果的准确性。

4.6.2.4　目标配合比设计与路用性能研究

根据前期调研与测试分析可知,泰州地区现有生产线生产的再生骨料,在石块含量、压碎值、针片状颗粒含量等方面,均较常州地区生产线生产的再生骨料有一定差距。本项目旨在依托 S229 省道姜堰段改扩建工程,通过混凝土再生骨料在基层水泥稳定碎石混合料中的试验段铺筑,推动再生骨料在干线公路中的应用。在综合考虑再生骨料性能指标、运费等因素的前提下,确定选取常州市 D 公司生产线生产的再生骨料。

本节主要结合试验段基层设计方案,进行目标配合比设计及路用性能分析。

（1）原材料

现将项目现场取样的原材料性能指标汇总如下:

天然粗骨料:1#料(16～31.5 mm);2#料(5～16 mm);3#料(3～5 mm)。

天然细骨料:4#料(0～4.75 mm)。

再生粗骨料:1#料(16～31.5 mm);2#料(9.5～26.5 mm)。

天然骨料均为安徽金固生产的石灰岩骨料,技术指标见表 4.44。再生粗骨料取自常州市 D 公司,技术指标见表 4.45,骨料筛分结果见表 4.46。

表 4.44　天然骨料性能指标(一)

试验项目	技术要求	试验结果	评定结果
压碎值/%	≤28	22.1	合格
1#料针、片状颗粒含量/%	≤18	9.5	合格
2#料针、片状颗粒含量/%	≤18	9.0	合格
细骨料塑性指数	<6	5.5	合格
细骨料 0.075 mm 通过率/%	≤20	10.3	合格

表 4.45　再生骨料性能指标(一)

试验项目	技术要求		试验结果	评定结果
	天然骨料	再生骨料		
压碎值/%	≤28	≤30	22.3	合格
1#料针、片状颗粒含量/%	≤18	≤20	3.5	合格
2#料针、片状颗粒含量/%	≤18	≤20	8.6	合格
杂物含量/%	—	≤0.5	—	合格
1#料混凝土石含量/%	—	≥90(Ⅰ类)	90.9	合格
2#料混凝土石含量/%	—	≥90(Ⅰ类)	91.3	合格

表 4.46　骨料级配汇总(一)

骨料类型	通过下列筛孔(方孔筛,mm)质量百分率/%												
	31.5	26.5	19	16	13.2	9.5	4.75	2.36	1.18	0.6	0.3	0.15	0.075
1# 天然骨料	100	90.4	31.9	31.9	31.9	2.6	0.2	0.2	0.2	0.2	0.2	0.2	0.2
2# 天然骨料	100	100	100	100	100	54.4	2.4	0.6	0.6	0.6	0.6	0.6	0.4
3# 天然骨料	100	100	100	100	100	100	89.2	13.0	13.0	5.4	5.4	5.4	0.7
4# 天然骨料	100	100	100	100	100	100	100	77.4	56.2	35.8	26.2	17.3	13.2
1# 再生骨料	100	75.8	12.4	2.6	1.9	1.2	1.0	1.0	1.0	1.0	1.0	0.8	0.8
2# 再生骨料	100	100	97.1	73.0	37.4	10.9	1.6	1.6	1.6	1.6	1.5	1.4	1.2

水泥:采用江苏磊达股份有限公司生产的 P·O 42.5 缓凝水泥,具体技术指标见表 4.47。

表 4.47 水泥性能指标

试验项目		技术要求	试验结果	评定结果
凝结时间/min	初凝	≥180	281	合格
	终凝	≥360	411	合格
安定性/mm		≤5.0	1.5	合格
水泥胶砂强度/MPa	3 d 抗折强度	≥3.5	5.8	合格
	3 d 抗压强度	≥17	17.6	合格

水:采用饮用水。

(2) 级配设计

① 合成级配

根据《229 省道姜堰段改扩建工程施工图设计》(苏交科集团股份有限公司)中水泥稳定级配碎石基层设计要求,确定水泥稳定碎石混合料级配范围见表 4.48。

表 4.48 水泥稳定碎石混合料基层级配范围

级配	通过下列筛孔(mm)的质量百分率/%						
	31.5	19	9.5	4.75	2.36	0.6	0.075
范围	100	68～86	44～62	27～42	18～30	8～15	0～5

根据再生骨料、天然集料主要原料指标,以及水泥稳定碎石拌合站料仓情况,计算合成各档矿料的组成比例,见表 4.49 和图 4.55。

表 4.49 水泥稳定再生骨料合成级配

矿料名称及粒径/mm	比例/%	合成后通过下列筛孔(mm)的质量百分率/%						
		31.5	19	9.5	4.75	2.36	0.6	0.075
2# 天然集料	27	27.0	27.0	14.7	0.6	0.2	0.2	0.1
3# 天然集料	8	8.0	8.0	8.0	7.1	1.0	0.4	0.1
4# 天然集料	23	23.0	23.0	23.0	23.0	17.8	8.2	3.0
1# 再生骨料	19	19.0	2.4	0.2	0.2	0.2	0.2	0.2
2# 再生骨料	23	23.0	22.3	2.5	0.4	0.4	0.4	0.3
合成级配		100	82.7	48.4	31.3	19.6	9.4	3.7

由表 4.49 可知,合成矿料中再生骨料总掺量为 42%。

为了便于比较,采用 229 省道基层水泥稳定碎石配合比作为对比,其合成各档矿料的组成比例,见表 4.50 和图 4.56。

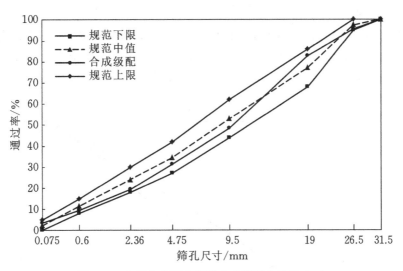

图 4.55　水泥稳定再生骨料合成级配曲线图（一）

表 4.50　水泥稳定天然骨料合成级配

矿料名称及粒径/mm	比例/%	合成后各筛孔尺寸(mm)的通过百分率/%						
		31.5	19	9.5	4.75	2.36	0.6	0.075
1# 天然骨料	33	33.0	10.5	0.9	0.1	0.1	0.1	0.1
2# 天然骨料	35	35.0	35.0	19.0	0.8	0.2	0.2	0.1
3# 天然骨料	5	5.0	5.0	5.0	4.5	0.7	0.3	0.0
4# 天然骨料	27	27.0	27.0	27.0	27.0	20.9	9.7	3.6
合成级配		100	77.5	51.9	32.4	21.9	10.3	3.8

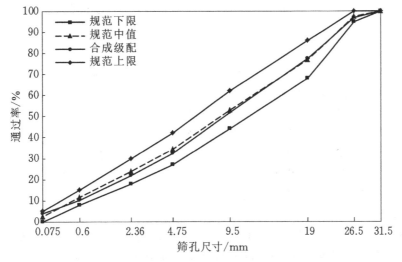

图 4.56　水泥稳定天然骨料合成级配曲线图（二）

② 级配细化研究

从水泥稳定再生骨料混合料的击实试验看,容易出现骨料在击实过程中被击碎的现象,这主要归因于再生骨料较高的压碎值和较低的强度。为此,在项目前期研究中,对水泥稳定混凝土再生骨料(100%再生骨料)击实前后的级配进行了对比研究,"二次击实筛分"结果如图 4.57 所示。

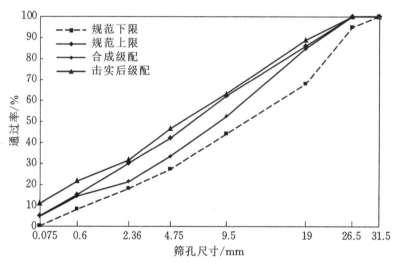

图 4.57 水泥稳定混凝土再生骨料(100%)击实前后级配细化对比

从图 4.57 可知,混合料在击实后细化现象严重,合成级配在各档筛孔的通过率整体偏高。前期研究中,采用《公路路面基层施工技术细则》(JTG/T F20—2015)中的级配,其级配范围较大,在该规范的级配范围中,击实后的通过率曲线基本仍在规范要求范围内。但本项目中的基层设计文件,主要参考《江苏省高速公路建设指挥部沥青路面施工技术指导意见汇编》,采用抗裂型水稳级配要求。采用此级配范围后,击实后的级配曲线已超出级配上限,不满足抗裂型水稳的要求。

在本次配合比设计中,采用混凝土再生骨料掺量为 42%,其余为天然骨料,击实前后级配对比如图 4.58 所示。

从试验结果来看,掺入 42%再生骨料后,击实后的级配曲线位置整体偏高,出现级配细化现象,但仍然能够满足规范规定的级配范围要求。从项目前期研究击实试验结果来看,即使完全采用天然骨料的水泥稳定碎石,击实后也会产生一定的级配细化现象。混合料在击实过程中的破碎和细化现象,与合成级配、骨料压碎值、针片状颗粒含量等多种因素密切相关。通常,由于再生骨料强度低于天然骨料、压碎值高于天然骨料,在击实过程中更容易出现击碎现象,因此建议采用二次击实的方法,对不同掺配率下的混合料击实前后的级配曲线进行对比,综合确定合成矿料中各档材料的比例。鉴于击实后级配曲线虽然有细化趋势,但线型和变化幅度不大,本项目仍然采用此比例。

（3）配合比确定

根据各档矿料比例,分别配制三种不同水泥掺量、每组 5～6 个不同含水率的混合料。考虑到再生骨料的砂浆及杂物含量,设定水泥掺量分别为 3.8%、4.3%、4.8%。考虑到再生骨料的吸水率较高,根据前期研究成果及经验,将预设含水率设定为 4%、5%、6%、7%、

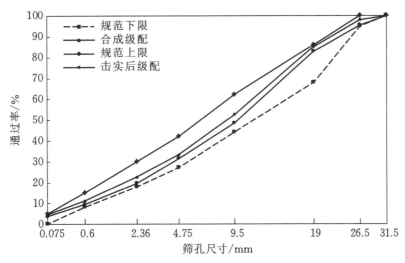

图 4.58　水泥稳定混凝土再生骨料(42%)击实前后级配细化对比

8%、9%。

击实试验参照《公路工程无机结合料稳定材料试验规程》(JTG E51—2009)进行重型击实,确定其最大干密度与最佳含水率,试验结果见表 4.51。

表 4.51　不同水泥掺量的最佳含水率和最大干密度结果汇总表

水泥掺量/%	最佳含水率/%	最大干密度/(g/cm³)	乘以转换系数 1.03 后的最大干密度/(g/cm³)
3.8	6.244	2.229	2.296
4.3	6.732	2.238	2.305
4.8	6.748	2.250	2.318

设计文件《229 省道姜堰段改扩建工程施工图设计》(苏交科集团股份有限公司)中要求:"宜采用振动压实法,如无振动成型设备,可采用重型击实试验,最大干密度提高 2%~3%。"因此,在表 4.51 中将重型击实获得的最大干密度乘以 1.03,用于现场压实度控制。

根据击实试验确定的不同水泥掺量下的最大干密度与最佳含水率,采用静压法(压实度 98%)分别成型无侧限抗压强度试件,进行标准养护(温度 20 ℃±2 ℃、湿度 95%以上,养护 6 d,浸水 1 d),7 d 后测每组试件的无侧限抗压强度(图 4.59)。

（a）　　　　　　　（b）　　　　　　　（c）　　　　　　　（d）

图 4.59　无侧限抗压强度相关试验

(a)装料;(b)制件;(c)标准养护;(d)无侧限抗压强度测试

采用 42% 混凝土再生骨料配制的水泥稳定碎石,测定的 7 d 无侧限抗压强度代表值见表 4.52。

表 4.52　7 d 无侧限抗压强度代表值(42% 再生骨料)

水泥掺量/%	3.8	4.3	4.8
强度平均值 $\overline{R}$/MPa	4.4	5.2	5.6
偏差系数 C_V/%	8.27	6.9	4.6
标准差 σ/MPa	0.36	0.36	0.26
强度代表值 $R_{c0.95}=\overline{R}-1.645S$	3.8	4.6	5.2

全部采用天然骨料配制的水泥稳定碎石,测定的 7 d 无侧限抗压强度代表值见表 4.53。

表 4.53　7 d 无侧限抗压强度代表值(100% 天然骨料)

水泥掺量/%	3.5	4.0	4.5
强度平均值 $\overline{R}$/MPa	4.2	4.7	5.1
偏差系数 C_V/%	8.7	4.0	6.6
标准差 σ/MPa	0.4	0.2	0.3
强度代表值 $R_{c0.95}=\overline{R}-1.645S$	3.6	4.3	4.5

由表 4.52 和表 4.53 可知,对于掺有 42% 再生骨料的水泥稳定碎石,水泥掺量为 3.8% 时,7 d 无侧限抗压强度为 3.8 MPa;水泥掺量为 4.3% 时,7 d 无侧限抗压强度为 4.6 MPa,超过相关规范及设计文件的技术要求。综合考虑现场实际施工情况,推荐水泥掺量为 4.3%。

(4) 路用性能发展规律

① 无侧限抗压强度发展规律

水泥稳定碎石基层在路面结构中主要起承重作用,因此必须具有较强的抗压强度。水泥稳定级配碎石的抗压强度是评价其路用性能的一个重要指标,是道路结构分析中的一个重要参数。《公路路面基层施工技术细则》(JTG/T F20—2015)中指出,对水泥稳定碎石混合料应用于各级公路的重要指标就是混合料 7 d 无侧限饱水抗压强度,但是 7 d 无侧限抗压强度无法准确反映后期强度的发展规律。水泥稳定类材料需要相当长一段时间才能完成其化学反应,在环境温度大致相同的情况下,水泥稳定碎石的强度随龄期增长而逐渐增长。

本小节主要依据《公路工程无机结合料稳定材料试验规程》(JTG E51—2009)规定的无机结合料稳定材料击实试验方法(T 0804—1994)、无机结合料稳定材料试件制作方法(圆柱形)(T 0843—2009)、无机结合料稳定材料无侧限抗压强度试验方法(T 0805—1994)的要求设计水泥稳定碎石级配,成型 150 mm×150 mm 的圆柱体试件,标准养护至规定龄期前一天浸水 24 h,测试无侧限抗压强度。

为便于比较,采用确定的配合比配制水泥稳定再生骨料试件的同时,成型普通水泥稳定碎石试件用于对比,采用 229 省道姜堰段改扩建工程基层用水泥稳定碎石配合比,水泥掺量为 4.0%,最大干密度为 2.314 g/cm³,最佳含水率为 5.0%。试验结果如表 4.54 和图 4.60 所示。

表 4.54　无侧限抗压强度发展规律

混合料类型	龄期/d	强度平均值 $\overline{R}$/MPa	强度标准差 σ/MPa	强度偏差系数 C_V/%	强度代表值 $R_{c0.95}$/MPa
掺 42%混凝土再生骨料	7	5.2	0.361	6.9	4.61
	28	6.3	0.440	6.6	5.58
	60	6.9	0.405	8.3	6.23
	90	7.5	0.512	7.4	6.66
天然骨料	7	4.7	0.241	4.0	4.30
	28	6.0	0.451	7.8	5.26
	60	6.7	0.302	6.1	6.20
	90	7.1	0.385	8.2	6.47

图 4.60　试件水养

由表 4.54 和图 4.61 可知:

a. 4.3%水泥+42%再生骨料的试件和 4.0%水泥+100%天然骨料的试件,7 d 无侧限抗压强度代表值分别为 4.61 MPa 和 4.30 MPa。对比《公路沥青路面设计规范》(JTG D50—2017)中水泥稳定碎石用于基层的强度要求"特重交通抗压强度 3.5~4.5 MPa,重、中交通 3~4 MPa"可知,两种配合比均能够满足规范要求,且能够满足 S229 姜堰段改扩建工程的设计要求。

b. 4.3%水泥+42%再生骨料的试件,无侧限抗压强度发展规律与 4.0%水泥+100%天然骨料试件相似,均表现出前期强度增长较快,后期增长趋于平缓的趋势,这主要归因于水泥水化反应与养护龄期和水泥含量之间的关系。

c. 从配合比设计来看,本项目进行无侧限抗压强度对比的两组试件,在合成级配、水泥掺量方面均有一定区别,本身并不具备对比的基础。因此采用两组配合比,一组是试验段水稳的配合比,另一组是 S229 的基层水稳配合比,通过二者之间的对比,可用于衡量试验段与

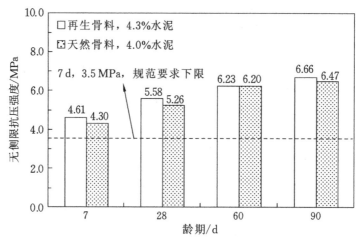

图 4.61　无侧限抗压强度发展规律

普通路段的性能差异。可以看出,采用再生骨料铺筑的试验段,在无侧限抗压强度指标上与普通段的水泥稳定碎石并无太大区别,相差不大。

② 劈裂强度发展规律

良好的基层材料不仅要求有较高的抗压强度,还需一定的抗拉强度。而间接抗拉强度就是衡量抗拉强度的指标之一。试验结果如表 4.55 和图 4.62 所示。

表 4.55　劈裂强度发展规律

混合料类型	龄期/d	强度平均值 $\overline{R}$/MPa	强度标准差 σ/MPa	强度偏差系数 C_V/%	强度代表值 $R_{c0.95}$/MPa
掺 42%混凝土再生骨料	7	0.3	0.038	9.5	0.24
	28	0.45	0.033	8.9	0.40
	60	0.54	0.032	10.2	0.49
	90	0.6	0.048	9.3	0.52
天然骨料	7	0.32	0.036	8.1	0.26
	28	0.45	0.043	7.8	0.38
	60	0.52	0.038	8.7	0.46
	90	0.58	0.047	9.4	0.50

由表 4.55 和图 4.62 可知:

a. 与无侧限抗压强度发展规律相似,4.3%水泥+42%再生骨料和 4.0%水泥+100%天然骨料试件的劈裂强度均表现出前期增长较快,后期增长趋于平缓的趋势。

b. 除 7 d 龄期外,28 d、60 d、90 d 龄期的劈裂强度,4.3%水泥+42%再生骨料均比 4.0% 水泥+100%天然骨料的高 0.02~0.03 MPa。有研究表明,这主要归因于再生骨料颗粒表面的砂浆和骨料内砂浆颗粒,其表面多孔粗糙,则更易于水泥水化产生的水化硅酸钙凝

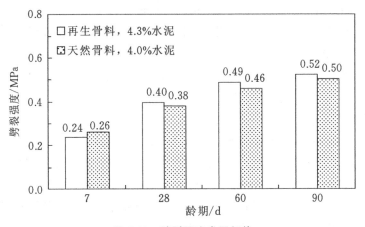

图 4.62　劈裂强度发展规律

胶凝结与附着,从而增加水泥浆体与骨料界面的黏结。

③ 抗压回弹模量发展规律(图 4.63)

抗压回弹模量是表征路面基层刚度变形的重要参数,是路面结构设计的主要参数之一。在路面结构设计时,对基层的回弹模量要求是比较严格的。因为基层的路用性能对回弹模量的大小变化非常敏感。基层的刚度(回弹模量)必须与面层的刚度相适应。如果基层的刚度过小,则面层会由于过大的拉应力或拉应变而过早产生开裂破坏;如果基层的刚度过大,缺少适当的塑性,其抗裂性能就会较差。因此对基层回弹模量随龄期的变化规律进行研究是很有必要的。

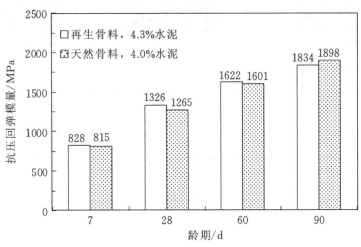

图 4.63　抗压回弹模量发展规律

由图 4.63 可知:

a.与无侧限抗压强度发展规律相似,4.3％水泥＋42％再生骨料和 4.0％天然骨料试件的抗压回弹模量均表现出前期增长较快,后期增长趋于平缓的趋势。与混凝土相似,水泥稳定碎石的抗压回弹模量与无侧限抗压强度的发展规律具有一定的相关性。

b. 从测试结果来看,4.3%水泥+42%再生骨料试件与4.0%水泥+100%天然骨料试件的抗压回弹模量相差不大。本项目所用再生粗骨料与天然骨料在压碎值、针片状颗粒含量等方面相差不大,而再生骨料的水泥掺量比天然骨料的高出0.3%,可以预见,再生骨料本身的物理指标及杂物含量对水泥稳定碎石的抗压回弹模量具有一定的负面影响,在一定范围内可以通过适当增加水泥掺量进行弥补。

④ 容许延迟时间

对于水泥稳定材料,应进行不同成型时间下的混合料强度试验,绘制相应的延迟时间曲线,并根据要求确定容许延迟时间。其试验方法是将混合料在选定的级配、水泥掺量和最佳含水率条件下拌和好,分别按立刻压实,闷料1 h、闷料2 h、闷料3 h再压实等条件,成型标准试件。经过标准养护后,测定7 d无侧限抗压强度,从而得到不同延迟时间下混合料强度代表值变化曲线,确定混合料满足设计要求的容许延迟时间。

从拌和情况来看,随着闷料时间的延长,混合料更加"干涩",肉眼可见混合料表面颜色逐渐变暗,如图4.64所示。试验结果如表4.56和图4.65所示。

（a） （b） （c）

图4.64 不同延迟时间下混合料状态

（a）1 h;（b）2 h;（c）3 h

表4.56 容许延迟时间试验结果

容许延迟时间 /h	强度平均值 $\overline{R}$/MPa	强度标准差 σ/MPa	强度偏差系数 C_V/%	强度代表值 $R_{c0.95}$/MPa
0	5.4	0.388	8.2	4.8
1	5.3	0.392	7.5	4.7
2	5.1	0.401	7.6	4.4
3	4.7	0.422	8.4	4.0

由表4.56和图4.65可知:

a. 延迟1 h压实与立刻压实的7 d无侧限抗压强度测试结果相近。当延迟时间增加到

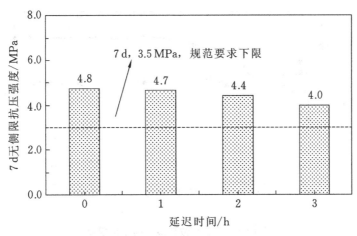

图 4.65　不同延迟时间对应的 7 d 无侧限抗压强度

2 h 后,7 d 无侧限抗压强度出现一定幅度的降低,但仍能够满足规范要求;当延迟时间增加到 3 h 后,7 d 无侧限抗压强度降低到 4.0 MPa。虽然此时能够满足规范要求的 3.5 MPa,但是考虑到水泥水化等因素的影响,容许延迟时间应尽量缩短。

b. 本试验在恒温、恒湿、无风的实验室环境下进行,室内温度 20 ℃。本项目试验段安排在 11、12 月份,考虑到现场施工时外界环境的气温、风速、水泥凝结时间等因素,容许延迟时间宜控制在 1 h 之内。考虑到运输时间、现场等待时间、摊铺碾压时间等因素,容许延迟时间不宜超过 2 h。

(5) 干缩性能

水泥稳定碎石混合料的干燥收缩是其内部含水量的变化而引起整体宏观体积收缩的现象。水泥稳定碎石混合料之所以随含水量减少而发生干燥收缩,是因为随水量的减少,水泥稳定碎石混合料依次经受了毛细管张力作用、吸附水和分子间力作用及层间水作用。

试件的干缩系数、失水率、干缩应变等指标发展规律如图 4.66 至图 4.70 所示。

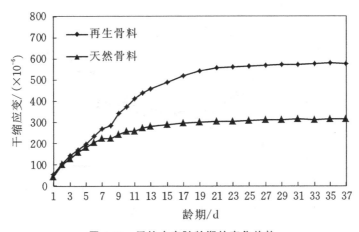

图 4.66　干缩应变随龄期的变化趋势

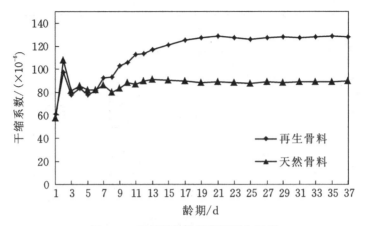

图 4.67　干缩系数随龄期的变化规律

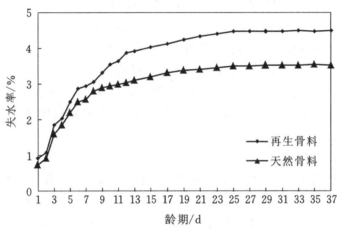

图 4.68　失水率随龄期的变化规律

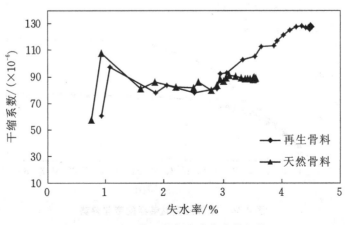

图 4.69　干缩系数与失水率变化规律

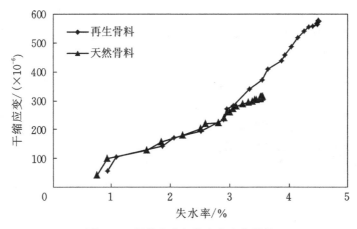

图 4.70　干缩应变与失水率变化规律

由图 4.66 至图 4.70 可知：

① 在相同龄期下，4.3％水泥＋42％再生骨料试件的干缩应变、干缩系数、失水率均高于 4.0％水泥＋100％天然骨料试件。稳定后，前者的干缩应变为 $577×10^{-6}$、干缩系数为 $127.82×10^{-6}$、失水率为 4.51％；后者的干缩应变为 $317×10^{-6}$、干缩系数为 $89.96×10^{-6}$、失水率为 3.53％。

② 从干缩应变、干缩系数、失水率等指标看，早龄期（7 d 之前），4.3％水泥＋42％再生骨料试件的收缩能力与 4.0％水泥＋100％天然骨料试件的相近。随着养护龄期的延长（7 d 之前），二者之间的差距逐渐增大。2 d 龄期时干缩系数突变，其主要原因为干缩环境引起的失水率变化，数据分析时应予以剔除。总体来说，4.3％水泥＋42％再生骨料试件的收缩能力高于 4.0％水泥＋100％天然骨料试件。

③ 对比干缩应变、干缩系数与失水率的关系可知，在相同失水率时，4.3％水泥＋42％再生骨料试件的收缩能力与 4.0％水泥＋100％天然骨料试件的相近，但前者的失水率高于后者。当失水率超过 3％时，4.3％水泥＋42％再生骨料试件与 4.0％水泥＋100％天然骨料试件的干缩系数和干缩应变的差距逐渐增大。

④ 从干缩应变、干缩系数、失水率等指标看，4.0％水泥＋100％天然骨料试件在 7～9 d 后呈现缓慢增长趋势，逐渐达到稳定状态。4.3％水泥＋42％再生骨料试件则在 12～14 d 后增长趋势减缓。这也说明再生骨料吸水率较高，配制的水泥稳定碎石混合料失水率较高，因此应充分重视早期的养护，且养护龄期宜延长至 14 d，并保持充分的湿润状态。考虑到工程的实际执行情况，宜在早期采用土工布覆盖并洒水养护。去除土工布后，应尽快开展上层混合料的铺筑，避免基层长期暴露于外界环境。

4.6.2.5　生产配合比确定

（1）现场调研

生产配合比确定之前，项目组对试验段、原料场、拌合厂等进行现场走访。

① 再生骨料场(图 4.71)

由于再生骨料场距离拌合厂较远,考虑到运输费用,采用水运的方式将再生骨料运至水泥稳定碎石拌合厂码头。

| (a) | (b) | (c) | (d) |

图 4.71 再生骨料场

(a) 原料料堆;(b) 水运装船;(c) 到场原料堆放;(d) 到场原料堆放

② 试验段(图 4.72)

水泥稳定再生骨料非机动车道基层试验段桩号为 K21+320~K21+520,共计 200 m,下承层为石灰+水泥综合稳定土。

图 4.72 试验段

③ 水泥稳定碎石拌合厂(图 4.73)

水泥稳定碎石拌合厂距离试验段现场约 15 km,运输车辆为 25 t 自卸车,运输时间约 30 min。拌缸型号为 WDB-800,最大生产能力 600 t/h,采用双卧轴强制式连续搅拌方式。

(2) 到场原料测试

现将项目现场测试原材料性能指标汇总如下:

天然粗骨料:2#料(5~16 mm);3#料(3~5 mm)。

天然细骨料:4#料(0~4.75 mm)。

再生粗骨料:1#料(16~31.5 mm);2#料(9.5~26.5 mm)。

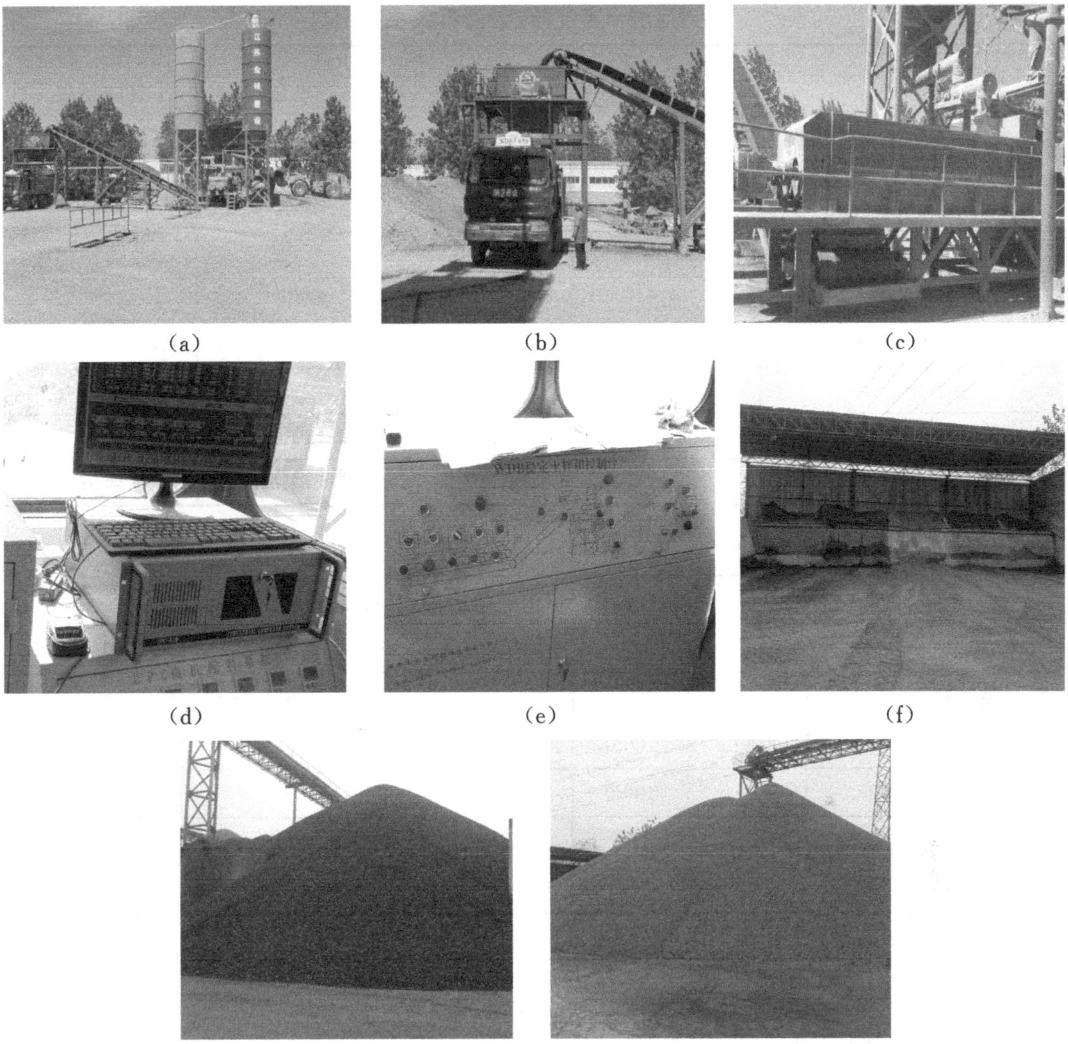

(a)　(b)　(c)　(d)　(e)　(f)　(g)　(h)

图 4.73　拌合厂调研情况

(a) 拌合楼；(b) 装料；(c) 拌缸；(d) 配料控制；(e) 拌和控制台；(f) 料仓(5 个)；(g) 料堆 1；(h) 料堆 2

天然骨料均为安徽金固生产的石灰岩骨料，技术指标见表 4.57。再生粗骨料取自常州市 D 公司，技术指标见表 4.58，筛分结果见表 4.59。

表 4.57　天然骨料性能指标(二)

试验项目	技术要求	试验结果	评定结果
压碎值/%	≤28	20.5	合格
1# 料针、片状颗粒含量/%	≤18	10.2	合格
2# 料针、片状颗粒含量/%	≤18	8.8	合格
0.075 mm 细骨料通过率/%	≤20	10.8	合格

表 4.58　再生骨料性能指标(二)

试验项目	技术要求		试验结果	评定结果
	天然骨料	再生骨料		
压碎值/%	≤28	≤30	21.7	合格
1#料针、片状颗粒含量/%	≤18	≤20	3.8	合格
2#料针、片状颗粒含量/%	≤18	≤20	6.5	合格
1#料吸水率/%	≤3	—	4.8	—
2#料吸水率/%	≤3	—	4.9	—
杂物含量/%	—	≤0.5	0.3	合格
1#料混凝土石含量/%	—	≥90(Ⅰ类)	91.5	合格
2#料混凝土石含量/%	—	≥90(Ⅰ类)	92.8	合格

表 4.59　骨料级配汇总(二)

骨料类型	通过下列筛孔(方孔筛,mm)的质量百分率/%							
	31.5	26.5	19	9.5	4.75	2.36	0.6	0.075
2#天然骨料	100.0	100.0	100.0	67.8	9.5	1.2	0.8	0.5
3#天然骨料	100.0	100.0	100.0	100.0	90.2	12.1	6.2	0.6
4#天然骨料	100.0	100.0	100.0	100.0	100.0	80.5	35.5	12.3
1#再生骨料	100.0	76.5	11.9	1.6	0.8	0.8	0.8	0.8
2#再生骨料	100.0	100.0	98.6	31.5	1.6	3.6	3.1	2.2

可见,天然骨料与再生骨料的物理性能指标并未产生较大变化,但在骨料级配方面,2#天然骨料、3#天然骨料、2#再生骨料都产生了较大的变化。因此,在确定生产级配时,应注意调整各档骨料的比例。

(3)生产级配设计

根据到场再生骨料、天然骨料级配变动,综合考虑目标配合比的设计、水泥稳定碎石拌合站料仓及施工情况,对设计级配进行适当调整,计算合成各档矿料的组成比例,如表 4.60 及图 4.74 所示。

表 4.60　水泥稳定再生骨料合成级配

矿料名称及粒径/mm	掺量/%	通过下列筛孔(方孔筛,mm)的质量百分率/%						
		31.5	19	9.5	4.75	2.36	0.6	0.075
2#天然骨料	25	25.0	25.0	17.0	2.4	0.3	0.2	0.1
3#天然骨料	5	5.0	5.0	5.0	4.5	0.6	0.3	0.0
4#天然骨料	28	28.0	28.0	28.0	28.0	22.5	9.9	3.4
1#再生骨料	21	21.0	2.5	0.3	0.2	0.2	0.2	0.2

矿料名称 及粒径/mm	掺量 /%	通过下列筛孔(方孔筛,mm)的质量百分率/%						
		31.5	19	9.5	4.75	2.36	0.6	0.075
2# 再生骨料	21	21.0	20.7	6.6	0.3	0.8	0.7	0.5
合成级配		100.0	81.2	56.9	35.4	24.4	11.3	4.2

由表 4.60 可知,合成矿料中再生骨料总掺量仍保持为 42%。

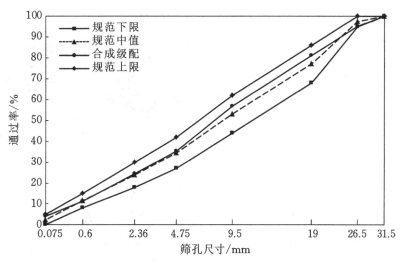

图 4.74　水泥稳定再生骨料合成级配曲线图

(4) 生产配合比确定

根据各档矿料比例,设定水泥掺量 4.3%,考虑到再生骨料的吸水率较高,将预设含水率分别设定为 4%、5%、6%、7%、8%、9%。击实试验参照《公路工程无机结合料稳定材料试验规程》(JTG E51—2009)进行重型击实,确定其最大干密度与最佳含水率。测试结果为:最大干密度 2.254 g/cm³,最佳含水率 6.302%。

设计文件《229 省道姜堰段改扩建工程施工图设计》(苏交科集团股份有限公司)中要求:"宜采用振动压实法,如无振动成型设备,可采用重型击实试验,最大干密度提高 2%~3%。"因此,将重型击实获得的最大干密度乘以 1.03(为 2.322 g/cm³),用于现场压实度控制。

根据击实试验确定的最大干密度与最佳含水率,采用静压法(压实度 98%)成型圆柱形试件,进行标准养护(温度 20 ℃±2 ℃、湿度 95% 以上,养护 6 d,浸水 1 d),7 d 后测试无侧限抗压强度代表值为 4.2 MPa,符合规范与设计要求。

4.6.2.6　试验段铺筑

(1) 施工过程

掺加混凝土再生粗骨料的水泥稳定碎石施工工艺和施工过程,主要参照现行普通水泥稳定碎石施工工艺,按照相关规范要求和施工指导意见进行正常拌和、运输、摊铺、碾压、养护。

试验段施工过程概况如图 4.75 所示。

图 4.75　试验段铺筑概况

（a）装料；（b）运输；（c）到场车辆等待及准备卸料；（d）画线；（e）高程测量；（f）打支架、放线、摆方木；
（g）卸料；（h）、（i）摊铺；（j）厚度测量；（k）单钢轮碾压；（l）双钢轮碾压；（m）胶轮碾压；
（n）完成碾压；（o）盖布养护；（p）洒水养护

（2）现场检测

碾压完成后，开展外观、压实度检测。7 d 龄期时，开展现场取芯检测（图 4.76）。

从现场检测情况来看：

① 外观：掺入 42% 混凝土再生骨料的水泥稳定碎石基层外观无明显变化，但基层表面

(a)　　　　　　　(b)　　　　　　　(c)　　　　　　　(d)

图 4.76　试验段检测情况

(a)压实度检测;(b)、(c)取芯;(d)砖块颗粒

可见少数红色砖块颗粒,说明再生骨料生产过程中需进一步加强混凝土块、砖块的分离工作。

② 压实度:满足设计与规范要求。

③ 取芯:芯样密实度较好,无裂纹、孔洞、破损、断缝现象。

4.6.3　综合效益分析

4.6.3.1　经济效益分析

根据 S229 姜堰段改扩建工程采用的天然粗骨料、天然细骨料、水泥等工程材料价格,以及混凝土再生骨料价格,对水泥稳定再生骨料应用于 S229 姜堰段改扩建工程非机动车道基层的经济效益进行分析。

试验段位于 S229 姜堰段改扩建工程 K21+320～K21+520 段,长度共计 200 m,该段基层厚为 0.18 m,宽为 5.5 m。掺加 42% 混凝土再生骨料的试验段,水泥掺量 4.3%,最大干密度 2.322 g/cm³;未掺加混凝土再生骨料的普通路段,水泥掺量 4.0%,最大干密度 2.382 g/cm³。由于施工工艺与施工机械相同,费用变化主要包括掺加再生骨料节约的骨料费用,增加水泥掺量带来的成本费用。

试验段铺筑期,S229 姜堰段改扩建工程基层水泥稳定碎石用石灰岩骨料主要由安徽、湖北等地经水路运至泰州码头,并由码头分送至拌合站。骨料送至泰州码头到岸统价 75～78 元/t,分送至拌合站短泊运费 10～15 元/t,现按总单价 86 元/t 计。再生骨料单价为 40～42 元/t,水运至拌合站运费 15～20 元/t(500t 起运),现按总单价 58 元/t 计。工程用水泥为 P·O 42.5 散装水泥,单价约 280 元/t。

试验段体积计算:

$$V = 200 \text{ m} \times 5.5 \text{ m} \times 0.18 \text{ m} = 198 \text{ m}^3$$

采用天然骨料,200 m 非机动车道,天然骨料+水泥费用计算:

材料总质量 $M_1 = 198 \text{ m}^3 \times 2.382 \text{ g/cm}^3 = 471.6 \text{ t}$

天然骨料质量 $M_2 = 471.6 \text{ t} \times 1.0/(1.0+0.04) = 453.5 \text{ t}$

水泥质量 $M_3 = 471.6 \text{ t} \times 0.04/(1.0+0.04) = 18.1 \text{ t}$

总费用计算：

$$453.5\ t\times86\ 元/t+18.1\ t\times280\ 元/t=44069\ 元$$

掺加再生骨料，200 m 非机动车道，再生骨料+天然骨料+水泥费用计算：

材料总质量 $M_1'=198\ m^3\times2.322\ g/cm^3=459.8\ t$

天然骨料质量 $M_2'=(1-0.42)\times459.8\ t\times1.0/(1.0+0.043)=255.7\ t$

水泥质量 $M_3'=459.8\ t\times0.043/(1.0+0.043)=19.0\ t$

再生骨料质量 $M_4'=0.42\times459.8\ t\times1.0/(1.0+0.043)=185.1\ t$

总费用计算：

$$255.7\ t\times86\ 元/t+185.1\ t\times58\ 元/t+19.0\ t\times280\ 元/t=38046\ 元$$

由上述费用对比，计算可得：

试验段节约费用：

$$44069\ 元-38046\ 元=6023\ 元$$

折合每平方米费用：

$$6023\ 元\div(200\ m\times5.5\ m)=5.48\ 元/m^2$$

从费用构成来看，掺加42%混凝土再生骨料后，水泥掺量适当增加。综合考虑再生骨料单价较低、掺量较高、总消耗量较大，水泥增加比例较低、总消耗量增加得较少等因素，按本试验段配合比计算，单层(0.18 m)水泥稳定碎石基层可节约费用为5.48 元/m²，比采用100%天然骨料的水泥稳定碎石材料费用降低约14%。

从目前公开的文献资料、工程案例来看，再生骨料掺量可增加至100%。但综合考虑再生细骨料杂物含量较高、吸水率较高、水泥掺量、水稳性能等因素，本项目建议宜尽量采用混凝土再生粗骨料，避免使用再生细骨料。

4.6.3.2 社会、环境效益分析

再生骨料开发应用的主要目标是解决城市建筑垃圾、废弃混凝土的循环利用问题，可以有效缓解城市固体废弃物污染问题。随着我国城市化进程的加速，构筑物的新建以及更新速度呈现较快的增长趋势，而由此导致的建筑固体废弃物排放量已经达到垃圾总排放量的30%~40%。然而，绝大部分建筑固体废弃物并未经专业化处理，便被运送至郊外或者农村，露天堆放或者填埋，围城现象严重，不仅占用了大量的土地资源、垃圾清运等经费，同时，大量建筑固体废弃物的堆积存放，还对周围的水体环境、空气环境造成了严重的破坏，严重影响了生态环境和居民的生活。同时，随着基础设施建设的开展，天然砂石资源日益匮乏，盗采滥采现象时有发生，对环境产生了巨大危害。

根据公开报道的数据来看，南京市每年新产生的废旧混凝土约250万吨，常州市每年新产生的废旧混凝土约400万吨，实际产生的建筑垃圾(含渣土等其他固体废弃物)数量更多。据统计，2014年年底，我国年建筑垃圾产量超过15亿吨。通常，每产生1万吨建筑垃圾，至少需采用667平方米土地进行堆放。若不采取再生处理，每年需消耗1亿平方米土地资源进行建筑垃圾的堆存。可见，建筑固体废弃物的处置和再生利用刻不容缓。

一般来说，100万吨建筑垃圾经过加工处理，可产生88万吨再生骨料、0.1万吨废金属、2.8万吨有机杂物、9.1万吨渣土。以江苏省南京市和常州市为例，若对废旧混凝土进行再

生处理,并将再生骨料应用于再生混凝土、公路(底)基层,每年可分别节约天然骨料 220 万吨、362 万吨,同时,每年可分别节约占用的土地资源近 16.6 万平方米、26.6 万平方米,并减轻了建筑垃圾堆存造成的水体污染和粉尘污染。

　　2012 年 6 月 16 日,国务院发布的《"十二五"节能环保产业发展规划》中明确提出,大力推动节能减排,发展绿色经济和循环经济,建设资源节约型和环境友好型社会;将固体废弃物的综合利用列为资源循环利用产业重点领域;推广建筑废弃物分类设备及生产道路结构层材料。随后,《公路水路交通运输"十二五"科技发展规划》《江苏交通"十二五"发展规划纲要》《江苏省绿色循环低碳交通运输发展规划(2013—2020 年)》等文件相继对固体废弃物循环利用提出了相关要求,这为建筑垃圾再生循环利用提供了一定的政策环境。将建筑固体废弃物加工处理,生产再生骨料并应用于公路工程建设,在节省天然砂石资源及创造直接经济效益的同时,解决了建筑固体废弃物堆存的问题、减少了其对环境造成的二次污染,可谓一举数得,对"绿色矿山"的建设具有积极作用,具备良好的社会效益、环境效益。

参 考 文 献

[1] 姜丕军.交通运输促进经济增长的机制探析[J].北京交通大学学报:社会科学版,2010,9(2):1-7.

[2] 赵琳娜,马清云,杨贵名,等.2008年初我国低温雨雪冰冻对重点行业的影响及致灾成因分析[J].气候与环境研究,2008,13(4):556-566.

[3] 吴春笃,瞿俊,解清杰,等.中国南方冰雪灾害中的应对措施研究[J].安徽农业科学,2009,37(7):3117-3119.

[4] 杨理光.因灾倒损房屋仍集中和分散安置的受灾群众达166万[EB/OL][2008-02-24].http://news.xinhuanet.com/newscenter/2008-02/24/content_7660028.htm.

[5] 周纯秀.冰雪地区橡胶颗粒沥青混合料[D].哈尔滨:哈尔滨工业大学,2006.

[6] 张炳臣,刘淑敏.冬季道路除雪方式的探讨[J].山东交通科技,2004(1):76-77.

[7] 张洪伟,韩森,刘洪辉.沥青路面除冰雪技术综述[J].黑龙江交通科技,2008,169(3):8-9.

[8] 梁琦,黄建华,王东坡.人工、机械成为除雪主力军[EB/OL][2011-02-11].http://bjyouth.ynet.com/article.jsp? oid=76631080.

[9] 胡海英.国内除雪方式探讨及除雪机械的发展趋势[J].林业机械与木工设备,2011,39(5):8-11.

[10] 骆虹,罗立斌,张晶.融雪剂对环境的影响及对策[J].中国环境监测,2004,20(1):55-56.

[11] 杨全兵.盐及融雪剂种类对混凝土剥蚀破坏影响的研究[J].建筑材料科学报,2006,9(4):464-467.

[12] GERARDO W F.Assessment of the performance of several roadway mixes under rain, snow, and winter maintenance activities[R].Final Contract Report VTRC04-CR18, Department of Civil and Environmental Engineering Virginia Polytechnic Institute & State University,2004.

[13] JAROSLAW P.Determination of snow stresses under vehicle loads[J].Cold Regions Science and Technology,2010(60):137-145.

[14] MORAN, VONNIE M, ABRON, et al.Comparison of conventional and alternative deicers:an environmental impact perspective[C].Chem. Deicers Environ,1992:341-361.

[15] 吴天容.国外化学融雪剂除冰剂的开发与进展[J].无机盐工业,1989,102(5):28-32.

[16] 唐祖全,钱觉时,杨再富.导电混凝土研究进展[J].重庆建筑大学学报,2006,28(6):135-139.

[17] EHIA S,TUAN C Y.Conductive concrete for bridge deck anti-icing[R].7th Annual International Conference on Composite Engineering,Denver,Colorado,2000.

[18] EHIA S,TUAN C Y.Conductive concrete for bridge deck deicing and anti-icing[R].First International Structural Engineering and Construction Conference,Hawaii,Honolulu,2001.

[19] 唐祖全,李卓球,侯作富,等.导电混凝土电热层布置对路面除冰效果的影响[J].武汉理工大学学报,2002,24(2):45-48.

[20] 周纯秀,谭忆秋.橡胶颗粒沥青路面除冰雪性能影响因素[J].建筑材料学报,2009,12(6):672-675.

[21] 彭向阳,姚森敬,毛先胤,等.输电线路绝缘子新型防冰涂料及其性能研究[J].电网技术,2012,36(7):133-138.

[22] 汪佛池.输电线路铝导线憎水性防覆冰涂层的研究[D].北京:华北电力大学(北京),2011.

[23] KULINICH S A,FARZANEH M.Ice adhesion on super-hydrophobic surfaces[J].Applied Surface Science,2009,255:8153-8157.

[24] QIN Y,WANG Z,XU Z H,et al.Reducing ice coating on insulators by combining RTV with different

308

volume resistivity[C] //Conference on Electrical Insulation and Dielectric Phenomena.US:IEEE, 2009:446-449.

[25] PETRENKO V F,PENG S.Reduction of ice adhesion to mental by using self-assembling monolayers (SAMs)[J].Canada Journal of Physics,2003,81(1-2):387-393.

[26] 丁小军,陈团结,李刚,等.一种环保型路面融冰雪涂层材料及其制备方法和使用方法[P].中国专利: ZL201110077642.8,2011-09-28.

[27] 蒋松利.环保型沥青路面融冰雪涂层研究[D].西安:长安大学,2012.

[28] 姚运仕,陈团结,向豪,等.环保型长效自融冰雪路面涂层试验[J].交通运输工程学报,2013,13(4): 8-15.

[29] 张泽文,罗炉,雷宗建.沥青路面防冰涂层材料应用研究[J].四川建材,2014,40(2):187-189.

[30] 王声乐,朱启洋,朱湘,等.一种降低冰层与沥青路面粘附性的疏水涂料[P].中国专利: ZL201110029908.1,2011-01-26.

[31] 蔡之锐,孙柏涛,郭世荣,等.冰荷载的试验研究与计算方法[J].地震工程与工程振动,1997(2):49-52, 54-56.

[32] 李锋,岳前进.冰在斜面结构上的纵横弯曲破坏分析[J].水利学报,2000(3):44-47.

[33] 李洪升,杜小振.冰体材料损伤与断裂破坏的本构理论[J].冰川冻土,2003(9):304-307.

[34] DO M T,TANG Z,KANE M,et al.Evolution of road-surface skid-resistance and texture due to polishing[J].Wear,2009,266(5):574-577.

[35] HOLT F B,MUSGROVE G R.Surface texture classification:guide to pavement skid resistance[S]. ASTM763,Philadelphia,1982:3141.

[36] 邓学钧.路基路面工程.[M].北京:人民交通出版社,2003.

[37] 张爱霞.沥青混合料细观结构初步分析[D].西安:长安大学,2009.

[38] 谢定义,林本海,邵生俊.岩土工程学[M].北京:高等教育出版社,2008.

[39] 中华人民共和国交通运输部.公路沥青路面设计规范:JTG D50—2017[S].北京:人民交通出版 社,2006.

[40] 李嘉,李永汉.道路设计常用数据手册[M].北京:人民交通出版社,2006.

[41] 李立新,彭超志.沥青路面纹理特征细观结构数值分析[J].湖南交通科技,2009,35(4):1-4.

[42] 周纯秀.冰雪地区橡胶颗粒沥青混合料应用技术的研究[D].哈尔滨:哈尔滨工业大学,2006.

[43] 任晓辉.冰的韧脆转变行为研究[D].大连:大连理工大学,2005.

[44] 王光国,杨本意.气象二氧化硅的表面改性[J].有机硅氟资讯,2003,5:30-32.

[45] 闫福安.水性树脂与水性涂层[M].北京:化学工业出版社,2010.

[46] 赵晓华.沥青路面多孔蓄盐集料化-力耦合效应及析盐特性研究[D].武汉:武汉理工大学,2012.

[47] 孙嵘蓉.缓释蓄盐沥青混合料的研发及性能的评价[D].哈尔滨:哈尔滨工业大学,2012.

[48] 中华人民共和国交通运输部.公路工程沥青及沥青混合料试验规程:JTG E20-2011[S].北京:人民交 通出版社,2011.

[49] DE D D.Surface dressing-test method-part 3:determination of binder aggregate adhesivity by the vialit plate shock test method[S].Germeny,2003.

[50] 中华人民共和国国家发展和改革委员会.环氧树脂地面涂层材料:JC/T 1015—2006[S].北京:中国标 准出版社,2007.

[51] 谭忆秋,周纯秀.橡胶颗粒路面抑制冰雪技术[J].筑路机械与施工机械化,2008(11):22-26.

[52] 徐志钮,律方成,刘云鹏,等.动、静态接触角计算软件及在硅橡胶憎水性检测中的应用[J].高电压技 术,2011,37(5):1158-1165.

[53] 徐志钮,律方成,赵鹏,等.拟合方法用于硅橡胶静态接触角的测量[J].高电压技术,2009,35(10):2475-2480.

[54] 杨大友.评估憎水性涂层防冰效果的方法研究[D].重庆:重庆大学,2010.

[55] 国家技术监督局.漆膜耐水性测定法:GB/T 1733—93[S].北京:国家技术监督局,1993.

[56] 中华人民共和国交通运输部.公路路基路面现场测试规程:JTG 3450—2019[S].北京:人民交通出版社,2019.

[57] 龚奕宇.绝缘子半导体超疏水复合涂层的制备方法与防覆冰性能[D].重庆:重庆大学,2012.

[58] 张燕,杨凯.疏水涂层的研究进展[J].中国涂层,2007,22(5):42-44.

[59] 蒋兴良,张丽华.输电线线路除冰防冰技术综述[J].高电压技术,1997,23(1):73-76.

[60] 易辉,查宜萍,何慧雯.防覆冰涂覆材料的应用分析与研究[J].电力设备,2008,9(6):16-20.

[61] 闫福安.水性树脂与水性涂层[M].北京:化学工业出版社,2010.

[62] 中华人民共和国交通运输部.公路工程质量评定标准:JTG F80/1—2017[S].北京:人民交通出版社,2017.

[63] 张启君,夏磐夫.国内外除雪机械的探讨[J].筑路机械与施工机械化,2005(11):1-5.

[64] 韩立军,董继先,张星.高等级公路冬季机械除雪养护方法的探讨[J].交通科技与经济,2004,23(3):14-16.

[65] 刘红瑛,郝培文.道路除冰雪技术及其发展趋势[J].筑路机械与施工机械化,2008(11):18-21.

[66] RAMAKRISHNA D M,VIRARAGHAVAN T.Environmental impact of chemical deicers—a review [J].Water,Air,and Soil Pollution,2005,166(1):49-63.

[67] THUNQVIST E L.Regional increase of mean chloride concentration in water due to the application of deicing salt[J].Science of the Total Environment,2004,325(1):29-37.

[68] 余豫新.路面主动融冰(雪)技术的发展与展望[J].上海交通大学学报,2011,45(2):86-89.

[69] CHIASSON A D,SPITLER J D,REES S J,et al.A model for simulating the performance of a pavement heating system as a supplemental heat rejecter with closed-loop ground-source heat pump systems[J].Journal of Solar Energy Engineering,2000,122(4):183-191.

[70] WU S P,CHEN M Y,WANG H,et al.Laboratory study on solar collector of thermal conductive asphalt concrete[J].International Journal of Pavement Research and Technology,2009,2(4):130-136.

[71] WANG H J,ZHAO J,CHEN Z H.Experimental investigation of ice and snow melting process on pavement utilizing geothermal tali water[J].Energy Conversion and Management,2008,49(6):1538-1546.

[72] CHEN M Y,WU S P,WANG H,et al.Study of ice and snow melting process on conductive asphalt solar collector[J].Solar Energy Materials and Solar Cells,2011,95(12):3241-3250.

[73] WU S P,CHEN M Y,ZHANG J Z.Laboratory investigation into thermal response of asphalt pavements as solar collector by application of small-scale slabs[J].Applied Thermal Engineering,2011,31(10):1582-1587.

[74] NAGANO K,KATSURA T,TAKEDA S.Development of a design and performance prediction tool for the ground source heat pump system[J].Applied Thermal Engineering,2006,26(14):1588-1592.

[75] LIU X B,REES S J,SPITLER J D.Modeling snow melting on heated pavement surfaces,part II:experimental validation[J].Applied Thermal Engineering,2007,27(5):1125-1131.

[76] 李福普,王志军,长效型主动融雪沥青混合料路用性能试验[J].公路交通科技,2012,29(3):7-11.

[77] 黄勇,高青,刘研,等.道路热融雪过程降融同步特性研究[J].中国公路学报,2010,23(5):22-26.

[78] 李志鹏,彭涛,王茜,等.融雪剂路面上汽车制动距离计算模型[J].交通运输工程学报,2012,12(1):

50-54.

[79] 张洪伟,韩森,张丽娟,等.盐化物沥青混凝土抑制结冰与融雪试验[J].长安大学学报:自然科学版,2011,31(2):17-20.

[80] 刘凯,王选仓,王芳.中外高速公路融雪化冰技术和方法[J].交通企业管理,2009(8):73-74.

[81] HARA S,MIURA M,UCHIUMI Y.Suppression of deicing salt corrosion of weathering steel bridges by washing[J].Corrosion Science,2005,47:2419-2430.

[82] THUN E L.Regional increase of mean chloride concentration in water due to the application of deicing salt[J].Science of the Total Environment,2004,325:27-39.

[83] 姚婧.融雪剂之害[J].经济,2006(2):130-132.

[84] GANCY A B.Water-activated exothermic chemical formulations[P].US Patent:4425251,2000.

[85] BLOOMER T A.Anti-freezing and deicing composition and method[P].US Patent:6080330,2000.

[86] HARTLEY R A,WOOD D H.Deicing solution[P].US Patent:6599440,2003.

[87] SPANOS D J.Corrosion inhibited chloride salt compositions[P].US Patent:6616739,2002.

[88] GERTSBERG E P,GERTSBERG G E.Method for ice and snow removal from road paving[P].RU Patent:2296195,2005.

[89] CHO Y S.Movable sand box for snow removal capable of sprinkling sand on the road surface easily using a discharge device[P].KR Patent:2005026839,2003.

[90] BROWNE F P,CADY P D.Durability of Concrete SP-47[M].Detroit:ACIMI,1975.

[91] LABELLE A,LANGEVIN A,CAMPBELL J F.Sector design for snow removal and disposal in urban areas[J].Socio-Economic Planning Sciences,2002,36:183-202.

[92] 徐鹏宇.融雪剂的研究现状及未来发展方向[J].林业科技情报,2008,40(4):68-70.

[93] 唐相伟,焦生杰,高子渝,等.微波除冰应用及分析[J].筑路机械与施工机械化,2008(7):15-18.

[94] YOSHIHIHIKO Y,TSUTOMU M.Electric motor,power apparatus using the same,and self-propelled snow remover[P].US Patent:20080289226,2008.

[95] 高一平.利用太阳能的路面融雪系统[J].国外公路,1997,17(4):53-55.

[96] ZHONG X L,HUANG F,ZHONG Y.Ice and snow removing equipment utilizing solar and wind energy for highway and airport[P].CA Patent:101285292,2008.

[97] WON K S,JIN K W.Method of snow removal and deicing on the track beam,which actively and safely drives a vehicle on a rail or the track beam by using a linear motor[P].KR Patent:2006075808,2004.

[98] 李国平,韩伟华.当前道路融雪方法及未来发展趋势[J].科技信息,2008(21):55.

[99] 梁嵩巍,杨明,罗金,等.高速公路 MSA 路面与融雪路面使用性能对比试验及融雪机理的研究[J].公路交通科技:应用技术版,2009,5(7):42-44.

[100] LICHTER J A,RUBNER M F.Polyelectrolyte multilayers with intrinsic antimicrobial functionality:the importance of mobile polycations[J].Langmuir,2009,25(13):7686-7694.

[101] REISCH A,HEMMERLE J,CHASSEPOT A,et al.Anti-fouling phosphorylcholine bearing polyelectrolyte multilayers:cell adhesion resistance at rest and under stretching[J].Soft Matter,2010,6(7):1503-1512.

[102] PALMER R R,LEWIS A L,KIRKWOOD L C,et al.Biological evaluation and drug delivery application of cationically modified phospholipid polymers[J].Biomaterials,2004,25(19):4785-4796.

[103] ESTEVEZ M U.Use of coupling agents to stabilize asphalt-rubber-gravel composite to improve its mechanical properties[J].Journal of Cleaner Production,2009,17:1359-1362.

[104] 王利利,张金喜,刘利花,等.路面雾封层预养护技术使用效果的评价[J].市政技术,2007,25(5):

375-377.

[105] BENEDETTO A,PENSA S.Indirect diagnosis of pavement structural damages using surface GPR reflection techniques[J].Journal of Applied Geophysics,2007,62:107-123.

[106] 孟江燕,李伟东,王云英.低温等离子体表面改性高分子材料研究进展[J].表面技术,2009,38(5):86-89.

[107] 王紫琴.Ag、Cu 离子注入医用金属材料表面改性研究[D].天津:天津大学,2006.

[108] ESTEVEZ M.Use of coupling agents to stabilize asphalt-rubber-gravel composite to improve its mechanical properties[J].Journal of Cleaner Production,2009,17:1359-1362.

[109] 傅沛兴.北京道路冬季融雪问题研究[J].市政技术,2001(4):54-59.

[110] 天津大学物理化学教研室.物理化学[M].4 版.北京:高等教育出版社,2001.

[111] 中华人民共和国交通运输部.公路沥青路面养护技术规范:JTG 5142—2019[S].北京:人民交通出版社,2019.

[112] 洪乃丰.慎用氯盐除冰剂和防冻剂[J].低温建筑技术,1995(3):35-37.

[113] 代琳琳,赵晓明.融雪剂的环境污染与控制对策[J].安全与环境工程,2004,11(4):29-31.

[114] 中华人民共和国交通运输部.公路沥青路面施工技术规范:JTG F40—2004[S].北京:人民交通出版社,2004.

[115] 洪丹.抗凝冰粗糙型路面技术研究[D].重庆:重庆交通大学,2010.

[116] 邓爱军.基于疏水表面的沥青路面抗凝冰性能研究[D].南京:东南大学,2013.

[117] 李福建.薄冰易除型路面涂层应用技术研究[D].南京:东南大学,2012.

[118] DUBOIS R,De-icing compositions contained in road surface material[P].CH:19730008506,1973-06-13.

[119] WERNER S.Fahrbahnbelag fuer strassen,bruecken and dergleichen,dessen fahrbahndecke ein frost hemmendes mittel enthaelt[P].DE:2512691 (A1),1976-09-23.

[120] WILHELM K.Method of producing synthetic gravel and/or chippings containing salt[P].DE:19924230545,1993-08-09.

[121] 孙嵘蓉.缓释蓄盐沥青混合料的研发及性能的评价[D].哈尔滨:哈尔滨工业大学,2012.

[122] 彭磊.自融雪沥青路面外加剂制备与运用研究[D].西安:长安大学,2013.

[123] 刘状壮.沥青路面融雪抑冰材料的研发与应用[D].西安:长安大学,2013.

[124] 常嵘.微胶囊融雪剂及融雪雾封层研究[D].西安:长安大学,2013.

[125] 张丽娟.盐化物融雪沥青混合料研究[D].西安:长安大学,2010.

[126] 孙玉齐.盐化物自融雪沥青路面性能研究[D].西安:长安大学,2011.

[127] 吴淑娟.盐化物沥青混合料融冰雪性能及适应性气候分区研究[D].西安:长安大学,2014.

[128] 张林林.自融雪沥青路面融雪机制与性能评价研究[D].西安:长安大学,2014.

[129] KANDHAL P S,HOFFMAN G L.Evaluation of steel slag fine aggregate in hot-mix asphalt mixtures[J].Journal of the Transportation Research Board,1997,158 (1):28-36.

[130] 杜海宽.钢渣铺路技术探析[J].公路,1991(2):52-56.

[131] 许亚华.日本钢铁渣资源化利用技术[J].中国环保产业,1996(6):36-37.

[132] QIAN G R,SUN D L,JOO H T,et al.Autoclave properties of kirschsteinite-based steel slag[J].Cement and Concrete Research,2002(32):1377-1382.

[133] MONTGOMERY D G,WANG G.Instant-chilled steel slag aggregate in concrete fracture related properties[J].Cement and concrete research,1992(22):755-760.

[134] 毕琳,林海.钢渣的综合利用[J].矿产保护与应用,1999(3):51-52.

[135] 郑铁柱.工业废料——钢渣的合理利用[J].国外公路,2000(3):33-35.

[136] 孙树衫,朱桂林.加快钢铁渣资源化利用是钢铁企业的一项紧迫任务[J].冶金环境保护,2007(2):13-22.

[137] 赵青林,周明凯.德国钢渣特性及其在路面工程中的综合利用[J].公路,2006(6):148-154.

[138] 乔军志,胡春林,陈中学.钢渣作为路用材料的研究及应用[J].国外建材科技,2005(4):6-8.

[139] 曹宝贵.二灰钢渣在路面基层中应用研究[D].西安:长安大学,2004.

[140] 单志峰.国内外钢渣处理技术与综合利用技术的发展分析[J].工业安全与防尘,2000(2):27-32.

[141] 吴少鹏,廖卫东,薛永杰,等.钢渣 SMA-13 在武黄大修工程中的应用研究[J].武汉理工大学学报,2003,25(12):113-115.

[142] 孙家瑛,蒋华钦.钢渣微粉特性及其用于沥青混合料的试验研究[J].重庆大学学报:自然科学版,2008,27(4):576-579.

[143] HUANG Y,ROGER N B.A review of the use of recycled solid waste materials in asphalt pavements[J].Resources,Conservation and Recycling,2007(52):58-73.

[144] 姚爱玲,徐德龙,孙治军.矿渣粉作为填料的沥青混合料性能试验[J].中国公路学报,2006,19(6):25-29.

[145] 薛永杰.钢渣沥青玛蹄脂混合料制备与性能研究[D].武汉:武汉理工大学,2005.

[146] 施惠生,郭蕾.钢渣对硅酸盐水泥水化硬化的影响研究[J].水泥技术,2004(2):21-24.

[147] 潘放,赵平.钢渣在沥青路面基层中的应用[J].合肥工业大学学报:自然科学版,2002,25(6):2218-2221.

[148] KALYONCU R S.Slag-iron and steel[M].US Geological Survey Minerals Yearbook,2001.

[149] 许远辉,陆文雄,王秀娟,等.钢渣活性激发的研究现状与进展[J].上海大学学报,2004,10(2):91-95.

[150] 周启伟.公路钢渣基层与钢渣沥青混合料路用性能研究[D].重庆:重庆交通大学,2011.

[151] ARUNA M.Utilization of iron ore tailings in manufacturing of paving blocks for eco-friendly mining[J].Ahmad Dahlan University,2012(23):239-250.

[152] ZANKO L M,NILES H B,ORESKOVICH J A.Mineralogical and microscopic evaluation of coarse taconite tailings from Minnesota taconite operations[J].Regulatory Toxicology and Pharmacology,2008,52:S51-S65.

[153] AHMARI S,CHEN R,ZHANG L Y.Utilization of mine tailings as road base material[J].GeoCongress,2012:3654-3661.

[154] ORESKOVICH J A,PATELKE M M.Historical use of taconite byproducts as construction aggregate materials in Minnesota:a progress report[R].Report of investigation NRRI/RI-2006/02,Natural Resources Research Institute,University of Minnesota,Duluth,MN,2006.

[155] ORESKOVICH J A.A brief history of the use of taconite aggregate (Mesabi Hard RockTM) in Minnesota (1950s-2007)[R].Technical summary report NRRI/TSR-2007/05,Natural Resources Research Institute,University of Minnesota,Duluth,2007.

[156] CLYNE T R,JOHNSON E N,WOREL B J.Use of taconite aggregates in pavement applications[R].Report of Investigation MN/RC-2010/24,Minnesota Department of Transportation,2010.

[157] ZANKO L M.Gray is green:the aggregate potential of Minnesota taconite industry byproducts[R].In:TRB 2009 annual meeting CD-ROM,Washington,D.C.,2009.

[158] 李荣海,汪剑,周志华,等.铁尾矿在公路工程中的应用[J].矿业工程,2007,5(5):52-54.

[159] 郭晓华.尾矿砂在道路工程中的应用前景[J].公路交通科技:应用技术版,2011,7(5):99-101.

[160] 杨青,潘宝峰,何云民.铁尾矿砂在公路基层中的应用研究[J].交通科技,2009(1):74-77.

[161] 苏更.铁矿尾矿料在公路工程中的应用[J].内蒙古公路与运输,2007(1):29-32.

[162] 刘炳华,闫新勇.尾矿砂填筑公路路基的物理力学性质及参数研究[J].郑州铁路职业技术学院学报,2012,24(3):26-28.

[163] 孙吉书,陈朝霞,肖田,等.石灰粉煤灰稳定铁尾矿碎石的路用性能研究[J].武汉理工大学学报,2012,34(3):59-62.

[164] 张晓辉,宁宝宽.水泥稳定铁尾矿砂的力学特性研究[J].低温建筑技术,2012,34(9):26-27.

[165] 刘振清,黄卫.废弃尾矿料在路面(底)基层中的应用[J].交通运输工程学报,2002,2(4):11-17.

[166] 侯淑云,闫红民.尾矿砂在城市道路中的应用技术研究[J].华东公路,2006(1):62-65.

[167] 蔡基伟,张少波,侯桂香,等.铁尾矿砂对混凝土工作性和强度的影响[J].武汉理工大学学报,2009,31(7):104-107.

[168] 陈家珑,宋少民,路宏波.尾矿配制商品混凝土的应用研究[J].建筑技术,2004,35(1):42-44.

[169] 邓初首,夏勇.尾矿砂在大流动性混凝土中的应用研究[J].矿冶工程,2009,30(1):9-12.

[170] 何兆芳,邓初首.尾矿在预拌混凝土中应用的试验研究[J].混凝土,2009,239(9):115-118.

[171] 徐宝华,宋姗.尾矿砂复配在混凝土生产中的研究及应用[J].商品混凝土,2010(1):23-25.

[172] 封孝信,蔡基伟,柴红俊,等.尾矿砂石混凝土的干缩性能研究[J].商品混凝土,2009(8):29-31.

[173] 李军,徐林荣,刘小明.石棉尾矿用作沥青混合料集料特性研究[J].铁道科学与工程学报,2011,8(5):31-34.

[174] DISFANI M M,ARULRAJAH A,BO M W,et al.Environmental risks of using recycled crushed glass in road applications[J].Journal of Cleaner Production,2012,20(1):170-179.

[175] 石宵爽,王清远.从灾后重建探讨再生混凝土的研究现状及其应用发展[J].四川大学学报:工程科学版,2009,41(3):301-310.

[176] 李秋义,朱亚光,高嵩.我国高品质再生骨料制备技术及质量评定方法[J].青岛理工大学学报,2009,30(4):1-5.

[177] 李秋义,李云霞,朱崇绩.颗粒整形对再生粗骨料性能的影响[J].材料科学与工艺,2005(6):579-585.

[178] 季天剑,王辉,陈荣生.再生水泥混凝土疲劳性能[J].交通运输工程学报,2002,2(2):16-18.

[179] 陈亭.水泥稳定旧混凝土破碎集料的试验研究[J].公路工程,2003,28(3):44-46.

[180] 张超,丁纪忠,郭金胜.废弃水泥混凝土再生集料在半刚性基层中的应用[J].长安大学学报:自然科学版,2002,22(5):1-4.

[181] 邢振贤,刘利军,赵玉青,等.碎砖骨料再生混凝土配合比研究[J].再生资源与循环经济,2006(2):38-40.

[182] 孙家琪,孔令鹏.再生混凝土集料生产过程的质量控制[J].混凝土,2013(7):50-55.

[183] 王磊,陈杏.再生骨料混凝土长龄期收缩及基本力学性能研究[J].混凝土,2013(7):23-25.

[184] 张胜,吕仁杰,黄岩.建筑废弃物在虹桥综合交通枢纽工程中的应用[J].城市道桥与防洪,2009(8):210-214.